環境人間学と地域

シークヮーサーの知恵

奥・やんばるの「コトバ−暮らし−生きもの環」

大西正幸・宮城邦昌 編著

京都大学学術出版会

奥の地名図

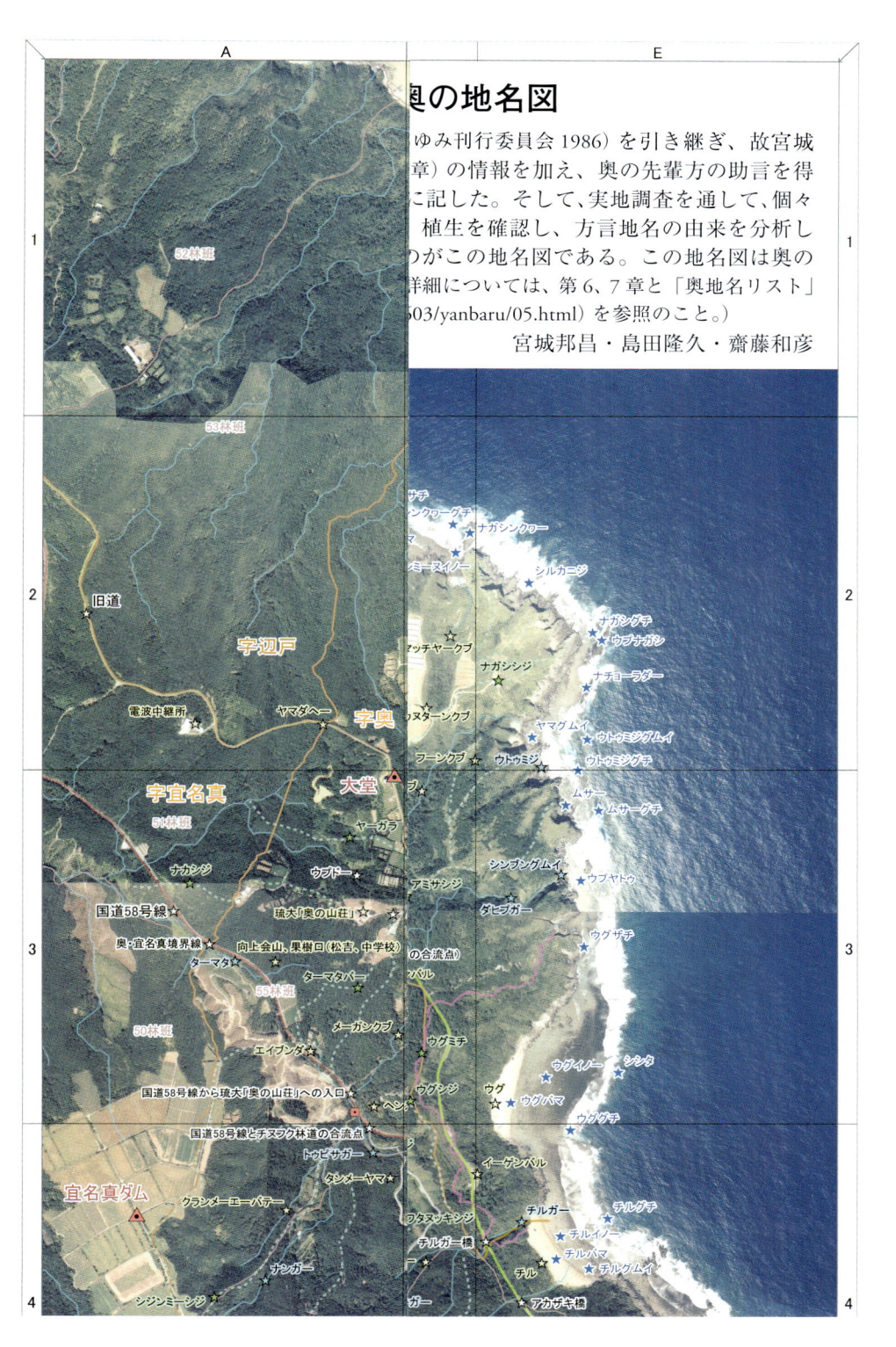

（…ゆみ刊行委員会 1986）を引き継ぎ、故宮城…章）の情報を加え、奥の先輩方の助言を得…に記した。そして、実地調査を通して、個々…植生を確認し、方言地名の由来を分析し…のがこの地名図である。この地名図は奥の…詳細については、第 6、7 章と「奥地名リスト」…603/yanbaru/05.html）を参照のこと。）

宮城邦昌・島田隆久・齋藤和彦

52林班
53林班
旧道
字辺戸
電波中継所
ヤマダヘー
字奥
サチ
ンクワーグチ
ナガシンクワー
ミースイノー
シルカニジ
マッチヤークブ
ナガシンジ
ナガシグチ
ウブナガシ
ナチョーラダー
ヌターンクブ
ヤマグムイ
ウトゥミジグムイ
フーンクブ
ウトゥミジ
ウトゥミジグチ
字宜名真
大堂
51林班
ヤーガラ
ムサー
ムサーグチ
ナカンジ
ウブドー
シンブングムイ
ウブヤトゥ
国道58号線
アミサシジ
琉大「奥の山荘」
ダビブガー
ウグザチ
奥・宜名真境界線
向上会山、果樹口（松吉、中学校）
の合流点
ターマタ
ターマタパー
バル
55林班
50林班
メーガンクブ
ウグミチ
ウグイノー
シンタ
エイブンダ
ウグシジ
ウグ
ウグパマ
国道58号線から琉大「奥の山荘」への入口
ヘン
ウググチ
国道58号線とチヌフク林道の合流点
トゥビサガー
イーゲンバル
宜名真ダム
タンメーヤマ
チルガー
チルグチ
クランメーエーパテー
フタスッキンジ
チルイノー
チルガー橋
チルパマ
ナンガー
チル
チルグムイ
シジンミーンジ
アカザキ橋

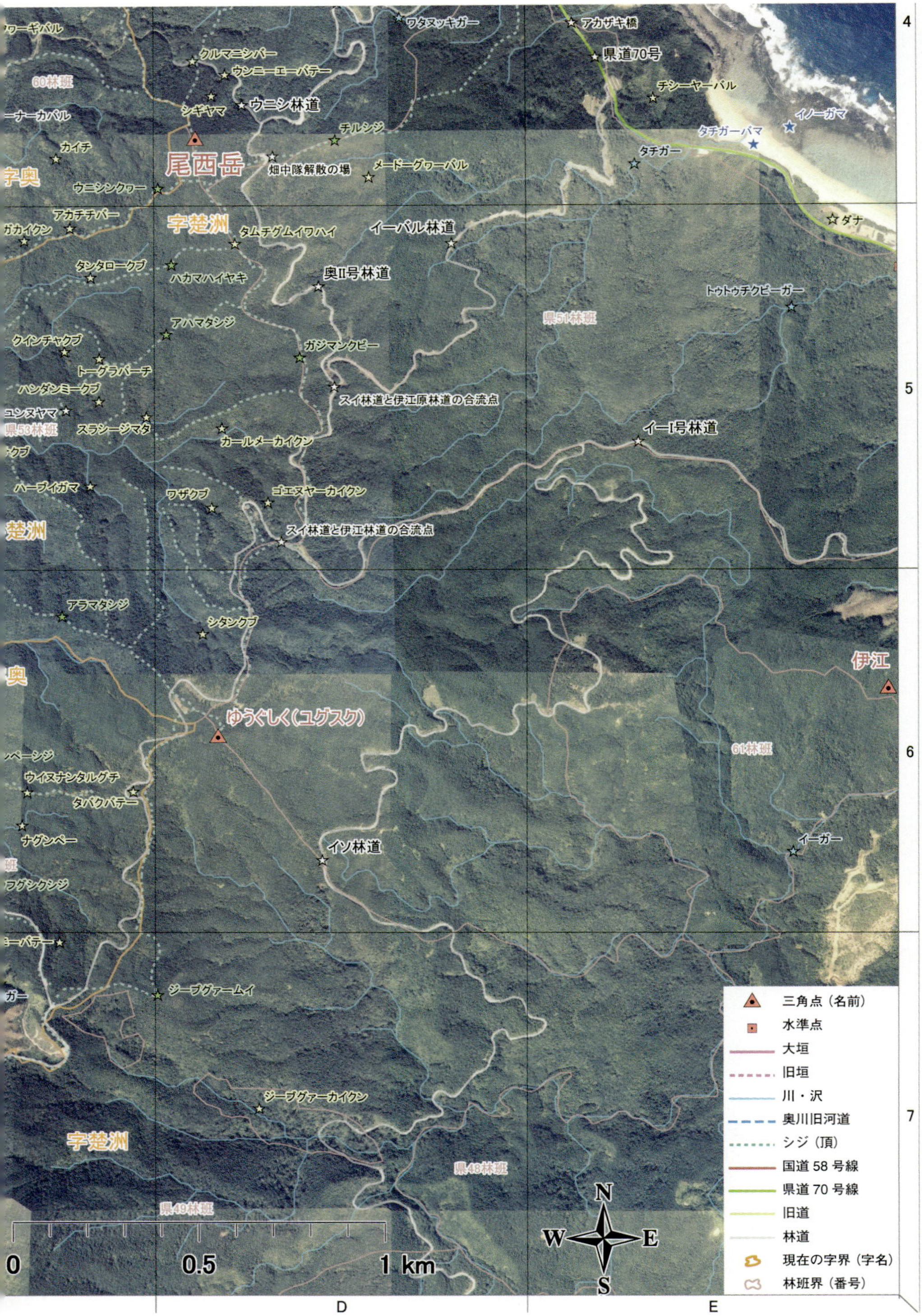

ワタヌッキガー
アカザキ橋
県道70号
チシーヤーバル
イノーガマ
タチガーバマ
タチガー
ダナ
クルマニシバー
ウンニーエーバテー
シギヤマ
ウニシ林道
60林班
カイチ
尾西岳
チルシジ
畑中隊解散の場
メードーグワーバル
ウニシンクワー
アカチチバー
字楚洲
タムチグムイワハイ
イーバル林道
タンタロークブ
ハカマハイヤキ
奥II号林道
トゥトゥチクビーガー
アハマタシジ
県51林班
クインチャクブ
ガジマンクビー
トーグラバーチ
ハンダンミークブ
スイ林道と伊江原林道の合流点
スラシージマタ
県53林班
カールメーカイクン
イーI号林道
ハーブイガマ
ワザクブ
ゴエヌヤーカイクン
スイ林道と伊江林道の合流点
楚洲
アラマタシジ
シタンクブ
伊江
奥
ゆうぐしく(ユグスク)
61林班
ウイヌナンタルグチ
タバクバテー
ナグンペー
フグシクシジ
イソ林道
イーガー
ジーブグヮームイ
ジーブグヮーカイクン
字楚洲
県48林班
県49林班
0
0.5
1 km
N
W
E
S
D
E
4
5
6
7
三角点（名前）
水準点
大垣
旧垣
川・沢
奥川旧河道
シジ（頂）
国道 58 号線
県道 70 号線
旧道
林道
現在の字界（字名）
林班界（番号）

シークヮーサーの多様性

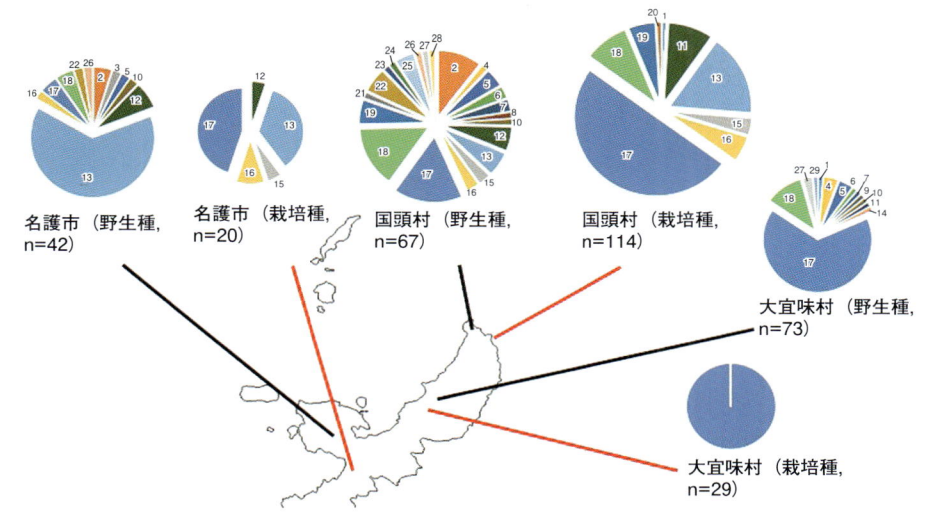

図上：やんばるで市販されているシークヮーサーの形態には、これだけの多様性が見られる。
図下：核のDNAマーカーにより、やんばる各地の野生種と栽培種のシークヮーサーの遺伝的多様性を測って比べてみた。国頭村大石林山（辺戸御嶽）の野生種の多様性が最も高く、栽培種では国頭村奥地区が高い多様性を示し、品質が揃っている大宜味村では多様性が低かった。円グラフの異なる色によって、異なるDNAタイプが示されている。円グラフの数字はハプロタイプの番号、nはサンプル数。（第1章 図1-15）

iii

奥の海とサンゴ礁

図上：山裾を縁どる奥のサンゴ礁は、陽光に輝き、藍色の海にくっきりと浮かび上がって穏やかな表情を見せる。白波は深い外海と浅いサンゴ礁を分けている。2013年9月上旬、大潮の昼過ぎ、眼下には目指すサンゴ礁が既に干上がっている。数多く名付けられた海岸地名やサンゴ礁微地形を観察するため、奥の方々の案内で険しい細い坂道を降りる。(第2章 図2-1)
図下：奥のサンゴ礁の礁原(図左下)は平坦だが、**ウンドゥムイ**と呼ばれる凹みは潮が退いても浅く海水を湛えている。タコや巻貝類、ウニなどの定着性の生きものが生息し、潮干狩りの重要な場所である。一方、**フムイ**と呼ばれる青々とした深み(図右下)では、色とりどりの魚を狙って、釣り糸を垂れて釣りができ、潜って銛突き漁ができる。(第2章 図2-4)

奥の暮らしと生きもの（1）

図左：昔、奥では**ササ**（魚毒）による漁があった。日にちを決めて漁をし、**イジュー**（イジュ）の皮を砕いて潮溜まりに流すと魚が浮いてきた。春から夏場（5・6月がピーク）に咲く**イジュー**の白い花は、広く親しまれている。
図右：子どもたちは、畑の雑草**ワン'クヮビーナ**（ルリハコベ）を利用して、大人がやる**ササ**のまねをして遊んだ。（第3・4章）

図上：海岸近くの日当たりのよい斜面などに生育する**'トゥ'トゥチ**（ソテツ）。土壌の浅い厳しい環境下でも育ち、干ばつに強い**'トゥ'トゥチ**は、貴重な食糧だった。
図下：**'トゥ'トゥチ**の実（左）から味噌などを作った。また**'トゥ'トゥチ**の幹の外皮を削り落とし、芯部分を取り出して、短冊状に切って干す（右）。水さらしや発酵によって毒抜きしたものを、粥などに加えて食べた。（コラム1）

奥の暮らしと生きもの（2）

図上：ミーパンチャ（ゴンズイ）は、その赤い花が遊びで上瞼を裏返しにした様子に似ていることから名付けられた（左）。伝統行事シヌグ（右頁）の1日目、奥の人たちは、藁縄に**チルマチガンダ**（ナバガカニクサ）を巻いてミーパンチャの花を挿した**ハブイ**（冠）をかぶり（右）、集落内をまわる。（第4章 図4-1）

図上：昔の人たちは生きものと関わりながら暮らしてきた。その中で動植物を認識し名前をつけた。色や形をはじめ、生態的な特徴などをとらえて名付けられたと思われるのがみられる。左はガラスヒバアで、「黒い」という意味の方名**ガラシチャーブー**、右はリュウキュウアオヘビで、「青い」という意味の方名**オードーダナ**で呼ばれている。（第4章 図4-3, 4-4）
図下：奥では、'**パブ**（ハブ）の咬傷に**ユダイムシ**（ヤンバルヤマナメクジ）を利用していた。'パブ（左）に咬まれると、みんなで山に入り、大きな**ユダイムシ**（右）を集めてきて治療したという。このような治療法はこれまで知られてなく、今回初めて公にすることができた。（第4章 図4-18, 4-19）

奥の暮らしと生きもの―伝統行事　シヌグ

図上：ビーンクイクイ
図下：シヌグモーで踊る女性達と撮影中の新田さん

奥の伝統行事シヌグは、隔年毎に、旧盆後の亥の日から3日間にわたって開催される。2015年は9月10～12日に催された。

1日目「シバ折り」（ビデオ参照：00:00-02:47）
朝ヌンドゥルチ（乃ノ殿内）の拝所でウガン（御願）を捧げたあと、ヤマジーとシバシジの二手に分かれて山に上る。山の神々にウガンをし、シバヒ（イヌガシ）の木を刃物を使わず7回で倒し、山から声を立てずに部落へ降りてくる。ヤマジー組の「フーヨーサレー」の掛け声を受け、シバシジ組が「ヘーヘーサレー」の掛け声で答えながら、太鼓を先頭に部落入口（郵便局前）で合流する。そこで女性達の準備していた浴衣やバシャギン（芭蕉着）に着替えハブイ（冠）をかぶった男たちが、太鼓を叩き掛け声をあげながら村人たちとともに集落内を左回りに7周する。そのあと海岸に行き村の邪気のついたシバヒとハブイを海に流し、豊作と健康を祈る。
夕方、アシャギマーで女性達がウシデーク（臼太鼓）を踊る。

2日目　（ビデオ参照：02:48-03:47）
朝から、金城より子区長を先頭に、仮装した若い男女の一隊が集落内を回り、お祝いの品々を集める。

3日目「ビーンクイクイ」（ビデオ参照：03:48-05:17）
昼過ぎ、バシャギン（芭蕉着）をまとった桶長老（宮城新明）を乗せた桶を男達が担ぎ、「ビーンクイクイ　エイヤーサー」の掛け声とともにシヌグモーを出発、集落内を練り歩いてアシャギマーに至る。そのあと、女性達の盛大なウシデークを見物しながら、那覇から参加した在那覇奥郷友会の人々とともに、全員が酒を飲んで楽しく過ごす。
なお、ビーンクイクイは、過疎化の進行の下、人手不足となり、1952年頃廃止されていたが、1983年に復活した。現在、奥郷友会の協力のもとで継承されている。

2015年9月奥で催されたシヌグの映像（新田義貴撮影編集）

http://www.kyoto-up.or.jp/qrlink/201603/yanbaru/01.html

やんばるの言語多様性

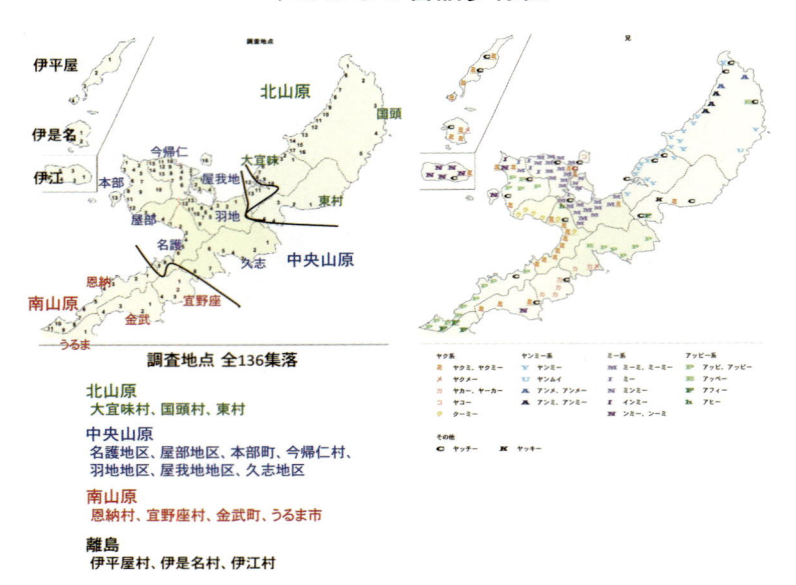

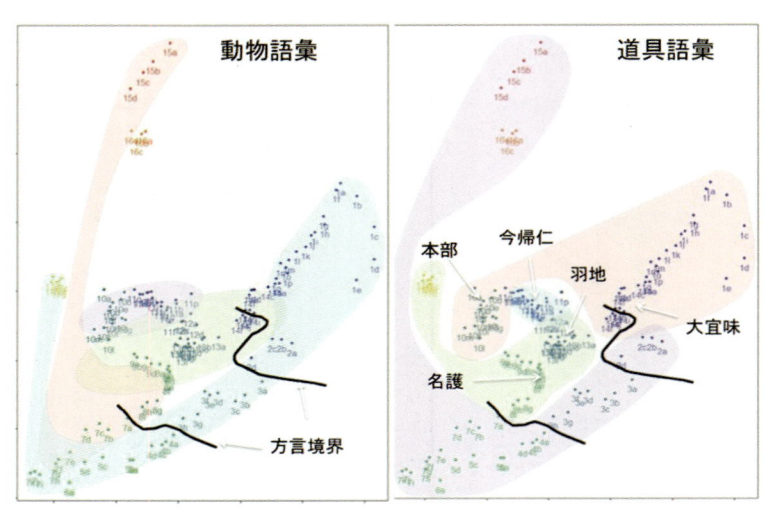

図上　やんばる方言地図（『名護市史本編 10 言語—やんばるの方言』(2003) に基づく）。左は調査地点と、やんばる方言の 3 つの地域グループの境界を示す。また右は「兄」を意味する語彙の語形の多様性を示す。（第 8 章 図 8-2）
図下　やんばる方言語彙の動的系統分析。左は、動物語彙の語形に基づく系統図で、同一系統が方言境界をまたがり自然生態環境に沿って分布していることを示す。また右は、道具語彙の語形に基づく分布が、文化の中心地から周縁に向かっていることを示す。（第 9 章 図 9-6, 9-8）

viii

ウクムニー（奥コトバ）の継承

琉球大学琉球語学研究室の学生たちは、奥に定期的に通い、奥の皆さんの協力を得てウクムニーの辞書と音声教材の作成にあたった。（奥ヤンバルの里資料館談話スペースにて。）（第 8・11・12 章）

ユネスコ（Moseley 2010）は、奄美・沖縄に、6つの危機言語の存在を認めている。図は、NHK ETV 特集「沖縄―島言葉の楽園」（新田義貴制作）より引用。各言語の下の欄は世代間継承の度合いに基づく危機度を表している。与那国語・八重山語（「重大な危険」）は危機度 2（祖父母世代以上が使用）、奄美語・国頭語・沖縄語・宮古語（「危険」）は危機度 3（父母世代以上が使用）。（コラム 6、第 10 章 表 10-2 参照）

生物文化多様性プロジェクト

「生物文化多様性」プロジェクトの沖縄研究班メンバーと協力者。'クニンバテー から尾西岳に続く尾根道の皆伐された山頂にて。近くに東大猪垣第五区が尾根道を横切る。
前列左より、かりまたしげひさ、石川隆二、島田隆久、当山昌直、高橋賢太、高橋そよ。後列左より、稲垣和也、宮城邦昌、石原昌英、寺村裕史、渡久地健、盛口満、中村誠司、大西正幸、長田俊樹、長田マキ、當山奈那、親川栄。

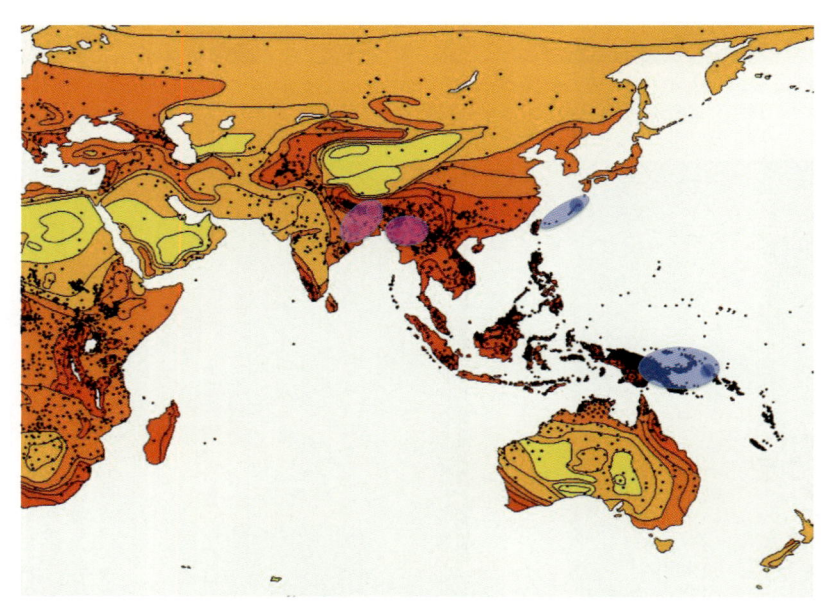

「生物文化多様性」プロジェクトの研究対象地域を、青の楕円（太平洋地域：琉球列島とパプアニューギニア）とピンクの楕円（アジア大陸域：インド東部と東南アジア山岳地帯）で示す。背景の地図（Stepp et al. 2004）は、褐色の色が濃いほど植物の種の多様性が高いことを示す。また、黒い点は、固有言語の分布を示す。（終章 図2）

奥の言葉（方言）

　奥の方言は俗に「ウクムニー」と言われるほどあるため、他所の人には荒っぽく聞こえ、意味として、にくいという。その理由はわからないが、奥のお土産・ご贈答に本島のどこの方言とも異なる。特にアクセントが知られている。

例えば、パッパー（祖母）、ター（父）、アッカー（姉）、ウラ（君、お前）、ウたち）、トーグラ（台所）、マーウタ（猫）、マカスー（今日）など、用例としては、「ウラヤワカビサンヤー」（君が僕にうそを言ったなー）、ムスーターヤヒカト　マーウタ　ハナハスンドー父はとても猫をかわいがるよ」、「トーグラバトゥーバ」（台所から入って来い）などがある。

奥の伝統行事

　[シヌグ]　奥の伝統行事で特色あるものとヌグ折目」と「ウンザミ」がある。両方とも、亥の日から始まり、隔年ごとに行われる。シヌグ間で、1日目は「シバ折り」。男たちが東側とに分かれてシバヒ（和名：イヌガシ）の枝を担集落の入口で合流し、「フーヨーサレー、ヘーヘと唱えながら集落の中の3ヵ所で7回左にまでに行き、木の枝やハブイ（冠）を海に流し気を祓い、豊作と健康を祈る。

　3日目の午後は、「ビーンクイクイ」があるちがシヌグモーでムラの最長老を大きなウヒせて担ぎ、ムラの男衆が一緒になって「ビーンエイヤーサー」と掛け声をかけながらアシャギ練り歩き、女たちに迎えられて男女が合流し作を祈る。

　3日間、夕方は男女がアシャギマーに集まは女性の踊るウシデークを酒盃を交わしなが夜まで楽しく過ごす。

　[ウンザミ]　ウンザミは2日間で、以前は猪捕り、舟起し等の模擬儀礼があった。現在はで豊作を祈願し、2日間シヌグと同じく男女マーに集まってウシデークをするだけで、形骸る。

[復興記念日]

　敗戦後、ムラ人が避難収容先から集落へ帰10月5日を、戦後のムラ復興の記念日としている祝賀行事が行われる。戦前は共同店の設立祝い

新しい行事「鯉のぼり祭り」

　1990年5月の連休に第1回を開催し、今年で800匹余の鯉のぼりが奥川をまたいで勢い祭りの目的は、①子供たちの健やかな成長、②行く人々の交通安全、③山原の活性化と奥ムである。

　奥の子供たちからお年寄りみんなで役目をおおいに楽しむ。外から万を超す人びとが訪れんにぎわい、回を重ねるごとに活気がましてい

奥のお茶

　奥といえばお茶、お茶といえば奥を連想させるほど、日本一早い一番茶は、毎年春の風物として新聞、テレビ等で報じられる。美味しいお茶、奥のお茶産業は、戦前1929から道の島（特に与論島）との交易が盛んで、頃からスタートし、80年余経過した今日に至ってもではないかともいわれる。ムラの産業の主軸をなしている。

共同店

　共同店は1906年4月1日に創立され、今年で109年を迎えた。共同店は歴史的にも山原地域の先駆をなす。辺境のムラの生活防衛型の共同店として内外から注目されている。現在においても、共同店は奥区所有の共同財産として管理運営されている。

民具資料館

　現在の奥交流館に移設・開館する以前は、字立奥民具資料館であった（1983年元の共同店を利用して設立）。奥では10数年前から「民具保存会」を結成し、地域の民具を収集してきた（1,600点余）。豊かで便利な生活になるとともに、各家庭で使ってきた道具が使われなくなり放置されるようになった。一方、民具収集マニアによって貴重な民具が多く流出した。これでは私たちの昔からの生活の移り変わりを知る民具類が消滅してしまうと憂慮し、みんなが一体となって収集と復元に努2001年春、よそおいを新たに現在の資料館としてオープンし、いっそう親しく手でさわって見ていただけるようになった。

猪　垣

　奥の集落と畑を取り巻くウーガチ（大垣）は、1903に構築が始まった。現在も山の中に9km余の石積みの垣が残っている。猪垣は各戸分担で築き、1959年に放棄されるまでの56年間、しっかりと維持管理していた。その管理規定や台帳は資料館で保管され、奥の猪垣暮らしの歴史が理解できる。

形骸のスギ

　1893年6月20日、探検家笹森儀助が奥から楚洲に向かう途中、奥のスイ山にスギの植林を見た。「この杉は・・・から60年前屋久島より苗木を取り寄せ植付け、人の高さで周囲3、4尺もある杉に成長し・・・」と記（南嶋探験）。このスギは幻のスギであったが、近年このスギによるスギ材（支柱角材）がイルパンナ（平名）の家で3本、イスマングゥー（糸満小）で4本見つかった。

奥の名木

　クルチ（リュウキュウコクタン）：栄門屋敷内
　シギ（スギ）：トージンガマ川の大杉
　アカテツ：墓の前の広場
　カシ（ウラジロガシ）：尾西岳西谷
　マチ（マツ）：マッカの上
　フクキ（ウラジロエノキ）：クワマタ

図

16年1月

奥案内図凡例（1）

① 慰霊塔、1962年
② 忠魂碑、1933年
③ 女神（マハハ）を祀る祠と航海安全を祈願する石灯籠
④ 上杉沖縄県令宿泊所（上ン根：金城親安宅、1881年）
⑤ 宮城親栄翁顕彰碑、1982年
⑥ 朝日農業賞受賞記念碑、1975年
⑦ 漢那憲和宿泊所（大首里屋、1942年）
⑧ 糸満盛邦翁生家（阿舎木後）
⑨ ヌンドゥルチ（乃ン殿内）
⑩ 「平和・共同」戦後50周年記念碑、1995年

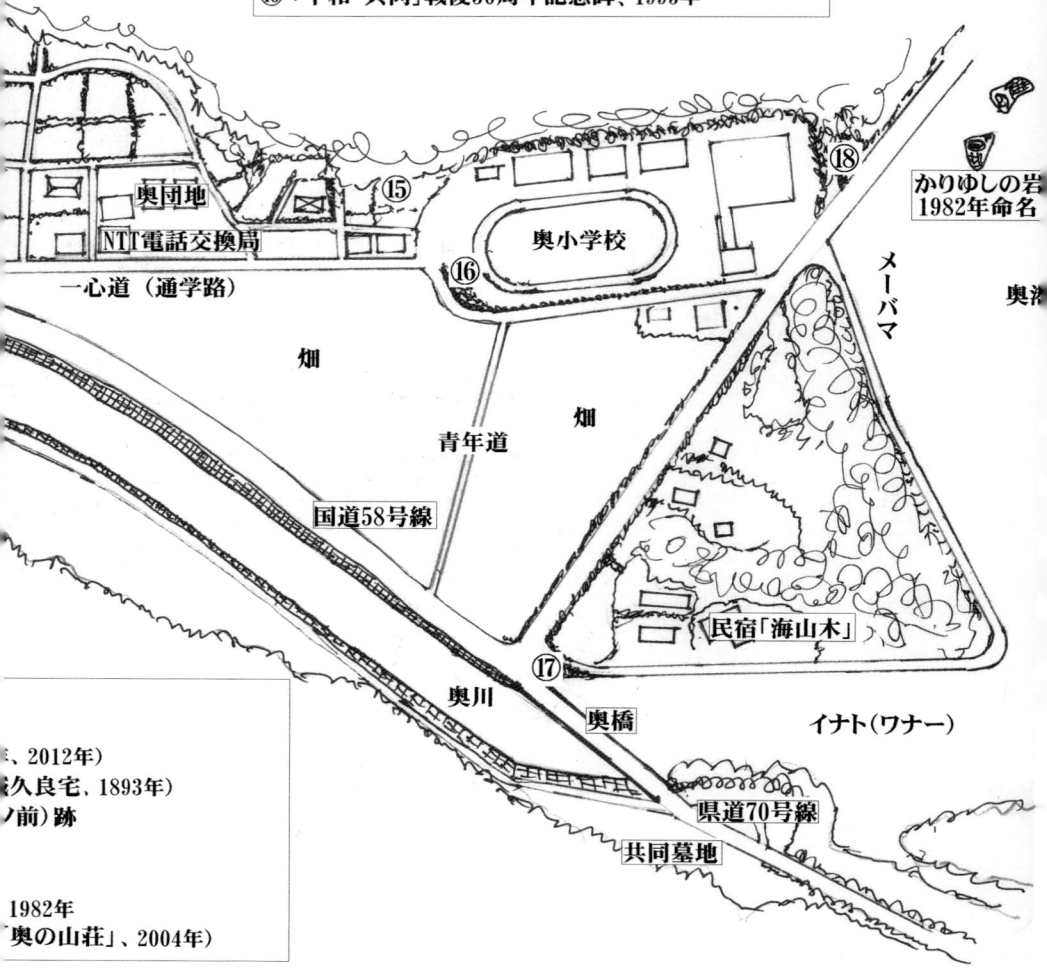

奥団地
NTT電話交換局
一心道（通学路）
⑮
奥小学校
⑯
かりゆしの岩 1982年命名
メーバマ
奥浜
畑
畑
青年道
国道58号線
民宿「海山木」
⑰
奥川
奥橋
イナト（ワナー）
県道70号線
共同墓地

、2012年）
久良宅、1893年）
ノ前）跡

1982年
「奥の山荘」、2004年）

奥の原風景
「新奥案内書」と「奥の原風景」について

　2001年4月に交流館・資料館・宿泊施設からなる「奥ヤンバルの里」が開設された。これを契機に、2003年4月、「奥ヤンバルの里」と「奥・ヤンバル鯉のぼり祭り」のため、リーフレット「奥－沖縄県国頭村奥　案内書」が完成した。当時区長の島田隆久が原案を書き、中村誠司が整理・編集して輪転機印刷した。前ページの「新奥案内書」は、島田・中村の協力の下、宮城邦昌が中心となって、それを全面的に改訂したものである。

　奥集落では、公民館（現集落センター）や「奥ヤンバルの里資料館」などに、古い写真が多く保存されている。個々の住民も、その時々の懐かしい写真を保存している。それらの中には、『琉球新報』・『沖縄タイムス』に掲載されたもの、沖縄県立公文書館に保存されているものもある。今回、それら奥部落に関わる写真を収集・厳選し、以下、「奥の原風景」としてまとめた。

　奥集落は沖縄島最北端に位置し1950年代初めまで陸の孤島と言われていた。地形的に三方を山に囲まれ、南北に流れる奥川流域に田を拓き、山の斜面は段々畑として拓き、狭隘な農地から食糧を生産していた。そのため生活の糧は山から搬出される薪や木炭、材木などの豊富な林産物であった。それらの林産物を共同店が中南部の町に売り、栄えた集落である。だが、1960年頃から始まった都市部への人口移動による過疎化により、多くの田畑が放置され、森が集落近くまで押し寄せるなど、往時の風景が消えた。

　これらの写真を通して、奥の懐かしい風景を偲びたい。

ターウインパナからの奥風景

ターウインパナから奥集落遠望、河村只雄1936年10月25日撮影。
茶工場はまだ設置されてなく、戦前の瓦葺公会堂が写る。またシーバーの農道が整備されている。
提供：沖縄県公文書館

集落をとりまく風景（1）

ターウインバナから奥集落を遠望、1959 年 9 月。戦災で焼けた公会堂は 1946 年に茅葺となったが、1955 年に瓦葺に改築された。現在の国道 58 号線に設置された奥集落センターに遷るまで奥区行政の中枢であった。1951 年には山越の県道が辺戸まで繋がり、シーバーの農道ともつながった。また、スイ林道も 1952 年に工事がはじまり、奥の産業に大きな発展と役割をはたした。写真左下は県道沿いの土砂である。また、1947 年に完成した茶工場も写っている。提供：沖縄県公文書館

ミヤゲムイ（南側）から奥集落を遠望、天気のいい日には水平線に与論島が浮かぶ。
1955 年 9 月 18 日、提供：キーストンスタジオ

集落をとりまく風景（2）

ウッカーヌ'ピー（奥川の樋）、'ピーは'ピドゥムイウェーク（堰）からブカーとミーダー（新田）に潅漑用水路として構築されているが、集落内を通る部分では生活用水としても使用された。1969年10月の大水害の土砂で田圃を失い、つづいて1972年の本土復帰に伴う減反政策で田園風景は失われた。
また、この'ピーは1945年8月3日に集落民が降伏して下山した時、前夜からの大雨で奥川が増水して渡れないので、橋代わりにして集落民を渡しおえたあとに流失したと伝承されている。1969年2月、提供：宮城宏光氏

琉球政府道1号線の延長計画が図られ、終点地が奥集落と決まり、辺戸からの工事と共に、1959年に奥側からも工事が始まった。本写真は1960年に工事中の奥集落南側（ウェーダ）付近から奥集落を撮ったものである。田には、タードーシと苗代が写る。提供：沖縄県公文書館

集落をとりまく風景（3）

奥川沿いの田園（ヌガンナー）風景と琉球政府道1号線（現国道58号）の工事現場。
大きく斜面を切取られた1号線工事場の下にウイバル林道が裾野を山手に延びる。
手前はピドゥムイフムイ（深場）と堰。1960年頃。提供：金城哲也氏

シルフクジからヌガンナーの田園風景の彼方に集落を遠望する。手前右のホウライチクやダンチクのアムトゥ（土手）に
囲まれた田圃がシルフクジ。これら奥川沿いに開けた田園地帯は、1969年10月の大洪水により、土砂に覆われ失われた。
同時に復帰後の減反政策のあおりを受け稲作が消えた。1960年頃。提供：金城哲也氏

集落をとりまく風景（4）

スグラ（北西側）から奥集落を遠望、1961年9月29日。提供：沖縄県公文書館

スグラ（北西側）からスイバル（楚意原）を遠望、1972年8月。提供：宮城宏光氏

奥共同店（1）

左：糸満盛邦翁（1906年に奥共同店を創設）
右上：1914〜15年頃、部落内のみに通用する「金銭換用券」を発行した。
右下：1935年頃の奥共同店、人物は当時の第12代主任宮城久善氏。建物は先の戦災で焼失した。

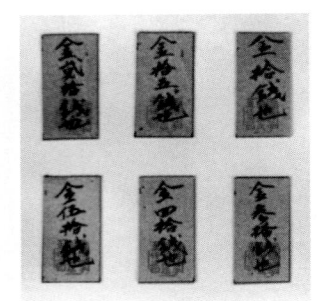

奥共同店店内風景、第18代共同店主任森山定安氏と店員。カレンダーは1955年9月18日（日）、時計は11時25分を指す。　提供：キーストンスタジオ

奥共同店（2）

左：1956年にコンクリートブロック造りに改築された奥共同店。広場南側にあった警鐘やぐらは解体され、共同店屋上にガスボンベの鐘がさげられた。提供：宮城宏光氏、1962年2月。
右：奥共同店創立80周年を記念して、奥共同店入口に建立（1986年10月4日）された糸満盛邦翁顕彰碑。提供：宮城ナツ氏。

奥共同店創設百周年記念祝賀会。奥集落センター。2006年10月7日

人と暮らし（1）

田圃づくり（シルフクジ、1960年頃）。提供：金城哲也氏

上下3点は、田植風景（ヌンヂー、1960年頃）。提供：金城哲也氏

人と暮らし（2）

稲刈り風景。出典：『字誌　奥のあゆみ』

刈り取った稲を脱穀する兄妹。奥の平地にある田圃は沖積層の上に造られているため、夏場は干上ることから水稲は一期作で、二期作は田んぼに畝を造り芋を植える。土砂災害後のやせた土地ではサトウキビもうまく育たず、働き手が少なくなった現在は放置された状態である。往時のイネや芋造りは大変厳しい作業であったが、懐かしい思い出である。提供：宮城ナツ氏

籾を搗く風景。奥では1949年公営の精米所がつくられたが、時々家庭内で臼で米を搗く風景があった。提供：宮城ナツ氏

xxi

人と暮らし（3）

タードーシ（田倒し、夏場に降水量が少なく二期作として田んぼに畝を造り、芋を植える）。1960年頃を境に都市部への人口移動が始まり、土砂災害後はイネも芋も消えた。往時の懐かしい風景である。出典：『字誌　奥のあゆみ』

タードーシで芋を植える婦人達、1960年頃。出典：奥ヤンバルの里資料館

人と暮らし（4）

茶摘み風景。一番盛んな頃は茶鋏で刈り取っていた。提供：宮城ナツ氏

畑から家路を急ぐ夫妻（ワナー道＝現国道58号起点付近、1959年9月）。
提供：沖縄県公文書館

人と暮らし（5）

イジュの樹皮剥ぎ風景。樹皮は臼でついて粉にし、魚毒漁に用いた。
（シヌグモー広場、1965年5月）
出典：沖縄県公文書館 043-012188〔左〕、043-012171〔右〕

あづま橋のアジマー（奥224番地付近）で戯れる子供たち、学校帰りの3人の女生徒は花壇の手入れがあったのかアサンガニ（ヘラ）を持っている、1959年9月。提供：沖縄県公文書館

習俗・行事（1）

正月用の豚をつぶしている風景。1965年頃までは各戸で1頭の豚がつぶされた。肉や骨は塩漬けされ寒い頃の田植準備へ向けて蛋白源として保存された。1972年の日本復帰以降は、旧正月が新正月へ移行し、また1985年に奥共同店が国道58号線沿いに新築移転して肉が販売されるようになった。このため、各戸での養豚は終わりを告げ、正月用に豚をつぶす慣習はほぼ終了した。1969年頃。

正月用豚の解体風景、1969年2月、提供：宮城宏光氏

習俗・行事（2）

ウシデーク（アシャギマー）、1972年8月。提供：宮城宏光氏

ジュールクニチ（十六日祭）風景、奥集落ではグソー（後世）の正月としてジュールクニチが行われる。区民を始め、都市部に移転している家庭でも共同墓に関係する家族が里帰りをして、たくさんのご馳走をこしらえて家族総出で墓参りをし、祖先のまえでご馳走を食べ酒を交わしながらお互いに親睦を深める。
1972年の日本復帰ころまで旧暦1月16日に行われていたが、復帰後サトウキビの収穫時期との関係で新暦で行われるようになった。現在は、那覇を始めとする都市部からの墓参者の利便から16日前後の土・日曜日に調整されている。
1960年頃、提供：宮城ナツ氏

習俗・行事（3）

兵隊見送り風景（シーバー道で、1939年頃）、集落民総出の見送りはここで終わるが親戚などは宜名真まで約1里の山道を歩いて行った。提供：中真貞子氏

1956年2月9日シベリアで11年抑留されていた金城五郎（1920（大正9）年生）が帰還した。宮城はまだ小学校2年生だったが、この時シーバー道で、集落民が総出で手作りの日の丸の旗を振って、金城先輩を迎えた体験がある。また数日後、奥小中学校全児童生徒を対象に小学校で講演会が行われ、シベリア抑留体験談を金城先輩から聴講した思い出がある。

奥区民の全員集合、1996年1月1日付沖縄タイムス掲載、提供：沖縄タイムス社

災害

大水害によるアンガー川（ハーラ）川岸決壊（茶工場付近）　1947年頃、提供：金城重夫（仲尾松一撮影）

大水害による奥川の氾濫後のハーランチビ堤防決壊（マンカー付近）　1947年頃、提供：金城重夫（仲尾松一撮影）

大水害による奥川の氾濫後のタムンダーの堤防決壊（イナトチビ付近）1947年頃、提供：金城重夫（仲尾松一撮影）

豪雨災害（1969年10月7日）で土砂に埋まった田圃（ヌガンナー）、出典：「奥郷友会新聞」第2号、1969年19月20日発行

豪雨災害（1969年10月7日）の様子（あづま橋付近）、出典：「奥郷友会新聞」第2号、1969年19月20日発行

豪雨災害（1969年10月7日）で土砂に埋まった田圃（ヌガンナー）、出典：「奥郷友会新聞」第2号、1969年19月20日発行

「環境人間学と地域」の刊行によせて

　地球環境問題が国際社会の最重要課題となり、学術コミュニティがその解決に向けて全面的に動き出したのは、1992 年の環境と開発に関する国連会議、いわゆる地球サミットのころだろうか。それから 20 年が経った。
　地球環境問題は人間活動の複合的・重層的な集積の結果であり、仮に解決にあたる学問領域を『地球環境学』と呼ぶなら、それがひとつのディシプリンに収まりきらないことは明らかである。当初から、生態学、経済学、政治学、歴史学、哲学、人類学などの諸学問の請来と統合が要請され、「文理融合」「学際的研究」といった言葉が呪文のように唱えられてきた。さらに最近は「トランスディシプリナリティ」という概念が提唱され、客観性・独立性に依拠した従来の学問を超え社会の要請と密接にかかわるところに『地球環境学』は構築すべきである、という主張がされている。課題の大きさと複雑さと問題の解決の困難さを反映し、『地球環境学』はその範域を拡大してきている。
　わが国において、こうした『地球環境学』の世界的潮流を強く意識しながら最先端の活動を展開してきたのが、大学共同利用機関法人である総合地球環境学研究所（地球研）である。たとえば、創設 10 年を機に、価値命題を問う「設計科学」を研究の柱に加えたのもそのひとつである。事実を明らかにする「認識科学」だけでは問題に対応しきれないのが明らかになってきたからだ。
　一方で、創設以来ゆるぎないものもある。環境問題は人間の問題であるという考えである。よりよく生きるためにはどうすればいいのか。環境学は、畢竟、人間そのものを対象とする人間学 Humanics でなければならなくなるだろう。今回刊行する叢書『環境人間学と地域』には、この地球研の理念が通底しているはずである。
　これからの人間学は、逆に環境問題を抜きには考えられない。人間活動の全般にわたる広範な課題は環境問題へと収束するだろう。そして、そのとき

に鮮明に浮かび上がるのが人間活動の具体的な場である「地域」である。地域は、環境人間学の知的枠組みとして重要な役割を帯びることになる。

　ひとつの地球環境問題があるのではない。地域によってさまざまな地球環境問題がある。問題の様相も解決の手段も、地域によって異なっているのである。安易に地球規模の一般解を求めれば、解決の道筋を見誤る。環境に関わる多くの国際的条約が、地域の利害の対立から合意形成が困難なことを思い起こせばいい。

　地域に焦点をあてた環境人間学には、二つの切り口がある。特定の地域の特徴的な課題を扱う場合と、多数の地域の共通する課題を扱う場合とである。どちらの場合も、環境問題の本質に関わる個別・具体的な課題を措定し、必要とされるさまざまなディシプリンを駆使して信頼に足るデータ・情報を集め、それらを高次に統合して説得力のある形で提示することになる。簡単ではないが、叢書「環境人間学と地域」でその試みの到達点を問いたい。

「環境人間学と地域」編集委員長
総合地球環境学研究所　教授
阿部　健一

目　　次

巻頭付録
　奥の地名図　　i
　カラー口絵　　iii
　新奥案内書　　xi
　奥の原風景　　xiii
　「環境人間学と地域」の刊行によせて　　xxix

序章　奥・やんばるの「コトバ–暮らし–生きもの環」
　　　　　　　　　　　　　　［大西正幸／ネイサン・バデノック］　1
1　奥・やんばるの魅力を伝えるために　　3
　　(1) シークヮーサーの知恵　　(2) やんばるの中の「奥」
　　(3)「奥」の伝統とコトバの重要性　　(4) 本書の構成と内容について
2　生物文化多様性と「コトバ–暮らし–生きもの環」　　15
　　(1)「生物文化多様性」プロジェクト　　(2)「生物多様性」と「文化多様性」
　　(3) 世界各地の「コトバ–暮らし–生きもの環」
ウクムニー（奥コトバ）の発音の特徴と表記について　　［當山奈那］　26

第1部　生きもの

第1章　奥で保存活用される多様なシークヮーサーの知恵
　　　　　　　　　　　　　　　　　　　　　　　　　　　［石川隆二］　33
　1-1　奥のシークヮーサーは千変万化　　34
　1-2　みかんのふるさと　　36
　　　(1) カンキツと呼ばれるさまざまな果実　　(2) 栽培種の成立

xxxi

目 次

   (3) 日本のカンキツ：温州ミカンとシークヮーサー
 1-3 シークヮーサーの多様性 41
   (1) シークヮーサーのさまざまな呼称 (2) 生物文化多様性とシークヮーサー
   (3) おじいが開いたみかん園 (4) パイナップルからシークヮーサーへ
   (5) シークヮーサー栽培における多様性の意味
 1-4 シークヮーサーのDNA調査 50
   (1) DNAによるシークヮーサーの遺伝的多様性の検証
   (2) 自生するカンキツ：シークヮーサー起源地の検証
   (3) やんばる各地でのフィールド調査 (4) 遺伝子バンクとしての奥
 1-5 シークヮーサーの未来 61
   (1) 奥の母親：子は母親を超えられるのか
   (2) DNAでシークヮーサーを育種する：氏より育ちか？
   (3) 方言名とDNA多型

第2章 山裾を縁どり暮らしに彩りを添えてきたサンゴ礁

             ［高橋そよ・渡久地健］ 67

 2-1 「山国」の海辺へ 68
 2-2 奥のサンゴ礁の特徴 69
 2-3 言分けられたサンゴ礁地形 72
   (1) パマ/イノー (2) 'ピシ/ウンドゥムイ
   (3) 'ピシヌパナ/'ピシヌプハ/その他
 2-4 地形―生物―漁撈の関係性 77
   (1) ムルル/イノー (2) 'ピシ/フムイ/ヤト/ウンドゥムイ/'ピシヌパナ
   (3) 'ピシヌプハ
 2-5 サンゴ礁からの「お裾分け」──自給的資源利用と民俗知識 82
   (1) 潮干狩り (2) 保存食 (3) サンゴやサンゴ砂利の利用
 2-6 暮らしに彩りを添えたサンゴ礁の恵み 91

●コラム1　奥における植物利用（1）ソテツとリュウキュウバショウ
　　　　　　　　　　　　　　　［当山昌直・盛口満・島田隆久・宮城邦昌］　95

第3章　魚毒植物の利用を軸に見た琉球列島の里山の自然
　　　　　　　　　　　　　　　　　　　　　　　　　［盛口　満］　103

　3-1　身近な自然とは何か　104
　3-2　琉球列島の里山の消失　105
　3-3　魚毒漁に里山を見る　109
　　（1）魚毒漁とはどのようなものか　　（2）共同行事としての魚毒漁
　　（3）個人の営みとしての魚毒漁　　（4）多様な魚毒漁
　　（5）魚毒漁の消失と里山の改変
　3-4　琉球列島の里山に見る生物文化多様性　124

第4章　沖縄島奥の動植物方言およびその生物知識を探る
　　　　　　　　　　　　　　　　　　　　　　　　［当山昌直］　129

　4-1　暮らしの中の生きもの　130
　4-2　生きものを認識する　131
　　（1）命名：生きものに名前をつける　　（2）民俗分類：生きものを見分ける
　4-3　生きものを利用する　149
　　（1）衣　（2）食　（3）薪　（4）住　（5）生産　（6）社会生活
　　（7）民間療法　（8）遊び・娯楽・趣味　（9）忌避・魔除け・俚諺など
　　（10）行事
　4-4　奥の生物知識を探る　163
　　（1）認識としての知識　　（2）利用としての知識
　4-5　奥の動植物方名の特徴　167
　4-6　調査を終えて　168
●コラム2　奥における植物利用（2）リュウキュウマツとイタジイ
　　　　　　　　　　　　　　　［当山昌直・盛口満・島田隆久・宮城邦昌］　172

目 次

第 2 部　暮らし

第 5 章　奥の共同性・自治・ひと —— 奥研究の未来に向けて
［中村誠司］　179

5-1　島田隆久との出会い　180
5-2　『奥字ノ事績』をめぐって　180
　　（1）共計在和　（2）コトバによる記録の伝統
5-3　奥共同店と自治機構　185
　　（1）奥共同店：暮らしの多様性の原動力　（2）奥の自治（政治経済）機構
5-4　民具資料が伝える奥の暮らしの多様な姿　193
5-5　奥研究　197
　　（1）奥研究のあゆみ　（2）『字誌　奥のあゆみ』：奥の字文書資料
　　（3）外からのまなざし：『琉球共産村落之研究』と「琉球村落の研究」
5-6　奥研究の未来 —— 歴史文化を中心に　204
　　（1）これまでのシマ社会研究の積み重ね　（2）先輩から後輩へ、未来の世代へ
　　（3）膨大な字文書資料を資料化する　（4）奥研究会、資料の収集・保存・利用
　　（5）『新字誌・奥のあゆみ』に向けて

●コラム 3　奥・やんばるで身近な野草を食べる　　　　［中村愛子］　209

第 6 章　近代沖縄に継承された近世琉球の造林技術
　　　　　—— 国頭村字奥で見つかった『造林台帳』の分析
［齋藤和彦］　213

6-1　「蔡温の林政」に惹かれて　214
6-2　沖縄の森林管理における歴史の重要性　215
6-3　近世から近代に至る沖縄の林業史　217
　　（1）沖縄の主要造林樹種　（2）近世琉球の森林管理
　　（3）近代沖縄の森林管理

目　次

6-4　『造林台帳』の分析　　224
　　　（1）『造林台帳』の概要　　（2）何を、どのように造林したのか
　　　（3）何を、どこに造林したのか　　（4）何を、どこに、いつ頃造林したのか
6-5　「コトバ-暮らし-生きもの環」
　　　──森林利用に関わる沖縄の伝統知の解明に向けて　　237
　　　（1）近代沖縄の集落レベルの造林実態　　（2）「蔡温の林政」の実態解明
　　　（3）方言地名のGISデータ化
●コラム4　奥における植物利用（3）ホウライチクとリュウキュウチク
　　　　　　　　　　　　　　　　　　［当山昌直・盛口満・島田隆久・宮城邦昌］　240

第7章　地名に見る奥の暮らしの多様性　　　　　［宮城邦昌］　245

7-1　地名図作成の経緯　　246
　　　（1）開墾での出会いと体験　　（2）奥の地名調査と地名図作成
7-2　奥の地名分類　　250
　　　（1）地名分類の概要　　（2）自然に関わる地名　　（3）暮らしに関わる地名
7-3　地名から見る奥共同体の暮らしの歴史　　259
　　　（1）イノシシ垣　　（2）ウプドーにあった奥中学校
　　　（3）消えた県道（宇座浜―奥を結ぶ海岸沿いの県道）　　（4）奥郵便局と電話
　　　（5）外からの来訪者
7-4　地名語彙の多様性──その地域差と歴史的変遷　　298
　　　（1）地域による違い　　（2）歴史的変遷
7-5　地名調査を終えて　　301
●コラム5　アブントーの大蛇の話　　　　　　　　　　　　　［宮城邦昌］　303

目次

第3部　コトバ

第8章　琉球方言の言語地理学と動的系統樹
—— 琉球方言研究の現代的意義と可能性
［かりまたしげひさ］　311

- 8-1　フィールドワーク　312
- 8-2　琉球方言の多様性　313
- 8-3　琉球方言の言語地理学的研究　318
  - (1) やんばる方言の言語地図とやんばる方言の多様性
  - (2) 語形の多様性から変化を探る　(3) 分布にみる地域の歴史
- 8-4　琉球方言の系統樹研究　331
  - (1) 動的言語系統樹　(2) 動的言語系統樹のピラミッド
- 8-5　危機に対する意識　339

第9章　コトバと暮らしのミームを探る
—— 変化する"環"を捕まえる　［津村宏臣］　343

- 9-1　「風が吹けば桶屋が儲かる」式世界への挑戦　344
  - (1) 合理性の波が洗い流すモノ
  - (2)「風が吹けば桶屋が儲かる」式世界の不可逆性
  - (3) 風を止めることが、変化を食い止めるのか？
- 9-2　因果性のジレンマとの対峙　348
  - (1) 因果性のジレンマと"環"の関係　(2) "環"に見えている"環"のようなモノ
  - (3) 進化論と因果性のジレンマ　(4) 意伝子と系統解析と空間相関
- 9-3　やんばるのコトバ　358
  - (1) データ化した暮らしのある場所とコトバ
  - (2) 各種の系統分析結果の可視化　(3) 系統樹と空間分布の傾向から
- 9-4　眼前にある"環"の前と後　367

目 次

◉コラム6　おじぃはなぜ、最期の言葉をウクムニーで語ったのか？

［新田義貴］　371

第10章　ウクムニー（奥方言）の活力と危機度について

［石原昌英］　377

10-1　私とウクムニー　378
10-2　ウクムニーの活力　382
　（1）言語の世代間継承　（2）話者人口と総人口に占める話者人口の割合
　（3）言語の使用領域　（4）新しい領域およびメディアでの言語使用
　（5）言語教材
10-3　ウクムニーに関する言語意識　395
　（1）行政機関等の言語意識と政策　（2）地域住民の言語意識
10-4　ウクムニーの記録保存　398
10-5　ウクムニーを残していくために　400

◉コラム7　『いそーはるまかびばなし（面白い嘘話）』

［宮城邦昌・當山奈那］　403

第11章　消滅危機方言における辞典の役割

［かりまたしげひさ］　411

11-1　二つの方言辞典草稿との出会い　412
11-2　消えゆく故郷のコトバ　413
11-3　シマクトゥバと地域文化　416
11-4　シマの百科事典　419
　（1）栽培植物の記述　（2）シマの生産活動と生活
　（3）形容詞はおもしろい　（4）例文の充実

第 12 章 「ウクムニー」習得のための音声教材試作版の作成
[當山奈那] 437

12-1 　出会い　438
12-2 　ウクムニーペーハナレー（奥方言早習い）の企画と開発　439
12-3 　沖縄県の「方言ラーニング」商品について　441
12-4 　琉球大学琉球語学研究室の取り組み　442
　（1）地域方言を習得するための教材：方言多様性教育のために
　（2）音声教材の構成　（3）副次的な存在としての文字テキストの可能性
12-5 　他の方言の「ペーハナレー」　455
12-6 　奥の先輩方のコトバを話そう　456
　調査、音声編集の概要について　458

終章　「コトバ−暮らし−生きもの環」の未来
　── 奥・やんばるモデルを共有する
[大西正幸／石川隆二／ネイサン・バデノック] 465

1 　次世代継承をめぐって ── 与論高校生との対話　465
　（1）与論島と奥・やんばる　（2）与論高校生との対話
2 　アジア大陸域・太平洋島嶼域の「コトバ−暮らし−生きもの環」　472
　（1）ラオス山岳地帯　（2）ブーゲンビルの内戦と復興
3 　ブーゲンビルと奥 ── 二つの対話　485
　（1）【対談1】ブーゲンビル戦：戦争体験の共有と和解
　（2）【対談2】ブーゲンビル国家形成に向けて：奥共同体の自治に学ぶ
4 　「コトバ−暮らし−生きもの環」の未来　495
　（1）各地域のアジェンダと課題　（2）コトバ多様性の維持・継承に向けて

あとがき　503

謝辞　507

索引　511

執筆者紹介　525

序　章
奥・やんばるの「コトバ−暮らし−生きもの環」

大西正幸／ネイサン・バデノック

「水が違えばコトバが違う」。

今から15年前、名桜大学の院生だった大城靖さんが、やんばる（沖縄島北部地域）の東海岸辺野古に隣接する大浦集落の方言を調査していたとき、地元のおばあ[1]から教わった言葉である。やんばるのほとんど集落毎に大きな異なりを見せるコトバの多様性と、森と川に囲まれた自然景観や人々の暮らしの多様性との関係が、素朴に表現されているように思う。実際、土地のコトバ、人々の暮らし、それを取り巻く生きものたちは、どれも欠くことのできない、強固な環を形成しているのだ。

当時、私たち本書執筆者のうち、かりまたしげひささん、石原昌英さん、大西など、「沖縄言語研究センター」に属していた言語学を専門とするメンバーは、名護市史編さん室と協力して、『名護市史本編・10　言語—やんばるの方言』[2]の出版に向けて、やんばるのさまざまな方言の調査を進めていた。調査には、上に述べた大城さんのような若い世代の大学生・大学院生や、地元の研究者たちが加わっていた。

本書第8章（かりまた）で詳しく述べられている通り、この「沖縄言語研究センター」は、琉球大学の仲宗根政善先生、のちに上村幸雄先生を中心に、

---

[1] 宮里弘子さん（明治38（1905）年生）。
[2] 『名護市史』は、沖縄の本土復帰を契機に、名護市が、名護市を中心としたやんばる（沖縄島北部）の歴史や文化を詳しく記録しようとして始めた出版事業で、1977年に始められ、これまでに本編12巻のうち11巻と、さまざまな書籍・資料集が刊行されている。

琉球列島の言語や文化を研究する研究者や学生たちが参加して作られた研究組織で、そのメンバーの手によって、琉球列島のほぼ全集落で本格的な言語調査が進んでいた。中でもやんばるはこの調査活動の出発点となった地域で、1982 年から 15 年以上にわたって断続的に続けられた調査を通して、すでに詳細な語彙・発音・文法のデータが収集されていた。

『言語―やんばるの方言』では、やんばる全 136 地点のコトバの特徴や違いを正確に記述し、その語彙・発音・文法特徴の地理的分布を豊富な方言地図によってわかりやすく示すことに重点が置かれた。2006 年 3 月に完成したこの本を見ると、144 枚ある地図がほとんど一枚一枚大きな異なりを見せていて、その多様性には改めて驚かされる[3]。

しかしこうした多様な伝統的なコトバは、やんばるの多くの集落で、現在、60～70 歳代以上の世代によってしか話されなくなっている。やんばるのコトバ多様性は急速に失われてきている。本書で焦点を当てたやんばる北端の集落「奥」も、その例外ではない。石原昌英さん（第 10 章）が指摘するように、戦前戦後を通して続いた「標準語励行運動」が、その主な原因となっている。

やんばるの自然景観やそこに生息する生きものが多様で豊かなことは、県外の人々にも広く知られている。やんばるの森の中核部にはイタジイの自然林が広がり、「ヤンバルクイナ」、「ノグチゲラ」に代表される絶滅危惧種の鳥類、「リュウキュウヤマガメ」、「ヤンバルテナガコガネ」といった小動物や虫類、あるいは「オキナワセッコク」やすでに絶滅したと言われる「オリヅルスミレ」といった植物など、多くの固有な生きものの棲み処となっている（平良・伊藤 1997）。またやんばる東部の沿岸には、まだ美しい自然海岸が残されていて、随所に、サンゴ礁や、絶滅危惧種のジュゴンの餌場である海草の藻場が点在する。こうした多様な自然景観や希少な固有種の存続が、本土復帰後の林道やダムの建設、大規模な農地開発、さらには近年になって

---

[3]　この地図については、第 8 章にかりまたさんの詳細な解説があり、また津村宏臣さん（第 9 章）は、この地図のもととなった豊かなデータを、情報科学の手法を駆使して、独自の視点から分析している。

序章　奥・やんばるの「コトバ−暮らし−生きもの環」

持ち上がった、米軍のヘリパッド建設（東村）や巨大海上基地建設計画（名護市辺野古）によって、重大な危機に瀕していることは、周知の事実である。

しかし、このような自然の豊かさ・多様性に比較すると、やんばるの伝統的なコトバの多様性とその重要性については、あまり広く知られているとは言えない。

琉球語の復活とか普及というときにいつも取り上げられる「ウチナーグチ」は、沖縄島中南部で話されている首里方言をもとに作られた標準語で、この「ウチナーグチ」とやんばるのさまざまな集落で話されるコトバとは、お互いに理解が不可能なほど違っている。

こうした島毎・集落毎に違うコトバの多様性が、やんばる、ひいては琉球列島の文化の多様性・自然の多様性を長い歳月にわたって育んできた根底にあり、その維持・復活なくして地域の文化や自然の多様性を維持するのは難しいのではないか、というのが、私たち本書の執筆者に共通した、重要な主張の一つなのである。

1　奥・やんばるの魅力を伝えるために

（1）シークヮーサーの知恵

土地のコトバ、人々の暮らし、それを取り巻く生きものたちとの間の分かちがたい関係は、例えば、琉球列島に固有のカンキツであるシークヮーサーの多様性と、このカンキツについて人々が土地のコトバで伝えてきた知恵を観察してみると、よくわかる。

石川隆二さん（第1章）によれば、シークヮーサーは、琉球列島で栽培化された唯一のカンキツである。その野生種は奄美諸島から沖縄・先島諸島を経て台湾北部にまで分布するが、特にやんばる北端の辺戸にある聖地辺戸御嶽や、大宜味村の奥にあるネクマチジ岳などに、今なお広く自生する。このカンキツを、やんばるの人々は、商業化されるはるか以前から、さまざまな

用途で利用してきた。当山昌直さん（第4章）の調査によれば、**シークヮーサー**という方言名自体が、くたびれた芭蕉布をその酸性の果汁に漬けて蘇（よみがえ）らせるという、その主要な用途の一つに由来するという[4]。シークヮーサーには、形、皮の厚さ、甘さ・酸っぱさ、実のなる時期などが異なる、さまざまな形質のものがあり、それら一つ一つに、土地のコトバによって異なる名前がつけられている。

　やんばるの中でも、大宜味村のように商業化の進んだ地域では、どの果樹園にも同じ種類のものしか植えられていないが、北端の集落である奥では、人々は、集落内や同じ果樹園の中に、意図的に異なる特徴をもったシークヮーサーを植え、それぞれの特徴に応じていろいろな用途に利用している。

　石川さんは、こうした異なる特徴をもつシークヮーサーを一つ一つ集めて、そのゲノムを分析した。そして、そのような形質の違いがまさしく遺伝的な違いを反映していること、土地のコトバによるさまざまな名付けや多様な用途の伝承がその遺伝的多様性の維持に役立ってきたこと、を解明した。このシークヮーサーの豊かな遺伝的資源は、学術的にはその起源地を解き明かす貴重な鍵を提供し、経済的には将来の地場産業の発展に役立つ新たな品種を生み出す可能性を提供している。

　このように、土地のコトバ、暮らし、生きものの長い歳月にわたる密な交感を通して、やんばるの伝統的な知恵が育まれ、自然と文化の多様性が維持されてきた。私たちは、この石川さんの研究成果に基づいて、本書のタイトルを『シークヮーサーの知恵』とすることにした。このタイトルで象徴的に示そうとしたのは、奥・やんばるに伝わるこのような伝統的な知恵の奥深さ、射程の広さ、その先見性である。

---

[4] **シー**は「酸味または酢」、**クヮーサー**は「加えるもの」の意。**シー**は「精」を意味した可能性もあるという。

(2) やんばるの中の「奥」

ところで、「やんばる」とは、正確にはどこを指すのだろうか?

西暦2000年に名護市で開かれた沖縄サミットを記念して、名護市から、『5000年の記憶 名護市民の歴史と文化』が出版された。その中には、こう書かれている。

> 沖縄島の北部、金武町と恩納村以北の山がちな地方をさして「やんばる」と呼びならわし、「山原」と書いてきた。山の多い地方という意味である。(中略)
> この「山原」は、戦前の国頭郡にあたる。伊平屋・伊是名は旧島尻郡に属したので、今日、両島を「山原」に含めることに違和感を持つ人も多い。現在、北部広域市町村圏として両島を含めて12市町村が連携して事業に取り組んだり、交通をはじめ将来計画を考えるようになり、北部広域市町村圏=やんばる(山原)という意識が定着しつつある。
> かつて山原は、首里・那覇や中南部に薪や木材、砂糖樽の板などを供給する山国であり、それらの林産物を山原船で運んでいた。中南部の人々にとっては海と山しかない山国、あるいは山紫水明の地というイメージがあった。首里・那覇の人々は、山原の人々を「ヤンバラー」(山原人)とさげすんで呼んだ時代もあった。1970年代になると、名護市の商工会青年部が機関誌を「やんばらー」と名付けるなど、山原の人々の意識に変化があった。1980年代には、ヤンバルクイナやヤンバルテナガコガネの新発見があいつぎ、その豊かな自然的価値が注目され、「ヤンバル」は全国ブランドとなった。現代、中南部の人々にとって山原はかけがえのない水源地(水がめ)であり、レクリエーションの場として利用されている。

私たちは、この「やんばる」を、本章2節で述べる「生物文化多様性プロジェクト」の重点調査地域にすることは決めていたが、やんばるのどこに研究の焦点を置くべきかという点については、当初、白紙状態だった。

やんばるの最北端、辺戸岬の南東4kmに位置する、国頭村「奥」集落への注意を最初に喚起してくれたのは、やんばるの地域史に詳しい中村誠司さんである。(上に引用した「やんばる」の定義も、彼が書いたものだ。)彼は、森林総合研究所が、地元の方の協力を得て、近年、奥の山林地域の詳細な小地

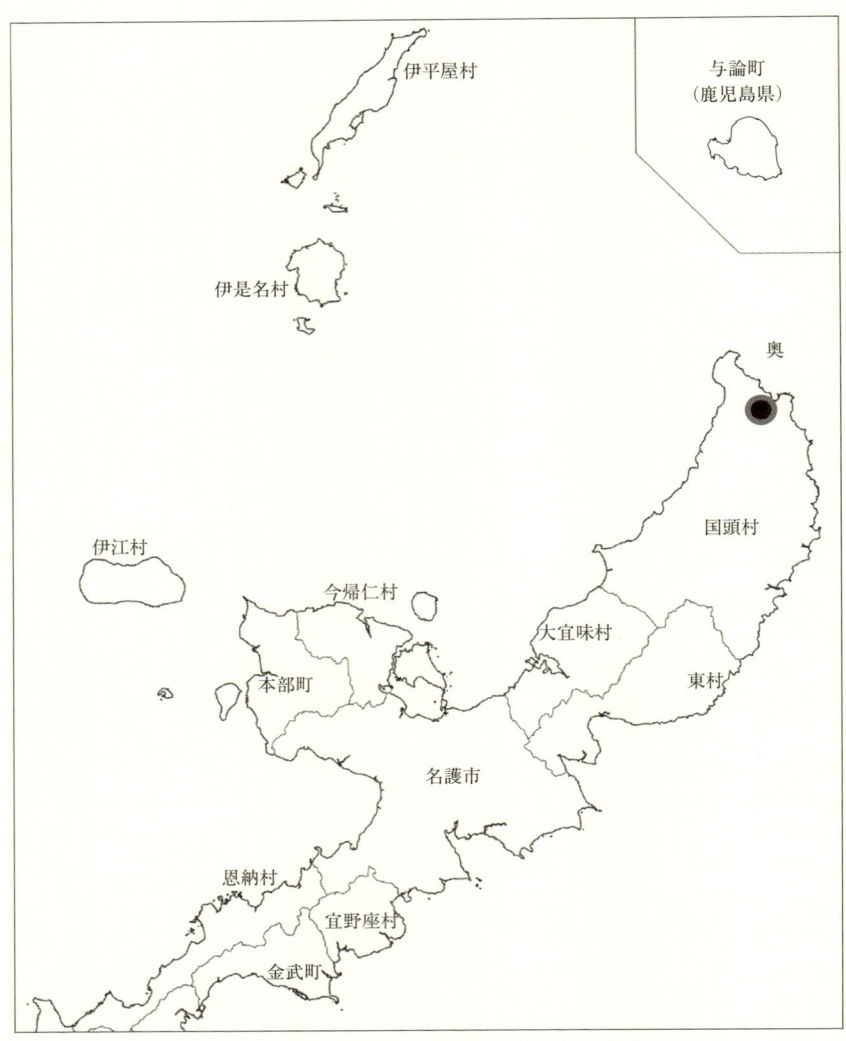

図1 やんばる北部12市町村と「奥」の位置

序章　奥・やんばるの「コトバ-暮らし-生きもの環」

名図を作成した、との情報を提供してくれた。(この「小地名図」とは、本書の巻頭を飾る、齋藤和彦さんと宮城邦昌さんの手になる美しい地名図のことだと、後になって判明した。)第5章にあるように、中村誠司さんは、奥の元区長で奥の振興に大きく貢献した島田隆久さんとの長年にわたる深い交流があり、この共同体の歴史的重要性を熟知されていた。

中村誠司さんの提案にすぐ反応したのは、琉球列島全域で動植物調査をなさっている当山昌直さんである。当山さんは下の七つの理由を挙げて奥を対象地に選ぶことを推奨された。

(1) 山に囲まれ、川、海があり、シマとして魅力的。
(2) 地元の方もシマ興しに熱心。
(3) 史料が残っている。
(4) 詳しい地名調査がなされている。
(5) 立派な猪垣が残っている。
(6) 段々畑、水田があった。
(7) 渡久地健、盛口満、当山は、地球研の「列島プロジェクト」[5]で一度調査を実施している(盛口は最近も調査している)。

ここで当山さんが用いた「シマ」という言葉は、沖縄では独特のニュアンスとともに使われる。「島嶼」特有の自然景観、そこに集落を形成して住む人々と生きもの、共同体の暮らし —— つまり、沖縄の「コトバ-暮らし-生きもの環」の特徴 —— を、一言で言い表したような言葉である。「シマクトゥバ(コトバ)」[6]、「シマウタ(唄)」、「シマザケ(酒)」、「シマンチュ(人)」のようなたくさんの複合語の中に、その意味を窺い知ることができる。

当山さんの説明は、簡潔で、しかも奥の本質や研究の現況をよく捉えたものだったが、私を含めた当時の県外のメンバーには、まだ茫漠としたイメージしか喚起しなかった。例えば、「地元の方もシマ興しに熱心」とあるが、

---

[5] 総合地球環境学研究所プロジェクト「日本列島における人間-自然相互関係の歴史的・文化的検討」(2006年4月〜2011年3月、湯本貴和教授リーダー)。
[6] 第11章(かりまた)11-2節の冒頭に詳しい議論がある。

それがどのレベルの熱心さかは、その後、島田隆久さんや宮城邦昌さんとともに研究調査を始めてみて、初めて納得することができた。その熱意に、私たちプロジェクトメンバーは、どんどん惹き込まれていった。

　中村さん、当山さんのアドバイスに従って奥に焦点を絞り研究を始めたことの幸運に、感謝するほかない。わずか2年で、本書のような豊かな研究成果をあげることは、他の共同体・地域であれば思いも及ばないことだったに違いないのである。

(3)「奥」の伝統とコトバの重要性

　上の当山さんの言葉に簡潔に要約されているように、奥集落は、猪垣で区切られた広大な森を背景に、いくつかの礁池（イノー）を持つ美しい砂浜に囲まれ、その集落の中央を奥川（ウッカー）が貫通する、典型的な「やんばる型」の景観を持っている（図2参照）。この共同体は、文献に残るだけでも16世紀前半にはすでに部落として成立し、少なくとも5世紀近くにわたって山野河海の生態系利用を行ってきた歴史がある[7]。「奥の原風景」（巻頭口絵）や第7章（宮城邦昌）の写真をご覧になればわかるように、1960年代まで、村落の中には段々畑や水田が広がっていた。

　奥はまた、やんばる、あるいは沖縄の中で、地域生態系の管理に、おそらく最も成功した共同体の一つである。奥は「共同店」発祥の地として知られている。第5章（中村誠司）に詳しく書かれているように、「共同店」は、地域の自然文化資源を共同体成員の全体の利益のために活用・管理し、集落の自立的経済を維持し発展させる要となった組織である。奥はこの「共同店」や奥区全体の議事録を70年以上にわたって残し、その自治の歴史がオーラル資料だけでなく文字資料からも再構築できる極めて稀な共同体でもある。

　共同体にとって大切な情報を文字資料に残そうとする傾向は、やんばるのさまざまな共同体にみられるが、奥はとりわけその指向が強いように思われ

---

[7]　『字誌　奥のあゆみ』、1986年、55ページ。

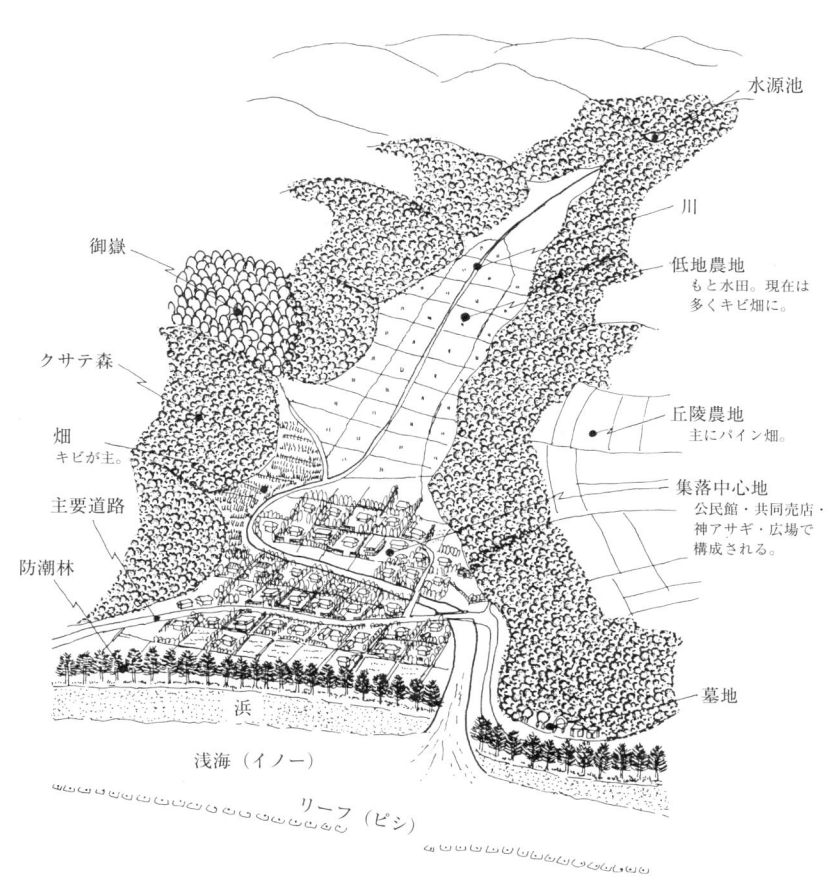

序章　奥・やんばるの「コトバ-暮らし-生きもの環」

図2 やんばる型景観（名護市史編さん委員会 1988）

る。このことは、奥に昭和初期の『造林台帳』が残されていることや、近年でも、『地名図』や『ウクムニー（奥コトバ）語彙集』のような、住民ひとりひとりの手書きによる貴重な資料が残されてきたことに通じる（第6章（齋藤）、第7章（宮城）、第11章（かりまた）参照）。またこの伝統は、『字誌　奥のあゆみ』（1986年）、『奥共同店創立百周年記念誌』（2008年）のような、奥

住民が総力をあげて取り組んだ近年の出版事業にまで受け継がれている。さらに、沖縄島で唯一の字立の博物館である「民具資料館」(国頭村の補助により、現「奥ヤンバルの里民具資料館」)には、奥の人々が日常使ってきた生活用具約 1,500 点が保存され、その一つ一つの歴史や使用法の克明な記録が残されている(第 5 章(中村誠司)参照)。

　私たちは、「奥」というこの独特の魅力を持つ共同体を対象として研究する過程で、文化の多様性の維持に伝統的なコトバを中核とするコトバの多様性が果たす役割の重要性を、改めて確認することになった。上に述べたように、共同体の自治におけるコトバの大切さを深く理解しているのは、誰よりも奥の人々自身であり、本書における各分野の研究もまた、奥の人々が大切に継承してきたコトバを方法論の基軸に据えて展開することとなった。聞き書き・インタビュー・対談などの口伝えによるコトバ、文書に残された文字としてのコトバなど、多様なコトバから得られる豊かな資料の分析を通して、私たちは、奥の自然利用や環境管理の知恵を、さまざまな角度から学ぶことができた。

　コトバが占めるこのような役割を意識して、本書ではとりわけ、ウクムニー(奥コトバ)の正確な表記と、その音声による再現にこだわった。動植物語彙、地名、語り、歌、言語習得用の教材など、本書やウェブ上に掲載されている豊富なコトバ資料のすべてに、この方針を一貫させている。(本章に続いて掲載されている、「ウクムニー(奥コトバ)の発音の特徴と表記について」参照。)

　このことはまた、当初本書のサブタイトルにする予定だった、「生物文化多様性」という用語を再考することにもつながった。本章 2 節で述べるように、現在国際的に通用しているこの用語には、「コトバ多様性」のもつ重要性が明確に表現されていない。私たちが「コトバ-暮らし-生きもの環」という造語を用いたのは、このためである。

序章　奥・やんばるの「コトバ−暮らし−生きもの環」

(4) 本書の構成と内容について

　研究調査の過程で、私たちは、本書の共同編集者・執筆者である宮城邦昌さん（元在那覇奥郷友会会長）、重要な共同執筆者の島田隆久さん（元区長）をはじめ、奥のさまざまな人々と親しく接する機会を得、その一人一人がもつ豊かな知性、ユーモア溢れる人柄に魅了された。どの研究チームも、奥の共同研究メンバーが調査の舵を握り、ぐいぐいと私たち研究者を導いてくれた。本書のどの章も、奥の人々の直接の貢献がなければ、成立しなかったものだ。
　奥の人々の個性がもつこの力強さは、一体どこから来るのだろうか？　これこそが、「コトバ−暮らし−生きもの環」を礎にした共同体の持つ力ではないだろうか？
　本書では、読者が、このような奥・やんばるの魅力に直接触れることができるよう、さまざまな工夫を凝らした。
　まず、本書の中核部分は、奥・やんばるの「生きもの」、「暮らし」、「コトバ」をそれぞれテーマとした三部から成っている。各部は三つから五つの章からなり、さまざまな分野の専門家がこれらのテーマに挑んでいる。各執筆者の視点が読者にとって明確になるように、各章の出だしでは、それぞれの研究背景ないし奥・やんばるとの係わりについて、一人称で書いていただくことにした。
　第1部「生きもの」は4章からなる。第1章（石川隆二）「奥で保存活用される多様なシークヮーサーの知恵」は、奥で維持されているシークヮーサーの遺伝的多様性とその文化多様性との関係を扱っている。本書のタイトルともなった章であり、その内容については1節（1）で少し詳しく紹介した。続く三つの章は、奥の海・里・山の景観やそこに生きる生きものたちと、奥の人々の間の、日々の暮らしの中での交流・交感、それを通して蓄積された豊かな知恵を扱っている。第2章「山裾を縁どり暮らしに彩りを添えてきたサンゴ礁」（高橋そよ・渡久地健）は、奥集落の北側に広がるサンゴ礁の地形、そこに生きる生きものたち、それらをめぐる奥の人々の漁撈活動、生きものや地形の方言名に反映されている人々の知恵を論じる。第3章「魚毒植物の

利用を軸に見た琉球列島の里山の自然」(盛口満)は、川やイノー(礁池)で、集落の共同行事として行われてきた魚毒漁が、奥の里山の自然管理に持つ意味を分析し、その伝統の消滅を琉球列島の里山の消滅という歴史的趨勢との関連の中で論じる。第4章「沖縄島奥の動植物方言およびその生物知識を探る」(当山昌直)は、当山さんの、奥における長年にわたるフィールド調査の成果をまとめたものだ。ウェブ上に掲載された「沖縄島奥の動植物方名語彙」(当山昌直、盛口満、島田隆久、宮城邦昌)には、奥の282項目にのぼる植物語彙と157項目を数える動物語彙が、その利用に関する伝統的な知識とともに記述されているが、本章ではそのエッセンスをまとめ、それを民俗分類と生態学的視点から分析している。なお、コラム1、2、4も、この「動植物方名語彙」の記述をもとに書かれている。

　第2部「暮らし」は3章からなる。第5章(中村誠司)「奥の共同性・自治・ひと —— 奥研究の未来に向けて」は、奥共同体の自治の理念と、それを体現している「奥共同店」と「民具資料館」について論じた後、今日までの奥研究史を振り返り、これからの奥研究の課題を論じる。第6章(齋藤和彦)「近代沖縄に継承された近世琉球の造林技術 —— 国頭村字奥で見つかった『造林台帳』の分析」は、明治44年〜昭和17年の人工造林を記録した、奥に残されている手書き資料、『造林台帳』をもとに、奥とその周辺の近代の造林の姿を復元し、その中に18世紀の蔡温(さいおん)による森林政策の痕跡を跡づける。第7章(宮城邦昌)「地名に見る奥の暮らしの多様性」は、地名調査の経緯、413にのぼる地名の分類と分析を論じ、それらの地名を通して浮かび上がってくる奥の暮らしの諸相やその歴史を素描する。なお、この章のもととなった「奥地名リスト」は、ウェブ上に掲載されており、そこにはこれらの地名一つ一つについての詳しい記述がある。すべての地名は、巻頭の「奥地名図」上に示されている。

　第3部「コトバ」は5章よりなる。第8章(かりまたしげひさ)「琉球方言の言語地理学と動的系統樹 —— 琉球方言研究の現代的意義と可能性」は、音韻を例に取りながら、本土の日本語方言よりも豊かな多様性を見せる琉球方言の言語学的な重要性について論じる。「沖縄言語研究センター」(本章1

序章　奥・やんばるの「コトバ-暮らし-生きもの環」

節（1）参照）は、琉球列島全集落の方言データを記録し、それをもとに言語地理学的研究を行ってきたが、中でも『言語──やんばるの方言』はその大きな成果である。やんばる方言の多様性が地図からどのように読み取れるかを、かりまたさんはこの本に掲載された言語地図を例に解説している。また後半では、このやんばる方言データを用いた、津村宏臣さんとの「動的系統樹」共同研究について触れている。続く第9章（津村宏臣）「コトバと暮らしのミームを探る：変化する"環"を捕まえる」は、この「動的系統樹」研究を通して、やんばる方言語彙のうち、植物・動物・道具語彙の分析を行っている。だがこの章を何よりもユニークにしているのは、この系統樹研究の方法論が持つ意味や、その解釈に関する議論である。津村さんの系統樹研究が前提とする分析的な視点と、本書で「コトバ-暮らし-生きもの環」という用語で表現した、地域の人々の眼差しに寄り添った文化事象に対するホリスティック（総合論的）な視点（詳しくは本章2節（2）参照）との間の葛藤を、津村さんは、地域文化にいやおうなく侵入するグローバリゼーションの不可逆的・破滅的な合理性の波に、地域文化の多様性が耐えうる方法をいかに確立するか、というジレンマとして提起し、新たな研究方法論への模索という観点から論じている。

　第3部後半の第10〜12章は、奥・やんばるのコトバ多様性の継承・保存に焦点を当てている。第10章（石原昌英）「ウクムニー（奥方言）の活力と危機度について」は、奥出身でありながら早くから那覇に住み、ウクムニーを必ずしも母語として継承しなかった石原さんが、ユネスコの基準を用いてウクムニーの現在の活力と危機度を評価し、自らの言語体験を交えながらその保存と継承の可能性について論じる。第11章（かりまたしげひさ）「消滅危機方言における辞典の役割」、第12章（當山奈那）「「ウクムニー」習得のための音声教材試作版の作成」は、いずれも、ウクムニーを含む消滅の危機に瀕する琉球方言の保存・継承に向けての、言語学者による具体的な方法論を提示する。それは、一言で言えば、母語話者と研究者の共同作業による辞書の作成、教材の作成であり、その作業を通して、母語話者・研究者のそれぞれが、その方言の価値を（再）発見し学んで行く過程でもある。特に12章で作

成された音声教材は、若い世代の方言習得に関心を持つ人たちにとって、容易にアクセス可能な魅力的なものであり、近年の琉球方言復興の動きの中で、今後さまざまな琉球方言の教材作成のモデルとなる可能性を秘めている。

　以上、中心となる各章の内容についてやや詳しく紹介した。たが、これ以外にも、本書にはさまざまな仕掛けが用意してある。まず巻頭に、カラーの「奥地名図」（折込み）、続けて本の構成に沿って配置されたカラー口絵、そして「新奥案内書」（折込み）、「奥の原風景」写真が掲載されている。また、本文の中にも、随所にコラム、対談、ウクムニーによる唄や物語、写真などを掲載し、QRコードを介して、奥の映像や奥コトバの実際の音の響きに、読者が直接触れられるようにした。また先に述べたように、各章の記述のもととなった膨大な資料が、ウェブ上で閲覧したり、そこからダウンロードできるようにした。こうした仕掛けを通して、奥・やんばるの「コトバ–暮らし–生きもの環」の多面的・多層的な姿を、知性と感性の両面から理解してもらえるよう、努めた。

　本書はまた、この「コトバ–暮らし–生きもの環」が、奥・やんばるに閉じた形で存在するものではなく、やんばる／沖縄島周辺部、琉球列島全域、さらには台湾から九州まで含めた地域との多層的なつながりの中に存在すること、このような「コトバ–暮らし–生きもの環」の多層的なあり方は、琉球列島だけでなく、アジア・太平洋の他の地域共同体にも普遍的に存在するものであることを、各章の論文の中で論及される地域横断的な広がりの中に示唆した。また、終章で、このような多様性原理に基づく未来を模索しているアジア・太平洋地域の共同体が直面する課題、それに私たちプロジェクトメンバーがどのように取り組んでいるかを取り上げた。特に終章では、私たち地球研プロジェクトチームが重点的に取り組んできたラオスとブーゲンビルの例を上げながら、奥・やんばるでの取り組みとの共通性や違いを示すことに努めた。

2 生物文化多様性と「コトバ−暮らし−生きもの環」

(1)「生物文化多様性」プロジェクト

　本書のもととなった調査研究は、2013年5月から2015年3月まで約2年間にわたって実施された、「アジア・太平洋における生物文化多様性の探究 ―― 伝統的生態知の発展的継承をめざして」予備研究（総合地球環境学研究所）の一環として行われたものである。

　このプロジェクトの目標は、大きくわけて二つあった。

　第一に、アジア・太平洋の、特に生物や言語文化の多様性が高い地域を生活の場とする小さな共同体と協力して研究を進め、人々の自然生態系についての伝統的な知恵を掘り起こしその可能性を広げることを通し、それぞれの地域の自然と社会の健全で持続可能な関係の構築に貢献すること。

　第二に、地域の自然と文化の独自性を奪うグローバル化の圧力に抗しながら、自然と文化の多様性原理に基づく社会形成に向けて格闘しているそうした共同体の、さまざまな実践に積極的に参画していくこと。

　私たちは、上のような目標を掲げて、まず太平洋地域の二つの調査対象地域 ――「奥」共同体を中心とする沖縄島北部「やんばる」と、パプアニューギニア最東端の島であるブーゲンビル ―― を重点的に研究することにした。また、それと並行して、アジア大陸では、東南アジア山岳部（ラオスとミャンマー）やインドのシッキム州・ジャールカンド州でも調査を始めていた。どの地域でも、それぞれの共同体の住民の協力を得て、生物学・言語学・地理学・文化情報学など、さまざまな分野を専門とする研究者が共同で研究調査を続ける予定であったが、残念ながらこの予備研究は本研究に進むことができず、2015年3月をもって終了することとなった。しかし、各地での研究調査は、その後も個々のメンバーの努力によって続けられている。

　本書は、奥・やんばるをフィールドとした予備研究による成果を中心に構成されている。ただ私たちは、この研究を通して、やんばるを含め私たちが

直接係わっている調査地域にとどまらず、地球上のいたるところで同様の状況に直面している小さな地域共同体の課題の解決や健全な社会の形成に、研究者としてどのように貢献できるか、というテーマを常に意識した。特に、ラオス北部とブーゲンビルで行っている研究と、奥・やんばるでの研究の関連性については、終章でかなり詳しく論じた。

ところで、私たちのこの研究は、近年、地球環境問題の重要な研究分野の一つとして国際的に認知されるようになってきた、「生物文化多様性研究」と密接な関わりがある。私たちの研究が、国際的な研究の潮流とどのように切り結び、どのような可能性を開いていこうとしているか、その展望について、以下に簡単に記しておきたい。

(2)「生物多様性」と「文化多様性」

2010年に名古屋で開かれたCOP10（生物多様性条約第10回締結国会議）などを通して、「生物多様性」という言葉は、日本人にも馴染みのあるものとなってきた。それに比べると、「文化多様性」という言葉は、まだ市民権を得ているとは言えない。

しかし、日本国内ではともかく、ユネスコ（UNESCO）などの国際組織や、WWF、IUCNなどの自然環境保護団体の間では、「生物多様性」、「文化多様性」はいずれも地球環境問題のキーワードとして用いられていて、「生物多様性」と「文化多様性」の両方の維持が地球環境の健全な維持のためには重要である、という考え方も広く認知されるようになった。

例えば、ユネスコの「文化多様性に関する世界宣言」第1条（2001年）には、

> 「生物における種の多様性が、自然にとって不可欠であると同様に、文化の多様性は、その交流・革新・創造源として、人類にとって不可欠なものである。こうした観点から、文化の多様性は人類共通の遺産であり、現在および未来の世代のために、その意義が認識され、明確にされなければならない。」

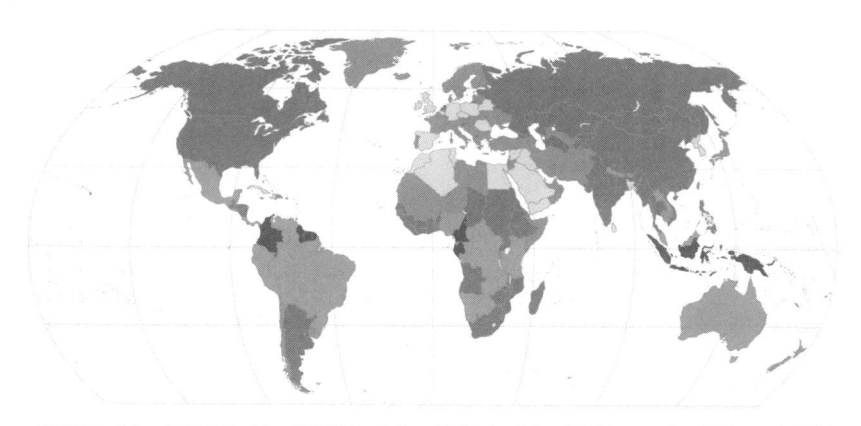

序章　奥・やんばるの「コトバ-暮らし-生きもの環」

■ 0.7〜0.8　■ 0.6〜0.7　■ 0.5〜0.6　■ 0.4〜0.5　□ 0.0〜0.4　□ データ不足

図3　国別の生物文化多様性の度合い
各国の人口規模に合わせて調整した数値に基づく（Loh and Harmon 2005, p.240）。

とうたわれており、生物種の多様性と文化多様性の二つが、同等に重要なものとして並記されている。

一方、生物多様性をめぐるリオサミット（1992年）以来、固有生物種や生態系の多様性を維持するためには、「先住民」文化に伝わる伝統的生態知（TEK, traditional ecological knowledge）に学ぶことが不可欠であるという観点から、この二つの多様性の相関関係を重視する考え方がある。これは、どちらかと言うと生物多様性を主に、文化多様性を従として考える見方である。

「生物文化多様性」は、この二つの「多様性」をつなげて作られた新しいコンセプトで、近年よく使われるようになったが、その内容はまだきわめて曖昧である。

環境保護専門家のデイヴィド・ハーモンと生物学者のジョナサン・ローは、世界各国の生物多様性と文化多様性の度合いを評価し、両方の平均値に基づいて、それぞれの国の生物文化多様性の度合いを図3のような分布図に示した（Loh and Harmon 2005）。生物多様性は動物と植物の種の数、文化多様性は言語・宗教・民族の数という指標を使い、それぞれ最大値を1として点数をつけ、その平均を計算した。そして、一番高い0.7〜0.8を図で最も濃

く見える赤い色で、以下やや薄いオレンジ色 (0.6〜0.7)、やや濃い茶色 (0.5〜0.6) など、5段階に色分けした。図3は、それをさらに各国の人口規模を勘案して調整した数値に基づいて作成している。

　赤、オレンジ色の地域は、南米、アフリカ、メラネシア＝インドネシアの赤道周辺地域の国々に集中しており、両方の多様性がともに高い値を示している。

　赤道周辺地域が特に生物多様性が高く、その多様な生態系のニッチにさまざまな人間集団が適応して生きてきたことには、理由がある。赤道周辺は、太陽エネルギーが大きい、気候が安定している、面積が広い、という三つの自然的条件を満たしているので、高い生物多様性を維持するのに好都合なのである。また、歴史的に見ると、この地域には、ヨーロッパによる植民地化の影響がごく最近まで間接的にしか及ぶことのなかった、ニューギニア高地やアマゾンの奥地のような、固有言語や文化の、いわゆる「残存地域」[8]が含まれている。

　しかしその一方、地球上には、生物種や自然景観の多様性がそれほど高くないにもかかわらず、言語文化多様性の高い地域もある。例えば北米大陸の西海岸やオーストラリア大陸北部は、比較的単調な自然景観が続くにもかかわらず、部族毎に異なりを見せる、驚くほど多様な言語と文化が分布する。このように、生物多様性と文化多様性の関係は一対一の単純なものではなく、地域毎の自然地理条件、短期的・長期的な環境変化、ヒトの移動の歴史、それぞれの共同体社会の生態系管理・経済的条件・文化的特徴など、いろいろな要素を考える必要があることがわかる。

　近年、地球規模で自然・文化環境が急速に劣化しており、国連などの国際組織やさまざまな国際自然保護団体が、世界のどこの何を対象に自然・文化保全に向けての行動をとるべきかという観点から、世界中の自然や文化の多

---

[8]　ニコルズ (Nichols 1992) の用語。世界の言語分布を、少数の言語が急速に拡散した結果言語多様性の低い「拡張地域」、多様な言語が絶え間ない融合や差異化を繰り返しながら共存する「残存地域」に分けて考える。

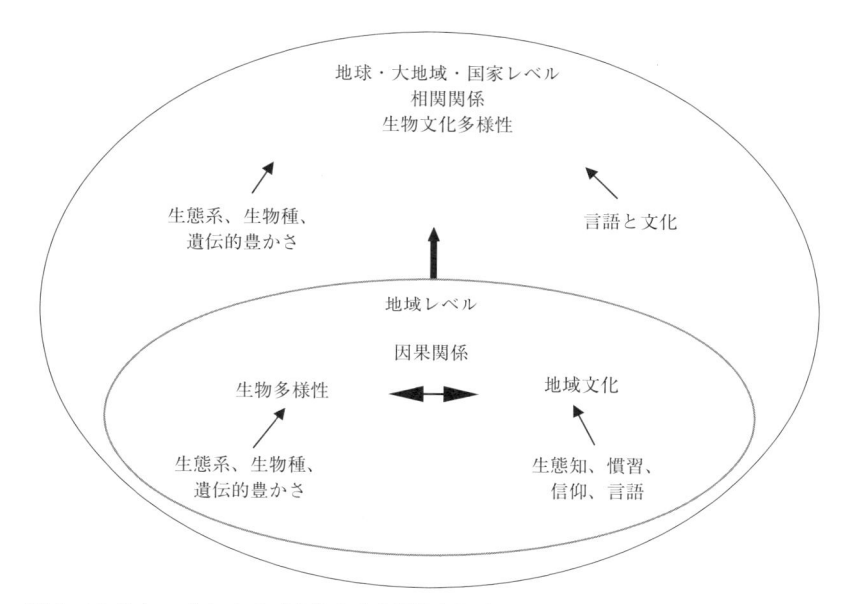

序章　奥・やんばるの「コトバ-暮らし-生きもの環」

図4　Maffi (2007) による「生物文化多様性」概念の二つのレベルとその間のギャップ
Ellen Woodley 2005 に基づいて、Maffi が作成。

様性を鳥瞰的に評価する必要に迫られている。このような緊急の必要性から、鳥瞰的な指標をとりあえず立てたのは、10年前にはやむを得なかったかもしれない。しかし、もうそろそろ別のアプローチが求められていると言えよう。

　1990年代から20年以上にわたって、「生物文化多様性」という概念を育て、それに基づく研究・実践活動の中心的な役割を担ってきた研究者に、文化人類学者のルイーザ・マフィがいる。彼女は、先に述べたようなグローバルな視点からの「生物文化多様性」という概念と、コトバ・文化・自然が複雑な因果関係によって互いに分かちがたく結ばれているという草の根レベルの地域住民の実感により即したホリスティック（総合論的）な見方との間の関係を、図4に示した。そして、この二つのレベルの認識の間には大きなギャップがあり、このギャップをいかに埋めるかが、今日の「生物文化多様

19

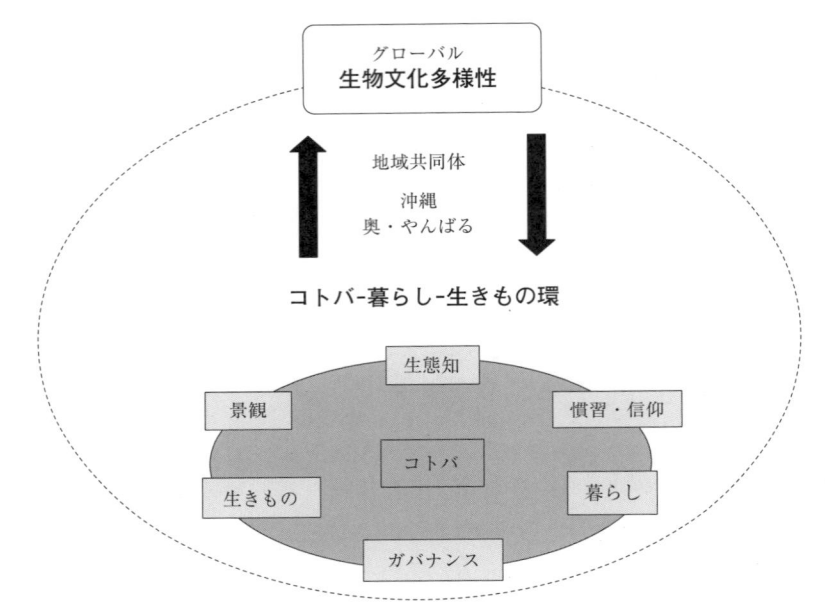

図5 「生物文化多様性」と「コトバ-暮らし-生きもの環」
Maffi（2007）による図4を執筆者たちが改変して作成。

性研究」にとって、大きな課題であるとした。

　しかし、図4では、地域住民が、身の回りの生物多様性と地域文化を因果関係で捉えているということはわかるが、この関係が平面的にしか示されておらず、グローバルな視点からの「生物文化多様性」概念との違いが、あまりはっきりしない。

　私たちは、草の根レベルの地域共同体における、このようなホリスティック（総合論的）な自然と人間の関係を、「コトバ-暮らし-生きもの環」と呼んで、図5のように示すことにした。本章第1節でも述べたように、地域の生きものや景観と、そこに生きる人々が形作ってきた共同体の暮らし・文化の環をつなぐ、伝統的なコトバの役割を、私たちはとりわけ重視するのである。

序章　奥・やんばるの「コトバ-暮らし-生きもの環」

　このようなホリスティック（総合論的）な観点からアジア・太平洋のさまざまな地域共同体をフィールドに比較研究を進めることを通して、私たちは、世界の「生物文化多様性研究」に、新しい展望を切り開こうとしている。

(3) 世界各地の「コトバ-暮らし-生きもの環」

　読者の皆さんの中には、例えばアマゾンの中核部にある熱帯雨林のような、多様な生きものと景観に恵まれた豊かな自然環境は、人間の手が入らなかったからこそ持続してきたのだ、と考える方がいるかもしれない。しかし、近年の研究では、実はこのような一見手つかずに見える自然環境も、そこに住む「先住民」たちが、固有のコトバを通して受け継いできた伝統的な知識に基づき、細心の管理を行ってきたことによって、初めてその多様性が保たれてきたのだということが、証明されてきている（たとえば Posey 2002）。

　グローバル化の圧力で、世界各地で、こうした地域の自然と文化の間の環が急速に壊されてきている。自然・文化環境のどちらかが劣化することにより、「コトバ-暮らし-生きもの環」全体がバランスを失ってしまうのだ。

　森林伐採等の自然破壊によって、伝統的な暮らしを支えてきた身の回りの環境が急速に失われたり、社会経済的な圧力や教育制度・メディアの圧力によって、伝統的な言語文化が共同体で継承されなくなったり、といった現象は、世界の「先住民」たちに共通の、深刻な問題である。

　例えば、上述の熱帯雨林で生活してきた民族集団は、森林伐採が進むと、食べ物や薬草、着るものなどを探す場所、伝統的な儀礼を行う場所を失うことになる。残された森に入るたびに、在来植物の数が減少し、利用できるものも限られてくる。その結果、先祖代々伝わってきた暮らしの礎となる知識が、次世代の住民たちに受け継がれなくなってしまう。ヴェネズエラで行われた調査によれば、大幅な森林破壊の結果、一世代を経る度に伝統的生態知が60％ずつ失われていくところもあるそうである（Lizarralde 2001）。多様であった植物の名前、伝統的な森林の分類、動物の生息地、自然の精霊などに関する単語や表現、民話やことわざが、現地のコトバから消えていく。

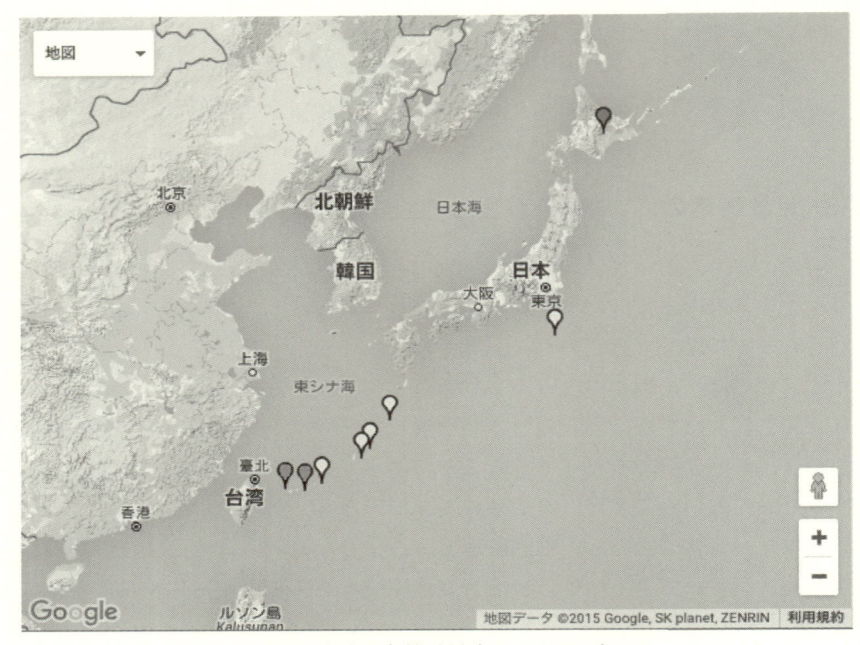

図6 日本の危機言語（Moseley 2010）
地図上のピンが危機言語の位置を示す。ピンの色が濃いほど危機度が高い。

　これは、もちろん、中南米だけの現象ではない。私たちが研究しているアジア・太平洋地域でも、現在至る所で進行中の出来事である。例えば、終章で述べるように、ラオス北部の、少数民族が多く住む山岳地帯では、今、伝統的な森林を切り開いてゴム林を作る動きが急激に広がっている。森の奥深く、焼畑農業と森林資源によって暮らしを立ててきた、独特のコトバと文化を持つ多様な民族が、幹線道路沿いの新しく開発された植林地の近くに移住することを余儀なくされ、大きな多民族混成の村落が形成されている。森から切り離され、国家語のラオ語でしか教育を受ける機会のない次世代の子どもたちは、森の資源に支えられた伝統的な暮らしと、伝統的なコトバに支えられてきた文化的な知識の、両方を失う危機にさらされている。
　いま、世界には、6,000から7,000の言語があるとされているが、そのう

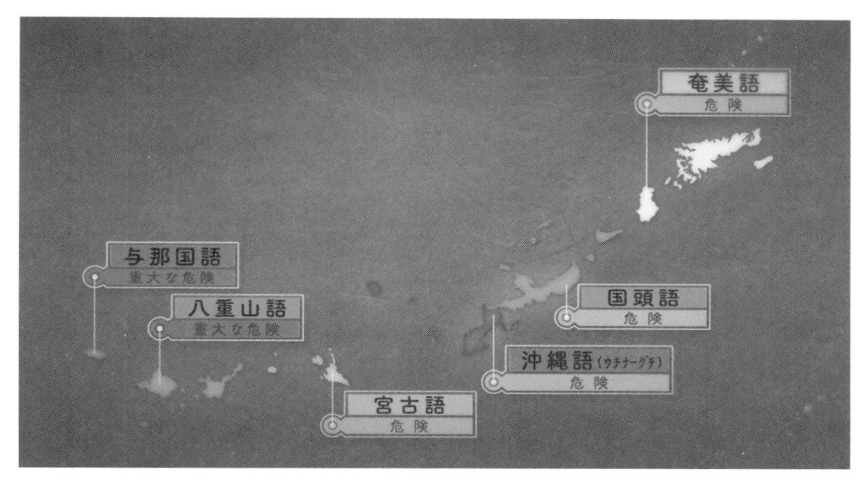

序章　奥・やんばるの「コトバ−暮らし−生きもの環」

図7　奄美・沖縄の危機言語（ETV特集『沖縄　島言葉の楽園』(新田義貴作成)）

ちの50％から90％が今世紀の末までに消滅するであろうと予測されている[9]。それら、少数の話者しかいない言語のほとんどについて、私たちが持つ知識はごくわずかである。そうしたコトバの一つが消えてしまっても、そのことによってどのような知識が失われてしまったのかさえ、私たちにはわからないのである。

　2010年に、ユネスコから、『危機に瀕する言語の世界地図』第3版（Moseley 2010）が出版された。その中には日本で話されている八つのコトバが含まれている。アイヌ語、八丈語、そして奄美・沖縄に分布する六つのコトバ ── 奄美語、国頭語、沖縄語、宮古語、八重山語、与那国語 ── である。やんばるで話されているコトバが、「国頭語」の名前で、消滅の危機に瀕する独立の言語として認識されていることがわかる。

　この同じ2010年に、インド洋のアンダマン諸島で話されていたボー語の最後の話者が亡くなったことが、欧米の新聞で大きく取り上げられ、世界中

---

[9]　Kraus (2006)、大西 (2010)、ニコラス・エヴァンズ (2013) 第10章を参照。

の研究者の関心を呼んだ。言語学者だけでなく、人類学、心理学、生物学、歴史学などを専門とする研究者からも、人類の貴重な財産が失われたとの議論があった。「単一言語社会」という幻想の中で暮らしている大部分の日本人にとって、アマゾン、アンダマン諸島と奥・やんばるの間には、何の関係もないように見えるかもしれない。しかし、「コトバ-暮らし-生きもの環」という切り口から奥・やんばるが現在直面している問題を考えるとき、この問題が、実はグローバルなレベルでの重要な問題に直接つながっているのだということが見えてくる。

引用文献

エヴァンズ、ニコラス（著），大西正幸・長田俊樹・森若葉（共訳）（2013）『危機言語 —— 言語の消滅でわれわれは何を失うのか』京都大学学術出版会.
大西正幸（2010）言語の絶滅とは何か：人類共通の知的財産の保全へ.『地球環境学大事典』（総合地球環境学研究所（編））弘文堂．pp. 186-187.
奥共同店100周年記念事業実行委員会（編）（2008）『奥共同店創立百周年記念誌』奥共同店.
奥のあゆみ刊行委員会（編）（1986）『字誌 奥のあゆみ』国頭村奥区事務所.
「5000年の記憶」編集委員会（編）（2000）『5000年の記憶 名護市民の歴史と文化』名護市.
Krauss, M. (2006) Classification and terminology for degrees of language endangerment. In Brezinger, M. (ed.) *Language Diversity Endangered*, Mouton de Gruyter, pp. 1-8.
平良克之・伊藤嘉昭（1997）『沖縄 やんばる 亜熱帯の森 —— この世界の宝をこわすな』高文研.
名護市史編さん委員会（編）（1988）『名護市史本編・11 わがまちわがむら』名護市史編さん室.
名護市史編さん委員会・名護市史『言語』専門部会（共編）（2006）『名護市史本編・10 言語—やんばるの方言』名護市史編さん室.
新田義貴（2015）ETV特集「沖縄 島言葉の楽園」NHK.
Maffi, L. (2007) Biocultural diversity and sustainability. In Pretty, J. et al (eds.) *The Sage Handbook of Environment and Society*, pp. 267-277, Sage Publications Limited.
Moseley, C. ed. (2010) *Atlas of the World's Languages in Danger*, 3rd edition. UNESCO Publishing. Online version: http://www.unesco.org/culture/languages-atlas/en/atlasmap.html, accessed 1 December, 2015.
Posey, D. A. (2002) *Kayapo Ethnoecology and Culture*, Routledge.

Lizarralde, M.(2001)Biodiversity and loss of indigenous language and knowledge in South America. In Maffi, L. (ed.) *On Biocultural Diversity: Linking Language, Knowledge and the Environment*, pp. 265-281, The Smithsonian Institute.

Loh, J. and Harmon, D. (2005) A global index of biocultural diversity. *Ecological Indicators*, vol.5, pp. 231-241.

ウクムニー（奥コトバ）の発音の特徴と表記について

當山奈那

標準日本語と、ウクムニーの、発音上の大きな違いは、次の3点である。

(1) 日本語にない、クヮ/クィ/クェ、グヮ/グィ/グェ、ファ/フィ/フェ、ウィ/ウェが存在する。
(2) カ行、タ行、パ行などの音には、喉頭化音・非喉頭化音の区別がある。
(3) 母音イ/ウ/エにも喉頭化音・非喉頭化音の区別がある。

(1) クヮ/クィ/クェ、グヮ/グィ/グェは、口笛を吹く時のように唇を丸めて、ク/グと発音した直後に、母音 [a]、[i]、[e] を続けることで得られる。いっぽう、ファ/フィ/フェは、ろうそくの火を吹き消す時のように、「フーッ」と息を吹いて、そのすぐあとに母音 [a]、[i]、[e] を続けることで発音する。
(2) カ行、タ行、パ行のすべてと、クヮ、チャ、チには、それぞれ2種類ずつ異なった発音がある。

パマ（浜）　 ー　 'パーリ（干潮）
タチントー（地名）　 ー　 'タンメーヤマ（地名）
クシントーナーカダー（地名）　 ー　 'クチ（口）

『'（ちょん）』をつけた音は、発音の直前につまる音「っ」を発音するようにいったん喉をしめ、それをいきおいよく解放して発音する。そのため「喉頭化音」と呼ばれる。一方、『'（ちょん）』がつかない音は、子音を発音するときに多くの息漏れを伴う。これらはいずれも現代日本語のパ行、タ行、カ行とは発音の仕方が異なるが、後者（喉頭化を伴わない発音）のほうがより日本語の発音に近いので、日本語と同じ表記を用いている。

　この2種類の発音の区別は、話者の年代が若くなるにつれ、失われる傾向にある。また、子音の種類によっても、区別がはっきり聞こえるものとそうでないものとの間にばらつきがある。たとえば、パ行は比較的はっき

り判別できるが、口腔の奥で発音されるカ行の判別は難しい。
　また、かつては語中においても区別がなされていた痕跡がみられるが、現在は語頭と一部の複合語の後要素のみ区別されている。ただし、擬声擬態語（オノマトペ）や新語は、語中であっても喉頭音化することが多い。
(3) ウクムニーのア行は、ふつう、現代日本語と同じように、軽い喉頭化を伴って発音されるが、ウ、エには、喉頭化を伴わない音も存在する。
　例えば、ウクムニーでは「ウー（芭蕉）」と「ᵘウーインダナ（アキノノゲシ）」のはじめの音に「ウ」と「ᵘウ」とがある。上付きの文字「ᵘ」がついている音は、喉頭化を伴わない、ひくくやさしい感じの音で、これは現代日本語にはない。いっぽう、喉頭化を伴わない「ᶤエ」は、「エ」の前に軽くイの音が聞こえる。

　　エーマタ（地名）　―　ᶤエイブンダー（地名）

　なお、本書に掲載されたウクムニーの動植物語彙、地名語彙などは、すべてカタカナ（一部ひらがな）のゴシック体で示してある。このうち、(2)、(3)で述べたウクムニーの喉頭化・非喉頭化の区別を示す『'ちょん』や『ᵘ』、『ᶤ』は、巻頭のカラー地図や奥集落図に掲載された地名、およびコラム7の「まかびばなし」テキストでは、見やすさ等を考慮して表記していない。

関連資料
ウクムニーの発音例（wav）
「パマ」「'パーリ」
「タチントー」「'タンメーヤマ」
「クシントーナーカダー」「'クチ」
「エーマタ」「ᶤエイブンダー」
http://www.kyoto-up.or.jp/qrlink/201603/yanbaru/02.html

ア	イ	ウ	エ	オ				
[ʔa]	[ʔi]	[ʔu]	[ʔe]	[ʔo]				
		ゥウ	ィエ					
		[u~wu]	[e~je]					
'カ	'キ	'ク	'ケ	'コ	'クワ			
[ʔka]	[ʔki]	[ʔku]	[ʔke]	[ʔko]	[ʔkwa]			
カ	キ	ク	ケ	コ	クワ	クィ		クェ
[kʰa]	[kʰi]	[kʰu]	[kʰe]	[kʰo]	[kwa~kʰwa]	[kwi~kʰwi]		[kwe~kʰwe]
ガ	ギ	グ	ゲ	ゴ	グワ	グィ		グェ
[ga]	[gi]	[gu]	[ge]	[go]	[gwa]	[gwi]		[gwe]
サ	シ	ス	セ	ソ	シャ			
[sa]	[ʃi]	[su]	[se]	[so]	[ʃa]			
	ジ		ゼ	ゾ	ジャ		ジュ	
	[dʒi]		[dze]	[dzo]	[dʒa]		[dʒu]	
'タ	'ティ	'トゥ	'テ	'ト	'チャ	'チ		('チョ)
[ʔta]	[ʔti]	[ʔtu]	[ʔte]	[ʔto]	[ʔtʃa]	[ʔtʃi]		[ʔtʃo]
タ	ティ	トゥ	テ	ト	チャ	チ	チュ	チェ	チョ
[tʰa]	[tʰi]	[tʰu]	[tʰe]	[tʰo]	[tʃa~tʃʰa]	[tʃi~tʃʰi]	[tʃu~tʃʰu]	[tʃe~tʃʰe]	[tʃo~tʃʰo]
ダ	ディ	ドゥ	デ	ド				
[da]	[di]	[du]	[de]	[do]				
ナ	ニ	ヌ	ネ	ノ				
[na]	[ni]	[nu]	[ne]	[no]				
ハ	ヒ	フ	ヘ	ホ	ヒャ			
[ha]	[çi]	[ɸu]	[he]	[ho]	[ça]			

序章 奥・やんばるの「コトバ-暮らし-生きもの環」

					ファ	フィ		フェ	
					[ɸa]	[ɸi]		[ɸe]	
バ	ビ	ブ	ベ	ボ					
[ba]	[bi]	[bu]	[be]	[bo]					
'パ	'ピ	'プ	'ペ	'ポ					
[ʔpa]	[ʔpi]	[ʔpu]	[ʔpe]	[ʔpo]					
パ	ピ	プ	ペ	ポ					
[pʰa]	[pʰi]	[pʰu]	[pʰe]	[pʰo]					
マ	ミ	ム	メ	モ					
[ma]	[mi]	[mu]	[me]	[mo]					
ヤ		ユ		ヨ					
[ja]		[ju]		[jo]					
ラ	リ	ル	レ	ロ					
[ra]	[ri]	[ru]	[re]	[ro]					
ワ	ウィ		ウェ						
[wa]	[wi]		[we]						
		ン	ー	ッ					
		[m, n, ŋ]	のばす音	つまる音					

　なお、第8章（かりまた）の語例では、下の左の音声表記に対応する音を、右のように表記している。

非喉頭化子音　　[kʰ], [tʰ], [pʰ]　　→　　k', t', p'
喉頭化子音　　　[ʔk], [ʔt], [ʔp]　　→　　k', t', p'

第1部
生きもの

扉絵：'トゥ'トゥッチンパー（'トゥ'トゥッチは「ソテツ」、パーは「葉」。「ソテツの葉」の意。）
ソテツの葉を象った、伝統的な芭蕉布の図案。

第1章　奥で保存活用される多様なシークヮーサーの知恵

石川隆二

シークヮーサーの実を採る、宮城正志さん。宮城さんは、奥で一番おいしいシークヮーサーの木のうちの一本を所有している。手前は執筆者。

第1部　生きもの

1-1 奥のシークヮーサーは千変万化

　私はイネの研究者であり、これまでイネの起源や在来種の特殊な性質などを解析していた。そのため、野生イネがいまでも街中にみられるタイ・バンコクや地方の湿地帯、ラオスの奥地の山岳地帯での陸稲の調査を行ってきた。さらに、最近はオーストラリア北部まで生態調査を行うなどイネを中心とした研究であった。イネの在来種にもさまざまな品種名がつけられることがあり、その由来が'旱不知'とか、'水くぐり'、'風知ラズ'、'イモチツカズ'など災害回避を連想させる名前がついていることがある。その他にも'ジャコウイネ'、'かばしこ'など香りに関連するものはポップコーンのような香りがすることもある。大唐米など中世に大陸から日本に持ち込まれたイネでは、その名前の一部に'唐'が付されている。これらはそのイネの形質や由来を如実に表しており、栽培の歴史を知ることができる。種子の大きさや色のような目に見えるものではない多様性も推し量ることができる。遺伝学では、その生物が生きているものであれば、実験によりその形質を支配する遺伝子として取り出して新しい品種育成に利用できる。

　イネ以外の植物や食物については、たまに外国の都会から離れた市場において地方特有の食文化に触れ、その豊かさには羨望ともいえるあこがれを抱いてきた。そのため生物文化多様性を調べるという調査計画の話を聞いたときには、イネを含めた多様性調査に関われることを期待して、初めて奥という場所を訪問した。

　しかし、残念ながら現地の水田は、1969年10月7日にやんばるを襲った集中豪雨による土砂崩れがあったとき以来、水田に戻されることはなくその他の用途に利用されていた。はてさて、どのようなことがわたしにできるかと思いながら現地の方々のお話を伺っていたが、奥の'長老'(？)といってもまだまだ現役で農家をしている島田隆久さんから、奥の集落の成り立ちや生業についての説明を伺った。その話の中でとてもがっかりしたのが水田の消失であり、とても興味深かったのが「奥のシークヮーサーは千変万化であ

第 1 章　奥で保存活用される多様なシークヮーサーの知恵

図 1-1　シークヮーサーの果実。初夏に花を咲かせ、10 月のまだ実が緑色の時期から'青切り'として市場に出される。1 月にはオレンジ色となり、ひときわ甘い味わいとなる。

る」との一言だった(図 1-1)。いまでもその時の言葉が、島田さんの独特な言い回しとともに私の記憶に深く刻まれている。

「言語、歴史、文化、生物などの多様性はお互いに関連をもって維持されているのだろうか」というテーマは大西先生のプロジェクトにおいて重要なテーマである。奥コトバ(ウクムニー)を大切にし、集落の文化多様性を維持している奥地区において、生物多様性を測る指標を何にするかについては、こうした経緯からシークヮーサーを用いることにした。

さて、そのシークヮーサーを調べるために、日本におけるカンキツの利用の現状や起源についてのこれまでの学問的な背景を知るために苦労したのはいうまでもない。次からは日本におけるカンキツの利用や由来についてみていくことにしよう。

第1部　生きもの

1-2 みかんのふるさと

(1) カンキツと呼ばれるさまざまな果実

　カンキツというと、冬のフルーツの代表格みかんが含まれる果樹の総称である。カンキツにはみかんをはじめ、春先のフルーツとしてのはっさくや夏みかんなどが挙げられる。秋から冬はサンマとともに楽しむスダチやカボス、すり下ろして料理に添えるユズなども、いまや季節の旬を教えてくれるカンキツとして、ご家庭でもお馴染みであろう。一方、季節を問わずいつでも購入できるカンキツとして、レモン、グレープフルーツやオレンジも挙げられる。

　最近は聞き慣れぬ名前のカンキツをスーパーでみる機会が増えた。スイーティーがその例であり、みかんとオレンジを交配した清見みかんのように新しい品種も次々と市場に出回っている。ひときわ目を引くのが普段食べる機会が少ないザボンである。大型のカンキツであり、ブンタンやバンペイユとも呼ばれる品種がある。英名ではポメロという。このカンキツは品種改良にひときわ貢献してきたすぐれものであり、オレンジのおばちゃんの血筋にあたる。

　日本では東海、四国、九州など温暖な地域で多様なカンキツが育てられているが、その中でも地域的にユニークなカンキツが沖縄にはある。オートー、カブチー、タルガヨ、そしてシークヮーサーが沖縄の秋を彩るカンキツである。特にシークヮーサーは沖縄を特徴づけ、日本のカンキツ遺伝資源ではひときわ異彩を放つ重要なカンキツである。琉球の古文書にも見受けられるこのカンキツは近年、その果実に含まれる健康成分でも脚光を浴びているが、その存在自体がカンキツ品種成立の特殊性を説き明かすものである。一般的なカンキツの成立をみながら、シークヮーサーそのものの遺伝的な、文化的な成立についてみていくことにする。

(2) 栽培種の成立

　カンキツ系果樹の野生種は日本、東南アジア、そして、その一部がオーストラリアにもみられる。オーストラリア・ライム（*Citrus galuca*）は自生種として乾燥地に適応している。これらは起源種がアジアの大陸から自然に分布域を拡大したと考えられる。鳥による種子の自然散布を通して野生種が大陸を超えて拡散していったのであろう。この過程では変異や、異なる個体間の交雑を通しての遺伝的組み合わせによって、多様性の拡大が生じた。

　ヒトが多様な植物の管理を始め、"栽培"を始めたのは1万年前と考えられる。その過程において、ヒトは野生種から管理しやすい植物を選び続けることで栽培種を成立させてきた。カンキツもそのような流れで成立した果樹作物である。それでは私たちが普段食べているカンキツ類はどこで成立したのだろうか。

　近年の交雑育種や突然変異育種によるカンキツ系品種の人為的改良を除くと、現在のインドから中国にかけて多様なカンキツが成立したとされる。オレンジは2000年以上前には中国で栽培された記録があるとされ、一説にはインド周辺で成立したオレンジが中国に伝わったとされる。その後の接ぎ木繁殖がオレンジの新大陸におけるオレンジ栽培地の拡大を促した。

　ポメロは今でも中国南部から東南アジア、ヒマラヤ周辺にかけて野生種がみられ、ヒマラヤ周辺から栽培種が拡がったとされる（図1-2）。一方、東アジアではユズ、ミカン、キンカンなどが成立したとされる。それらは日本に持ち込まれて産地を形成していったようだ。栽培種の成立が古く、その後代が接ぎ木で繁殖されるため、同じDNAをもった個体が広範囲に拡がる。そのためカンキツ系の起源を探索することは困難である。現在でもカンキツの起源地探しが進められている。やがて複雑な栽培種成立の一つ一つが解きほぐされ明らかにされていくであろう。

　カンキツ系に属する品種の分布がこのように複雑になった理由には大きく二つの理由がある。一つは、栽培種成立までに野生種が多様に分化し、広域に拡散したことである。もう一つは、異なる個体間における花粉の交換を通

第1部　生きもの

図1-2　東アジアのザボン。ヒトの顔ほどの実もざらにみられる。オレンジの親系統でもある。

して交雑による多様性を生み出したことである。カンキツは取り木や挿し木により親と同じ個体を効率よく増やすことができる。また、種子から親と同じ個体が育つアポミクシス現象がある。そのため、一度偶発的な交雑が起こって優れた個体が現れると、その個体数を急速に拡大することができる。

　一つの品種が急速に拡散していった例にオレンジが挙げられる。最近のゲノム研究に加え、古文書や栽培史の研究によれば、オレンジの成立には、ザボンとマンダリンが関係しているという。マンダリンとはミカンに近縁なカンキツである。ザボンに対してマンダリンが交雑し、その子どもがまたザボンに交雑したことによりオレンジが成立したことが明らかになった。稀に見るおいしさのため、挿し木による繁殖によって、急速な同一個体の拡散が起こったのである。

(3) 日本のカンキツ：温州ミカンとシークヮーサー

　日本の主要カンキツである温州ミカンはどのように成立したのであろう。

温州ミカンの生産量はリンゴと同程度（90万トン）であり、日本のカンキツ類生産量に占めるシークヮーサーの生産量は極めて少なく全カンキツ生産量の0.2％である。リンゴ苗木は明治の勧業政策で導入されて以降、青森県が生産量の大半を占める。一方、温州ミカンは東海から九州にかけて生産される。それぞれの地域においてリンゴやミカンが道端の樹々に実をつける光景は季節の風情を感じる一コマであろう。

　温州ミカンの成立は明らかになっていない。原木とされる樹が鹿児島で見つけられた当時、その樹齢は300年程度あるとされ成立年代が示唆された。現在ではその老木は枯れて失われたが、中国から持ちこんだマンダリン類からの後代の実生として温州ミカンが九州において成立したらしい。温州ミカンは東アジアのマンダリンに近縁とされ、大陸から日本に導入されたマンダリンの変異したものが中国の温州からきたミカンとして選抜されたものと考えられている。大陸で交雑した個体の種子が日本で発芽して温州ミカンとなったのか、日本で交雑したものから生まれたのか。それを知ることは今となっては難しい。

　一方、日本のカンキツの品種改良に役立てられている清見みかん（別名、清見オレンジ、清見タンゴール）は温州ミカンとオレンジを交配して選抜された品種である。これらの交雑集団は、ミカン類の英名Tangerineとオレンジの英名Orangeの頭文字をとってTangor（タンゴール）と呼ばれる。デコポンはそのユニークな名称からご存じの方もいるかと思うが、清見タンゴールにポンカンを交配して品種となった不知火の別名である。その他、日向夏のように近年になってから宮崎県の農家において偶然見出された品種もある。このようにさまざまな品種が突然変異や交雑育種により生み出されている。そのためこれらは兄弟系統ともいえるが、これらの品種の野生種は存在しない。

　野生種はそれぞれの生息地域の自然状態で生き抜くことのできる高い適応能力をもっている。この能力は将来、栽培品種の改良のためにも必要とされるものである。遺伝学者はこのような野生種を遺伝資源と呼び、環境変動が予測される未来環境において農業生産を安定させるための育種素材とできるように保存活動を進めている。もちろんカンキツの野生種も今後の品種改良

第 1 部　生きもの

図 1-3　沖縄の産直センターのシークヮーサー販売風景。在来種の呼称でもあるクガニーとあるが、多様な遺伝子型を示す個体が販売される。

には欠かせない遺伝資源である。
　日本で野生種がみられるカンキツは本州にも生息するタチバナと琉球列島に生息するシークヮーサーのみである。タチバナはひな祭りの飾りにでてくるほど日本文化に根付いたものであるが酸味が強く食用しての利用は限られる。シークヮーサーは沖縄でかなりの生産量を誇っており、その野生種も沖縄を中心として鹿児島県奄美諸島から台湾にかけて生息する。シークヮーサーが本土に移植された例はあるが、本土において野生種は見出されておらず、寒さには弱いらしく安定した生育がみられない。シークヮーサーの栽培は大宜味村を中心とする沖縄北部で盛んに行われ、全生産量の 99％以上を占めている。果実は一つあたりが 50 g 程度であり、1 kg が 200 円程度で販売されている（図 1-3）。シークヮーサーには健康機能性成分も報告されている。今後も、加工原料としてますます利用されることだろう。
　では、シークヮーサーの起源はどこにあるのだろうか。いままでのところ、

シークヮーサーが琉球列島にのみ生息していることがわかっているだけである。最も生息数が多い沖縄本島がシークヮーサーの栽培起源地である可能性が高いものと思われる。

1-3 シークヮーサーの多様性

(1) シークヮーサーのさまざまな呼称

シークヮーサーという名前そのものは特産化のために一般名としてつけられたものである。一方、栽培現地では、多様な呼び名で知られている。クニブやクガニーが総称であるが、その呼び名は千変万化である。ちなんだ名前だけでも、イシクニブ（石九年母、果実が充実して硬く、種子から生育させると9年後に実が付く）、ヒージャクニブ（香気が山羊くさい）、シジクガニー（苦いクガニー）などがみられる。その他にもさまざまな方言名で呼ばれることが全国の特産果樹情報のとりまとめにおいて収集されている（金城 2007）。前述の調査によると、記録に残る名称としては、フパイス（堅い石）、ミカングロー（ミカンを小さくしたもの）、フスブター（果梗部が放射状になっている）、カービーシー（皮が薄い）、カーアチー（皮が厚い）などが挙げられる。島嶼部にも果実の形質にちなんだ名前がみられる。伊江村では、赤い果実の内部という意味であるアハブシャー、白いものとしてショウブシャーといわれる。久米村では実が小さく果皮が赤くなるチッカーなどがあるといわれる。与論島ではミカンの総称であるクリフ、もしくはクリブといい、その他のカンキツであるユンノートーなどと区別している。おもしろいものにシークヮーサーを「キンカン」と呼ぶ例がある。この「キンカン」は、九州で一般的ないわゆるキンカンとは異なる。このように方言名は、多様な果実形態をもつシークヮーサーを識別する役割をもっており、まだ私たちが知らない性質を説き明かすことができるきっかけを与えてくれる可能性がある。

事実、名護市勝山地区の山城氏に聞くと、以前には7品種以上の名前があっ

第1部　生きもの

図 1-4　カーアチー（左）とクガニー（右）。カーアチーは皮が厚いことを意味し、香りが良いがジュース分が少ない。一方、クガニーはジュース分が多い。

たシークヮーサーのうち2種類がいまの勝山の主流を占めているという。一つは生産量の6割以上を占めるクガニーである。この品種は果汁が多いために加工施設を維持している勝山地区ではなくてはならないものだという。一方、果汁が少ないものの、香り高いものがカーアチーであるという。実際に勝山公民館横に植えてある在来種のうちそれぞれをすぐに見分けて差し出してくれた（図 1-4）。クガニーは表面が滑らかであり中身は果汁がこぼれんばかりである。これがジュース加工には適しているという。一方、カーアチーの表面はざらざらとしており皮をむいたとたんに香り高い芳香が鼻に漂ってくる。那覇の料亭からこのタイプのみを買い付けにくることもあるという。ただし、果汁が少なめである。それぞれの皮の厚さを計測してみると2倍程度の差がみられ、厚さと皮の外見が対応している。一見、遠目ではわかりづらい性質を方言名で識別し、それらを用途毎に分けて栽培している行為が現場にはある。栽培家はこれらの形質の違いをその用途も含めて感覚的に理解しており、それに応じて呼び名も使い分けているであろう。しかし、方言を自分のものにしていない外部の人間、もしくは現地にいても方言を利用しなくなっている場合は、目の前にあってもこれらの重要な形質を認識することができない。もしくは、皮が厚いということがわかってもそれが併せ持つ意味を理解しえない。かつて勝山地区にあったその他の在来種には、それぞれの顕著に異なる特性があったことだろう。多様性がなくなるということは、

実はその背景にある事実を全て失ってしまうことになり、わずかに記憶の中に、そして意味不明となった呼称の中に残されるだけになる。このように方言名がなくなるということは、その中に横たわっている膨大な情報を全て失うことになる。幸いなことに勝山地区の背後に控える山には野生種が残存しており、これらの中に"失われた5品種"が残されているかもしれず、いまならふもとの果樹園に取り戻すことができる可能性がある。さらに現地には方言を理解できるおじいおばあがご健在である。こうした方々の教示を受けることにより、大切な知恵を失う前に保存し活用することが望まれる。

(2) 生物文化多様性とシークヮーサー

　近年、「生物多様性」という単語が一般に知られるようになり、あらゆる生物の保全のために多様性評価を行う試みが盛んに行われるようになってきた。「生物多様性」だけでなく「文化多様性」、つまり人間活動が産みだすさまざまな要素の多様性も対象となっている。それらの中にはヒトの生業が生み出し保存してきた方言語彙やそれに込められたさまざまな知恵、祭りにみられるような文化的な多様性、ヒトの生活と深い関係にある動植物の多様性がある。これらをただ残さなければならないという教条的なことを言うつもりはもうとうない。その背景にあるものの価値を理解して将来に必要なものを正しく認識できるようにすることが必要なのである。その価値なくして、単純な保全活動やそのための取り組みはその背景にある人間生活の将来性に関わる重要な事実を永久にみえなくするかもしれない。多様性の持つ最も重要な意味は、方言名の多様性とシークヮーサーの形質の多様性のように、お互いの連関の中にある。さて、ではどのような多様性がシークヮーサーにあるのだろう。

　大宜味村においても山にいけばシークヮーサーの野生種がみられ、同一地域内に野生種と栽培種が混在している。いまある果樹園も元をたどれば川沿いに植わっていた木を取り木して開園したという農家もあれば、3代前に山から移植した木のうち優良な品質のもののみを残して果樹園を拡大したとい

う農家もある。沖縄本島最北端にあたる国頭村奥地区もシークヮーサーを栽培している地域だ。形も味も多様なシークヮーサーのある地区である。前述の皮の厚さの変異もさることながら、熟する時期の違いもみられる。通常は1月に果実が甘くなる"酸切れ"の時期を迎えるが、晩生では2月から3月にその時期を迎える。これらの農家の多くが、山や道端に生えていた野生種を移植して果樹園にしたという。山にはシークヮーサー以外の野生種はみられず、沖縄の原野において高い適応能力をもっているのがシークヮーサーであるといえる。

シークヮーサーについての古い記録が沖縄版「万葉集」の「おもろそうし」(正式には「おもろさうし」)にみられる。「おもろそうし」とは1531年から1623年に編集された古琉球時代の神歌1554首を収録した歌謡集である。「おもろそうし」研究会によると1613年編集の巻2の1首に

　　こがねがは　うえて（黄金木を植えて）

とあり、このように以前から信仰とともにあったことが金城らにより報告されている（金城2007）。

シークヮーサーの利用は生食だけではなく、沖縄の人間活動と深い関係がある。シークヮーサーには華やかな香りがあり、それが他のカンキツにはない特殊な性質である。シークヮーサーは、古生層石灰岩を母材にする酸性の国頭マージ、そして、ややアルカリ性の島尻マージと呼ばれる土壌地帯に自生している。栽培の拠点となっている大宜味村は、この国頭マージ土壌であり、農家が自生する野生種から優良な個体を選抜していまの優良品種を作り上げてきた。生食のみでなく、加工により果実酢、ジュース、さまざまなお菓子などへの利用がなされている。

商業栽培される以前にも多様な利用がなされてきた。特殊な例は芭蕉布に関するものである。糸芭蕉（*Musa bajo*）はバナナの近縁種である（図1-5）。その花茎の繊維が布に加工される（図1-6）。繊維を柔らかくするためには、一般にユナジと呼ばれる米酢、コメが入手困難な時にはイモを利用して発酵させた酢を利用していた。これらの発酵酢の代用としてシークヮーサーを利用

第 1 章　奥で保存活用される多様なシークヮーサーの知恵

図 1-5　芭蕉。幹の繊維から芭蕉布が織られる。実はバナナのようだが、種子が多く食用向きでない。

図 1-6　芭蕉布。風通しが良い沖縄の織物。芭蕉の幹の繊維からなる。灰汁抜き後に酸性の液体で中和させることにより織物となる糸が得られる。

45

第1部　生きもの

した家庭もあった。繊維の脱色のためにも酸性の果汁は効果的でもあった。また、芭蕉布は一般的な洗濯には糸をほどいて洗わなければならず非常に手間がかかるため、日常的には糸をほどかずにシークヮーサー果汁を用いて洗濯をしたという（大宜味村シークヮーサー対策協議会、1997）。そのためか軒先に1〜2本の樹を植えている家が多かったようだ。芭蕉はバナナ野生種であり種子を生産できる。もともと沖縄在来でないことから、沖縄で出会った植物をうまく利用する技術を沖縄の人が開発したのであろう。

(3) おじいが開いたみかん園

　シークヮーサーの栽培面積ならびに生産量が最も多い大宜味村塩屋で有機栽培を行う眞謝さんから話を聞く機会があった。眞謝さんのおじいおばあの代、およそ100年前から果樹園の開墾を始めたという。ネクマチジ岳など付近の野生の樹を取り木して果樹園に導入し、良い果実をつける個体を残していったらしい。いまは2-3種類の異なる種類のシークヮーサーにより果樹園が構成されているという。現在では有機栽培による良質のシークヮーサーを栽培している。

　後述するDNAマーカーを利用して大宜味と他地域の個体を比較したところ、大宜味ではまったく同じDNAタイプを示した。他の栽培地域では多様性がみられ、大宜味の野生種も多様な個体から構成されることから、大宜味では非常に強い人為選抜が働いたといえる。

　大宜味村塩屋地区の90歳代ご夫妻、平良さんにもお話を聞く機会があった。昭和初期になるだろうが果樹園による商業栽培が行われる以前は、個人の庭に1〜2本のシークヮーサーが栽培されており、個人的利用が行われていたという。主には果実酢としての利用だろうが、魚の行商を行っていた人はそれらを売っていたともいう。

　商業栽培に力を入れ始めてからは、大宜味村において大規模な果樹園を作るため、また各地に販売するために大量の苗木を作ったという。子どもたちの手伝いによりシークヮーサーの実から種子が集められ、3000本程度の苗

木を育成したという。ただし、大宜味村で栽培しておいしい実がなる樹の後代や取り木であっても、同じようにおいしい実がならなかった場合があるという。おそらく土壌などの環境条件により生育に異なる効果があるのだろう。

(4) パイナップルからシークヮーサーへ

　さて、シークヮーサーの産業利用は沖縄にどのような影響を与えたのであろう。昔からおばあが行商をして売り歩いたのは生食用としての果実であった。魚の行商とともに一般家庭に売ったという。その後他のカンキツ系品種であるタンカンが台湾から導入され、サマーオレンジなどの栽培種が本土から導入された。また、出自の詳細が不明だがカブチー、オートー、ツクルブーなどが他から導入された。

　その他の果物としては、アメリカ占領下においてパイナップル、パパイヤ、マンゴー、パッションフルーツが導入され、沖縄での栽培が盛んになっていった。しかし、いまでもシークヮーサーが沖縄の主要果樹であることには変わりはない。

　シークヮーサーの産業利用が組織的に始まったのは1960年代である。琉球政府の勧業策としてシークヮーサーの成分解析が進められ、沖縄におけるカンキツの中で最もビタミンが豊富であることが明らかとなった（特産果樹情報提供事業報告書 2000；大宜味村シークヮーサー対策協議会 1997）。このころアメリカ占領下にあった沖縄ではハワイからの果実栽培技術や加工技術の転移があり、パイナップルジュース工場によるジュース化も行われた。販売促進のために演芸大会などの会場で無料配布をすることで知名度アップに努めてきた。急速にその需要が伸びたのは大宜味農協が組織的な宣伝に取り組んできたことにもよるが、琉球大学に依頼した調査からシークヮーサーが高いビタミン含有量を示したことがわかった頃からだという。おりしも健康ブームが後押しして栽培に拍車がかかり、1980年代になってから栽培面積、生産量、生産単価が飛躍的に上がった。その後、シークヮーサーの種子に含まれる成分のうち、ノビチレンなどが高血圧や動脈硬化抑制に機能性効果のあ

ることが報告されてから、シークヮーサーの生産量は飛躍的なのびを示した（和田 2011）。

(5) シークヮーサー栽培における多様性の意味

　シークヮーサーの栽培技術もこの間に発達してきたものの、最も効果的な栽培条件については不明なところがある。国頭村奥地区は大宜味村に遅れること 40〜50 年でシークヮーサー果樹園を開墾してきた。母本は奥地区の自然の取り木から果樹園に移植したものが多いという。積極的に他の地域から導入している果樹園もある。そのため大宜味村で見たものより多様な樹を見ることができる。シークヮーサーの果実は未熟なうちは青いものの、やがてみかんのように色が黄金色に変わってくる。シークヮーサーはこの頃が一番の熟れ頃であり、おいしい季節だ。

　在来種には、前述のように、熟期が 1 月頃になるものもあれば、3 月になる樹もある。ときにはシーズンをすぎても桜の狂い咲きのように 5 月まで成熟した実がなっているときもある。このときは実と花を一緒の時期にみることができる（図 1-7）。このような個体間の変異は遺伝的に異なるものが栽培されていることによるようだ。

　この多様性を品種として固定して生産している例は少ない。これはみかんの品種がスーパーの商品棚に記載されないことと同じような考えだろうか。産直センターなどで出品されるシークヮーサーは地域や生産者の名前のみ記載されることが多い。もちろん沖縄県農業研究センターでは在来種の保全と改良品種の特徴付けを行っている。担当の目取眞さんにうかがうと伊豆味クガニー、勝山クガニー、旭川シークヮーサー、フスブター、大宜味クガニーなどの優良品種を教えていただくことができた。ただ、一般の果樹園では、多様な個体がありながらも"品種"という概念で栽培を行っている方は少ないようだ。集荷システム自体が kg あたりの買い付けを行うだけで、品種毎に流通させる仕組みがないのだろう（図 1-8）。

　眼が利く農家の中には、自分の栽培しているものが異なる性質をもった個

第 1 章　奥で保存活用される多様なシークヮーサーの知恵

図 1-7　シークヮーサーの花。白い小さな花が咲く 5 月にはほのかな香りが果樹園に漂う。

図 1-8　果実を収穫したときの収集状況。箱単位で果実を収穫し、キログラム単位で値段が決められる。そのため、品種で選別して市場に出ることは希である。

体で栽培されていることを理解している方もいる。品種更新や拡大が取り木でなければできず、時間がかかることもあり品種としての販売に結びつかないのだろう。実際に現地にいって、話を聞いた後に樹をみてみると違いがよくわかる。DNAで簡易に品種識別し、優良な品種に付加価値をつけることができるなら、これからの優良品種の選抜や普及に役立つのではないだろうか。

1–4 シークヮーサーのDNA調査

(1) DNAによるシークヮーサーの遺伝的多様性の検証

　シークヮーサーにはどれだけの多様性があるのだろうか。方言名や皮の凹凸などの多様性はわかるものの、それらは生物の遺伝的な違いを意味しているだろうか。生理的な要因や栽培環境により違いが生じたり、同じ個体を異なる名前で呼んでいたりすることがあるかもしれない。また、品種の改良には遺伝的に異なる個体も必要である。遺伝的な違いは異なるDNAに現れる。

　栽培種だけでなく、野生種の多様性も同様である。他のカンキツと同じようにシークヮーサーは一つの個体からの子孫なのだろうか。そして取り木やアポミクシスで増えてきたのだろうか。もしくは、日本にある多様な野生種の中から沖縄の人たちによって栽培化されたものだろうか。さらに、奥の千変万化なシークヮーサーは遺伝的にも異なる個体で成り立っているのだろうか。それを立証することができるなら、生物文化多様性を立証できるのではないだろうか。そのため、一足先にゲノム解析が進んでいたオレンジのDNA情報や、シークヮーサーからの次世代シークエンス情報を元にDNA多様性の検証を進めることとした。

　細胞にはDNAを含む、核、葉緑体、ミトコンドリアの三つの器官があり、それぞれに含まれるゲノムと呼ばれる一群のDNA情報により数々の遺伝現象を担っている。植物界においては主に後者の二つが母親だけから遺伝する。ミトコンドリアは複雑な遺伝現象を示す場合があるため母親の系譜を追うに

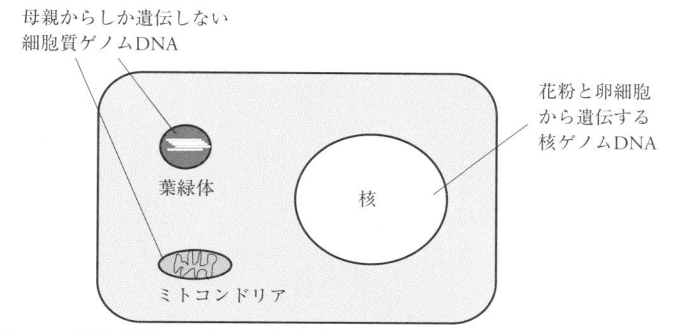

第 1 章　奥で保存活用される多様なシークヮーサーの知恵

図1-9　植物細胞にみられる細胞内の小区画である核、葉緑体、ならびにミトコンドリア。それぞれの区画にはDNAが含まれる。

は葉緑体ゲノムが最も利用しやすい。このゲノムの一部を遺伝的な標識として利用するため、DNAマーカー（もしくは単にマーカー）と呼ぶツールを用いる。

　シークヮーサーにおけるDNAを利用した研究例は多くはなく、マーカー開発から行う必要があった。葉緑体と核について、すでにオレンジで開発されていたDNAマーカーがあったため、それから試してみることにした。葉緑体ゲノムについては、七つ試したところ四つのマーカーにおいて個体毎に異なるパターンを示すことがわかった。これらの組み合わせは異なる葉緑体を示し、その違いは母親の違いとなる（図1-9）。もちろんDNAは時とともに変化をして遺伝的な違いを生み出す。そのため、同じ個体でも数百年の時が経つと遺伝的に変化が蓄積する。それらの変化もまた母親の違いを教えてくれる情報となる。

　核のゲノムは父母両方からの遺伝情報が子どもに伝達される。植物では花粉親と卵細胞親からの遺伝現象をみることができる。核ゲノムは他のゲノムよりも早く変化する。この性質により、核マーカーは生物種間の比較よりも種内の個体識別に利用されるケースが多い。また、種が異なると既存のマーカーを利用することが難しくなる。オレンジの研究において400以上のマーカーがアメリカ農務省から報告されていたため、ここでもそれを利用してみ

第1部　生きもの

た。核では利用できるものが少なかったが、29種類試してようやく6種類が利用できた。

　上記のDNAマーカーにより、どうにか調査の準備ができた。実験には比較のために温州ミカンも調査に入れて試してみることにした。ただし、困ったことに弘前大学のある青森ではリンゴは多いのだが、ミカンが育たない。比較のためのカンキツのDNAをどうするかについて考えあぐねていたところ、ちょうど伊豆にいる甥がみかんの種から樹を育てていたので葉を分けてもらうことでその問題は解決した。その個体はとりあえず、"伊豆のミカン"とした。典型的な温州ミカンの1品種からの子どもである。異なる大きさのみかんの"子ども"がいたというので大きなサイズと小さなものを送ってもらった。これらも多胚の種子にみられるアポミクシスという現象で生じた差であったのだろう。

　奥地区からは、調査を手伝っていただいた宮城邦昌さんから奥で特徴的なシークヮーサーの葉を送ってもらっていた。同氏は奥出身でいまは那覇に住んでいる。奥で育ち気象庁を勤めあげたあと、定年後を好きな山歩きと奥地区への貢献に費やしている。奥を知り、琉球列島の離島の状況も知り抜いた人なのでとても頼りになる。その宮城さんによると、奥で一番おいしいシークヮーサーが2点あるという。これはどうも同点1位として甲乙つけがたいもののようだ。また、奥で一番酸っぱいシークヮーサーも同様である。あとは方言名で呼び分けられる地元の果樹園のシークヮーサーであった。

　採取した葉は緑のうちに液体窒素で粉末状にして通常のDNA抽出方法を用いることで比較的容易に得られた。これらの材料が集まったのでいよいよ予備実験である。これまで多様なカンキツ類で開発されていたDNAマーカーが利用可能であるかについて試した。一部、利用できないものもあったが、温州ミカンとシークヮーサーの双方でDNAが増幅され多型を示すことがわかった。さらに、最も解析が進んでいるオレンジのDNAマーカーについても試したところ、2〜3割の確率であるもののシークヮーサーにおいても利用できることがわかった。葉緑体DNAでは、シークヮーサーとミカンが識別され、シークヮーサー内でも異なるタイプがみられた（図1-10）。こ

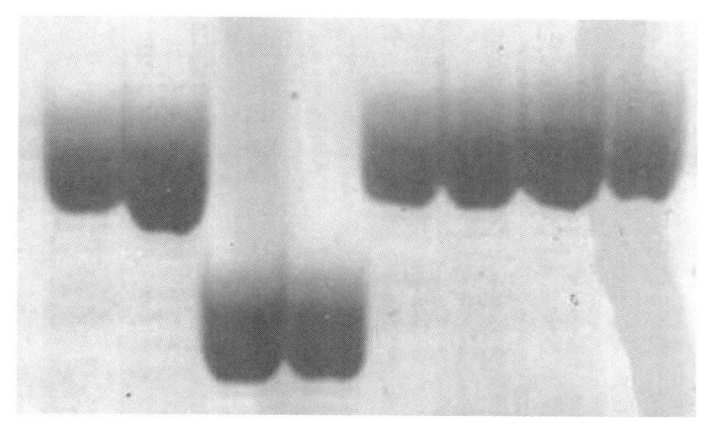

第 1 章　奥で保存活用される多様なシークヮーサーの知恵

図 1-10　葉緑体多型。晩生のシークヮーサーの葉緑体ゲノムから設計したマーカーにより在来種間で母系に違いが認められた。左から3、4番目の在来種は他と異なる DNA 型を示す。

の結果からシークヮーサーが複数の母親をもっていることがわかった。核でも同様の結果が得られ、必ずしも選抜のみで品種が形成されているわけでないことが明らかであった。一つの果樹園内においても多様な DNA タイプがみられることから、奥では多様な個体が維持されていることがわかった。さて、これで実験の目処がたった。あとは野生種の収集と多様な栽培種が奥に栽培されていることが実証できるかだ。

(2) 自生するカンキツ：シークヮーサー起源地の検証

　沖縄に自生するカンキツ系の個体はシークヮーサーだけであろうか。古生層石灰岩土壌地帯では非常に多くのカンキツ系の幼樹や成木がみられる。これらの中には野生種として自生しているもの、ならびに栽培種の種子が動物により散布されたいわゆる"エスケープ"個体もあるだろう。沖縄本島の中部から北部において自生する野生個体はほとんどがシークヮーサーであり、その他のカンキツ系は希であった。これはシークヮーサーが沖縄の環境条件

においてきわめて高い適応性をもっていることを示す。

　ここで問題になるのが、まずシークヮーサーが日本起源といえるのかということである。日本の栽培植物は、フキなどの一部を除き、ほとんどが大陸起源である。カンキツにおいても状況は変わらないことは前述した。もし大陸から栽培種のみが伝播したのであるならばDNAにみられる多様性は非常に小さくなるはずである。もしかすると一つしかないとも予想される。予備実験では複数の母親を想定できる葉緑体多型を確認できていることから、栽培が沖縄で行われた期待は高い。ただ、少数ではあるが多様な母集団が導入され、その一部が野生化したとも仮定できる。そうだとすると沖縄各地の栽培種はどのような多型を示すのだろう。伝統を色濃く残す地域ではやはりシークヮーサーは"千変万化"であるのだろうか？　一般に商業栽培が進むことにより強い人為選抜による遺伝的多様性の減少が生じる。よりよい品質のものが効率的に得られる一方、脆弱な遺伝基盤は突発的な生物的なストレスや災害に脆弱である。

　以上のことから、野生種が多様性を維持しているのか、それは栽培種を超える多様性を維持しているのか、奥の栽培種は多様性を維持しているものの栽培が盛んな地域では多様性が収斂しているのかという3点について明らかにすることとした。

　手始めに野生種の多様性をみるために果樹園でない山林にあるシークヮーサーを国頭村から名護市にかけて集めて比較することにした。シークヮーサーの多様性程度が最も高い地域を特定することができれば、そこが起源地と考えられる。これは専門的には多様性中心地といい、起源地は多様性が高いことを示したVavilov (1926) の定説による。栽培種の起源は多様性が高い地域であることが多く、その地域を多様性の第一次中心地という。第二次中心地もある。栽培種が成立した後には、旅人や商品により各地に伝播される。そのようにして各地に散らばった在来種が、たまたまある地域において遺伝的にも異なっていった派生品種が集まり高い多様性を示すことがある。このような場合にこの地を第二次中心地であるという。では、沖縄のどの地域に高い多様性がみられるだろう。

第 1 章　奥で保存活用される多様なシークヮーサーの知恵

図 1-11　奥の旧中学校跡地に建てられた碑。この敷地周辺にも野生シークヮーサーが生息している。当時は、奥中学生がその野生の実をよく食べていたという。

(3) やんばる各地でのフィールド調査

　奥ではほとんどの農家の方が自然樹を移植している。そのためシークヮーサー果樹園の個体は、奥地区の野生のシークヮーサーの多様性を反映しているといえる。また、旧奥中学校脇に昔からある"奥で一番酸っぱい"シークヮーサーは自生しているものとして扱った（図 1-11）。同じ国頭村には大石林山という名所がある（図 1-12）。御嶽としても知られ、石灰岩の大岩が散在する山である。この施設管理者にお話をして許可をいただくことで、山で自生するシークヮーサーの葉を採取した。薄暗い林の中の手前などに多くみられ、10 m 進めば一つは見つかるくらいの多さである。1 m くらいの小さいものもあるが、中には 2〜3 m になっている大木もある。自然状態では果樹園にある樹とは異なり、幹の太さはゆっくりと厚みをますという。実際に同じ直径のものを伐採する機会があれば年輪により確かめられるだろう。

　野生種を調査した時期は 10 月であったが実はあまりついておらず、わず

55

第1部 生きもの

図1-12 大石林山のシークヮーサー。石灰岩地帯特有の岩が地表にみられ、その手前右側に野生シークヮーサーがみられる。

かに数本の樹上にみることができた。実生として9年以上の年月が経たないと実がつかないといわれており、そのせいかとも思うが、暗い林床で貧栄養状態のため実をつけないのかもしれない。鳥も多いため、色づいた食べ頃の実はつつかれてしまっている。一つだけ実のついたものを食べることができたが、その果実はわりとおいしかったのが印象的だった。野生状態でも良質な樹があるようだ。ともあれ石灰岩土壌の大石林山からは100本近くの樹から葉を採取することができた。

　南に1時間程度くだると沖縄北部の大宜味村である。この村はシークヮーサーの主要な栽培地である。同村内の押川地区には宮城さんの知り合いもいるため、隣近所の方にもお願いして自然樹から取り木して自宅に植えているシークヮーサーの葉もいただいた。果樹園では開園するときに川沿いの大木から取り木したというが、その原木がまだ残っていた（図1-13）。大木であり、枝の先端から先端まで5mはあるだろうか。樹高も4m程度あった。この樹からもシークヮーサーが収穫されているとのことだった。

　同村には芭蕉布の由来や作り方を伝える芭蕉布会館もある。この会館前に

第 1 章　奥で保存活用される多様なシークヮーサーの知恵

図 1-13　押川地区のシークヮーサー。川辺の大木の前の筆者。この原木からの取り木で果樹園が作られた。

も 2 本のシークヮーサーがあった。近くの陶芸家の方のご自宅にもシークヮーサーがあった。大きめの果実をつける樹は、その果実の味も濃厚であった。翌年の 2 度目の調査では、眞謝さんの果樹園をはじめ大宜味村の方々の家の軒先にある樹からも採取させていただいた。野生種として塩屋地区のネクマチジ岳からも複数の個体を採取した。

　名護市では市街地と名護岳、そして栽培が盛んな勝山地区からは公民館脇の樹と嘉津宇岳から採取した、市街地では歩道の街路樹の根元などにシークヮーサーの若い樹が生えている。鳥の落とし種だろうか。名護城の周回道路の沿道にも数多くのシークヮーサーが生えていた。キャンプ場の炊事場近くなど樹高として 5 m 以上はあっただろうか。あまりにも高いところに実がついているので熊手をかりて、脇の階段のうえからようやく実と葉をとることができた。

第1部　生きもの

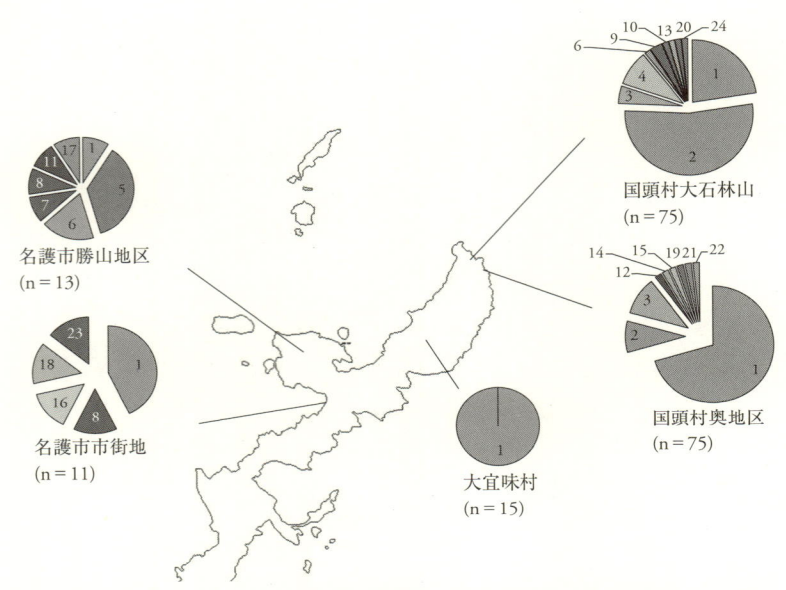

図1-14　葉緑体マーカーによる母系多様性。国頭村大石林山の野生種の多様性が最も高く、栽培種では奥地区が高い多様性を示した。一方、品質が揃っている大宜味村では多様性自体は減少していた。数字は異なる葉緑体タイプを示す。

(4) 遺伝子バンクとしての奥

　既知の葉緑体マーカー4座、SPCC1、SPCC6、SPCC9、ならびにSPCC11では3〜4対立遺伝子が見出されたため、これらの組み合わせでみると、188個体を調査して実に25種類の異なる母親タイプ（異なる葉緑体）が同定された。国頭村奥地区はそのうちの10種類、同村大石林山では同じく10種類が同定されたものの、これらで共通していたのは3種類のみであった。大宜味村では15個体が全て同じタイプを示した。勝山では7種類、名護市では5種類の異なる樹で構成されていた。奥地区には極めて高い変異がみられ、大宜味では強い人為選抜があったとみてよいだろう（図1-14）。一時期は子どもに手伝ってもらって3000粒程度の実を集めて苗木を作って配布事

第1章　奥で保存活用される多様なシークヮーサーの知恵

業を行ったというから、優良樹からの選抜により同じ遺伝子型の樹の構成比率が高まったとみてよい。

以上の結果から、"野生種は多様性を有しており、栽培起源地の可能性がある"、"野生種に比較して栽培種では多様性が低いため人為選抜がかけられた"、"奥の栽培シークヮーサーは他の地域に比較して高い多様性を有している"ことがわかってきた。ただし、オレンジからのDNAマーカーは増幅や多型識別が困難であり、詳細なデータを得るためにはやはりシークヮーサーそのもののゲノム情報が必要となってきた。そのため、最近利用可能になった次世代シークエンサーを利用してシークヮーサーのゲノム情報を得ることにした。この方法は、DNAを小断片にして大量のDNA塩基配列を自動的に読み取って解析するためにどの生物種でも応用可能である。データはコンピューター解析によりもとの配列を再構築することが可能であり、最近では比較的安価に利用できるようになっている。実際に行ったのは、核のDNA情報からマーカーを作出することと、葉緑体ゲノムの再構成を行うことであった。近縁ではオレンジの葉緑体ゲノム情報もあるため、これと比較しながらの解析を行うこととした。

ではどのシークヮーサーを解析するのが良いのだろうか。そこで思いだしたのは、多様なDNA情報を示した、奥の最もおいしいシークヮーサーである。これなら解析するに値するのではないかということであった。晩生の個体が、山の中腹に栽培されており、かつて村の道端に生えていた個体を、崎原栄昌さんが持ち帰って育てたものだという。その葉からDNAを抽出して情報を得てから葉緑体ゲノムを再構築した。比較したオレンジでは葉緑体ゲノムは16万129塩基であったが、シークヮーサーでは16万101塩基と28塩基小さいゲノムを有していることが予測された。この中には1塩基から12塩基程度の挿入や欠失がみられた。

この変異はオレンジとシークヮーサー間だけの違いであろうか？　そこで、奥で一番酸っぱいといわれる旧奥中学校の個体と晩生の個体をダイダイとグレープフルーツと比較してみた。8種類のマーカーではダイダイとグレープフルーツも分けられただけでなく、シークヮーサー間でも多型(たけい)を得る

ことができた。多型があるということは、その領域が異なる長さの塩基から構成され、それが異なる母親に由来することを示す。これらの領域はカンキツ系でも多様な変異を蓄積してきた領域なのであろう。さっそく、この多型のDNAマーカーを利用して、沖縄のシークヮーサーの多様性を地域間で比較した。

新たに作出した葉緑体マーカーでも既知のマーカーと同じくシークヮーサーには多様な母系列がみられた。最も一般的なタイプがいくつかみられたが、ゲノム配列を得た晩生と同じ個体は野生種を含めて一つもみられず、数百個体調査しても野生種の中に1個体しかないタイプもいくつかみられた。潜在的な多様性が野生集団にも、栽培集団にもあるのだ。一方、大宜味の果樹園や個人宅に所有されていた栽培集団は同一の母親に由来している結果が得られた。

では父親からの遺伝はどうなっているだろう。核マーカーは父親、母親の双方から遺伝する。この遺伝現象から、個体識別をすることができる。両方の親から伝達される遺伝子を調査することで、集団における多様性や個体の同一性を判定できることになる。その調査のため、オレンジで既に開発されていたマーカーを利用することとした。最も明瞭なパターンを示し利用しやすかった二つのマーカー（Ma3_168とMa3_200）の組み合わせで個体ごとの遺伝子型を決定した。ここでは遺伝子型が同じであれば同じ個体であるといえる確率が高くなる。大宜味ではやはり一つしかみられなかった。次に国頭村、大宜味村、ならびに名護市において、野生集団と栽培集団（もしくはヒトの生活圏に近い市街地の集団）を比較した。その結果、いずれの地区においても、野生集団において極めて多くの遺伝子型が認められた（図 1-15）。

母系列を含めて栽培集団を比較すると奥地区で高い多様性が認められた。これは奥の周囲の野生集団に多様性が高いこともあるが、奥の人々が積極的に野生種を生活の中に取り入れ、時に他の地域からも導入して多様性を維持してきた結果である。また、多様であることを良しといろいろな使い方をしていたために今でもその地域に身近に見ることができるのだろう。

奥地区の農家の方の"興味深さ"が多様な個体を育ててみることにつな

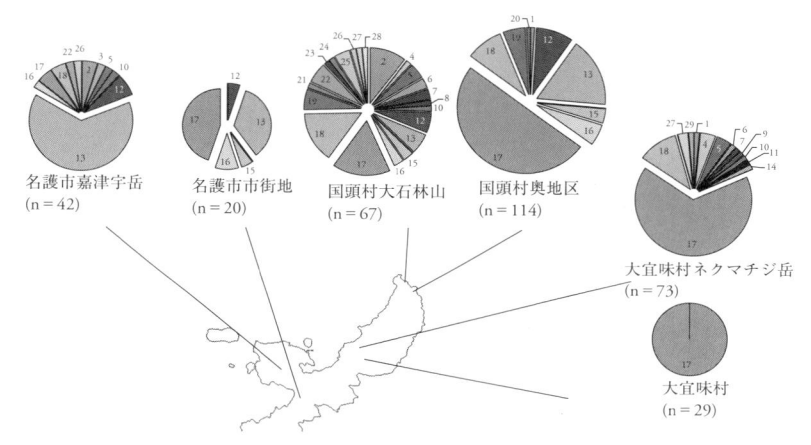

第1章　奥で保存活用される多様なシークヮーサーの知恵

図 1-15　核マーカーによる遺伝的多様性。国頭村大石林山の野生種の多様性が最も高く、栽培種では奥地区が高い多様性を示し、母系マーカーと同じ傾向を示した。数字は異なるハプロタイプ（核遺伝子型）を示す。

がっているのではないだろうか。その結果、島田おじいがいうように、「一番酸っぱい果実から一番おいしい果実まで"千変万化"な樹がみられる地区」となったのだろう。この中から用途別に適切な個体を選抜して農園を維持することができるなら、あらゆる加工用途から生食用までのシークヮーサーが供給できることであろう。これはもはや自然の遺伝資源バンクともいえる貴重な財産である。

1-5　シークヮーサーの未来

（1）奥の母親：子は母親を超えられるのか

　シークヮーサーは多胚種子を生産する。胚とは種子にある子どもの部分で有り、双子葉植物なら子葉、単子葉植物なら胚乳から栄養を供給されて初期の成長を促され、芽をだすことができる。通常一つの種子には一つの胚が存

第 1 部　生きもの

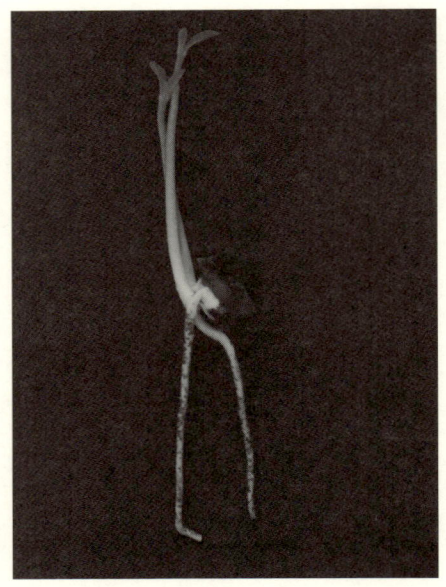

図 1-16　ユズの実生。一つの種子から二つの実生がみられる。それぞれの生育量には違いがみられる。

在するが、カンキツ系品種は多胚であることが多い。このような多胚性種子からの後代は、母親と同じ遺伝子型を有する。この種子からの苗木のほとんどは母樹のクローンとなる。ザボンは単胚性であり、温州ミカンは多胚性である。そのため、ミカンの種子を植えると複数の芽がでることがあり、それらはほぼ母親と同じ遺伝情報を有する。甥が育てたミカンの種子からは二つの個体がでてきて、一つは小さく、一つは大きかったという。これは多胚間において子葉からくる栄養分に偏りがあったせいであろう。ユズにおいても同様の現象がみられた（図 1-16）。

DNA マーカーを利用したシークヮーサーの遺伝解析では、高いヘテロ接合性（異なる親から由来する DNA をもっていること）が認められており、他殖と栄養繁殖によるものと考えられる。シークヮーサーの種子には複数の緑色の塊があり、大小さまざまである（図 1-17）。これらは多胚の一つ一つが異

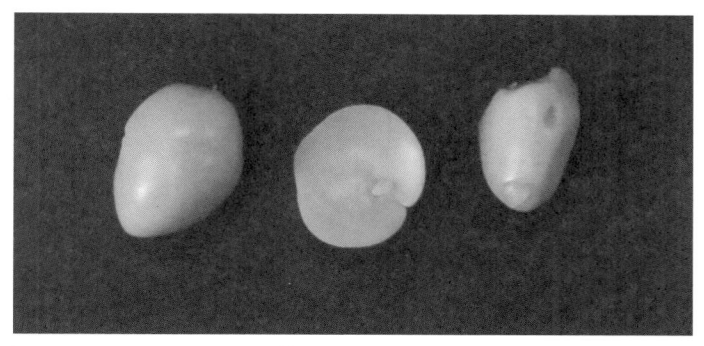

第1章　奥で保存活用される多様なシークヮーサーの知恵

図1-17　シークヮーサーの種子内部。1種子内に複数の胚を有する子葉がみられる。

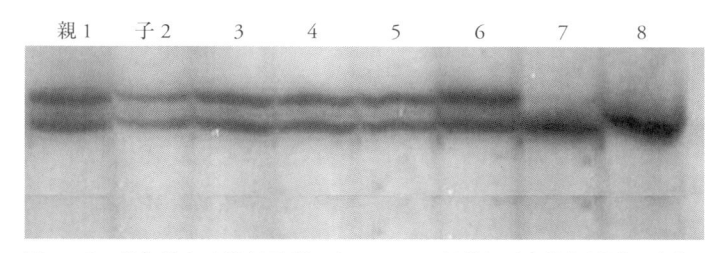

図1-18　親と異なる遺伝子型。左のレーンが親が示す遺伝子型であり、その個体の種子から得られた子供のうちレーン2、3、4、5および6はいずれも親と同じ遺伝子型を示している。レーン7、8の子供のみ他と異なる。

なる子葉をもっていることからうかがわれる。そのため、一つ一つから芽を出すことが可能である。そこで奥で一番酸っぱいシークヮーサーと一番おいしいシークヮーサーから実験的に苗木を育ててみた。得られた実生を調査したところ、一部の系統において親と異なる遺伝子型が25％程度見出された。この交雑実生の出現も高い他殖性を裏付けている（図1-18）。

(2) DNAでシークヮーサーを育種する：氏より育ちか？

　DNAで個体識別できたが、それらは異なる性質をもっているのだろうか。

第1部　生きもの

　核ゲノムには万を超える遺伝子が存在し、形質を支配している。それらの一つ一つがおいしさや実をつける時期を決定するための重要な情報を維持している。少数のDNAを利用したマーカーだけではその個体の詳細な違いまでは明らかにできない。さらに環境も個体の生理条件を変えてしまう。
　大宜味村における眞謝さんの言葉からは氏より育ちであるシークヮーサーの特殊性がわかる。異なる地区の親戚においしい樹からの取り木をわけたが、実際に栽培してみると同じような果実がならないという。これは大宜味村塩屋地区の土壌がシークヮーサーのその個体にとって非常に良く、沖縄でありながらも他地区の条件ではシークヮーサーの十分な能力を活かすことができなかったのであろう。
　奥地区には遺伝的に多くの個体が栽培されている。これらの個体のうち奥地区の条件に合った個体があれば、その個体を選抜することにより地域にあった個体を残すことができる。また、そのDNAを共有する個体があればそれらの苗木を優占して植えることで品質を揃える事もできる。一方、DNAが異なっていても同じ特性を示すなら、その土地、土壌がシークヮーサーにとってベストな環境であるともいえる。氏か素性かを決めるためにもDNAは利用できそうだ。
　品種や加工品原料のトレーサビリティ（識別）としての利用もDNAマーカーの一つの利用方法であろう。同じDNAをもつ個体が少ないシークヮーサーであるからこそ、一つの地区の優良個体を他地区のものと識別することが可能である。このような品質管理は有機栽培などにも応用できそうだ。有機栽培は多肥栽培に比べて生長が遅かったり、収量が低いこともあろうが、自然の養分でゆっくり育った果実は格段においしいことであろう。その苦労を価値として判断する消費者も多い。そのため、栽培に苦労が多く、収量がやや低くても、栽培条件を明示した上でその価値に対する価格で販売することが農家と消費者の相互の要求を満たすことになる。そのときの担保になるのが栽培履歴の開示と商品のトレーサビリティである。安心して購入できる条件を作り上げることがいまの農家にも求められる。そのような時にDNAによる個体識別が求められる。今回開発した葉緑体DNAマーカーは微量の

組織からも増幅可能である。そのため、加工食品やジュースなどの試料からでも品種識別を行うことができる。

もっとも同じDNAをもっている個体であっても栽培条件により成分が異なる例が知られている。前述の眞謝さんが取り木で増やした個体を本部町の知り合いに譲ったところ味が変わったという例である。同じ遺伝構成をもった個体が栽培環境により果実の性質を変化させてしまうなら、栽培条件の改良による果実の品質改善が可能である。氏より育ちか、その関係を明らかにすることが将来のシークヮーサー生産を効率的に行うことにもつながろう。奥には数多くの異なる"氏"がみられる。これらをグループ化し、栽培条件を変えて収穫される果実を調査していくことが将来の産業発展につながろう。

(3) 方言名とDNA多型

いままでみたように、シークヮーサーの遺伝的多様性は目を見はるものである。おそらく日本で唯一といっていい日本起源の果樹である。そのためか、形質にはかなりの変異を含んでおり、DNAからもそれを立証することができた。果樹園においても多様な個体があり、これらの特徴づけをしっかりすることは付加価値を付ける品種確立につながる。実際に開発したDNAマーカーによる調査では、沖縄の七つの在来種ならびに奥で一番おいしいシークヮーサーを識別することができた。このDNAマーカーは品種のトレーサビリティにも役立つ。方言にみられる多様な呼称はこの多様性を認識していたために生まれたものではないだろうか。

色の違いや味の違いもさることながら成熟時期の違いも含めて、方言によるシークヮーサーを識別する知識には奥深いものがありそうだ。方言がなくなる前に異なるDNAを有するシークヮーサーの形質評価を行って、生産者が自慢できる一品としてその方言名とともに世に出すことができれば、消費者もその名前の響きとともに、舌鼓をうって賞味させていただくことができる。そうなってほしいものである（図1-19）。

第 1 部　生きもの

図 1-19　大宜味村産業まつりのシークヮーサーの飾り。大宜味村では複数の在来種が保存され、産業祭りにおいて展示されている。

引用文献

平良嗣男・金城辰也・玉城伊津子・稲福吉昭・伊是名和代・与儀吉郎・山城政美（編）（1997）『シークヮーサー，くがにーの里　大宜味村』大宜味村シークヮーサー対策協議会．
金城秀安（2007）南西諸島の香酸カンキツ「シイクワシャー」について．『柑橘研究』17: pp. 137-148．
Vavilov, N.I. (1926) *Studies on the origin of cultivated plants*.Inst. Bot. Appl. Amelior.Plants.
和田浩二ら（2011）シークヮーサー果汁中のノビチレンの定量的分析．『日本食品保蔵科学会誌』32: pp. 29-33．
高原利雄（2000）特産果樹情報提供事業報告書．財団法人中央果実生産出棺安定基金協会．

第2章　山裾を縁どり暮らしに彩りを添えてきたサンゴ礁

高橋そよ・渡久地健

「今日は何が採れるかな?」
潮の退いた'ピシ(礁原)を歩く、玉那覇タカ子さん。

第1部　生きもの

2-1 「山国」の海辺へ

　私たちはサンゴ礁を生業(なりわい)の場とする小規模漁業に着目し、これまで奄美大島（大和村）、沖縄諸島の沖縄島（南城市知念(ちねん)・本部町(もとぶちょう)備瀬(びせ)）と久高島(くだか)、宮古諸島の伊良部島(いらぶ)などで、漁撈活動ならびに漁撈活動を支える民俗知識の聞き書きと漁の参与観察調査を行ってきた（渡久地 2011a；高橋 2004、2008、2014 など）。これらの地域はサンゴ礁が豊かに発達し、程度の差はあるが、家計経済の中でも漁業から得る収入が重要な部分を占めてきた。一方、林業を中心とするヤマとの関係性を生存基盤としてきた奥は、後述するようにサンゴ礁が狭く冬季は荒磯を呈する自然環境にあり、漁業を主たる生業とすることはなかった。そのような奥集落の暮らしの中で、人々はサンゴ礁とどのようなかかわりをもって生きてきたのだろうか。サンゴ礁の地形や生物、潮に対する方名(ほうめい)[1]と人々の自然認識、そしてサンゴ礁生物を海の恵みとして採集・捕獲する漁撈活動をめぐる人々の語りを手がかりにしながら、考えたい。

　2013年9月の大潮の日、私たちは奥の方々の案内で、奥集落の東方約1.7 kmに位置するウグ（以下、カタカナ表記の小地名には下線を施した。また図2-2に掲載した）と呼ばれる場所から高さ50 mほどの崖道を下り、そこから集落前方の港までの2 km余の距離を、時おり大波が寄せては洗うサンゴ礁の上を歩きながら、サンゴ礁微地形の方名や地名、潮干狩りでの採集対象となる生きものとその方名の確認を行った（図2-1）。奥には山や谷だけではなく、海岸やサンゴ礁にも多くの地名が付けられている。私たちは、伊良部島（高橋 2004）と南城市知念（渡久地・西銘 2013）における漁場地名の分析から、地名を知っているということは、その場所（位置）を知っているということだけではなく、その場所の性状や地形などの自然環境、そこに生息する生物の習性などを認識しているという民俗知識そのものであることを指摘してきた。

---

[1]　方名とは、「動・植物名に限らず、あらゆる名詞について、それぞれの土地の伝統社会において用いられる名称」である（松井 1983：19）。

第 2 章　山裾を縁どり暮らしに彩りを添えてきたサンゴ礁

図 2-1　奥の方々との磯歩き（2013 年 9 月 19 日）
a：<u>ウグ</u>の崖道。前面に濃藍の海とサンゴ礁が見える、b：チル川の川尻の磯にて、c：磯歩きを終えて、<u>ビルクンドーマ</u>付近の岩陰での休憩

　本章では、奥の人々との磯歩きを通して、聞き取り調査だけでは理解することのできない、人々とサンゴ礁のかかわりを素描することにしたい。そのためには、漁撈活動の舞台である奥のサンゴ礁の地形的特徴を理解する必要がある。

2-2 ｜ 奥のサンゴ礁の特徴

（原歌）
うくぬさちやなみあらさ
ひどぅぬさちやいすあらさ
ゆうどぅりがなゆりばどぅ
ひしなぎにくいいもり

（訳）
奥の崎は波荒さ
辺戸の崎（辺戸岬）は磯荒さ
夕凪になればこそ
干瀬沿いにいらっしゃい

69

第 1 部　生きもの

　　　あさどぅりがなゆりばどぅ　　　　朝凪になればこそ
　　　いぬなぎにくいいもり　　　　　　イノー沿いにいらっしゃい

　これは、『南島歌謡大成Ⅰ　沖縄篇　上』より抄出した、国頭村与那(よな)で海神祭(ウンジャミ)に謡われた歌謡の一部である（外間・玉城 1980：457-458）。海神祭とは、海の彼方にある豊穣の世界「ニライ・カナイ」に住まうカミ（来訪神）を村（集落）に招き、一年間の村の豊作・豊漁に感謝し、これから先一年間の村の豊かさを祈願する村落祭祀(さいし)である。

　この歌の中で、奥のサンゴ礁は波が荒く磯が荒い、と謡われている。北面する奥のサンゴ礁は、とりわけ北東季節風が吹きすさぶ冬季には白波が砕ける厳しい環境下に置かれる[2]。しかも奥のサンゴ礁は狭い（図 2-2）。沖縄島のサンゴ礁幅の平均値は約 470 m（渡久地 2015：156）であるが、国頭地域のそれは約 310 m で（前門ほか 1989：12）、奥は 177 m である。

　奄美・沖縄では、島とサンゴ礁の間に深い礁湖(しょうこ)（lagoon）がなく、サンゴ礁は島にくっ付いている。そのような島を縁どるサンゴ礁を裾礁(きょしょう)（fringing reef）という。鹿児島県沖永良部島出身の作家・一色次郎（1916〜1988）は、その小説『青幻記(せいげんき)』（1967 / 1980：24）の中に「裾礁」という用語を取り入れ、「裾礁」は「カンカン帽のふちを想像していただければよい」と記している。これは、島を帽子の山に、サンゴ礁を帽子のふちに見立てた表現である。奄美・沖縄のサンゴ礁は、上の歌謡に詠まれているように、ヒシとイノーから構成されている。ヒシ —— 標準語の h 音が多くの場合ウクムニー（奥コトバ）の p 音に対応するので、奥の人々は「ヒシ」の代わりに「'ピシ」という —— は岩盤からなり、大潮の干潮時には干上がる。一方、イノーは底が砂地で、ヒシの内側に位置し干潮時にも浅く水を湛えている。沖縄のサンゴ礁では、ヒシの幅はおおかた 150 m 以下であり、サンゴ礁の幅が 150 m を超えると、

---

[2]　河村只雄（1939）『南方文化の探究』には「奥は三方、山にかこまれた盆地にある（中略）一面は海に面しているとはいえ、海による便また頗る不便である。ことに冬期波荒き季節には海による外部との連絡は杜絶（とぜつ）的状態に陥らざるを得ぬという」（講談社学術文庫版、1999：53）。

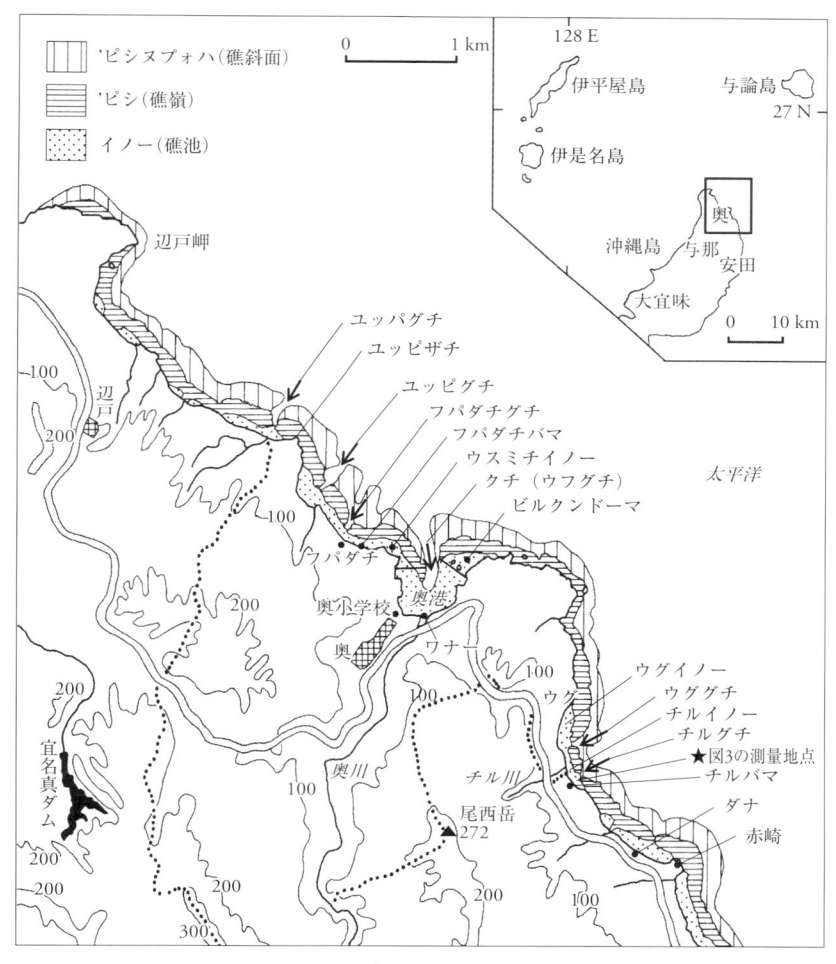

第 2 章　山裾を縁どり暮らしに彩りを添えてきたサンゴ礁

図 2-2　奥のサンゴ礁分布図

国土地理院発行の空中写真（1977 年撮影）の判読により筆者らが作成した。サンゴ礁海岸地名は、本文で言及される地名に限定し、国頭村奥区事務所・奥の地名研究会（代表：宮城邦昌氏）作製「奥の地名図」より借用した。二重線は国道と県道。点線は字境。

第1部　生きもの

ヒシの内側にイノーを抱くようになる（図2-2）。奥のサンゴ礁は幅が狭いためイノーの発達がよくない。イノーがある場合でも、それは概して狭く浅い。なお、ヒシは「干瀬」という漢字を当てられるが、イノーは語源が不明であるため漢字を当てられない。サンゴ礁地形学では、ヒシを礁嶺（reef crest）、イノーを礁池（moat）または浅礁湖（shallow lagoon）という。

　内側にイノーを抱かない狭いサンゴ礁は、岩盤だけからなり、ほとんど「磯」といってよいであろう。地形学で礁斜面（reef slope）と呼ばれる'ピシの外海側の斜面を奥では'ピシヌプハ（'ピシ/の/外）という。サンゴ礁の資源量は、その礁斜面を含めたサンゴ礁の面積が広いほど多いと考えられるから（例えば、中山 1981；渡久地 2011a：252-253）、幅の狭い奥のサンゴ礁は必ずしも漁場として恵まれているとはいえない。

2-3 言分けられたサンゴ礁地形

　人々は自分たちを取り巻いている一連の自然を分節し呼び分けている（安渓 2013：10-14）。奥では、山地・丘陵地を**ヤマ**、原野を**モー**、崖を**パンタ**、川を**ハー**、畑を**パル**、田んぼを**ター**、集落を**シマ**、海岸背後の砂質の土地を**ハニク**、砂浜を**パマ**という[3]。

　このように、その土地の成員によって共有されている、彼ら固有の分類の仕方を民俗分類という（松井 1983：35；山田 1984：46）。その民俗分類は、人々の自然認識や、土地とのかかわりを反映していると考えられる。奥でもサンゴ礁地形に固有の意味を与え、分節していることが聞き取り調査から明らかになった。図2-3は、測量によって作成した、**チルバマ**の前面に広がるサ

---

[3]　**パル**（畑）と**ター**（田んぼ）はさらに細分され、丘陵地に作られた焼畑は**アキケーバル**（または**アラジバル**）、集落周辺の段々畑を**ダンバル**、海岸近くの砂地（ハニク）にある畑を**ハニクバル**、また沢近くにあり湧水のある田んぼ（湿田）を**フマーダ**、砂地にある田んぼを**ハニクダー**という。

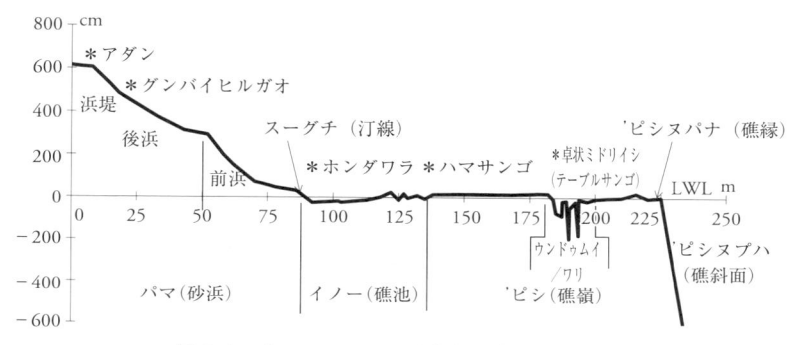

第2章　山裾を縁どり暮らしに彩りを添えてきたサンゴ礁

図2-3　チルバマのサンゴ礁地形断面と民俗分類
LWL：最低低潮位（大潮の干潮時の水位）。断面図の位置は図2-2に明示。＊印は生物

ンゴ礁の地形断面図である。この上に主要なサンゴ礁地形の民俗分類を示した。

(1) パマ／イノー

パマと呼ばれる砂浜（0〜85m）は傾斜しているが、**スーグチ**（汀線、**パマグチ**ともいう）から'**ピシヌパナ**（礁縁部）まで（85〜225m）のサンゴ礁は、全体としてほとんどフラットに見える。しかし、波打ち際（**スーグチ**）と'**ピシ**の間（85〜140m）は凹んでいて、干潮時にも海水を湛えている。この部分が**イノー**と呼ばれていることは既に述べたが、このチルバマのイノーは沖縄のサンゴ礁の中で最も浅いイノーに属するもので、大潮の干潮時には水深数十cm、膝よりも浅くなり、そこで人間は泳ぐことができない。しかし、浅いとはいえ大潮の干潮時にも海水を湛えているから、ここには背の低い半球形のコブハマサンゴ（**ペーイシ**）などが分布し、海藻ホンダワラ（**モー**）が繁茂している。このような浅いイノーの底は、薄く砂礫で覆われている。

73

第1部　生きもの

図 2-4　サンゴ礁の微地形
a：ウンドゥムイ、b：フムイ、c：ワリ

(2) 'ピシ / ウンドゥムイ

　イノーの前面（140〜225 m）、大潮の干潮時に干上がる部分を'ピシという。'ピシの外海側は卓状ミドリイシ（いわゆるテーブルサンゴ：奥方言でウンザラ）などに覆われている（図 2-4c）。
　干潮時に干上がる'ピシはフラットであるが、やや外海側寄りの部分（180〜200 m 付近）に、比深 10 cm 前後の非常に浅い凹みがある場合がある。奥では、この'ピシの上にある浅い水溜りにウンドゥムイという呼び名を授けている。イノーの底が砂であるのに対して、ウンドゥムイの底は岩盤である。

奥の人々は、このサンゴ礁の微地形を説明するとき、「'ピシの上にある浅い水溜り」という言い方をするから、ウンドゥムイを'ピシの一部と認識している。しかし、ウンドゥムイという'ピシとはまったく異なる呼び名をそのわずかな凹みに与えているということは、'ピシの上にあって——'ピシの一部分であるものの——、しかし'ピシではない、'ピシとは異なる地形として認識しているともいえる。その、平面的に細長い皿のような浅い凹みは、大潮の干潮時に干上がった'ピシ全体の中で、そこだけが海水を湛えているから、その点に注意すれば、視覚的にはっきりと識別できる（図2-4a）。

奥でウンドゥムイと呼ばれる地形に相当する地形は、これまで奄美諸島の与論島、沖縄諸島の久高島、沖縄島本部町備瀬の3地点で報告されており、与論島で「ウンジュムイ」（堀1980）、久高島で「ピシミ」（渡久地・高田1991）、備瀬で「ワンルー」（渡久地2010）と呼ばれている。奥の北東約25kmに位置する与論島の方名は奥のそれとほとんど同じである。'ピシの上のごく浅い凹みをなぜ人々はことさら分節し言分ける必要があるのか。それは、上に記したようにその微地形が「視覚的にはっきりと識別できる」という理由からだけではないだろう。大潮の干潮時でも海水を湛えているということは、生物分布において決定的な影響を与えていると考えられる。干潮時に干出する'ピシは、サンゴ礁の中で最も過酷な環境であり、干潮時でも波に洗われる時間の長い礁縁部を除けば、サンゴの被覆も少なく、岩盤にマット状に付着する藻類以外の生物の分布は比較的乏しい。しかし、わずかな凹みとはいえ、ウンドゥムイにはつねに海水があるため、シラヒゲウニ（**ハチチ**）、小巻貝類、小型のタコ、ウデナガカクレダコ（**イヌジ**）などに対して生きられる住処を与えているといえる（渡久地2011b：153）。事実、聞き書き（後述）からも、ウンドゥムイが重要な漁場であることが理解できる。それゆえ、'ピシ全体の中から、浅い海水を湛えた凹みが分節され、そこにウンドゥムイという方名が与えられたのであろう。

第1部　生きもの

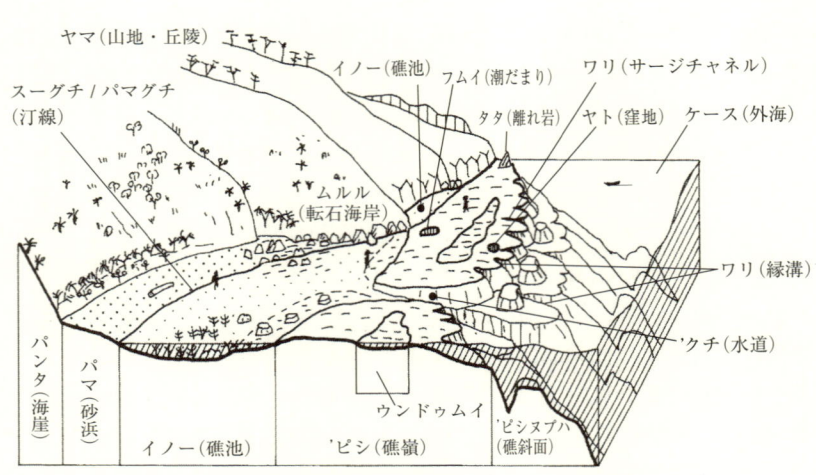

図2-5　奥のサンゴ礁地形の民俗分類（ブロックダイアグラム）

(3) 'ピシヌパナ / 'ピシヌプハ / その他

　礁縁すなわち'ピシの外縁を'ピシヌパナといい、「干瀬の端(はな)」を意味する。その外側は斜面になっていて、深い海に落ち込んでいく。この礁嶺の外側（礁斜面）を奥の言葉では'ピシヌプハといい、「干瀬の外(ほか)」を意味する。

　以上、地形断面図（図2-3）に即(そく)して、サンゴ礁地形に関する民俗分類について記述してきたが、図2-3が捉えていない地形を含めて、奥のサンゴ礁地形の民俗分類の全体像をブロックダイアグラム（立体模式図）としてまとめたのが図2-5である。これまでの記述から漏れた方名について簡単に記述すると以下のようになる。

　小舟が通れるような'ピシの切れ目（水道(すいどう)、channel）を**'クチ**（口）という。代表的なクチ地名（**ユッパグチ**、**ユッピグチ**、**フパダチグチ**、**ウフグチ**、**ウググチ**、**チルグチ**）は図2-2に記載したとおりである。奥集落前面（奥港）の'クチは**ウフグチ**ともいうが、単に**'クチ**とも呼ばれる[4]。'ピシやイノーの中にある深

---

[4]　宮城親徳氏が1984年頃に作成した手書きの「奥の海域名」には、奥集落前面の'ク

76

さ数 m の凹地を**フムイ**（図 2-4b）という。礁縁（**'ピシヌパナ**）付近にあって外海に通じる深い窪み（穴）は**ヤト**と呼ばれる。礁縁部の**'ピシ**にある溝状地形（サンゴ礁地形学でサージチャネル surge channel という）を**ワリ**（割）といい、その溝の深さは数 m の浅いものもあれば 10 m に達する深いものもある（図 2-4c）。また、**'ピシヌプハ**（礁斜面）にある溝状地形（地形学で縁溝、groove）も**ワリ**という。

2-4 地形―生物―漁撈の関係性

 A **タフンアナ**（注：タコ穴のこと。**タフンシー**ともいう）は**イノー**の中にある。（男性、80代）
 B タコは、昔ほどは獲れない。（男性、60代）
 A **フパダチバマ**では、**ウリガニ**（モクズガニ）が車の荷台の一杯も獲れましたよ。
 B ウリガニは結構おいしいですよ。秋雨の頃に沢から海に下りてくる。昔は、**ワナー**あたりで、川から流れてくるウリガニを獲るために**カマジー**（カマス）を持って行きました。
 A このカニが下りてくるところでは大きな**タフ**（タコ）が獲れる。

これは、聞き書きにおける男性たちの会話の一部であるが、タコ（この場合、ワモンダコであろう）のいる場所、モクズガニの生態、タコとモクズガニの「食べる（捕食）―食べられる（被食）」関係について、人々が自然環境や生きもの観察を通して知悉していることを示している[5]。

  チ（水道）が**ウフグチ**と記されている。なお、「奥の海域名」は、宮城（2010b）の5ページに収録されている。
[5] カニ、エビなど甲殻類の研究者・藤田喜久氏（沖縄県立芸術大学准教授）のご教示によると、「モクズガニの成ガニは繁殖期になると川を下り海に出て、そこで雌雄が交尾して産卵、抱卵する。幼生は海で脱皮を繰り返し、稚ガニになって川に上る。

第1部　生きもの

　サンゴ礁では、その微地形を含む生態的環境に適応するかたちで生きものが生息している。それゆえ、サンゴ礁で生きものを採集・捕獲するためには、その生きものと結びついた微地形を知ることは重要である。また、多種の生物を漁獲するには、対象生物ごとに異なった方法（漁具、漁法）が用いられる。本節では、前節の言分けられたサンゴ礁の微地形に即して、そこで採集・捕獲される生物と、漁獲方法について記述する。

(1) ムルル / イノー

　山裾をなす岬（**サチ**）周辺の岸辺（磯）は、千枚岩（**クルイシ**）や砂岩などの古期岩類の大きな岩や石の転がる転岩海岸をなしている。転岩海岸は奥では**ムルル**と呼ばれる。表面が平滑な石にはオオベッコウガサガイ（**ブトゥゲー**；図2-6a）が付着している。それを先端がマイナスドライバー様の平たい金具で剥がし取る。そのほかに、アマオブネガイ科の小巻貝（**ミジンナ**）や、カメノテなども採集される。

　やや深いイノーでは、長さ2mの**ウジミ**と呼ばれる、柄をホウライチク（**チンブクダキ**）でこしらえ、1m前後のゴムを付けた銛で漁が行われた。浅いイノー（特に冬季のイノー）には、サメハダテナガダコやシマダコ（**シガイ**）、ワモンダコ（**シダフ**）などのタコ類（**タフ**）、トラウツボ（**ウジウナジ**）などが生息する。冬季の大潮の夜の潮干狩り（**ユルウミ**〈夜海〉）には浅くなったイノーでタコ類が捕獲される。タコは、長さ1.5〜2尺（45〜60 cm）程度の銛で獲る。タコ獲りの主たる担い手は女性たちである。イノーではスイジガイ（**ウシンナ**）も採ることができた。スイジガイは、各家でブタを飼っている頃は、ブタが伝染病に罹らないことを祈願してブタ小屋に吊るされたという。

　　これを〈降河回遊〉という。沖縄島における産卵のピークは冬期で、その頃にはモクズガニを海で捕獲することができ、またモクズガニが漁師の網にかかることもある」という（2015年10月5日、私信）。

第2章　山裾を縁どり暮らしに彩りを添えてきたサンゴ礁

図2-6　サンゴ礁の生物
a：オオベッコウガサガイ（傘状の貝）、b：ウデフリクモヒトデ、c：イソアワモチ

(2) 'ピシ / フムイ / ヤト / ウンドゥムイ / 'ピシヌパナ

　電灯を携えて行う潜り漁を**デントウウミ**（電灯海）という。'ピシの上には**フムイ**や**ヤト**と呼ばれる窪みが点在するが、男性たちは、夜、自転車のチューブを巻きつけて防水した懐中電灯と**ガイジャー**と呼ばれる引っ掛け（漁具）を携えてその窪みに潜ってイセエビ（**イビ**）を獲った。ガイジャーの柄には、シマミサオノキ（**ダシキ**）が使われた。そのイセエビ漁は、日没後から深夜

の 11 時、12 時頃まで行い、熟練者は一晩に多いときは 200 kg も獲ったという。獲ったイセエビは、一方の先端に浮き[6]、もう一方の端には尖った金具（傘の骨）を取り付けた**アチミ**と呼ばれる長い紐にイセエビの尾を刺し貫いて運んだ。多く獲れた時は、集落内で売ったという。

冬季に行われる夜の潮干狩り（**ユルウミ**）では、'ピシの上の**ウンドゥムイ**でゾウリエビやミナミゾウリエビ（**ニタタカ**）、セミエビ（**ゾーリエビ**）、イセエビ（**イビ**）などのエビ類も捕獲されたという。ほかにウンドゥムイではアイゴの成魚（**エーインヌ'クヮ**）、ヒメジ科（**カタカシ**または**ピーピー**）、イソフエフキ（**フチナジ**）なども捕獲された。

'ピシの上にはさまざまな小型の巻貝類、カノコオウギガニやアカモンガニ（**パンガニ**）など小型のカニ類（**'ピシガニ**）がいる。聞き書きによれば、「'ピシガニは、**ナガアミ**（注：梅雨）の頃、'ピシの上を歩いている。その頃の'ピシガニは肥えている」という。'ピシガニはたくさん採集され、臼で砕いて塩を振って保存し、ダシ（調味料）として利用された。

戦前までは**タチイルマキ**という網漁が'ピシの上で行われたという。タチイルマキは「立ち魚／巻き」を意味するが、上げ潮時に、**'ピシヌパナ**（礁縁部）が数十 cm の深さになったとき、潮に乗ってテンジクイサキ（**マービー**または**ガラシマービ**）、アオブダイ（**イヤブチ**）、テングハギ（**チルマン**）などの魚が群をなして'ピシに生えた海藻を食べに上がってくる。藻を食むとき魚は逆立ちになる。その姿は、まさしく「タチイル＝立ち魚」といった状態である。その時、魚の尾ビレや背ビレが水面に現れる。その魚の群れを、網で巻き獲る漁がタチイルマキである。その網漁では、一人が背後の丘に立って魚群の動きを見ていて、その人の合図で網を持つ人は'ピシの両側から魚群を巻いていく[7]。集落の東部の**ユッピザチ**や**フパダチ**の'ピシで行われたその網

---

[6] 崎原栄秀氏（奥在住）によれば、浮きは、戦後は海岸に漂着した浮き玉を拾って使ったが、戦前は山から竹を切ってきて自分で作った。あるいは枯れ木で作ったという。

[7] この巻き網漁は、久高島で「ヌブユまき」（寺嶋 1977：184）、本部町備瀬で「イユーマキ」（Toguchi 2010: 65）、石垣島白保で「巻き網漁」（古谷 2011：88-94）、国頭村楚洲で「マービウミ」（金城 2011）と呼ばれ、サンゴ礁域の重要な漁法の一つである。

漁では、**マービィー**（テンジクイサキ）がよく獲れたという。

　'ピシヌパナと呼ばれる礁縁付近には、卓状ミドリイシ（いわゆるテーブルサンゴ。**ウンザラ**）の陰や岩の隙間にチョウセンサザエ（**サデーイナ**）が潜んでいる。'ピシヌパナ付近は、外海に通じる深い溝状の地形**ワリ**（前掲の図2-4c）や深い窪み**ヤト**があるが、聞き書きで、大潮の干潮時にそこに釣り糸を垂れて魚釣りをした、という話を聞いた。また、そのワリは魚の通り道であるから、そこに網を設置して追い込み漁が行われた。

(3) 'ピシヌプハ

　'ピシヌプハは、外海で深い。舟がない限り泳ぎの得意でない者には行けない場所である。また、冬季の北寄りの季節風が強く吹きつける日や、夏季でもうねりのある日には荒波があり、泳げる人にとっても近づけない場所である。しかし、南寄りの季節風が吹く頃、うねりもない晴天時には、泳げる空間となる。'ピシヌプハは、ベラ科（**クサビ**）やブダイ科（**イヤブチ**）、タカサゴ科（**ジューマー、グルクン**）などの魚類が最も豊かな場所であり、泳ぎの得意な男たちは、中学生の頃から、ゴーグル（**ミーハガミ**〈目鏡〉）を着け釣り竿を持ってそこで何時間も立ち泳ぎをしながら魚を釣ったという。サンゴ礁の縁（'ピシヌパナ）で立ってする釣りに比べて、'ピシヌプハで泳いでする釣りは格段に多く釣れた ── 話者の表現を借りると、「忙しいくらいよく釣れた」 ── という。餌は、ウンドゥムイで捕獲される**シヌジ**と呼ばれる小型のタコ（ウデナガカクレダコ）で、歯で食いちぎって釣り針に付けた。釣った魚は、**アチミ**（先端に尖った金具の付いた紐）に魚の頭部（目玉の部分）を貫き通して集め置かれる。アチミは身体（ウエスト）に結び付けられている。こうして2、3時間も泳ぎ、ベラ科などが100〜150匹も釣れたという。釣りのあいだに貝類を見つけることもあった。採った貝は、チョウセンサザエ（**サデーイナ**）やサラサバテイ（**トゥガインナ**、資源名：タカセガイ）などの巻貝は携行している網に入れ浮きに吊され、シャコガイ（**アジケー**）などの大きな貝は中身だけを取り出しアチミに貫かれた。夏とはいえ外海で長く泳ぐと身

第1部　生きもの

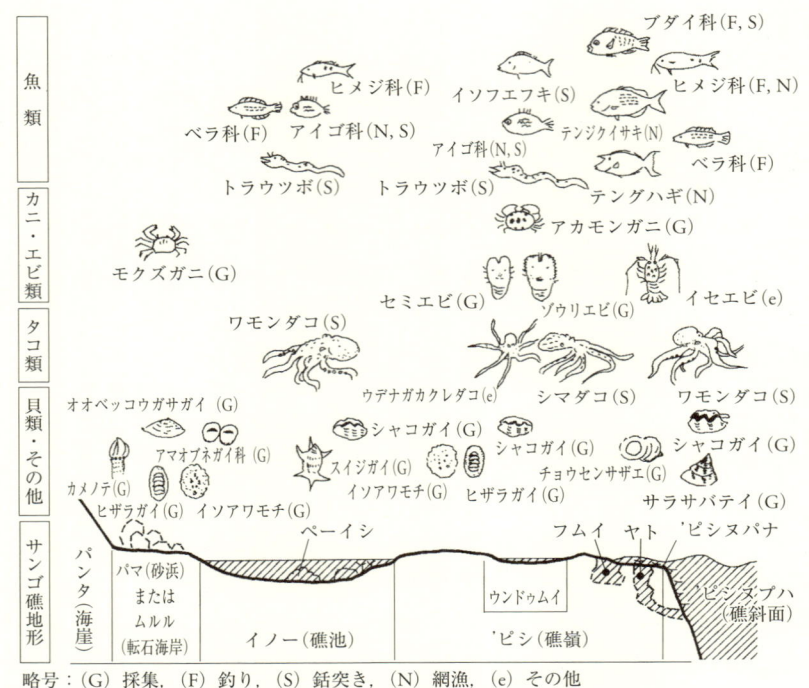

図 2-7　サンゴ礁地形と漁獲生物の関係を示した概念図

略号：(G) 採集，(F) 釣り，(S) 銛突き，(N) 網漁，(e) その他

体が冷えることがある。'ピシに上がりイノーの暖かい水に浸かって体を休めることもあった。

　以上に述べたサンゴ礁微地形と生物の関係を図化したのが図 2-7 である。なお、図には次節で触れる生物も含めた。

2-5　サンゴ礁からの「お裾分け」── 自給的資源利用と民俗知識

　A　ねぇさん、今まで一番大きなタコはどのくらいでしたか。(男性、80代)

82

B　うぅん、9斤（注：1斤＝600 g）。ヨナシロのオバアは、11斤だった。（女性、80代）
A　ほっほぉ。これはまた記録だなぁ。
C　**フパダチヌウスミチ**（注：**フパダチ**の前の**ウスミチイノー**を指す）で、穴から出てきて、変わった色で、**イシ**（注：岩礁）のような色をしているのがいた。これは何だろうと思って見ていたら、動くから突いて獲ったんだよ。その時には他にも**シガイ**（シマダコ）も獲っていたので、重くて持って歩けないから、その日はそれで漁を切り上げた。獲った大きいタコを家で量ったら12斤半あったよ。（女性、90代）
A　ほぉ。

　初めての土地で調査をする時は、調査者も緊張するものだ。そんな時、私たちは初めてお会いした話者に、図鑑などを示して海や山、川や田んぼなど身近な自然にいる生きものの呼び名について伺う。すると、大きな獲物を獲った時のことや、その土地の海岸地形や波、潮汐現象、風などの特徴、土地の人々の観察に基づく生きものの好む場所や習性など、次々と私たちの意図しなかった方向へと生きものをめぐる語らいは広がっていく。そして、獲った魚や貝類をどのように調理するのがおいしいか、各家の自慢料理、あるいは誰それは魚獲りがうまかったなどという昔話や、大きな獲物を獲り損なったなどといった失敗談や笑い話が繰り広げられる。その頃には緊張していた円卓も和やかになっているだろう。

　このような生きものをめぐる物語は、自然とともに生きてきた人々が生きものを食べ物としてみなしているだけではなく、自然観や生活文化の礎としていることを鮮やかに語っている。そして、その語りは自然と人々との関係性の歴史そのものだということに気がつくだろう。本節では、奥の人々との磯歩きや聞き書きを通して教えていただいた、奥集落におけるサンゴ礁をめぐる自給的な資源利用と民俗知識の一端を紹介する。

第1部　生きもの

(1) 潮干狩り

ナミヌ フシ ミヤガンナー、チミヨー
（波が 来るのを 見ながら、摘みなさいよ）

　これは、貝や海藻を海岸で採るときに、熱中するあまり、潮が満ちてくることや、時おり寄せる大きな波に気づかないことがないように、波を背にするのではなく、海側を向き潮や波の変化を見ながら潮干狩りをしなさい、という教えを意味する**ウクムニー**（奥の言葉）である。

　サンゴ礁海域に限らず、潮汐現象は漁撈活動や潮干狩りにおいて重要な自然現象の一つである。魚は潮汐の変動に応じてサンゴ礁を移動するため、海辺の生物資源を利用する人々は、潮汐現象とそれに応ずる魚の生態をよく知らなければならない。また、'ピシの上を歩いて巻貝やタコなどを採集・捕獲する潮干狩りの場合、潮が満ちる前に浜辺へ戻らなくてはならないので、危険を回避するためにもその海岸地形や潮汐現象の特徴を熟知していることはとても重要である。

　奥では一年の中でも夜に潮が退（ひ）くのは旧暦10月頃から2月頃までといわれ、この頃から夜の潮干狩りに出かけるのが多くなるという。この夜の潮干狩りを奥では**ユルウミ**（夜海）と呼び[8]、潮の退いた潮間帯（ちょうかんたい）を歩きながらオオベッコウガサガイ（**ブトゥゲー**）やヒザラガイ（**'クジマ**）、イソアワモチ（**ホーミ**）、タコ（**タフ**）などを採集・捕獲する。若い頃には大潮の前後には4日ほど潮干狩りに出たという80代のある女性は、ユルウミの最初の日には浅い場所から潮干狩りを行い、潮が最も退く大潮の頃に、水深が深くて普段は歩くことが難しい潮間帯で採集できるよう場所を選びながら採集したと語っていた。特に、一年の中でも最も潮が退く旧暦2月頃には、「ずっと'ピシの方

---

[8]　夜の潮干狩りのことを多くの地域では「イザイ」というが、奥では「イザイ」といわない。ただし、奥で、夜、灯りを携えて川（**ハー**）で魚やウナギ、エビやカニなど獲ることを**ハーイザイ**という。

へ渡り」（女性、90代）、ゾウリエビやミナミゾウリエビ（**ニタタカ**）やセミエビ（**ゾーリエビ**）などを獲ったという。まれにイセエビ（**イビ**）をたくさん獲った時には、集落内で売り歩いたこともあるという。

聞き取りをした女性たちは、タコ獲りの様子をこう語った。

A タコはさぁ、穴の中にいるから。外に出ている時もあるけどさ、**シガイ**（注：シマダコ）は赤いけど、**タフ**（注：ワモンダコ）は'**ピシ**の色をしているさぁ。でも、穴の中に入っているのは真っ白くしている（80代）。

B タコでもね、手の出し方がね、大きいタコと小さいタコとでは違うんですよ。タコが見えなくても、穴の入り口のところに石を置いてあるんですよ。それで、この石をみてタコ穴を探す。タコが少し手を出している時は、そう大きいのではありません。手の根っこのところ（付け根）を見せているときは大きいですよ（90代）。

タコの巣穴を、奥では**タフンシー**（タコの巣）と呼ぶ。タフンシーから吐き出される小石や砂の広がりを見つけることで、タコの居場所を突き止めることができるという。また、その穴から突き出されたタコの手（足）の長さから、その獲物の大きさを予測することができた。タコがたくさん獲れた時には集落内で売り、換金することもあったという。

一方、昼間の潮干狩りの時期は旧暦3月から8月頃までがよいとされ、旧暦8月から9月は大潮であってもあまり潮が退かないため、昼も夜も潮干狩りには行かないという。

潮汐現象のサイクルには、このような季節変化に加えて、約6時間ごとに干潮と満潮が繰り返される1日の潮汐の変動や、約15日を1周期とする時間単位がある。前者の1日の潮汐現象について、奥では潮が満ちる状態を**スーミトン**（潮/満ちる）、干潮を'**パーリ**、潮が退く状態を**スー'ピトン**（潮/退く）と呼ぶ。潮が満ちてくると、足元の水中の砂が揺れ動き、ウデフリクモヒトデ（**ガラシダフ**：前掲の図2-6b）の動きが活発になるといわれ、それらの動きから潮の変化を知るという。

約15日を周期とする潮汐現象について、その周期を奥では**トゥスー**と呼ぶ。奥では旧暦1日の新月の頃の大潮を**ヤンスー**（闇/潮）または'**クラシミー**

第 1 部　生きもの

表 2-1　潮汐現象（15 日周期）の名称（奥集落と佐良浜集落）

旧暦	奥集落	佐良浜集落
1 日～3 日	ヤンスーまたはクラシミーユ	ウフスーツまたはスーティジュウ
4 日～6 日	―	スーツまたはスーシィ
7 日	―	ナンカジュウまたはヒトゥムティ・スーテジュウ
8 日～11 日	―	バカスゥまたはナマスゥ
12 日～15 日	ヒトゥズー	スーンティまたはスーティジュウ

注：「―」は呼び名なし。聞き取り調査により作成（奥 2013 年、佐良浜 2000 年調査）

ユ（暗い / 夜）と呼び、旧暦 15 日の頃の満月の大潮をヒトゥズー（月 / 潮）と呼ぶ。

　表 2-1 は、奥集落と宮古諸島の伊良部島佐良浜集落における 15 日周期の潮汐現象の呼び名を示している。サンゴ礁地形を利用した漁撈活動が盛んな佐良浜では、旧暦 1 日から 3 日の潮は、干満差が最も激しく、ウフスーツあるいはスーティジュウと呼ばれる。聞き取りをした素潜り漁師によると、この時期の潮の流れは速いため泳ぎにくく、追い込み漁には適さない。旧暦 4 日から 6 日の潮名は、スーツあるいはスーシィという。この期間は、出港する早朝 5 時半頃にはすでに干潮になっている。帰港するまでの間、満潮に向けて潮が動き、水深の深い状態での活動となる。この期間は、水深の浅いサンゴ礁を中心にまわる。旧暦 7 日の潮名をナンカジュウあるいはヒトゥムティ・スーテジュウ（朝の潮）という。この期間は、朝 6 時頃に潮が退き始める。この日から潮の流れがゆるやかになるといわれ、この状態をナンカジュウ・ヌ・スダウリ（7 日の潮がおりる）という。8 日から 11 日の潮名は、バカスゥあるいはナマスゥである。この期間の潮の流れはほとんどなく、漁師にとって泳ぎやすい。この期間は、普段は潮の流れが速くて漁ができない漁場を中心に漁をする。12 日から 15 日頃はスーンティあるいはスーティジュウといい、正午頃に潮が退く。旧暦 1 日と 15 日の頃は最も潮が退く。このため、特に素潜り漁を営む漁師は、普段は深度があって潜ることのできない漁場を中心にまわるという。

　一方、奥では 15 日周期の潮汐の変化について、佐良浜のような細分化さ

れた潮汐現象の呼び名を聞き取ることができなかった。これは、佐良浜の素潜り漁では潮汐現象の変化に応じて行動する魚を捕獲するため、潮の変化を微細に識別する一方、現在の奥では潮間帯を歩く潮干狩りを主な活動とするため、潮が退いているか満ちているかが重要であるという、サンゴ礁をめぐる活動形態の違いが自然現象に対する認識やそれを表現するコトバのバリエーションに違いを生むことを示している。

(2) 保存食

80代の男性によると、奥では昔から漁撈活動を専業とする人は少なく、足に障がいがあるなど山仕事に不向きな人が漁撈活動を主たる生業とすることがあったという。陸上で思うように動かない身体も浮力のある水中では自由度が広がり、泳ぎながら貝類を採集し、小舟での釣り漁などをすることができた。このように漁撈活動を専業とする人が少なかった奥では、海産物が手に入る機会は日常生活の中でそれほど多くなく、たまに近隣集落の国頭村安田や与論島の漁師が村落内へ魚を売り歩きに来ることもあったという[9]。冷蔵庫のなかった時代には、貴重なタンパク源である海産物を保存するために燻製（カーカスー）や塩蔵（カラス）などの保存食の技術が育まれた。表2-2は、奥で食べられてきた魚類とその保存方法を示す。

奥では金網の上に藁を敷き、その上に一度鍋で蒸した魚やタコなどを並べ、カマドの上からその網を吊るして、木炭でゆっくりと燻製にしたという。このように乾燥させたタコを**カンシダフ**と呼ぶ。80代の男性によると、旧盆のお供え物として、旧盆前の大潮の頃にはベラ科などの魚を釣りに行き、そ

---

[9] 島田隆久氏（奥在住）と宮城邦昌氏（奥出身、那覇在住）によれば、与論島を含む周辺の集落 —— 奥集落から決して近いとはいえない集落 —— の漁師がわざわざ奥に海産物を売りに来たのには特別の理由があったという。それは、戦前戦後を通して、奥の住民が海産物を買うときには共同店が代金を立て替えてくれたからである。そのことによって、奥に魚売りに来た漁師たちは確実に現金を手にすることができ、ほぼ完売が期待できたのである。

第1部　生きもの

表2-2　奥における魚の保存方法

和名	方名	木炭などで燻る	油で揚げる	塩漬け
テンジクイサキ	マービー	●	●	●
アミアイゴ（成魚）	エーインヌクヮ	●	●	●
スズメダイ科	ピチイル	●	●	●
ブダイ科	イヤブチ	●	●	●
カモンハタ	イシンバイ	●	●	
タカサゴ	ジューマー	●	●	
ヒブダイ	アーガイ	●	●	
トラウツボ	ウジウナジ	●	●	
ベラ科	クサビ	●		●
テングハギ	チルマン			●
アミアイゴ（藻を食べていない稚魚）	ヒク			●
アミアイゴ（藻を食べた後の稚魚）	クサパミ	●	●	

聞き取り調査、ならびに字誌奥のあゆみ刊行委員会（1986）、上原（2007）をもとに作成

の魚で燻製を作ったという。特に、奥ではテンジクイサキ（**マービー**）やベラ科（**クサビ**）の燻製や塩蔵がおいしいという声を多く聞いた。

　アイゴ稚魚（**ヒク**）の塩辛を**ヒクガラス**というが、藻を食してない稚魚は臭みがないので塩蔵に適しているが、藻を食べた後の稚魚（**クサパミ**）は塩蔵に向かないという。しかしクサパミは火を通すと内臓の中にある藻類がはじき出されるため、その燻製や油揚げは好まれたという。ただし、東海岸の**ウグイノー**などに繁茂する海藻を食したアイゴはしびれなどの「中毒」を起こすといわれている。また、**チンガニ**と呼ばれる毒ガニ（和名未同定）があり、誤ってそのカニの汁を与えられたブタが死んだという話も聞かされた。

　大宜味村や与論島の人々はスズメダイ（**ピチイル**）を奥集落まで売りに来ることもあったという。スズメダイを売りに来ると集落の人々はまとめて購入し、甕に入れて塩漬けにした。このように塩漬けされたスズメダイはよいだしが出るといわれ、サツマイモの葉（**カンダバー**）と一緒に汁物の具材にした。しかし、90歳の女性によると、背びれの棘が鋭いため、子どもには塩漬けにしたスズメダイの棘をとって、ザルにあげて洗い流してから食べさせるなど注意が必要だったという。

　タカサゴ（**ジューマー**）は、伊是名や大宜味の漁師が獲って、奥へ売りに来

た。タカサゴはスズメダイよりも単価が高いので、2～3尾など家庭で食べる分だけをその都度購入した。タカサゴは、二枚に開いて、薄く塩を振り込み、薪や木炭等で燻して金網の上で乾燥させた。このように燻されたタカサゴを食べる時には身をほぐして、お汁の具材とした。

　魚類以外の保存食としては、前述（2-3（2））の'ピシガニの塩蔵、タコ（**タフ**）の燻製（**ハーハシダフ**）、トビイカ（**ピングイサー**）の塩漬け、などがある。なお、トビイカは大宜味などの漁師が大量に捕獲し、奥に売りに来たという。各家でそれをまとめ買いして、イカ墨も一緒に塩漬けにし、**イサーダシ**（イカだし、イカの調味料）として重宝された。

（3）サンゴやサンゴ砂利の利用

　サンゴは生活のさまざまな場面に利用されてきた。そのいくつかを紹介しよう。

　サンゴは焼くと石灰になり、その石灰から屋根の赤瓦を固定する漆喰が作られる。コブハマサンゴなどハマサンゴ科を奥では**ペーイシ**と呼ぶが[10]、これはペー（灰）を作るためのサンゴとしての用途から名前が付けられている。石灰の原料にしたのは、しかしながら、塊状のハマサンゴよりもテーブルサンゴ（卓状ミドリイシ、奥の方言で**ウンザラ**）や枝サンゴ（樹枝状ミドリイシ、方言で**ウンナミ**）が多かったという。その理由は、塊状のハマサンゴよりもテーブルサンゴや枝サンゴのほう火の通りがよいからだという。サンゴを焼いた場所は奥小学校の裏手にあったが、石灰はすべて集落内の屋根葺きの需要に応えるためだけに生産された。

　沖縄の伝統的な木造家屋には屋根の庇を支える柱があり、その礎にはサンゴの中でも比較的硬く半球形を呈するキクメイシやノウサンゴが用いられ

---

[10] 球形ないし半球形のハマサンゴを、沖縄本島本部町備瀬で**ペーンシ**というが（渡久地 2010：15）、他の多くの地域では、その形状から**チブル**（頭）、**チブルイシ**（頭石）などと呼ばれている。

第1部　生きもの

図 2-8　サンゴのさまざまな利用
a：柱の礎に使われるキクメイシ、b：整形して屋敷囲いの石垣に使われるハマサンゴ、c：ハマサンゴを刳り抜いて井戸の口縁に利用、d：板状に切断して家の壁に使われたハマサンゴ、e：板状・ブロック状に加工したハマサンゴの石材で建造された墓、f：猪垣に使われたテーブルサンゴ（卓状ミドリイシ）

た。半球形のままでは柱が滑り落ちるから、柱を安定的に据え置くために、サンゴは頂部を少し削り落として平らにされている（図 2-8a）。サンゴは通気性と透水性があるから木柱の下部の腐食を防ぐ。

　奥の元区長・島田隆久さんのご案内で集落を巡見した折、サンゴを上手に利用した井戸に出あった（図 2-8c）。それは、大きなハマサンゴを彫刻し筒状に組み合わせて口縁に据えた井戸であった。ハマサンゴは比較的加工が容易であるから、琉球石灰岩を産出しない地域（慶良間諸島、国頭地域、奄美大島とその周辺離島など）では屋敷囲いの石垣に利用されている（渡久地 2000；

漆原2008)。奥でも、千枚岩とともにハマサンゴの石垣を見ることができる(図2-8b)。ただし、ハマサンゴの石垣の多くは、近年コンクリートブロックに取って代わっている。巨大なハマサンゴを板状に切断した石材を、家の壁(図2-8d)や墓(図2-8e)に見出すことができる。

旧暦5月15日は屋敷御願(グングヮチウマチー／五月御祭)には、浜から清浄なサンゴ砂利を採集してきて庭に敷き詰められる。

奥では山中でもサンゴに出あうことができる。奥にはイノシシの被害から農作物を守るために集落を取り囲むように全長10 km余に及ぶ猪垣(ハチ)が築かれている。猪垣の基本型は山の斜面の集落側(内側)を切り取り垂直の法面(1.5～2.0 m)を造って、その上部にケーシガチ(返し垣)を斜めに差し込んだものであるが(宮城2011a：204-205)、そのケーシガチに千枚岩(クルイシ)とともにウンザラ(海皿)と呼ばれるテーブルサンゴ(卓状ミドリイシ)が使われている(図2-8f)。

2-6 | 暮らしに彩りを添えたサンゴ礁の恵み

A **クサビ**(注：ベラ科の魚)が一番おいしいでしょうね。あれはほかの魚と違って皮・鱗が柔らかい。(男性、80代)
B だから腸だけを取り除いて火炙にした。鱗も食べられる、おいしいですよ。(男性、60代)

これは、サンゴ礁の海での漁の話の中で、「どの魚が一番おいしかったですか」という私たちの問いに対する男性たちの答えである。ベラ科の中には高級魚の**マクブ**(シラクラベラ)もあるが、**クサビ**と総称されるのは小型のベラ科で、イノー(礁池)やピシヌプハ(礁斜面)で容易に釣れる、ほとんど雑魚といってもよいような魚で、市場に出回ることもほとんどない。それだけに、女性たちの語らいの中でも、「炭火で乾かしたクサビの**カーカスー**(燻製)はほんとにおいしかったね」という言葉が印象深かった。

第 1 部　生きもの

　クサビのほか、奥でおいしいといわれる魚には**マービー**（テンジクイサキ）── 特にその塩漬け ── があり、また**チルマン**（テングハギ）も好んで食べられる。2013 年 6 月、那覇市にお住まいだった奥出身の上原信夫さん（故人）のお宅に聞き取り調査にお伺いした時に、**チルマンの塩煮**（**マースニー**）をご馳走になった。2-4 節で述べたように、漁撈活動を主たる生業とする人の少なかった奥では、日常的に魚を入手する機会は多くはなかった。このため、燻製や塩漬け、油で揚げるなど、貴重な魚を保存するために工夫をこらしてきた。食文化の多様性とは、単に食材の豊かさだけでなく、調理・加工・保存の方法（技）も大きくかかわっていると理解すべきであろう。
　ヤマにほどこされたおびただしい数の地名が物語るように、奥の経済生活はながく山の資源利用に中心が置かれていて、サンゴ礁の海を生業の場とする漁業を発達させることはなかった。奥深いヤマに比べると、北面するサンゴ礁は、北寄りの季節風が吹きつける冬季には白波が洗う、幅の狭いものである。そのサンゴ礁は、背後の崖上から眺めると、濃藍の海に下ろした山脚（山裾）を ── 柳田國男の表現を借りれば、「さながら一条の練絹のごとく、白波の帯をもって」（柳田 1940 / 1989：376）── 縁どっているように見える。沖縄島中南部の広々としたサンゴ礁を見慣れた者には、それは頼りなくも感じられる。
　しかしながら、これまで見てきたように、サンゴ礁の海と暮らしのかかわりは、近年希薄化してきたことは否めないにしても、決して小さくはなかった。サンゴ礁は、集落の経済生活を支えるものではなく、その小さな恵みは「お裾分け」という、ほとんど完全に自給的なものであった。集落の人々とともにした磯歩きを通して感じたこと、また漁撈活動について語る人々の話に耳を傾けるなかで思ったことは、奥のサンゴ礁は暮らしに彩りを添えてきたという確信である。サンゴ礁は、自然の中で恵みを得ることの楽しみをもたらし、得られた海の幸は食文化に多様性を与えてきたともいえる。また、**ウンドゥムイ**という浅い窪みなどの微地形が識別され、奥のコトバとして名付けがほどこされていることから、奥の人々が自然環境や魚の生態的特徴を仔細に観察し利用してきたという、自然と人間との関係性の一端を垣間見る

ことができた。2-1 節で指摘したように、奥のサンゴ礁のイノー（礁池）は狭く、漁撈活動の場としては必ずしも恵まれているとはいえない。しかしながら、いやそれだからこそ、海産物をめぐるネットワークとして海を越えて国頭村安田や大宜味村、与論島や伊是名島から奥に魚を売りに来たことも忘れてはならないだろう[11]。サンゴ礁の魚は、集落と集落を結びつけてもきたのだ。

引用文献

安渓遊地（編著）（2007）『西表島の農耕文化 —— 海上の道の発見』法政大学出版会.
安渓遊地（2011）隣り合う島々の交流の記憶 —— 琉球弧の物々交換経済を中心に.『島と海と森の環境史』（シリーズ日本列島の三万五千年 —— 人と自然の環境史 4）（湯本貴和（編）田島佳也・安渓遊地（責任編集））文一総合出版，pp. 283-310.
一色次郎（1967）青幻記.『展望』1967 年 8 月号.〔＊引用は，一色次郎（1980）『青幻記・海の聖童女』集団・形星〕
上原信夫（2007）『古里の食と生活 —— 続随想録』私家版.
漆原和子（編）（2008）『石垣が語る風土と文化 —— 屋敷囲いとしての石垣』古今書院.
奥のあゆみ刊行委員会（編）（1986）『字誌 奥のあゆみ』国頭村奥区事務所.
金城達也（2011）地域社会におけるサンゴ礁漁業の動態と生物多様性 —— 沖縄県国頭村楚洲集落を事例に.『沖縄地理』第 11 号：pp. 43-54.
高橋そよ（2004）沖縄・佐良浜における素潜り漁師の漁場認識 —— 漁場をめぐる「地図」を手がかりとして.『エコソフィア』第 14 号：pp. 101-119，昭和堂.
高橋そよ（2008）サンゴ礁資源利用に関する人類学的研究 —— 沖縄・佐良浜の事例から. 博士論文．京都大学.
高橋そよ（2014）魚名からみる自然認識 —— 沖縄・伊良部島の素潜り漁師の事例から.『地域研究』（沖縄大学地域研究所紀要）第 13 号：pp. 67-94.
河村只雄（1939）『南方文化の探究』創元社.〔＊引用は，講談社学術文庫版（1999），講談社〕
寺嶋秀明（1977）久高島の漁撈活動 —— 沖縄諸島の一沿岸漁村における生態人類学的研究.『人類の自然誌』（伊谷純一郎・原子玲三（編））雄山閣，pp. 167-239.
渡久地健（2000）ハマサンゴの石垣.『沖縄を知る事典』（「沖縄を知る事典」編集委員会

---

[11]　魚売りは、今では与論島や伊是名島からは来なくなったが、安田からは時折、車で来るという。なお、奥と与論島との交流を含む隣り合う島々の物々交換とその意義について、聞き書きという手法で仔細に論じた論考として安渓（2011）がある。

(編))日外アソシエイツ，p. 320.
渡久地健（2010）本部町備瀬・サンゴ礁の海と魚と漁．『海と山の恵み ── 沖縄島のくらし 2』（早石周平・渡久地健（編））ボーダーインク，pp. 7-36.
渡久地健（2011a）サンゴ礁の環境認識と資源利用．『島と海と森の環境史』（シリーズ日本列島の三万五千年 ── 人と自然の環境史 4）（湯本貴和（編）田島佳也・安渓遊地（責任編集））文一総合出版，pp. 233-259.
渡久地健（2011b）サンゴ礁の民俗分類の比較 ── 奄美から八重山まで．『奄美・沖縄環境史資料集成』（安渓遊地・当山昌直（編））南方新社，pp. 135-184.
渡久地健（2015）サンゴ礁．『沖縄県史 各論編 自然環境』（沖縄県教育庁文化財課史料編集班（編））沖縄県教育委員会，pp. 155-157.
Toguchi, K. (2010)A brief history of the relationship between humans and coral reefs in Okinawa. *Journal of Island Studies*, 3: pp. 59-70.
渡久地健・高田普久男（1991）小離島における空間認識の一側面（I）── 久高島のサンゴ礁地形と民俗分類．『沖縄地理』第 3 号：pp. 1-20.
渡久地健・西銘史則（2013）漁民のサンゴ礁漁場認識 ── 大田徳盛氏作製の沖縄県南城市知念『海の地名図』を読む．『地理歴史人類学論集』（琉球大学法文学部人間科学科紀要別冊）第 4 号：pp. 77-102.
中山清美（1981）奄美大島の先史遺跡．『南島史学』第 17・18 号合併号：pp. 144-155.
外間守善・玉城政美（編）（1980）『南島歌謡大成 I 沖縄篇 上』角川書店．
古谷千佳子（2011）『私は海人写真家 古谷千佳子』岩崎書店．
堀信行（1980）奄美諸島における現成サンゴ礁の微地形構成と民族分類．『人類科学』第 32 号：pp. 187-224.
前門晃・河名俊男・木庭元晴・渡久地健・目崎茂和（1989）地形分類・傾斜区分図．『土地分類基本調査 ── 沖縄本島北部 1』沖縄県．
松井健（1983）『自然認識の人類学』どうぶつ社．
宮城邦昌（2010a）沖縄島奥集落の猪垣保存活動．『日本のシシ垣 ── イノシシ・シカの被害から田畑を守ってきた文化遺産』（高橋春成（編））古今書院，pp. 196-211.
宮城邦昌（2010b）『奥の地名図（説明図）』私家版，簡易製本．
柳田國男（1940）『海南小記』創元社．〔＊引用は『柳田國男全集 1』（ちくま文庫版），1989，筑摩書房〕
山田孝子（1984）沖縄県，八重山地方における植物の命名，分類，利用 ── 比較民族植物学的考察．『リトルワールド研究報告』第 7 号：pp. 25-235.

● コラム1 ●
奥における植物利用（1）
ソテツとリュウキュウバショウ

当山昌直・盛口満・島田隆久・宮城邦昌

　昔の奥の暮らしでは、ソテツとリュウキュウバショウは、どちらも人々にとってたいへん身近な存在で、集落内または近くに植えられて広く利用されていた。ソテツは実や幹から取れるデンプンを利用してさまざまな形で食用に供され、またリュウキュウバショウは芭蕉布や縄の材料としてとても重要だった。この二つの植物の伝統的な利用法を、奥の先輩たちからうかがった。

■ソテツ（*Cycas revoluta*、ソテツ科、方名：トゥトゥチ）
　昔は見渡す限り、畑の縁にソテツが植えられていた。ソテツは放っておくと、草木に覆われてダメになる。そうして少なくなった。昭和55年頃、製材の機械を使って、ソテツからデンプンを取っていたことがある。そのときに大量にソテツを切り倒している。ソテツは海岸端の岩場のようなところにも生えていた（図1）。カラスが実を持っていくのは何度も見ていた。もともと辺戸岬の近辺に野生のソテツが生えていて、奥のソテツはそれを持ってきたのが始まりという。
　ソテツは自分の畑だけじゃなくて、畑の周辺に生えていたから、どこからどこまでが自分のものという区域もわからない。原野や山の上や海岸の崖にも生えている。だから実を採るとき、いざこざを残さないため、時期を決めている。奥でのソテツの解禁は10月ごろに解禁日があったと聞いた。
　昔、ソテツの実（図2左）を割るのに、自分たちで道具を作った。角材に釘を×印に打ち付けて、その中に刃ものの先端を入れて、押切のような

第1部　生きもの

図1　海岸付近に生育するソテツ（名護市）

図2　ソテツの実の利用
左：ソテツの実（国頭村）、右：実のデンプンを入れた粥（沖縄島）

形にした。実から取ったデンプンをまぜたご飯は'トゥトゥチンナイメーと呼ばれる（図2右）。ソテツの実のデンプンから味噌やカステラも作られた。
　幹の外皮を削り落とした物（図3左）の内皮の部分を短冊状に切ったものを**ケーラ**と呼ぶ（図3右）。これは乾燥したのち、水に浸して発酵させて毒抜きをする。食べる時にはソテツのデンプンなどをふりかけ、味付けをして、午前・午後の休みの時間に茶菓子代わりに食した（奥のあゆみ刊行

コラム1　ソテツとリュウキュウバショウ

図3　ソテツの幹の利用
左：幹の外皮を削り落とす、右：幹の芯部分を短冊状に切って干す（いずれも奥）

委員会編 1986）。

　毒を抜いた**ケーラ**は、炊いてそのまま食べた。芋みたいな感覚。中に繊維分があるから、その部分は捨てる。この食品は**ケーラニー**と呼ばれる。幹のデンプンを取るのは、雄の木か、雌の木かのどっちかということはない。子どもの頃、海岸などの空き地の砂場に**ケーラ**が干されていたのを覚えている。ほかに海岸の大きな石の上には**カーカスー**（サメの裂身でサメ肉の乾物）が干されていた。昔食べていた**ケーラニー**はムチムチしていた。毒抜きした**ケーラ**を、ソテツのデンプンと一緒に煮て、煮えたらその上にデンプンをふりかけると、ムチムチになって、おいしくなる。ソテツのデンプンがないときはイモのデンプンでもいい。ソテツのデンプンを使ったカステラもおいしかった。

　ナガジク（幹の芯部分）のデンプンは、黒く酸味があり、あまりおいしくない。これは油で炒めて食べたり、お粥に入れて食べた。芯は発酵させて絞り、デンプンを取り、団子状に握り乾燥させ、お粥に入れて**ナガジクメー**にしたり、ゆがいて油で炒めたりしたが、少し酸っぱい味がした（上原2007）。

　幹のデンプンから味噌もつくった。ソテツのご飯とあうのはバター。これ、最高。今でも一番のご馳走と思っている。

　割ったあとの実の殻は、干して囲炉裏の燃料とした。脂っ気があるから、

第1部　生きもの

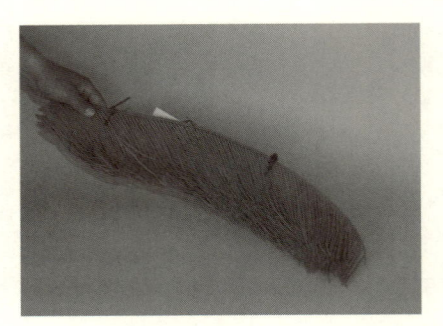

図4　ソテツの葉で作った箒（奥民具資料館蔵）

ちょうどよかった。実の殻は、冬、風呂の薪を焚くときの焚き付け用にもした。葉は、**トーグラ**（台所）の土間を掃く箒とした（図4）。生の葉を箒として使用し、そのうち枯れてくると燃料とした。ただし、葉を薪としてわざわざ採ってくることはなかった。

　ソテツの芯からとった澱粉を酒につけて腹薬にした。下痢とか食中毒の時に使用した。今のペニシリン（抗生物質の意味）より効いたとか。これは奥の家庭常備薬だった。

　田んぼの緑肥にした。畑にも入れた。ソテツは竹よりも緑肥としてはるかにいい。腐りやすいから。畑には葉を切り込んだものを緑肥とした。畑の周囲に植えてあるから、畑周りの除草をするときに切っていれたりしたが、わざわざ刈り取って利用はしなかった。

　奥では水車を利用して澱粉を作っていた。戦後は自動車エンジンを加工してまた、澱粉用の圧搾機をつくった。ソテツを板状に割って、圧搾機で澱粉を搾る。川の水で毒ぬきをした。終戦後は宜名真のトンネルの所にソテツの澱粉工場があったが長続きしなかった。

■**リュウキュウバショウ**（*Musa balbisiana*、バショウ科、方名：**ウー**）
　盛んな時は、道路側、畑としてやりにくい所などに**ウーバタ**（芭蕉畑）があった（図5）。屋敷内というより、集落内。**アタイ**（屋敷や集落内などに

コラム 1　ソテツとリュウキュウバショウ

図 5　芭蕉の畑（大宜味村）

設けられた小さな畑）みたいな所に植えていた。今でも残っている。**ウエダ**には田があって小さいせせらぎが流れている。そこの水がめのような**クムイグヮー**（淵）付近にも生えている。田んぼの近くとか、水圧落とすためにだいたいそういったところにある。

衣・食として

　芭蕉の茎（図6左）を煮て、**ウー**（繊維：図6右）をとる。戦前、婦人は若い時はこの繊維を使って芭蕉布を織り、**バシャギン**（芭蕉着）を作った。各家庭に織機があって自分で着物も作っている。部落で展覧会があった。**バシャギン**は、昔は日常着だったが、現在は、伝統行事などの特別の機会でないと着ることがない（図7）。

第1部　生きもの

図6　芭蕉の茎の利用
左：芭蕉の茎（偽茎）、右：茎を煮てとれた繊維

図7　奥の祭事（ビーンクイクイ）で身につける芭蕉着（崎原栄昌氏）

コラム1　ソテツとリュウキュウバショウ

　芭蕉布をつくるのは、おそらく戦前で終わったんじゃないかな。戦後は一部だけで、**ヤゲンヤー**（屋号：弥元屋）の**オバー**たちが、商売用ではなくて自分のものをつくっていた。

　芯をゆがいて和え物にして食べた。葉は食べ物をのせたりした。葉をあぶって遠足時のおにぎりを包んだ。

暮らしのなかで

　熱冷ましに使った。**ウーヌナーグ**（芭蕉の芯）といって、茎の一番芯のやわらかい所を使う。**オバー**たちは、子どもが熱だした時、芯をたたいて柔らかくして、汁をかぶせながら体をこするといった方法で熱をさました。

　子どもたちは川べりに生えているものを切り倒し、水に浮かべて筏遊びをした。浮力ないため子どもが乗ったら沈み込むが、筏を味わうことができる楽しい水遊びであった。

　戦前はむしろがないから、奥の初興し**ハチウクシー**（初興し）の時は若い青年たちが**ウー**の葉を切ってきて庭に敷いた。

いろいろな利用

　ウーの葉は水田の緑肥。芭蕉から繊維をとったあとの**ウーヌクス**（残り滓）を使用して、**ピー**（樋）の継ぎ目から水が余計に漏れないように塞ぐ泥の役目をした。泥というのは溶けるが**ウーヌクス**は簡単には溶けない。

　奥の場合は、戦前の昭和5年から機関船をもっているので、繊維の**ウー**（図6右）を供出した。たとえば、**シマダグヮー**（屋号：島田小）は**ウー**5斤を**ヤゲンヤー**は**ウー**5斤を部落に供出と家庭に割り当てられた。集めたらこれで、ロープをつくる。このロープは機関船の繋留用として使った。

引用文献

上原信夫（2007）『古里の食と生活　続随想録』自費出版.
奥のあゆみ刊行委員会（編）（1986）『字誌　奥のあゆみ』国頭村奥区事務所.

第3章　魚毒植物の利用を軸に見た
　　　　琉球列島の里山の自然

盛口　満

追い込み漁に使う藁縄に、魚を脅すための
マニ（クロツグ）の葉を挿す、
崎原栄秀さん。

第1部　生きもの

3-1 | 身近な自然とは何か

　小さなころから生きものに特別な興味をもっていた私は大学では植物生態学を専攻した。しかし、学部を卒業後は研究者ではなく、高校の理科教員の道を選択した。

　そんな私が教育の現場で出会ったのは、自然や生きものに特別な興味をもたない生徒たちの存在だった。そのような生徒たちを対象に、どのようにしたら自然や生きものの世界のことを伝えられるだろうか。そう考えたとき、「身近な自然とは何か？」ということが、私の中で大きなテーマとして浮かび上がることとなった。情報の発達と反比例するがごとく、生徒たちにとって自然の存在が希薄に思えるようになってしまっている現実がある。そのため、生徒たちが「身近」と思えるものから、実感をもって自然について学びを深めることの必要性を強く感じたのだ。

　ところが、「身近な自然」といっても、地域や時代によって、その中身は大きく異なっている。例えば、かつて人々は、どの地域にあっても、その地、固有の自然と深い関わりをもって暮らしを成り立たせていた。一方、現代社会にあっては、どの地域にあっても、一様に自然と無関係で暮らすことができる状況がある。つまり、かつての人々と自然との関わりを知ることは、現代社会における自然と乖離した暮らしにある我々を、相対化する視座を与えてくれるものと思えた。ただ同時に、このように考えている自分自身が、身をもって、そのような関わりを築いてきていないことにも気づかされた。そのため、自分自身で、この点について知識を深める必要性を強く感じるようになった。

　かつての人々と自然の関わりを追及するべく、フィールドに選んだのは、それまで修学旅行の引率などで何度も訪れたことのあった沖縄であった。2000年にそれまでの勤務校を退職すると同時に沖縄島に移住、最初は八重山をフィールドとして調査を始めることとした。2007年からは奄美・沖縄地域全体の人と自然の関係史を探る共同研究のプロジェクトに参画させても

らうことができ、フィールドを琉球列島全域に広げ、本格的な聞き取り調査を開始した。このような調査活動の中、奥出身の宮城邦昌さんの知己を得ることができ、奥集落を中心として、琉球列島の他地域を比較してみる試みを始めることになった。

3-2 琉球列島の里山の消失

　九州南端から台湾の間にある琉球列島の島々は、イリオモテヤマネコやヤンバルクイナ、アマミノクロウサギといった固有の生物が多くみられることで知られている。一方、琉球列島の島々には古くから人が住みつき、さまざまな営みを送ってきた。そのため、集落周辺には人の営みによって、強い影響を受けた自然がみられることになる。ヤマトにおいては、集落周辺に存在する人の影響を強く受けた自然環境として、耕作地と雑木林などがセットになった里山と呼ばれる自然環境の存在していることがよく知られる。琉球列島の島々においては、この里山が、往時の様子が容易に復元できないほど、近年著しい変化を遂げてしまっている。著者は琉球列島の里山の様子を、年配者の聞き取りから復元できないかと試みてきた。琉球列島の島々の里山の近年における変化において最もはなはだしい側面は、田んぼの消失である。そのため、聞き取りにあたっては、「田んぼがまだあったころ」という時間枠の設定を行い、主に植物利用に関する聞き取りを行ってきた。こうして北は種子島・屋久島から南は与那国島・波照間島までの各島に在住、または出身の方々からの聞き取り調査を行ううち、琉球列島の里山は、島もしくは集落ごとといっていいほど多様な様相を呈していたということが少しずつ明らかになってきた。一方で、聞き取り調査の結果からは植物利用について共通の要素が見出しうることもわかってきた。共通してみられる植物利用は、里山における人々の暮らしの基盤を形作るものと考えられ、島々の里山環境を復元する上では重要な指標となる。そのような共通項目を整理してみたところ「繊維植物、緑肥植物、採餌植物、燃料植物、ソテツ」といったものとなっ

第1部　生きもの

た。つまり、これらの諸項目をひとまとめにしたものが、琉球列島の「里山セット」であるということができる。この「里山セット」に着目することで、往時の里山の様子の概観が見て取れると考えられた（盛口 2011）。

　今回、沖縄島北端部に位置する奥を調査地として、さらに琉球列島の里山の様子を明らかにしていきたいと考えた。その調査の折、「ブレーザサ」という耳慣れない用語を聞く機会があり、大変興味をそそられることになった。**ブレーザサ**とは後述するように、魚を植物に含まれる毒成分によって捕る漁法（魚毒漁）に関わる用語である。それまでも、各島々での聞き取りにあたり、魚毒漁については多少の差はあれ、聞く機会があった。しかし、魚毒に使用する植物についての聞き取りが、往時の里山の解明に寄与するとまでは考えていなかった。今回、**ブレーザサ**を中心に、魚毒漁についての聞き取り調査を進めるうちに、魚毒漁は琉球列島の里山の構成を理解する重要な項目の一つとして扱ってもいいのではないかと考えるに至った。

　前述したように、琉球列島の里山は近年、田んぼの減少という大きな変化を遂げている。琉球列島の里山から田んぼが消失した年度、および原因は島・集落によって、若干の違いがみられる。例えば沖縄島南部の稲の作付面積のグラフ（図 3-1）を見ると、1963 年に大きく作付面積を減らし、その後復活していないことがわかる。この 1963 年には大旱魃があり、それをきっかけとして沖縄島においては田んぼが著しく減少する。もっとも旱魃はきっかけであり、田んぼの減少を推し進める要因としてはサトウキビブームの到来など、外的な要因がほかにあった（盛口 2011）。一方、奄美大島においては 1970 年以降、大きく稲の作付面積が減少する。奄美大島の場合は減反政策による生産調整が要因として大きいのである。奥の場合は、旱魃や減反とはまた別の要因がきっかけとなって田んぼの消失がおこっている。この点については、奥出身の方の聞き書きを以下に紹介する。

　「最初に田んぼが埋まってしまったのは、1960 年代に一号線（現国道五八号線）を作ったとき。山を崩した土砂を、路肩に盛り土をしていたのが、雨で流された。このとき、一番、いい田んぼが埋められてしまった。次が 1969 年の大

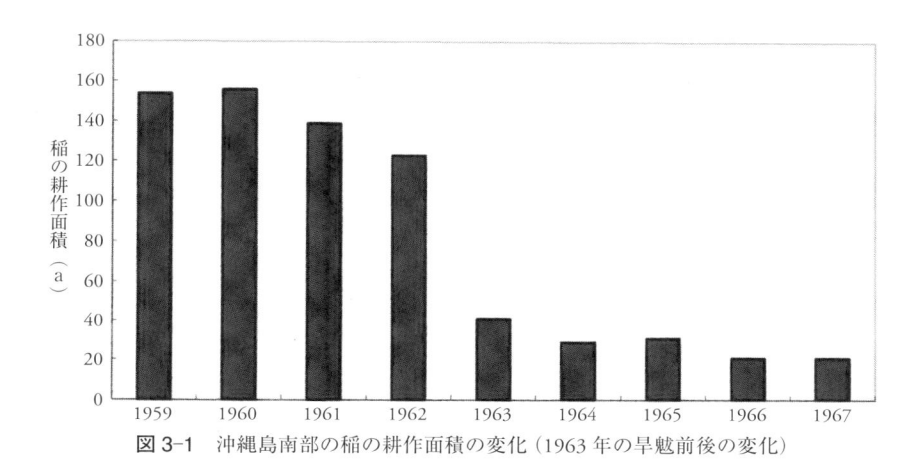

第 3 章　魚毒植物の利用を軸に見た琉球列島の里山の自然

図 3-1　沖縄島南部の稲の耕作面積の変化（1963 年の旱魃前後の変化）

雨のとき。土砂で埋められてしまった田んぼは、そのまま耕してサトウキビを植えたよ。（以下略）」（宮城邦昌さん、蛯原ら編 2011 より）

　かつて集落の人々は、ほぼ自給自足に近い生活を送っていた。田んぼが消失していった過程は、貨幣経済が浸透していった過程とも重なるものであるだろう。逆に言えば、かつて里山は現在貨幣によってまかなわれるさまざまなものを生み出す場としてあり、例えば田んぼも米を生産する以外の価値も同時に持ち合わせていた。田んぼは、タンパク源となる魚貝類を得る場でもあったのだ。こうした水田漁撈の例として、西表島においては、ウナギ、フナ、カダヤシ、タニシ、エビ類などが主な漁獲物となっていたことが報告されている（安室 1998）。このような水田漁撈が盛んに行われていた証拠として、明治期に記録された、琉球王朝時代の旧慣についての調査（明治 18 年の沖縄県旧慣間切内法の調査 —— 間切は現在の市町村にあたる行政区分）の中にみられる水田漁撈に関わる禁令がある（小野 1932）。

　ところが、田んぼの消失は、これら田んぼにすまう魚貝をも消失させてしまった。琉球列島の各島における「田んぼがまだあったころ」調査では、タニシ（マルタニシ）は、各島において普通に聞き取ることができた（図 3-2）。

第1部 生きもの

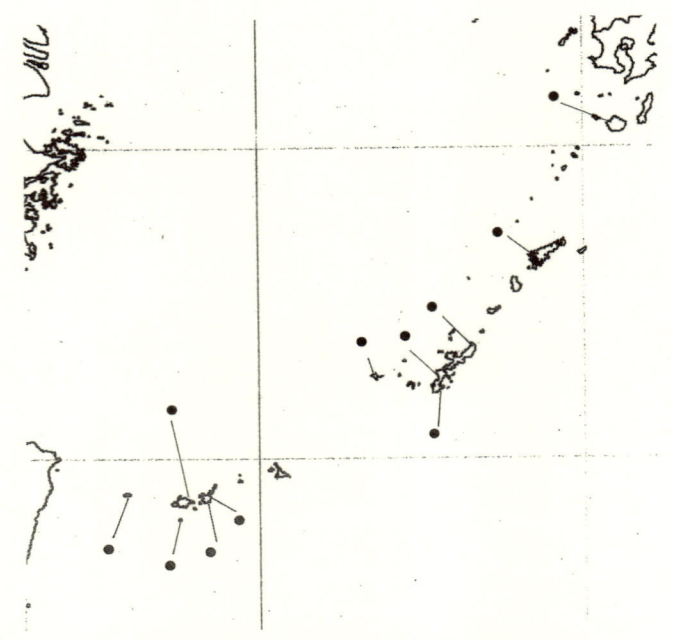

図 3-2 聞き取り調査におけるタニシの分布
●は、田んぼのあったころにタニシが見られたことを聞き取ることのできた地点。

ところが現在、マルタニシは減少が著しく、沖縄県において、レッドデータブックに記載されるまでにもなっている。沖縄島では 1960 年以降、石垣では 1962 年以降、生息が確認されなくなった。沖縄島では一度、絶滅したと考えられていたが、その後北部の福地ダムで生存が確認され、現在保全が図られている(『レッドデータおきなわ』)。これ以外、現在、生存が確認できているのは、久米島(『レッドデータおきなわ』)と、粟国島である。また、与那国島では 1988 年まで生存の記録があったが(『レッドデータおきなわ』)、現在は姿がみられない(村松稔氏私信)。

田んぼにすまうタニシやフナ、ウナギなどは手近なタンパク源として大いに利用されていたのだが、同様に田んぼ周辺の河川の魚類も利用された。こ

第3章 魚毒植物の利用を軸に見た琉球列島の里山の自然

のときに使用されたのが魚毒である。

3-3 魚毒漁に里山を見る

(1) 魚毒漁とはどのようなものか

　植物体に含まれる有毒成分を水中に流して魚を麻痺させて捕獲する漁法が魚毒漁である。このとき、魚毒として働く成分としては、アルカロイド、配糖体、サポニンなどさまざまなものがある（秋道2008）。魚毒漁が行われるのは、河川や湖沼などの淡水域に加え、サンゴ礁などの沿岸域である。ただし、遠浅の浅瀬などは魚毒漁には適しておらず、干潮時になんらかの形で潮だまりのようなくぼ地が取り残される海岸が海で魚毒漁がなしうる場所である。西洋においても古くから知られている漁法であり、アリストテレスの『動物誌』にも魚毒に関わる記述があるという（Heizer 1953）。魚毒としての植物利用は世界的にみられ、また使用する植物は地域によって異なっている。世界の魚毒植物についての総論的な研究によると、フィリピンからは21種の魚毒植物が知られている一方で、中国からは6種（アオガンピ属、ポインセチア、センダン、チョウセンアサガオ属、カンラン属、ツバキ属）、日本からは3種（ウラジロフジウツギ、オニドコロ、サンショウ）が報告されているに過ぎない（Heizer 1953）。しかし、ヤマトに限っても、より多くの魚毒植物が利用されてきたことが別の報告からはわかっている。ヤマトで使用例のある植物を列挙すると、サンショウ、オニグルミ、エゴノキ、クロベ、オニドコロ、イヌタデ、センニンソウ、カマツカ、ネムノキ、ヤブツバキ、サザンカ、チャ、カキ、フジウツギ、サンゴジュ、ウルシなどとなる（長沢2006）。このうち最も頻繁に使用されてきたと考えられるのがサンショウである。サンショウ属の植物を魚毒に使用するのは世界的に見ると非常に限られていて、日本とネパールからのみ報告されている（南1993）。

　聞き取り調査と文献調査により琉球列島の魚毒植物のリストを作成してみ

第1部　生きもの

表 3-1　琉球列島の魚毒植物のリスト

科名	種名	使用部位
タデ科	イヌタデ	全草
トウダイグサ科	ナンキンハゼ	
	キリンカク	
マメ科	デリス(注1)	根・市販の粉末(注2)
	シイノキカズラ	つる
	ウジルカンダ	
	シナガワハギ	全草
	クロヨナ	
	アメリカデイゴ	
ムクロジ科	クスノハカエデ	
センダン科	センダン	葉
ミカン科	アマミサンショウ	
	ヒレザンショウ	
ツバキ科	ヤブツバキ	種子の油粕
	ヒメサザンカ(注3)	種子の油粕
	モッコク	樹皮
	イジュ	樹皮
サクラソウ科	ルリハコベ	全草
	ハマボッス	全草
エゴノキ科	エゴノキ	実
アカネ科	ヤエムグラ	
ナス科	タバコ	葉
ゴマノハグサ科	ウラジロフジウツギ	葉
キツネノマゴ科	キツネノマゴ	全草
ノウゼンカズラ科	オオムラサキシキブ	
シソ科	ミツバハマゴウ	
トベラ科	トベラ	葉
レンプクソウ科	サンゴジュ	葉

注1：栽培植物（その後野生化している）。デリス属の植物は何種類かあるが、種名は不詳。
注2：魚毒の使用に当たっては、農薬として市販されていた粉末製品を利用する場合もあった。
注3：ヒメサザンカは文献によってサザンカとなっている場合もある。

ると、全部で28種の植物が数えられるとともに、ヤマトで使用されてきた魚毒植物とは異なった植物が多く利用されてきたことがわかった（表3-1）。さらにこのリストを島・集落ごとにおける使用例の表にしてみた（表3-2）。

第 3 章　魚毒植物の利用を軸に見た琉球列島の里山の自然

表 3-2　琉球列島の魚毒植物利用の分布

地名 \ 植物	イヌタデ	エゴノキ	ウラジロフジウツギ	イジュ	デリス	アマミサンショウ	ルリハコベ	モッコク	ヤブツバキ	ハマボッス	サンゴジュ	タバコ	リュウキュウガキ	ナンキンハゼ	ヤエムグラ	シイノキカズラ	トベラ	シナガワハギ	キツネノマゴ	ヒレザンショウ
種	●	●	●																	
屋			○	●	●															
瀬				●	●															
喜	●	●		○				●	●											
犬			○																	
花				●																
沖			○	●	●	●		●	●	●										
与			○			○														
伊				●	●			○		○										
是			○	●	●															
奥				●	●	●	●													
如			○		○															
底			○		○															
北																				
玉																				
久														○						
仲				●	●							●								
真				●	●							●								
宇				●	●															
池				●												●				
良				●	●															
石			○		●							●								●
登																				
白					●												○			
与					●															

注1：地名は以下の通り
　種　種子島・太田　　　　　知　沖縄島・知花
　屋　屋久島　　　　　　　　玉　同　・玉城
　瀬　奄美大島・瀬戸内　　　久　久米島（全域）
　喜　喜界島　　　　　　　　仲　同　・仲地
　犬　徳之島・犬田布　　　　真　同　・真謝
　花　徳之島・花徳　　　　　宇　同　・宇栄城
　沖　沖永良部島　　　　　　池　池間島
　与　与論島　　　　　　　　良　伊良部島・佐和田
　伊　伊平屋島　　　　　　　石　石垣島（全域）
　是　伊是名島　　　　　　　登　同　・登野城
　奥　沖縄島・奥　　　　　　白　同　・白保
　如　同　・喜如嘉　　　　　与　与那国島・祖納
　底　同　・底仁屋
注2：●著者による聞き書き記録　　　○文献上の記録
注3：喜界島のイジュおよびサンショウは奄美大島からの持ち込みによる使用
注4：沖永良部島のイジュは沖縄島からの持ち込みによる使用
注5：伊是名島のモッコクは沖縄島からの持ち込みによる使用
注6：このほかに、
　　屋久島のみから聞き取れた植物として、アメリカデイゴがある。
　　沖縄島・西原のみから文献報告のある植物として、クロヨナ、オオムラサキシキブ、ミツバハマゴウがある。
　　沖縄島・南風原のみから文献報告のある植物として、クスノハカエデがある。
　　久米島のみから文献報告のある植物として、ヒメサザンカ（サザンカとしている文献もある）とウジルカンダ（イルカンダ）がある。
　　石垣島のみから文献報告のある植物として、センダンとキリンカクがある。

第1部　生きもの

　琉球列島の北端にあたる種子島・屋久島において聞き取ることのできた魚毒植物は、ほぼヤマトから報告された魚毒植物利用のリストと重なる植物で占められていた。こうしたエゴノキやイヌタデといった本土との共通種の魚毒利用は、徳之島までみられた。一方、奄美大島以南では、琉球列島特有の魚毒植物（イジュ、モッコク、ルリハコベ、リュウキュウガキ等）が使用される例が多かった。また、本土でよく魚毒として利用されたサンショウ属の植物は、奄美大島・徳之島周辺の島々と、飛んで石垣島において利用されていたことがわかった。

　調査地である奥では、琉球列島から知られる 28 種の魚毒植物のうち、イジュ、ルリハコベ、サンゴジュ、タバコ、デリスの使用について聞き取ることができた。このうち最も重要な役割を果たしていたのがイジュである。

　ツバキ科のイジュ（図 3-3）は琉球列島から広く東南アジアにかけて分布している木本であり、沖縄島では梅雨時期に白い花を咲かす。このイジュの樹皮を粉末にしたものが、魚毒として使用される。イジュの魚毒としての利用について聞き取る際、「イジュの葉をヤギや牛も食べるし、食べても死なない」という話を聞いた。そのため「イジュに毒があるのではなくて、粉が魚の鰓につまって魚が麻痺する」というように、民俗知識では理解されているようだ。しかし、イジュに含まれる成分を調べた研究によれば、イジュには溶血作用のあるサポニンが含まれていることがわかっている。実際に魚毒として使用される場合は、イジュに含まれるサポニン以外の成分も複合的に働いている可能性があるという（森 1960）。イジュはインドからも魚毒としての利用の報告がある植物である（Heizer 1953）。なお、奥で魚毒植物として使われてきたルリハコベの成分もサポニンであることがわかっている（森 1962）。ルリハコベを使用する際は、全草をつぶして、水中に投下する。

　また、デリスは東南アジア原産のマメ科のつる植物で、根を粉末としたものは屋内害虫の殺虫剤、農薬等として重要視されたものである。デリスはロテノンと呼ばれる有効成分を含み、これが殺虫剤としてだけでなく、魚毒としても利用された。デリス属の植物で殺虫剤や魚毒として使用されるものには複数種があり、戦前、南方占領地などにおいて栽培が奨励された種にはト

第 3 章　魚毒植物の利用を軸に見た琉球列島の里山の自然

図 3-3　イジュ

バとタチトバがある（宮島 1944）。が、本稿においては両種とも含んだ名称としてデリスという属名で表すことにする。奥においても、デリスは一時栽培がなされていたようで、現在も、栽培されていたなごりのデリスが野生化している状態でみられるが、聞き取りによれば、奥では戦後、名産であるお茶栽培用の農薬として、粉末が導入されており、魚毒としては生のデリスを破砕して使うのではなく、市販されている粉末が使用されたという。

(2) 共同行事としての魚毒漁

　ウクムニー（奥コトバ）では魚毒、または魚毒漁は**ササ**と呼ばれる。**ブレーザサ**というのは、奥集落全体をあげて行う魚毒漁のことであり、ブレーは「群れ」すなわち、集団を意味しているようだ。**ブレーザサ**は集落を流れる奥川で行われる場合と、隣の集落である楚洲の**イノー**で行われる場合とがあった。

　「イジュの樹皮は**ササ**に使います。川ではウナギ、海では魚を捕ります。皮

113

第1部　生きもの

を剥ぐとき、枯れてしまわないように、人によっては木の一部だけから剥ぎます。イジュの皮を取ってきて、臼でついて粉にします。明日、**ササ**があるというと、その日の夜に取ってきた皮をついて粉にしました。奥では**ブレーザサ**がありました。このときは村全員で川に**ササ**を入れます。川を上流と下流とで二つに分けて。捕った魚は人数でわけました。海の**イノー**も楚洲の**イノー**を借りて、村全員で**ササ**をしました。奥と楚洲は協定を結んでいました。楚洲は人口が少なくて、奥は多い。だから楚洲の海を借りて奥の**ブレーザサ**をしました。」（島田隆久さん）

「川は上と下に分かれて、ウナギ目的でやりおった。戦前はわからんが、戦後は2回やりました。**ブレーザサ**は申込みです。ただ、いかない人は少なかった。一つの楽しみですから。**ブレーザサ**は申し込んだ家庭から2名ずつ参加します。海でやるときは、楚洲から**イノー**を買って。**ブレーザサ**する人は申し込んで人数集めて、ザルに臼でついたイジュの皮をもってくるように……とやりよった。イジュは山に自然に生えているものを使います。海の**ブレーザサ**、終戦後、2回か3回やりよった。ただ、イジュを使ったのは戦前。戦後はデリスといってね、お茶の散布用として組合が入れたものを使いました。デリスの粉は売店で売っていました。」（宮城安輝さん）

「**ブレーザサ**の魚はわけます。50世帯なら50世帯で。イジュを使ったのは戦前です。皮を臼でついて粉にして、ザルに入れて、世帯ごとに10斤、20斤と各家庭にふりわって。これを作るのに一日かかります。午前中、山に行って、取ってきて、午後に臼でつきます。皮はとってきてすぐにつきます。4、5日も干しておいたら、かえって硬くなってやりにくい。イジュは特にどこに生えているものを取るというようなことはありません」（崎原栄秀さん）

川の**ブレーザサ**は集落を二つに分け、それぞれのグループで川の上流、下流において魚毒漁をしたということである。下流においてはボラなども捕れるが、聞き取りにあったように、主な獲物は"ウナギ"であるとされている。この"ウナギ"は一般的なウナギではなく、オオウナギのことである。ウクムニーにおいてウナギは**ターウナジ**（田鰻……田んぼでよくみられた。また、**ドルウナジ**……泥鰻……と呼ぶ場合もある）、オオウナギは**ハーウナジ**（川鰻）

と呼び分けられている。オオウナギは全長 180 cm にも達する大型の降河回遊魚である。沖縄島の饒波川において 2013 年におこった原因不明の魚類の大量斃死時の観察によれば、680 メートルの区間において斃死したオオウナギが 81 個体観察され、この値から推定すると、斃死前のオオウナギの生息密度は流程 10 メートルあたり 1、2 個体になるという（嶋津 2014）。この値は、魚毒漁を行った際に得られるオオウナギの量に関しても、ある程度の推定を与えてくれるのではないかと考えられる。また、戦前奥で捕獲されたオオウナギの中に 34 斤（21.4 キログラム）もの大きなものがあったという（島田 2009）。川における漁がオオウナギを主体としたのは、一匹一匹が大型である上に、生息数も多かったからだ。また、オオウナギは日中、穴や岩陰などに隠れていることが多い。魚毒はそのように隠れているオオウナギに対して有効な漁獲方法であったといえる。

　戦後川のブレーザサが行われたのは 1951 年および、1955 年のことであり、いずれも 8 月に行われた（島田 2009）。この年がなぜ選ばれたのかについてはまだ、はっきりしていない。また、毎年行われなかったという点については、魚毒漁が一時的に使用した水域の生物に壊滅的なダメージを与えてしまうからではないかと考えられる。魚毒漁が最も盛んであったマレーシアでも、魚毒漁（デリスを使用）は 4〜5 年ごとに行うような規制があった（秋道 2008）。

　海のブレーザサが行われたのは、年中行事であるアブシバレーの前日であるという。アブシバレーは田植えのあとに畔の草刈りや虫払いをして、豊作を祈願するもので、旧暦の 4 月中旬ごろに行われる（『沖縄大百科事典』）。奥におけるアブシバレーは「午前中、品評会。午後から車座に座って、女は踊り、男は相撲をとります。それから飲み会です。（崎原栄秀さん）」というものであったということだが、そのときの宴会用の魚をブレーザサで用意したようだ。ただし、海のブレーザサも毎年行われたわけではなく、戦後は 2、3 回しか行われなかった。海の場合は、河川における魚毒漁よりは資源の回復は早かったと考えられるが、同様に数年のインターバルがおかれて行われていたことになる。

　海でのブレーザサにおいては、特有の道具も使われた。縄の途中途中にマ

第1部　生きもの

ニ（ヤシ科クロツグ）の細長い葉片をさしこんだものである。潮の引く前にリーフの周囲にこの**マニ**の葉をさした縄をぐるりとまわしておく。**マニ**の葉は波にゆられて翻るが、**マニ**の葉は裏面が白いので、目立つ。これが脅しの役目を果たし、潮が引く際にリーフの外に魚が逃げるのを防ぐのである。

以上が、**ブレーザサ**と呼ばれる集落全体規模の魚毒漁の概略である。琉球列島の魚毒漁について聞き書きを行ってみると、奥以外では、石垣島・白保および徳之島・花徳において集落全体規模の魚毒漁の話を聞き取ることができた。

白保において使用された魚毒植物はツバキ科のモッコクであり、イジュ同様、皮を粉にして使用された。魚毒漁が行われたのは集落近くを流れる轟川である。興味深いのは、これが雨乞いに伴って行われたという点である。

　「イジョウ（モッコク）の木は大里付近の山の頂上付近にしか生えていません。この木を切って、皮を麻袋にいれて、各自担げるだけ担いで。その晩は皮を臼でつついて、粉にして、その粉を翌日轟川に持っていきます。川を濁らせると雨が降ると言っていました。宗教的なというか、何か半分はレクリエーションの意味も含んでいたと思います。（中略）村中出て、魚を捕って、それは捕った人のもの。子どもから大人まで川に行って、川の上流から下流まで。子どもの頃、いつも旱魃すればいいのにと思っていたぐらいです。（中略）旱魃があったのは4、5年に一回」（通事浩さん）

白保の魚毒漁がなぜ雨乞いと関わるのかについては、「川の穢水海にそそぎ海神の祟りを以て雨を降らすもの」という説明がある（岩崎1974）。ただし、白保に限らず、魚毒漁と雨乞いが関連付けられている例がある。例えば沖縄島の名護市にそのような例があることが『名護市史本編・9』（2001）に報告されており、著者自身も名護市・底仁屋出身の話者の方から雨乞いと関わる魚毒漁の例を聞き取れた。旱魃時に、「雨乞いをするために」イジュの皮を粉にして、オオウナギを捕るというものであるが、これは以下のように、集落全体ではなく、数家族単位で行われたものだという。

　「僕が中2か中3のときに、最後の雨乞いがありました。うちの親父と兄貴と

第 3 章　魚毒植物の利用を軸に見た琉球列島の里山の自然

僕の 3 人で、近くの山のイジュの皮を剥いでバーキに入れて、その皮を持って帰って、木の臼でつついて粉にして、これでやりました。粉をカゴに入れて、このカゴを、川の上流で水に漬けて、中を撹拌します。するとウナギやタナガーが捕れます。（中略）（やるのは）集落全体ではありません。2、3 軒が集まってやります。家の場合は親戚 4 軒でやっていました。」（島袋正敏さん）

　また奈良県で魚毒漁をアマゴイと称する例や、アッサムやニューギニアからも雨乞いと魚毒漁との関わりが報告されている（秋道 2008）。このようなことから魚毒漁には雨乞いと関連付けられやすい要素があるものと考えられる。しかし、今回調査地とした奥においては、聞き取り調査の結果から**ブレーザサ**と雨乞いとのかかわりは示唆されていない。奥の**ブレーザサ**は、共同体構成員の共同の楽しみ……祝祭的な意味合いが大きいと考えられる。白保の聞き取りからも、雨乞いとの関連要素に加え、祝祭的な意味合いがあったことが伝わってくる。

　魚毒漁は、「原始的な社会でなければ経済的に見合わない。それは長く水流の個体群にダメージを与えるからだ」（Heizer 1953）という指摘がなされている。また、魚毒漁は水量が多いと効果があまりない。そのため、内陸部では乾季に行われることが多い（この点が雨乞いとの関わりを産むのではないかと考えられる）し、海では干潮時に行われる。また、集団で大量の魚毒を使う場合は、その効果は大きくなるという（秋道 2008）。底仁屋においても

　　「イジュを使った魚毒漁は労力が大変で、一人ではできない」（島袋正敏さん）

という話を聞き取った。つまり、**ブレーザサ**は集団で行うことによって、魚毒の効果が大きくなるという利点があるわけで、これによって得られる大量の獲物が祝祭的な意味合いをもたらすのだろう。徳之島・花徳における集団魚毒漁は、毎年 8 月 15 日に行われていたという。魚毒漁が行われたのは**サギジャイノー**と呼ばれた潮だまりで、そこにヤブツバキの種子の油粕が投下され、魚を麻痺させた。この花徳の集団魚毒漁の聞き取りにおいては、特に雨乞いとの関連は語られず、祝祭的な意味合いが強い行事であろうと推察することができた。

117

第 1 部　生きもの

(3) 個人の営みとしての魚毒漁

　集落全体で行われる魚毒漁には、このように雨乞いと祝祭という意味合いが見いだせる。しかし一方で、琉球列島の各島を見渡してみると、魚毒漁の存在自体は多くの島や集落において見出すことができるが、奥や白保・花徳のように集落全体で魚毒漁を行っていたという例はほとんど見当たらない。例えば沖縄島南部の玉城での聞き取りでは、丘陵地の斜面に発達した棚田周辺の水路にリュウキュウガキの実を砕いたものをとかしてオオウナギを捕ったり、**イノー**の小規模な潮だまりから魚を捕ったりしたという。ただし「やる人はあまりいなかった」という話であった (当山ほか編 2009)。このような違いは、何よりもまず、集落の立地条件が大きく影響しているといえそうだ。もう一例として奄美大島手安においての聞き取りを以下に挙げる。この聞き取りから、集落単位で行われる魚毒漁が成り立ちうる立地条件について考察することができると同時に、個人やグループ単位で行われる魚毒漁がどのような時に行われるかについても読み取ることができる。

　　「子どもの頃、先輩方や年寄りがイジュを使ってウナギ(オオウナギ)を捕るのを見ました。イジュの皮を臼でついて、砕いて、袋に詰めて。やり方はシマジマで特徴があったと思うんです。手安では袋につめてやりました。米俵みたいなものとか、キビナゴ捕りに使った目の細かい網のきれっぱしとかに詰めて、川の上流に持って行って、それを青年や子どもたちが足で踏んづけます。下の方でウナギのいる穴に毒が入り込むとウナギが酔っ払ったようにでてきます。(中略)となり近所のおじさんで、好きな人がいて、本土から親戚が返ってきたとか、豊年祭の前後の仕事の無い日に、その人が音頭をとってやりました。今日、ウナギを捕って、だれだれの歓迎会をやるよ……と。昔はそこらの小川もコンクリづけではなくて石の護岸でしたから、そうした小さな溝のようなところでもウナギがおって、捕れたんです。これは私が子どもの頃、昭和 10 年代から 20 年代までの話です。サンゴ礁のあるところでは海でもイジュを使うと聞いていますが、ここは遠浅の干潟ですから、海ではイジュは使いません」(井上昇さん)

この聞き書きにみられるように、魚毒漁の対象としてのオオウナギは、かなり小さな河川にも生息していたわけだが、集落全体が参加する魚毒漁が行われるかどうかは、適当な大きさの河川（大きすぎると魚毒の効果がなく、小さすぎると集落全体で行うほどの規模がない）の存在という立地的な要因が大きく影響しているといえるだろう。同様、海の場合も、潮が引くことによって周囲から切り離される水域（潮だまりや、**イノー**）が集落に隣接してあり、さらにその規模が十分な大きさであるかどうかが関わってくる。

(4) 多様な魚毒漁

奥は**ブレーザサ**と呼ばれる集落全体を対象とした魚毒漁が特徴的であるわけだが、聞き取り調査の結果、この他にもさまざまな魚毒漁の形態があることがわかった（表3-3）。

奥においても、個人やグループ単位で川で魚毒漁をした場合があった。その場合、イジュ以外に、'**テッポーダマギー**と呼ばれるサンゴジュを魚毒として使用した。

> 「'テッポーダマギーは海では使わんかった。これは個人で川でやるものです。川の真ん中に砂を盛り上げて、そこに葉っぱを置いて、棒でたたく。こんなふうに山川（山の中にある細流のこと）でやるもの」（崎原栄秀さん）

個人で行う魚毒漁は、純粋に獲物を得るためのものとしてある。前項で指摘したように、魚毒を使用する漁獲法自体は、手間もかかり、集団で行う以外は決して効率的とはいえないが、オオウナギを捕獲する際には有効であるため、個人によっても行われたということだろう。

ヒク漁とは、沖縄では一般に**スク**と呼ばれるアイゴの稚魚を対象とした漁のことである。アイゴはリーフ内などの浅瀬で海藻を食べる魚である。卵から孵化したアイゴの稚魚は沖合でプランクトンを食べながら一定の大きさに成長したのち、旧暦の5月下旬から6月下旬にかけての大潮時、群れをなしてリーフ内に戻ってきて、以後、リーフ内の海藻を食べて成長する。この

第1部　生きもの

表3-3　奥における魚毒植物利用

名称	場所	使用者	魚毒植物	備考
川のブレーザサ	川	集落全体	イジュ、デリス	
海のブレーザサ	海	集落全体	イジュ、デリス	
ヒク漁	海	グループ	イジュ	
イノー公売	海	グループ	イジュ、デリス	集落で公売にかける
ウナギ捕り	川	個人	サンゴジュ、イジュ、デリス	サンゴジュは川でのみ使った
イヌジ捕り	海	子ども	タバコ	クサビ釣りのエサ
子どもの遊び	海	子ども	ルリハコベ	低学年以下

　群れをなしてリーフ内に戻ってきたばかりの稚魚を網ですくう漁は沖縄の各地で、かつて自給自足的な要素が大きかった時代においては、塩蔵された稚魚は重要な副食となった（一般にはスクガラスと呼ばれる）。ウクムニーでは、沖合から戻ったばかりの稚魚を**ヒク**、リーフ内で海藻を口にした稚魚を**クサクワミ**（こうなると特有のにおいが出るとともに、塩蔵をしてもうまく保存ができなくなるという）、冬頃、手のひらぐらいに成長をしたものを**エーインヌ'クワー**という（宮城邦昌さんより）。**ヒク**の群れは大潮の満潮時にリーフ内に向かってくる。この群れがリーフ内に入ってくるのを見張るのを**ヒクマーイ**という。**ヒクマーイ**の人が**ヒク**の群れが**イノー**に入ったのを確認すると部落に通報がなされ、数名でグループを組んで、**ヒク**漁を行う（『奥のあゆみ』）。このとき、**ヒク**の動きを止めるために、**ササ**が使われる。

　「**ヒク**が寄ってくるというと、朝5時ごろから海に行きます。6月ごろのことです。**フムイ**（イノーの中の深み）に**ヒク**が入ってくるので、**ササ**を入れて、死なない前に捕ります。海で**ササ**を使うときは、**ティル**（カゴ）に**ウー**（イトバショウ）の葉を敷いて、その中に**ササ**を入れました。**ササ**は加減して入れないと、**ヒク**が死んでしまいますから……。死んでしまうと、**フムイ**の底から一つ一つ**ヒク**を拾い集めるのが大変です」（崎原栄秀さん）

　「**ヒク**が来るときは、高いところから見ると、群れが真っ赤、真っ赤して、海の中の道のように見えました。**ヒク**は4、5名ずつで組みを作って、捕って、分け合いました。**'ピシ**（リーフ）まで**ヒク**の群れが来たら、みんなで泳ぎなが

らフムイに追い込んで、それからササを入れてすくいます。ヒクがあまりたくさん捕れたら、竹のカゴに入れて並べて干してだしにしました。**カーカスー**（干し魚）です。屋根の上で太陽にあてて……」（崎原トミさん）

ヒク漁における魚毒の使用は、オオウナギを捕獲する場合と同じく、その動きを止めるという特有の効果のためである。魚毒には、このように、特定の魚種に対しての効果が見込まれるために使用される場合があることがわかる。

海の**ブレーザサ**は隣の集落である楚洲の前の**イノー**を借りて行われたということだが、その一方奥にある**イノー**では、潮が引いた時の**フムイ**を魚毒漁の漁場として公売していた。潮が引く前に、海の**ブレーザサ**で使用したのと同じような縄に**マニ**の葉をさしたもので**フムイ**の周囲を囲い、**フムイ**の中から魚が逃げ出さないようにする。その後、潮が引いた後、魚毒を**フムイ**に投入し、麻痺した魚を捕獲する。

> 「戦後から、奥は財源が少ないので、個人に海を売ったんです。売ったお金を区の予算にしたんですね。売る時は2か年ごとです。**ササ**に使ったのはデリスです。デリスは製品になったものなので、イジュの皮のようにつかなくてもいいし、効き目も強いものです。**フムイ**の中でも小さなところでは砂にまぜてまきます。大きなところにまくときは、そのままばらまいて、かきまぜてから休憩します。30分から1時間休んでいてから、魚を捕りにいきます。**ササ**をまく前に**フムイ**のまわりに**マニ**の葉をさした縄を流して、魚を**フムイ**の中に停めておきました」（宮城安輝さん）

イノー公売と名付けられたこの漁の記録を見ると、1965（昭和40）年に公売にかけられたのは、全部で21ヶ所で、一番値段が低いのがハタバルの2ドル、一番値段が高いのがワナーの21ドルであり、合計で183ドル90セントが計上されている（『奥のあゆみ』）。**イノー**公売に関わる**魚毒漁**は、漁獲物の占有がなされるからこそ、お金で売買されるものとしてあった。

子どもたち特有の魚毒漁があった点も、奥における魚毒漁として興味深い。魚毒漁は、適当な立地（潮だまりなど）があれば、これといった道具や技術がなくとも漁獲物が得られるという利点があった。例えば久米島では、「女子

第1部　生きもの

どもや年寄りは**ササ**入れをして小魚をとった」「**ササ**を使って浅瀬のハゼ類やべら類を獲ることは、近年まで続いた女たちの漁の一つ」という報告がなされている（仲原1990）。魚毒漁は弱者の漁法という側面もある。奥の場合、魚毒漁は成人男性を中心としたものとして語られるが、ルリハコベに関しては子どもの使うものとされていた（一方で沖永良部島ではルリハコベを使った魚毒漁は、家族総出で行うとあり、決して子ども専用というものではなかった。『和泊町史』）。

「**ワン'クヮビーナ**（ルリハコベ）は海のちょっとした**フムイ**で使うものです。取ってきたら、石でこすって**フムイ**に入れます。ただし大人の仕事ではなくて、子どもの遊びのようなものです」（崎原栄秀さん）

「**ササ**にしますが、イジュが大人が使用するのに対して、子どもたちがこの草を**ササ**として使います。小学校3年生以下の子どもが使うもの。海に行ったら、**イーバー**（ハゼ類）のようなものが泳いでいる。**ワン'クヮビーナ**があったら、そんな小さな子どもでも魚が捕れる。遊びを含めたものです」（島田隆久さん）

「小さな子どもは最初、海で貝を拾う。そのうち先輩が知恵をつける。ルリハコベを使って……と。で、小さい子をそうして遊ばせておいて、年長の子どもたちは、自分たちだけで深みに行く。こんなふうに、子どもたちにも、いくつになったら、これができるようになるというハードルみたいなものが、区切り、区切りにあった。それを超えるときに喜びがある。5〜6歳ぐらいまでがルリハコベ。それ以上になると魚釣りのエサが自分でつけられるようになる」（宮城邦昌さん）

聞き書きにあるように、魚毒漁は子どもたちの成長過程とも関わっていた。ルリハコベの使用を卒業した子どもたちは、やがて**クサビ**（ベラ類）釣りをするようになる。これは夏の大潮のときに、立ち泳ぎをしながら魚を釣るというものである。

「**クサビ**釣りは、海の中での立ち泳ぎ。それも2〜3時間。水もない、食べ物もないで、泳ぎっぱなし。寒くなったら、潮だまりに入って温まって。（中略）それで釣れる日は、50〜100匹も釣ったことあったよ。釣れた魚の目に、ヒモ

を通して、ヒモの後ろにウキをつけていて。この2〜3メートルのヒモのことを、**アチミ**と言っていたよ。**クサビ**は煮てもおいしくないから、**カーカスー**にしてね。**クサビ**釣りは小学校の2、3年生ぐらいから行くようになる」（上原信夫さん　盛口2012より）

このクサビを釣る時のエサは、**イヌジ**と呼ばれる小型のタコが最適とされた。**イヌジ**は干潮時に'ピシに姿を現すが、場合によっては穴の中に引っ込んでしまい外にでてこない。この時、魚毒が使われた。

「タバコの葉も**ササ**として使いました。タバコの栽培、勝手にするのは禁じられているが、じいさんたちは自分で吸う分は作っていたから。それを盗んできて、ちぎって潮だまりで使った。タバコの吸い殻を使うときもあった。これは**イヌジ**と呼ばれる小さなタコを捕るため。泳いでいるものを見つけたらそのまま捕れるんだが、穴に入ってしまったものはタバコの葉を使って追い出して捕る」（宮城邦昌さん）

(5) 魚毒漁の消失と里山の改変

以上のように、奥では共同体の行事だけでなく、さまざまな場面を使い分ける形で魚毒漁が行われていた。

これらの魚毒漁は現在、行われていない。川の**ブレーザサ**に関しては先に触れたが、1955年に行われたのが最後になっている。川の**ブレーザサ**が消滅した原因については、「個人が勝手に毒物、特に青酸カリ、デリス、テッポーダマギー（サンゴジュ）、イジュ樹皮を投入しウナギ取りを行った事で、奥川本流の魚類資源が急減」したためといわれている（島田2009）。また、海の**ブレーザサ**は1953年が最後となっているが、このときは、イジュやデリスではなく青酸カリを使って漁獲を行ったのが、駐在の知るところとなり、漁獲物が没収されるとともに、区の役員が一晩留置場に入れられる騒ぎとなった。これが海の**ブレーザサ**が行われなくなった一つの要因かもしれない。戦前は主にイジュを使って行われていた魚毒漁が、戦後、農薬として入ってきたデリスの粉末を使うようになった。デリスはすでに粉末となっていたため

第1部　生きもの

加工が楽であったことと、イジュよりも効果が強かったことが、個人による乱獲に結びついたのだろう。また、当時、鍛冶屋に行けば比較的容易に入手することができたといわれる青酸カリの使用は、さらに漁業資源の枯渇を進めることになったようだ。しかし、**ブレーザサ**が行われなくなったのは、他の要因も関わっている。奥集落は山に囲まれているため、猪による農作物の被害に悩まされた。そのため集落とその周囲にある耕作地をイノシシ除けの猪垣でぐるりと囲んでいた。この補修には集落あげての取り組みがなされ、割り当ての垣を補修しない家庭には罰則が与えられた。しかし1959年、この猪垣の放棄が決定される。集落から都市部に出ていく家があり、補修を続けることが難しくなったのだ。1962年には国道が開設。1969年には大雨で田んぼが埋まっている。こうした時代の変化も、**ブレーザサ**という共同体の構成員全体で関わる行事を保持することを難しくしたといえる。つまり琉球列島の里山の改変と魚毒漁の変化・消失は時を同じくして起きているのだ。

3-4 ｜ 琉球列島の里山に見る生物文化多様性

　琉球列島の島々の聞き書きと文献調査を通じて、魚毒に関しては、集落ごとに利用する植物も漁の形態もさまざまであることがわかった。その中で、奥は多種の魚毒植物を利用している集落であるということができる。奥同様に多種の魚毒植物を利用していた集落には、この他に、徳之島・花徳、同・井之川、久米島・仲地などがある。これらの集落はいずれも背後に山をひかえ、多様な植物利用が可能である立地条件にあることを共通点として挙げることができる。ただし、奥の場合は、それだけでなく多様な植物を使い分け、多様な漁を行っていたということを指摘できる。これには魚毒植物の供給源となる背後の山の存在の他に、適当な大きさの河川、隣接する集落（楚洲）にある広い**イノー**と、同時にさまざまなサイズの**フムイ**の存在という立地条件が備わっているからであろう。こうした奥の多様な魚毒利用は特記に値する。ひいてはこうした多様な魚毒利用は、ほかのさまざまな自然利用とも関

第 3 章　魚毒植物の利用を軸に見た琉球列島の里山の自然

連はないだろうかという疑問にもつながる。

　これまで琉球列島の里山を復元するために行ってきた、植物利用の聞き書きを通して、里山セットと、セットを構成する各項目（繊維植物、緑肥植物、燃料植物等）が見えてきた。奥での調査から、里山セットを構成する項目としてあらたに魚毒植物も含まれることがわかってきた。さらにまた、これまで別々と考えてきた項目間に、相互の関連があるのではないかということが、魚毒植物利用の調査から見え始めている。

　例えば魚毒として使用するイジュやモッコクは建材としても重要なものであった。琉球列島の島々ではシロアリの害が顕著なため、かつてはシロアリ耐性の強い材が重宝された。石垣島においては建材として重要視されたのはイヌマキとモッコクであり（岩崎 1974）、奥では「イジュは建材としてベスト 5 に入る」（島田隆久さん）といわれる。モッコクもイジュもともにサポニン等を含み、これが魚毒漁に利用されたわけであるが、同様にこうした成分がシロアリの被食への耐性を産む（佐伯 1966）。

　また、魚毒の利用は、植物を砕いて植物体に含まれる成分を水中に抽出するということであり、これは食物の水さらしと共通の根をもつのではないかという指摘もなされている（秋道 2008）。奥においても、有毒成分のあるソテツの実の毒抜きや、アロールートの根からデンプンを取り出す際に水さらし加工が行われてきた。ソテツの葉は時に、緑肥としても使用されることもある。また、海の魚毒漁においては、魚毒を入れるカゴや、そのカゴに敷く葉、さらに魚を**フムイ**にとどめおかせるためのおどしに使う縄、その縄に刺す葉など、さまざまなものが必要とされていた。カゴの原料となったのは、**ブレーザサ**の舞台となった河畔に植えられた**ハーダイ**（ホウライチク）であり、カゴの底に敷かれる葉もまた、河畔に植えられている**ウー**（イトバショウ）から取られた。この**ウー**からは丈夫な繊維も取ることができた。

　ところで、文献によれば沖永良部島では沖縄島北部から魚毒漁用のイジュを移入して魚毒漁に利用した（柏 1954）とあり、伊是名島では建材用のモッコクの材をやはり沖縄島北部から搬入したが、その材の皮を魚毒漁に利用したという（『伊是名村史』）。このように、自身の里山内では賄えないものを交

流によって補完していたという例もみられる。今後は、このようなさまざまな相互関連を明らかにすることで、琉球列島の里山を、さらに立体的に捉えることができるのではないかと考えている。

また、魚毒漁は、生物文化多様性についても、多くの示唆を与えてくれるものではないかと考えられる。奥における魚毒漁の聞き取り結果は、生物文化多様性を整理するために考えられた諸分野（今村ほか 2011）に、以下のように多くの点で合致するからである。

1. 言語と言語多様性（**ブレーザサ**などの関連語の存在）
2. 物質文化（**イジュの皮をつく臼と杵**など）
3. 知識と技術（**ササ漁の技術**）
4. 生業維持の方法（**弱毒性のイジュの使用、インターバルの設置**）
5. 経済関連（**イノー公売**）
6. 社会関連（**アブシバレー**との関わり、子どもの発達段階による使用植物の違い）
7. 信念体系（雨乞い：ただし奥においては雨乞いとの関わりはみられない）

なお、上記 1〜7 の中で、特に注目すべき点は、4 であろう。なぜなら、生物文化多様性とは、「有る土地の生物多様性とその恩恵を受けてきた地域住民のもつ土着の文化に基づく行動様式によって生物多様性が守られているような相互関係を生物文化多様性と呼ぶ」とも定義されているからである（安渓 2011）。

これについて奥の話者の一人が、以下のように語っている点に注目したい。

> 「奥川は沖積層の扇状地を流れることから旱魃になると瀬切れが頻繁に起こり、淵などの深いところに水が残るようになります。そこにササをいれると生物のほとんどが死に絶えます。また衛生上も好ましくありません。ササを入れるのは、ある程度水量があり、生物が豊富なタイミングです」（宮城邦昌さん）

このように魚毒漁は、一歩間違えれば自然を大きく損なってしまう漁法で

第 3 章　魚毒植物の利用を軸に見た琉球列島の里山の自然

あるがゆえに、伝統的な魚毒漁は、その地域固有の自然管理の知の存在を物語る可能性があるのではないだろうか。

引用文献

秋道智彌（2008）マメ科植物の魚毒漁 —— アジア・太平洋のマメ科デリス属を中心に．*Biostory*, 9:pp. 72-82．
安渓遊地（2011）足元からの解決 —— 失敗の歴史を環境ガバナンスで読み解く．『日本列島の三万五千年①　環境史とは何か』（湯本貴和（編））文一総合出版．pp.243-261．
石垣市史編集委員会（編）（1994）『石垣市史　各論編　民俗上』石垣市．
伊是名村史編集委員会（編）（1989）『伊是名村史　下巻　島の民俗と生活』伊是名村．
今村彰生・湯本貴和・辻野亮（2011）生物文化多様性とは何か．『日本列島の三万五千年①　環境史とは何か』（湯本貴和（編））文一総合出版．pp.55-73．
岩倉市郎（1973）喜界島漁労民俗．『日本常民生活資料叢書　第 24 巻　九州南島篇』（日本常民文化研究所（編））三一書房．
岩崎卓爾（著）・伝統と現代社（編）（1974）『岩崎卓爾一巻全集』伝統と現代社．
上江洲均（1986）『伊平屋島民俗散歩』ひるぎ社．
蛯原一平・安渓遊地（編）（2011）『聞き書き・島の生活誌⑥　いくさ世をこえて　沖縄島・伊江島のくらし』ボーダーインク．
奥のあゆみ刊行委員会（編）（1986）『字誌　奥のあゆみ』国頭村奥区事務所．
沖縄大百科事典刊行事務局（編）（1983）『沖縄大百科事典』沖縄タイムス社．
沖縄県文化環境部自然保護課（2005）『改訂・沖縄県の絶滅のおそれのある野生生物（動物編）―レッドデータおきなわ』沖縄県．
小野武夫編（1932）『近世地方経済資料　第 9 巻』吉川弘文堂．
柏常秋（1954）『沖永良部島民俗誌』凌霄文庫．
佐伯沙子ら（1966）モッコク材の殺蟻成分（第 2 報）．『木材工業』21(7):pp. 20-24．
島田隆久（2009）『奥川変せんの話』「リュウキュウアユシンポジューム in 奥川」発表資料
嶋津信彦（2014）沖縄島国場川推計饒波川において 2013 年 8 月に起きた魚類大量斃死により得られたオオウナギの個体数密度と全長組成．『沖縄生物学会誌』52:pp. 69-72．
北谷町史編集委員会（編）（1992）『北谷町史　第 3 巻　資料編 2　民俗上』北谷町役場．
当山昌直・安渓遊地（編）（2009）『聞き書き・島の生活誌①　野山がコンビニ　沖縄島のくらし』ボーダーインク．
仲里村史編集委員会（編）（2000）『仲里村史　第 6 巻　資料編 5　民俗』仲里村役場．
仲里村役場企画課（2000）『海物語―海名人の話』仲里村．
長沢利明（2006）毒流し漁と漁毒植物．『西郊民俗』196：pp. 1-14．
仲原善秀（1990）『久米島の歴史と民俗』第一書房．
名嘉真宜勝（1981）『沖縄・奄美の生業 2　漁業・諸職』明玄書房．

第 1 部　生きもの

名護市史編さん委員会（編）(2001)『名護市史本編・9　民俗 II ── 自然の文化誌』名護市史編さん室.
西原町教育委員会（編）(2004)『西原町の自然』西原町教育委員会.
Heizer, R.F. (1953) Aboriginal Fish Poisons. *Anthropological Papers*, No. 38.Smithsonian Institution Bureau of American Ethnology Bulletin 151.
南風原町史編集員会（編）(1997)『南風原町史　第 2 巻　自然地理資料編』南風原町.
南真木人 (1993) 魚毒漁の社会生態──ネパールの丘陵地帯におけるマガールの事例から.『国立民族学博物館研究報告』18 (3)：pp. 375-407.
宮島式郎 (1944)『デリス』朝倉書店.
森巖 (1960) 沖縄産魚毒植物成分の研究 (1) イジュ（*Schimaliukiuensis* NAKAI）樹皮サポニンの魚毒作用並びに溶血作用.『琉球大学文理学部紀要　理学篇 (4)』pp. 50-58.
森巖 (1962) 沖縄産魚毒植物成分の研究 (2) ルリハコベ（*Anagalisarvensis* L.）サポニンの魚毒作用並びに溶血作用.『琉球大学文理学部紀要　理学篇 (5)』16-21.
盛口満 (2011) 植物利用から見た琉球列島の里の自然.『奄美沖縄環境史資料集成』（安渓遊地・当山昌直（編））南方新社，pp.335-362.
盛口満 (2012) やんばる・奥の食べ物の思いでの記録──上原信夫さんと宮城邦昌さんのお話.『郷愁』（在那覇奥郷友会創立 60 周年記念誌編集委員会（編））在那覇奥郷友会.
盛口満 (2015) 琉球列島における魚毒漁についての報告.『沖縄大学人文学部紀要』17：pp. 69-75.
盛口満 (2015) 名護市底仁屋における植物利用の記録──島袋正敏さんのお話.『地域研究』15：pp. 69-79.
盛口満 (2015) 魚毒植物を中心とした久米島における植物利用の記録.『こども文化学科紀要』2：pp. 43-53.
安室知 (1998) 西表島の水田漁撈──水田の潜在力に関する一研究.『琉球弧の農耕文化』（農耕文化研究振興会（編））大明堂，pp.109-149.
与那国町教育委員会 (1995)『与那国島の植物』与那国町教育委員会.
和泊町誌編集委員会（編）(1974)『和泊町誌　民俗編』和泊町教育委員会.

第 4 章 沖縄島奥の動植物方言および
その生物知識を探る

当山昌直

奥の祭事シヌグの一日目。ミーパンチャ（ゴンズイ）の花を挿した
ハブイ（冠）をかぶり、シバヒ（イヌガシ）を手に持って集落を周回する
奥の人たち。このあと一行は祈りの場の海岸に向かう。

第 1 部　生きもの

4-1 暮らしの中の生きもの

　島の自然の中でくらしてきた人々は、身の回りの生きものを利用しながらいろいろな知識（知恵）を得てきた。これらの知識は代々受け継がれ、そして自らが体験し、くらしの中で活かされてきた。

　生きものの知識（以後生物知識と称する）は、まず名称（民俗分類）として認識され、方言名（以後「方名」[1]と称する）として反映される。認識され、方名がつけられた生物のほとんどはくらしの中で衣食住などに利用されており[2]、認識と利用は相互の関係にある（山田 2012）。

　一方、従来の動植物方言調査においては、方名を中心としたものが多く（例えば当山 2003；当山・知念 2007）、その方名と一緒に残ってきた利用に関する知識までを記録することは少なかった。前にも触れたように、認識（方名）と利用はセットになっていることが多く、いわゆる生物知識としての視点から調査をしなければならない。

　今回、沖縄島北部の奥集落の動植物の方名およびその生物知識について調査をする機会があった。その結果は、植物 282 の調査対象から 230 以上の方名、動物 157 の調査対象から 120 以上の方名を得ることができた。その結果は、調査対象種も含め基礎資料として別の「沖縄島奥の動植物方名語彙」（以後、動植物語彙と略す）[3]にまとめられている。

　ここでは、動植物語彙の中から特筆される知識の部分を抜き出し、これらの資料の中に隠されている住民の生物の認識・利用について、分類・生態学

---

[1]　松井（1983）は動植物名に限らず、あらゆる名詞についてそれぞれの土地の伝統社会において用いられる名称を「方名」と呼んでいる。ここでは、便宜上、一般的な方言を「方言」、名詞を「方言名」とし、動植物の「方言名」に対してのみ「方名」と称する。

[2]　方名はあるが利用されていない、または利用しているが方名がないなどの事例もみられる。

[3]　章末に記載のリンクよりダウンロード可能。

第4章　沖縄島奥の動植物方言およびその生物知識を探る

的視点から俯瞰してみる。なお、本稿では外来語や和名などのカタカナと区別するため方言を**太文字**、動植物方名を下線が付いた**太文字**で示した。

4-2 │ 生きものを認識する

(1) 命名：生きものに名前をつける

　動植物の方名はどのような意味をもって命名されたのだろうか。当山ら(1980)は、動物の方名の由来について、形態や生態的特徴に因んで付けられた名称が多いこと、また、特に意味を持たない方名があることを報告し、それ以外にも人々の生活習慣や信仰などの由来による名称の存在を示唆している。当山ら(1980)で示されている生活習慣や信仰などについては、人との関わりが深く、民俗学分野のさまざまな利用等にも関係していると思われるので、形態や生態に由来する名称と対照させて、民俗的な由来に因むものとして扱うことにした。そこで、奥の動植物の方名については、①形態的特徴に因むもの、②生態的特徴に因むもの、③民俗的な由来に因むものに分けて整理する。

　なお、当山ら(1980)で示されている「特に意味を持たない方言名」に該当するものについては、今後の研究によって形態、生態、民俗、または他分野に含まれる可能性もある。また、オカヤドカリ類の方名のように、その祖型が南方に求められ(崎山1993)、奄美・沖縄・宮古・八重山諸島に広範囲に似たような音韻の方名が分布するものもある(当山2007)。別の見方をすると、その地域にとっては交流等によってもたらされた古い外来語といえるかもしれない。このような「特に意味を持たない方言名」については、今後の研究課題とし、ここでは触れない。

第1部　生きもの

図 4-1　ゴンズイ（カラー口絵参照）　　図 4-2　ナシカズラ（城間恒宏提供）

形態的な由来
外形
　方名が植物の外形に由来していると思われるものを列挙する。センリョウ（**タニブラ**）は、ブドウ果状の房の形を睾丸に例えている。ゴンズイ（**ミーパンチャ**）は、遊びで上瞼を裏返した様子に花が似ている（図 4-1）。ナシカズラ（**フガー**）は卵の意味で、果実の形が睾丸に似ている（図 4-2）。スナヅル（**ニーナシガンダ**）は根がどこにあるかわかり難いので「根無し蔓」に因んでいると思われる。

　近縁種などは、外形や生育地で区別している場合が多く、中でも葉の大きさで区別しそれが名称に反映しているのがみられる。その一例としては、クスノキ科クスノキ属のシバニッケイとシロダモ属のイヌガシとシロダモを**シバヒ**と総称し、そのうち、シバニッケイとイヌガシは'**パーン**'**クヮーシバヒ**（葉の子の**シバヒ**）、シロダモは**ウプバーシバヒ**（大葉の**シバヒ**）としている。

色
　近縁種を枝や葉の色で区別し、それが方名に反映した事例がみられる。グミ科グミ属のツルグミ（'**クビ**、**アガ**'**クビ**）とマルバグミ（**スー**'**クビ**[4]、**シル**'**クビ**）

---

[4]　海岸近く、葉が大きく裏に光沢等の特徴からマルバグミとした。風が吹いたら葉の裏の光沢で遠くからでもマルバグミのある場所がわかるという。

132

第 4 章　沖縄島奥の動植物方言およびその生物知識を探る

図 4-3　ガラスヒバア（カラー口絵参照）　**図 4-4**　リュウキュウアオヘビ（カラー口絵参照）

はおいしい実としてよく食べられていた。赤っぽい枝をしたツルグミを**アカ'クビ**、葉の裏が白っぽい色をしたマルバグミを**シル'クビ**として呼び分けている。

　動物の方名では、ガラスヒバア（**ガラシチャーブー**）は、カラスのように黒いという意味があり、リュウキュウアオヘビ（**オードーダナ**）は、青いという意味が含まれている（図 4-3、4-4）。オキナワアオガエル（**オーアタ**）は「青い大きなカエル」の意味で、大型のカエルには**アタ**と称している。

生態的な由来
生育地

　バラ科キイチゴ属に属する野イチゴ類を**ナスビ**と総称している。リュウキュウイチゴ（**ヤマナスビ**）、ナワシロイチゴ（**ターナスビ**）、リュウキュウバライチゴ（**モーナスビ**）については、それぞれ「山の野イチゴ」、「田んぼの野イチゴ」、「藪の野イチゴ」の意味があり、生育地の特徴が方名に表れている。ホウロクイチゴ（**ウプバーナスビ**）は大葉の野イチゴという意味で、他の野イチゴ類と異なり葉の形態をもとにしている。これは本種の生育地が山の林縁となっているので、葉の特徴（形態）をもとに他の野イチゴ類と分けていると思われる。

　湿地帯を好むウラジロカンコノキ（**'パーン'クヮーヒッタイヌジマ**）とカキバ

カンコノキ（**ヒッタイヌジマ**）は、葉の大きさで区別しているが、いずれも生育地の湿地（**ヒッタイ**）を示す名称が使われている。

川の側に生えるホウライチク（**ハーダヒ**）は「川の竹」という意味に因んでいると思われる。

動物では、ヤスデは水瓶の近くの湿った所に多いので**パンドゥムシ**と呼んでいる。水田にすむニホンウナギ（**ターウナジ**）、河川にすむオオウナギ（**ハーウナジ**）は、生息地の水田と川が名称に反映されているようである。

図4-5 ホオグロヤモリ（ヤモリ類）

行動

家にいるヤモリ類（**ヤーナブラ**）は、屋根や天井を舐めているようにみえるという意味がある（図4-5）。鳴き声に因むものとしては、ホントウアカヒゲ（**アコーンユイユイ**：鳴き声）、サシバ（**'ピーンピ**：鳴き声）、カラスバト（**ウシボートゥ**：牛の鳴き声に似る）、リュウキュウコノハズク（**'チ'コホ**：鳴き声）、アオバズク（**ビー**：鳴き声）、ゴイサギ（**ユーガラシ**：夕方に鳴くカラス）が挙げられる。モクズガニは、通常は**ハーガニ**（川のカニ）と呼ばれているが繁殖期に川から海岸付近に降りて来るのを**ウリガニ**（降りカニ）と呼んでいる。生活史の中で方名が変わる事例といえよう。

匂い

トベラ（**アングワーギー**）は、おばあさんの臭いがする木という意味。ゴンズイ（**カツーギー**）は鰹の匂いがする木という意味。サガリバナ（**オシロイバナ**）は白粉の匂いがするため。ショウロウクサギ（**クサギ**）は、その特徴的な匂いから臭い木と呼ばれている。

他の動植物との関係

コウトウイヌビワ（**ハーブイギー**）は、実を食べにクビワオオコウモリ（**ハーブイ**）が集まることに因む。オオアブラガヤ（**ヤマシグサ**）は、実をリュウキュ

ウイノシシ（**ヤマシ**）が好むことに因むと思われる。

民俗的な由来
　衣

　ヒラミレモン（**シークヮーサー**）は芭蕉布の洗濯等に利用されている。**シークヮーサー**の名前で沖縄島を中心に広く知られており、芭蕉布を洗濯するという用途が他の地域でも確認されている（当山・知念 2007）。

　南城市屋比久の知念盛俊氏（昭和9年生：2015年3月聞取り）によると、**シークヮーサー**の語源は、方名のとおり、「酸味を加えるもの」である。昔の庶民はほとんどが芭蕉布を着けており、野良仕事用や外出用など芭蕉布がくたびれてくると**シークヮーサー**に浸けて洗うことでシャンとした芭蕉布に蘇らせていたという。**シークヮーサー**の名称はその用途からくるものである。当時は、多くの屋敷に植えられており、**シークヮーサー**は食べることよりは芭蕉布を洗うことに優先的に使われていたという。以上は、知念氏が戦前新戚から聞いた情報を含めた話である[5]。

　この話の後に大宜味村出身の植物研究者新城和治氏（昭和10年生：2015年3月聞取り）に同様な質問をしたところ、名称が芭蕉布との関連を示していることについては、その可能性が高いという助言をいただいた。大宜味村では芭蕉布がくたびれてくると使用しなくなった水瓶へ**シークヮーサー**と一緒に1、2日間浸けて、蘇らせたという。

　仲宗根（1983）は、「酢くわし」とし、その酢で芭蕉布をもみさらすと記している[6]。

　那覇市出身の当山昌英氏（昭和22年生：2015年4月聞取り）は、祖母（明治15年生）の話として、昔は那覇市においても芭蕉布を**シークヮーサー**で洗ったという。

---

[5]　詳しくは当山（2016）を参照。
[6]　池宮（1993）は「酢菓子」にアが付いたものと解釈している。

シークヮーサーのシーには、「酸味や酢」と「精」[7]の二つの意味が挙げられる。芭蕉布を蘇生させるとすると「精」とも関連しそうではあるが、断定的な資料はない。クヮーは「加え（る）、または与え（る）」の意味と考えられる。したがって、シークヮーサーの意味としては「酸味を加えるもの」と「精を与えるもの」の二つの意味が考えられる。一般的には前者の可能性が高いと思われるが今後の検討課題としておきたい。

図4-6　シークヮーサーで衣服を洗う沖縄の女性（1945年、沖縄県公文書館蔵）

いずれにせよ、方名のシークヮーサーは、利用の面から考えると、芭蕉布の洗濯との関係があり、その用途からくる名称[8]として考えられ、奥にもその用途として利用した形跡が認められる（図4-6）[9]。

生業

ゲッキツ（**インカンギー**）は材が硬く印鑑の材料となる木という意味に由来。リュウキュウマユミ（**ギファギー**）は、硬い木で箸を作ったことに由来する。リュウキュウモクセイ（**ウヌカカ**）は斧の刃も欠けるほど硬い木という意味で、建材に利用された。ヤマビワ（**ユインゴーギー**）は材が軽く丈夫で加

---

[7]　当山昌英氏は、シークヮーサーは「酢を加える」だけでなく「精を与える」という意味もあるのではと考えている（2015年4月聞取り）。仲宗根（1983）にもシーの意味として精が挙げられているが、シークヮーサーとの関連は示されていない。

[8]　奥では他に方名としてフガナーがある。沖縄島で一般的に知られるシークヮーサーの別名のクニブと同類と思われる。なお、クニブは『おもろさうし』の「くねふ」と関連するといわれている。したがって、フガナーが本来の古い方名かもしれない。

[9]　本書のタイトルにもなっているシークヮーサーについては、序章や第1章も参照されたい。

第 4 章　沖縄島奥の動植物方言およびその生物知識を探る

工しやすいことから、薄い板を曲げて篩の枠に利用したことに因む名前である。山羊が食べる植物としてシダ植物、木本類、草本類の多くの種類が含まれる'ピーダーグサがある。これは「山羊の餌に利用できる植物」という意味が内在しているものと考えられる。

忌避・俚諺

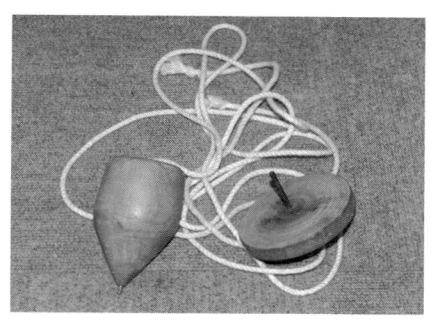

図 4-7　カンコノキで作った独楽（奥民具資料館蔵）

ホソバムクイヌビワ（'パチコー、'パチコーギー）の名称は痒くなる意味が含まれる。シマツユクサ（ナナヒチグサ）は七ヶ月たっても枯れないという意味で畑の悪草とされている。

遊び

カンコノキ（'コマギー）は、独楽を作る材料に使った（図 4-7）。モチノキ（ムッタギー）は、鳥もちの材料となる木。サクララン（チークヮーサー）は、乳を挟む物の意味で、子どもの頃男女関係なく乳首を挟んで遊んだという。

(2) 民俗分類：生きものを見分ける

動植物を認識し、見分け、命名された方名には、それ以上には分割できない集合をさす個別名と他の方名を包摂する包括名とがある（山田 1984、2012）。一方、伊谷（1977）は、アフリカのトングウェ族の動物方名調査から「［上位カテゴリーに対応して］それ以下に分割しえない方名を、トングウェの動物的世界を構成する基本的要素と考えて方名種と呼ぶことにする」とし、方名種の定義をしている[10]。山田（1984）は、個別名は伊谷（1977）の方

---

[10]　また伊谷（1977）は、科や属など、または方名のシノニム（同物異名）を設けるなど生物分類学的な手法を取り入れている。

名種に相当するとしている[11]。本章では、個別名と包括名の定義は山田（1977、2012）に従う。またその一方で、生物分類学上の「種」（以後「生物種」と称する）との比較のため、「個別名」については必要に応じて「方名種」と呼ぶことにする[12]。

　ここでは、まず、「分類の階層」で、方名の分類的位置づけを生物学上の分類（以後「生物分類」と称する）を尺度にして整理し、方名種や包括名について述べる。続いて、「分類の構造」で、奥における方名の分類がどのような構造になっているかを、八重山での先行研究をもとに分析する。

分類の階層
　方名には、生物種および「属」や「科」以上の分類群に対応した個別名（方名種）と包括名がみられる。

　　生物種と方名種
　同一種であっても成長段階などで名称が異なる例がある。クワノハエノキ（**ブンギ**）は、十分大きくなった成葉の付いたものを**ヤマクヮーギ**と称する。若いススキは**ギギチ**、木炭を入れる俵の材料になる大きく伸びたススキは**グヒチ**といった。小さいリュウキュウチクは**ハラ**、成長して大きくなったら**ヤマダヒ**と呼んでいる。雌雄によって呼び方が異なる事例は、家畜に多くみられる。成長や雌雄等による種内の呼び方の変異については、意識して質問していない場合が多いので、調査によってはまだ他にも見つかるかもしれない。

　植物方名の事例から、生物種と方名種との関係については、一つの種に一つの方名種が対応している一対一対応、一つの種に二つ以上の方名種が対応している一対多対応、および二つ以上の種に一つの方名種が対応している多対一対応の例がある（松井1975；安渓2009；山田2012 など）。

---

[11]　一つの個別名（方名種）であっても、生物分類学上の種が数種含まれることもあり、個別名はかならずしも生物学上の分類でいう「種」には対応していない。
[12]　秋篠宮（2002）は、自然（生物学）と文化との関連について、エティック（etic）とイーミック（emic）という対概念で説明を試みている。生物種はエティック（外側からの視点）、方名種はイーミック（内側からの視点）とすると理解しやすいと思われる。

第 4 章　沖縄島奥の動植物方言およびその生物知識を探る

　一対一対応の事例は、植物ではソテツ、イヌマキ、リュウキュウマツ、イスノキ、ビロウ、シュロなど利用度の高い種類が目立つ。動物では、キノボリトカゲ、オキナワトカゲなどのトカゲ類、ガラスヒバア、リュウキュウアオヘビ、アカマタ、ハブ、ヒメハブ、ハイなどのヘビ類、シリケンイモリ、オキナワアオガエルなどが確認さ

図 4-8　オキナワイシカワガエル

れる。これらの動物は、沖縄諸島内の他の地域の動物方言調査においても一対一の方名が得られていることが多い（当山 1983a、1983b、1989a、1989b、2003；当山・知念 2007；当山ら 1998；当山ら 2004 など）。これらの動物の方名種については、遊びや忌避との関連が考えられる。特有な鳴き声をするオキナワイシカワガエルには'**パブンマックラ**という一般的なカエル類の方名とは異なる特有の方名がつけられている（図 4-8）。「生物種」と「方名種」との一対一対応の関係がはっきりしている事例といえよう。

　一対多対応の事例として、モンパノキの一種に対して**スーキ**、**パマスーキ**、**ガンチョーギー**の方名があり、生育場所や用途（水中眼鏡の材料）に分けた複数の呼び方をしている（図 4-9、4-10）。サンゴジュは、'**テッポーダマギー**、**ササギー**の方名があり、二つの用途（鉄砲玉と魚毒）を含んだ複数の呼び方がある。ツルグミは'**クビ**、**アカ'クビ**、マルバグミは**スー'クビ**、**シル'クビ**など、1 種に対して色の特徴が別名として加わったものが挙げられる。このような事例からみられるように、生育場所、利用、色の特徴が名称に加わり一対多対応[13] となっていると考えられる。

　多対一対応の事例として、リュウキュウクロウメモドキやサツキには**ヤマ**

---

[13]　山田（2012）は、一対多対応の事例として色、生育場所、性などの対照名を挙げている。

139

第 1 部　生きもの

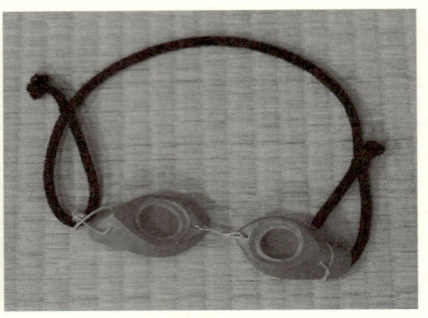

図 4-9　モンパノキ　　　図 4-10　モンパノキで作った水中眼鏡（沖縄県立博物館・美術館蔵）

ザクラの方名がある。ケラマツツジやサクラツツジは個別名もあるが、先と同様に**ヤマザクラ**と呼ばれることもある。リュウキュウガキとトキワガキには**ガガ**、**'クルガガ**、シマトネリコとシマタゴは**ジンギ**[14]の方名がある。これらには利用度の低い植物が含まれていると考えられる。山田（2012）は同科、同属で分類学上近縁の、形態の類似している植物を同一名称で呼んで区別しない場合としており、奥の事例も同様な傾向が認められる。特異な事例として、「山羊の餌に利用できる植物」という用途の面からシダ植物、木本類、草本類などに**'ピーダーグサ**とする方名がある。

　動物では、山にいる大型のカエル類であるホルストガエル、ナミエガエルに**アタ**と称している。大型のカエルには**アタ**と称しており、両種は食用にしたカエル類という点でも共通しているので、特に区別する必要がなかったかもしれない。人家周辺でみられるヤモリ類（ミヤミヤモリ、ホオグロヤモリ）に**ヤーナブラ**と称している。聞取りではヤモリ類の 2 種を認識している様子がみられない。身近な動物ではあるが、区別していないのは、形態的な区別が難しいこと、利用に供されないこと、電灯の無い時代はなじみがなかったことなどによるものと思われる[15]。要するに区別する必要がないからだとい

---

[14]　新里・木下（2012）はシマタゴを**シンキ**としているが、同一の方名と思われる。
[15]　沖縄島におけるこれまでの観察から、電灯の無い時代はホオグロヤモリはみられず、

第 4 章　沖縄島奥の動植物方言およびその生物知識を探る

えるかもしれない。このような傾向は沖縄諸島内の他の地域のヤモリ類の方名においてもみられる（当山 1983a；[ほか略]）。

「科」以上の分類階層

分類学上の科 Family 以上の分類階層につけられた方名について、整理した。なお、植物の分類は初島・天野（1994）の目録にしたがった。

植物

植物では、複数の個別名からなる包括名があり、その下に種レベルの名称もみられるが、動物のように明瞭な科以上の名称は少ない。

奥においては、植物一般を「**クサ**」と呼ぶ傾向がある[16]。奥には、完全とはいえないが植物一般を示す方名が存在していると考えられる。

植物一般を**クサ**と呼ぶ事例としては、多良間島仲筋における調査（2015 年 10 月）において、木本類の一種の方名を聞いたところ「**クサ**」と答え、「何にも使えないもの（植物）は〈**クサ**〉と呼んでいる」と話し、多良間島の他の集落の調査でも同様な**クサ**の事例が多く出てきた[17]。なお、このようなものを「植物」とするイメージは、筆者も沖縄島における生活体験や地域の人々との交流の中でできた概念として持っており、沖縄県内ではひろく存在する可能性がある。

その「**クサ**」の下位として、シダ類「**シバ**」、木本類「**ヒ、キ**」、草本類「**クサ**」、竹類「**ダヒ、ダキ**」が挙げられるが[18]、蔓性植物「**ハンダ、カンダ**」はシダ植物（ナガバカニクサなど）、木本類（クズモダマなど）、草本類（ノアサガオなど）にもまたがっているのが特徴である。

　　　ミナミヤモリだけが家屋に出現していた可能性も考えられ、その場合は生物種対方名種との一対一対応の事例に入れることになろう。
[16]　利用の意味を含んだ特異な事例として、'**ピーダーグサ**が挙げられる。山羊の餌になる草（植物）という意味になるが、「**クサ**」はシダ植物、草本、木本類、蔓性植物も含んでいる。
[17]　一方、よく利用される「**クサ**」で、接尾辞にクサが付かない例として畳表に使われるイ草の方名ビーなどがあり、奥ではよく利用することから「**クサ**」のイメージではないと説明している（動植物語彙参照）。
[18]　宮城邦昌氏に確認してもらった。

科以上の呼称は少なく、科内で類似する方名がみられる例としてはブドウ科 (**ハニブ**)、グミ科 (**'クビ**) などが挙げられる。

動物

動物一般の方名としては**イチムシ**と呼ばれている。また動物では、科以上の方名のみの事例が多くみられる[19]。目 Order 以上ではゴキブリ類 (**トービーヤー**)、ナナフシ類 (**ギサッパ**、**パジー**、**パジサー**、**パジーサルゲー**)、ガ類 (**ハベル**：幼虫は除く)、シラミ類 (**サーミ**)、ノミ類 (**ヌミ**)、ムカデ類 (**ムカジ**)、ヤスデ類 (**'ピドゥムシ**、**パンドゥムシ**)、ミミズ類 (**ミミジ**) などがある。

科以上では、イルカ類 (**ピトゥ**)、クジラ類 (**グンタ**)、サギ科 (**スーサジ**、**'クルサジ**)、トンボ科 (**アケーダー**)、イトトンボ科 (**サンシンピカー**)、ヤンマ科 (**アポープ**)、ミナミヤンマ科 (**アポープ**)、キリギリス科 (**'ペーガタ**)、コオロギ科 (**'チンチロリン**)、カマキリ科 (**サールーゲー**)、カメムシ科 (**カンムシ**、**カミムシ**)、ミズスマシ科 (**'カーミークンダ**)、セミ科 (**ダンダン**)、ホタル科 (**ジンジン**)、シロアリ科 (**サーニ**)、ドロバチ科 (**ミサバチ**、**ドゥルバチ**、**ヤーバチ**)、カ科 (**ガダミ**)、カワニナ科 (**ハーイナ**)、ナメクジ類 (**ユダイムシ**)、ハゼ類 (**イーバー**)、サワガニ科 (**ガニ**)、オカガニ科 (**アサガニ**)、テナガエビ科 (**タナガー**)、ヌマエビ科 (**セ**) などがある。

動物は、科以上の呼び方で済ませている事例が多くみられるが、利用面からみるとそれで事足りている場合が多いとみることもできよう。結局、生物分類では科以上であるが、科以下の方名がなければ民俗分類では個別名ということになるだろう。

次に、奥ではセミ類の方名が個別名としての**ダンダン**しかないことに注目したい。沖縄島中南部の事例ではほとんどのセミの種類に方名があり、トカゲ類やトンボ類とならんで動物方名の特徴を表すものであった (例えば当山 2011)。沖縄島南風原町では 4 種類のセミの方名が 12 ヶ所の字ですべて確認されている。特にクロイワツクツクは 12 字で 9 種類の方名が存在しており、

---

[19] 消失した方名も多いと考えられ、調査の進展によっては生物種に対応する方名種も確認される可能性もある。

字間の違いも際立っている（当山ら1998）。この点、奥におけるセミ類の方名が個別名（方名種）となっているのには興味がもたれる。セミ類を含めて動物の方名の使用は、一般に、子どもの遊びと関連しているようである（当山2011）。おそらくは、奥は動植物の方名およびその利用にみられるように、生物種（生物の多様性）に富んでおり、子どもたちの生物を相手にした遊びも多様であったことと関連していると考えられる。いいかえると、セミ類の他にも多くの遊び相手があったわけである。南風原町の事例はその逆だったと考えられる。今後の調査によってこれらの点が明らかになると思われる。

　当山（2015a）は、沖縄県における生物の分布を目崎（1980）で定義されている「高島[20]」「低島[21]」を用いて説明しているが、「高島」「低島」の両方の性質をもった沖縄島内における生物分布を説明するため、高島の環境を備えた「高島環境」、低島の環境を備えた「低島環境」を用いている（当山2015b）。国頭村奥は「高島環境」、南風原町は「低島環境」であり、方名においても生物相や周辺の環境が影響していると考えられる。

　今回は、植物だけではなく、動物語彙も含めて検討してみた。奥の調査においては、当初から個別名や包括名の調査を前提とした聞取りは行っていない。今後は、このような視点からの調査も必要であろう。

分類の構造

　冒頭で述べたように、生物の認識は命名・分類に表れ、そして利用へと続く。このセクションでは奥における生物を認識し分類する体系について、琉球列島の他の地域の体系と比較しながら検討する。

　　八重山における先行研究

　琉球列島における民俗分類 folk taxonomy の先駆的研究を行った松井（1975）[22]は、植物の生活形（生活様式を反映した形態による分類）から「キ（概

---

[20]　古い地層に被われた山地からなる。
[21]　琉球石灰岩などの比較的新しい地層に被われた低地からなる。
[22]　1972年から1973年にかけて奄美諸島与路島、沖縄諸島伊平屋島に隣接する野甫島、

第1部　生きもの

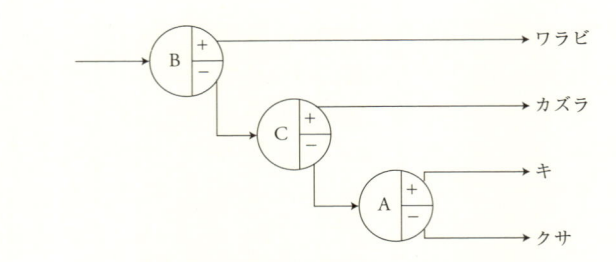

図4-11　四分法の事例（松井1975より）

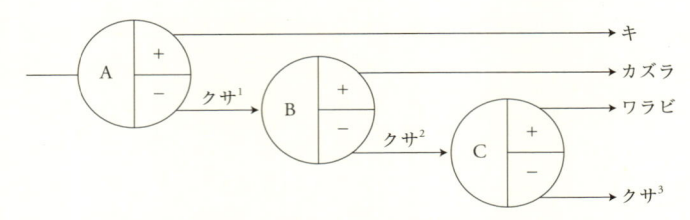

図4-12　谷（1975）による四分法へのコメント

して木本類）」「**カンダ**（概して蔓性植物）」「**ワラビ**（概してシダ植物）」「**クサ**（概して草本類）」の4種類を挙げ、民俗分類体系のモデルとして生活形をもとに、二分法、三分法、四分法（図4-11）の3通りに分けている。

　松井（1975）のモデルにコメントを付した谷（1975）は、「**キ**」の余集合を「**クサ**1」とし、「**クサ**1」から「**カズラ**」を分け、その余集合を「**クサ**2」とし、「**クサ**2」から「**ワラビ**」を分け、その余集合を「**クサ**3」とする提案をしている（図4-12）。谷（1975）の余集合的な考え方は、山田（2012）によって引き継がれ、松井（1975）のモデルをもとに、四分法に基づく波照間島、西表島、鳩間島の事例を示している（図4-13）。波照間島と西表島では、最初の弁別は蔓性の植物になっている。これは、蔓性の木本、蔓性の草本、蔓性のシダ類などが含まれていることによる。ところが、鳩間島の最初はシダ

　宮古諸島の来間島、八重山諸島の西表島を調査している。

144

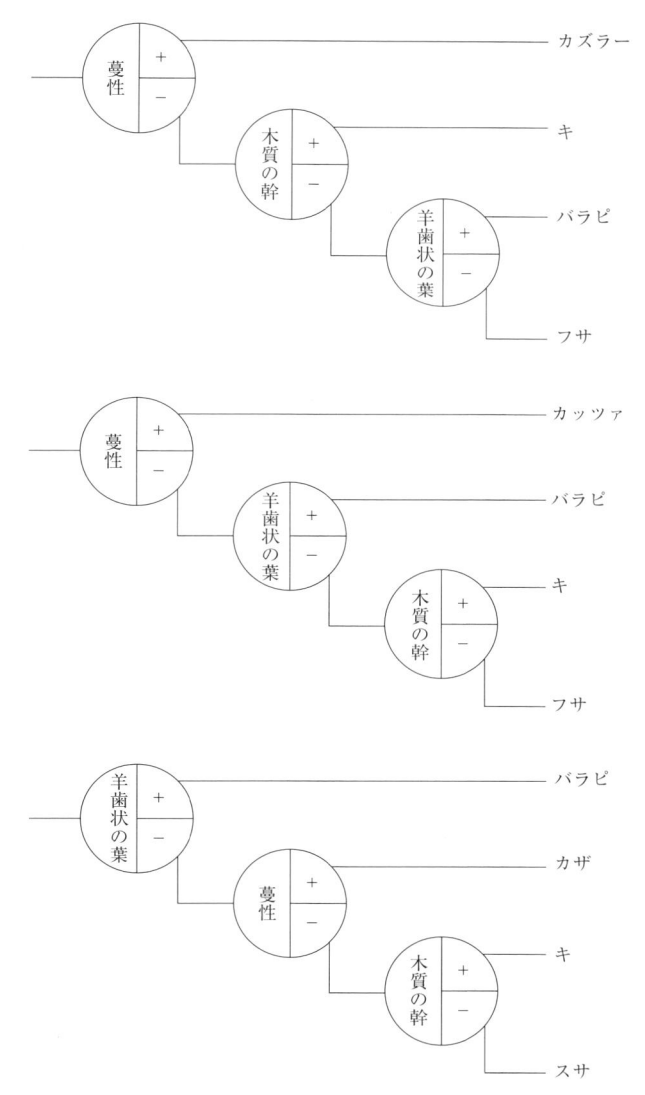

第 4 章　沖縄島奥の動植物方言およびその生物知識を探る

図 4-13　波照間島（上図）、西表島（中図）、鳩間島（下図）にみられる四分法の事例（山田 2012 より）

類になっている。これはカニクサ、イリオモテシャミセンズルなどのシダ植物が波照間島や西表島では蔓性として扱われているが、鳩間島では蔓性として扱われていないことによる。二番目の弁別では、波照間島が「**キ**」、西表島が「**バラビ**」となっている。波照間島では硬い幹に着目して「**キ**」、続いてシダ状の葉に着目して「**バラビ**」の順序となっているが、西表島では葉のゼンマイと葉の裏の胞子で「**バラビ**」とし、二番目の弁別特徴になっている。このように、波照間島、西表島、鳩間島では、弁別の順序が入れ替わるなど、分類体系が異なっていることが示されている。これは、島の植物環境が異なっていることによるものと考えられるが、さらに利用との相互関係も影響しているものと思われる。

山田 (2012) は、生活形から「**キ**」「**フサ**」「**カッツァ**」「**バラビ**」に「**タキ**（竹類）」を加えて5つのカテゴリーに分類しているが、「**タキ**」は独立したフォークカテゴリー folk category をなしているとして、四分法の生活形カテゴリーの生成過程モデルには含めていない。

奥における分類構造への試み

八重山における先行研究をもとに、民俗分類体系のモデルを奥に適用してみる。今回は、弁別の過程がわかりやすいように谷 (1975) の「余集合」の考え方を用いた。カテゴリーの具体的な事例として山田 (2012) を参考にした。

前にも述べたように、奥では、「一般的な植物」を「**クサ**」という方名で呼んでいる。生活形による分類では、シダ類には「**シバ**」、木本類には「**ヒ、キ**」、草本類には「**クサ**」、蔓性植物には「**カンダ、ハンダ**」、竹類には「**ダヒ**」が認められる。前で述べたように山田 (2012) は竹類を加えて5つの生活形のカテゴリーを挙げているが、他の生活形カテゴリーと同等の独立したカテゴリーとし、竹類を別に扱っている。

奥における分類構造への適用では、上位カテゴリーとなる植物一般の方名（**クサ**）を加え、「余集合」による弁別を行う。それにより、竹類はカテゴリーとして一緒に扱うこととし、合計五つのカテゴリーとした。ただし、弁別について詳しい調査を実施していないので、奥における生活形カテゴリーの生

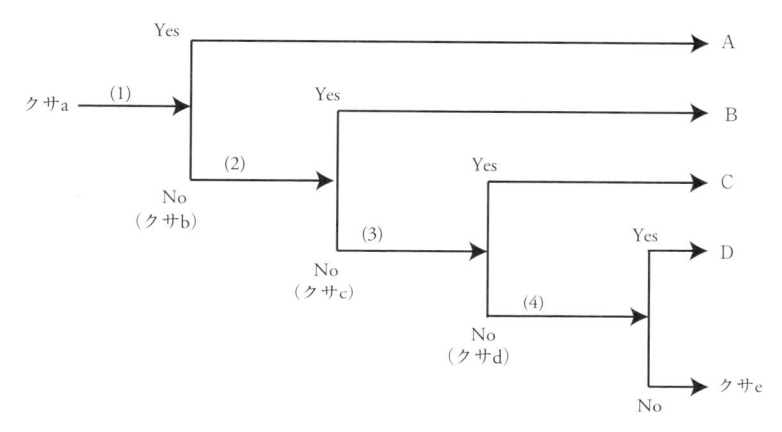

第4章　沖縄島奥の動植物方言およびその生物知識を探る

図4-14　国頭村奥の植物方名からみた生活形カテゴリーの生成過程仮モデル

成過程については、暫定的な仮モデルとした（図4-14）。

　図4-14の(1)～(4)には、弁別の標徴となる「蔓性」「木質の幹」「シダ状の葉」「硬い節の茎」のいずれかがそれぞれに入る。それにしたがって、図4-14のA～Dには、蔓性に対しては「**カンダ**」、木質の幹に対しては「**ヒ**」、シダ状の葉に対しては「**シバ**」、硬い節の茎に対しては「**ダヒ**」が入ることになる。

　図4-14の**クサ**aは植物一般で、次に生活形による(1)であるか（Yes）、ないか（No）[23]で最初にAが分けられる。**クサ**bは(1)以外の余集合になる。次は(2)によってBが分けられる。**クサ**cはその余集合になる。次は(3)によってCが分けられる。**クサ**dはその余集合になる。その次に(4)によってDを分ける。**クサ**eには、草本類としての「**クサ**」とそれに含まれない余集合が存在する。

　それでは、実際(1)には弁別の最初としてどの生活形が入るのだろうか。松井（1983）は、「島人の民俗分類体系の前提となる分類作業でどちらの弁別特徴を優先して考慮しているか……」と説明している。筆者は、奥における

---

[23]　Yes, Noは、松井（1975）の＋、－に該当する。

第 1 部　生きもの

「優先する弁別」については、方名の接尾語をもとに考えてみた。例えば、ナガバカニクサ（**チルマチガンダ**）はシダ植物ではあるが、方名から「**カンダ**」が優先して弁別されていることがわかる。同様に木本類の一部（クズモダマなど）、草本類の一部（ノアサガオなど）も方名から**カンダ**が優先している。したがって、(1) は「**カンダ**」ということになる。ところが、すべて接尾語だけで片付くわけではない。例えば、シダ植物のヒカゲヘゴ（**ピグ**）は、地元では「**キ**」とみなしている[24]というが、方名には「**キ**」に類するものは含まれていない。おおかたは、接尾語で優先する弁別がわかると思われるが、ヒカゲヘゴのように聞取りしなければわからない事例もある。

　山田（2012）はクロツグやパパイアなど、「**キ**」や「**クサ**」のどれにも類別されないものがあるとしており、生活形区分を飛び越えて移行する融通性が存在すると述べている。奥では、ソテツ、リュウキュウバショウ、クロツグ、パパイア、ビロウ、シュロなどがこれにあたるが、図 4-14 のモデルによって類別すると**クサ**$_e$に含まれることになる。しかし、これらはいずれも大型で、よく利用されているのがほとんどである。

　余集合の考え方を用いて、生活形カテゴリーの構築を試みたが、上記の類別されない分類（カバートカテゴリー）[25]については、未解決である。今後、利用も含めた視点からの検討が必要かもしれない。

　冒頭で述べたように、山田（2012）は認識と利用は相互の関係にあるとしている。認識としての民俗分類体系は、植物の生活形だけではなく利用も含めた検討が必要といえよう。いずれにせよ、奥の植物の民俗分類体系については、資料不足もあるので、今回は仮のモデルとし、今後の課題としたい。なお、動物の民俗分類体系については、それを前提とした調査は実施してないので、現在の資料では検討できなかった。今後の課題としたい。

---

[24]　茎（幹部分）を杭など、木材と同じような使い方をしていることに関係していると思われる。
[25]　このような明示的でないカテゴリーをカバートカテゴリーcovert categories と呼んでいる（Ankei, 1989：山田、2012）。

4–3 生きものを利用する

　利用については、本誌の「動植物語彙」から抜き出してカテゴリーごとに整理してまとめた。なお、カテゴリーについては山田（1977）でも指摘しているように、沖縄に適した確定的なものはない。それで、文化庁内民俗文化財研究会編（1979）の分類を基に、一部山田（1977、2012）のカテゴリーを加えて編成した。今回使用したカテゴリーはまだ不十分であり、暫定的なものである。また、利用については、聞き取りした範囲の中でしか情報を得ないこともあり、一部にすぎないことを断っておきたい。

(1) 衣

　戦前、婦人は若い時はリュウキュウバショウで芭蕉布を織り、芭蕉布着を作った。各家庭に織機があって自分で着物も作っている。部落で展覧会があった。芭蕉布の糊付け、洗濯にはヒラミレモンを使用した。
　布を染める染料としてヤマモモ、インドシャリンバイ、クチナシ、リュウキュウアイがあった。クチナシの果実からとれる黄色系色素で食品を染めたが、下駄や木刀にも使用した。
　衣類の防虫芳香剤としてモロコシソウ[26]をタンスに入れた。
　リュウキュウマユミで簪（かんざし）を作った[27]。女性はヤブツバキの油で髪を固めていた。

---

[26]　モロコシソウの処理については当山（2009）を参照。
[27]　同様な事例が鳩間島にもある（山田、1977）。

第1部　生きもの

(2) 食

実

　ソテツの実を毒抜き後にご飯に混ぜて食べた。味噌やカステラも作った。イタジイの実は御飯に入れて食べた。囲炉裏で焼いて食べた。センリョウの実は空焼きにして食べた。オキナワウラジロガシをあく抜きして食べたが一般的ではない。

　他に実を食べた植物としてイヌマキ、○ヤマモモ、○シロモモ、イヌビワ、ガジュマル、オオイタビ、アコウ、○ヤマグワ、ヤブニッケイ、○ヘビイチゴ、シャリンバイ、○リュウキュウイチゴ、○ナワシロイチゴ、○リュウキュウバライチゴ、○ホウロクイチゴ、ヒラミレモン、ハリツルマサキ、ヒメクマヤナギ、エビヅル、○ナシカズラ、ヒサカキ、パパイア、○ツルグミ、○マルバツルグミ、○バンジロウ、ノボタン、○ギーマ、モクタチバナ、○タイミンタチバナ、リュウキュウマメガキ、フクマンギ、シラタマカズラ、アダン、オオアブラガヤが挙げられる（○はおいしかったもの、またはよく食べたもの）。また、台風のあと流れ着くココヤシの実も食べた。

葉・茎

　茎も含んだ葉を食べたものとして、スベリヒユ、ホソバワダン、スイゼンジナが挙げられ、積極的に利用した形跡がみられる。前2種は沖縄島の他の地域でも食材としてよく利用されている。

　リュウキュウバショウの茎（偽茎）の芯をゆがいて和え物にして食べている。他にはヤマグワ、ツルナ、クサギ、タイワンウオクサギ、ニシヨモギ、ウスベニニガナ、アキノノゲシ、ハルノノゲシ、ノビルなどが挙げられるが、動植物語彙筆者の島田・宮城が食べた記憶が無いものはここでは省略した。

その他の部分

　赤いダイジョウの根は弁当にした。ほかにハマダイコン、キャッサバ、オオアブラガヤなどが挙げられる。毒抜きをしたソテツの幹部分は、炊いてそ

第 4 章　沖縄島奥の動植物方言およびその生物知識を探る

のまま食べた。カステラや味噌も作った。幹の芯部分は、団子状に握り乾燥させ、お粥に入れたり、ゆがいて油で炒めたりした。

　リュウキュウマメガキの固まった樹液を食べた。あまりおいしくない。ニッケイは、葉を生のままかじり、風味を楽しんだ。根も同様。

動物

　ネズミ類は健康でない子どもに食べさせた。戦前はウサギを食べた。山羊、豚、ジュゴン、イルカ、アヒル、ニワトリなどを食べた。山羊を食べる時はニシヨモギは欠かせなかった。パパイアの茎で山羊、牛、馬の肉を柔らかくした。山でハブを捕まえると焼いて食べた。山仕事しているときに食べたカエル類は、オキナワイシカワガエル、ホルストガエル、ナミエガエル。田んぼにいるヌマガエルなど小さいカエル類は食べなかった。マルタニシは煎じ汁にした。

食用具

　山で採取したタイミンタチバナをツワブキの葉に入れて持ち帰った。リュウキュウバショウの葉は食べ物をのせたりした。葉を炙って弁当のおにぎりやイモを包んだ[28]。アオノクマタケランで**ムッチー**を包んだ。戦前はクワズイモの葉を利用して水を汲んだ。ニッケイの枝を田んぼの泥の中に浸けたあと（そのままだと割れやすい）、乾燥させて箸にした。イスノキもお箸の材料にした。

（3）薪

　ソテツの実を割って中身を出したあとの殻は、干して囲炉裏の燃料とした。脂っ気があるから、ちょうどよかった。実の殻は、冬、風呂の薪を焚くとき

---

[28] 弁当を包む時にリュウキュウバショウの葉を炙るのは、葉が裂けないようにするためという。そのままだと裂けてしまう（2015 年 3 月知念盛俊氏私信）。

第 1 部　生きもの

の焚き付け用にもした。葉は、台所の土間を掃く箒(ほうき)としたあと、枯れてくると燃料にした。葉を燃料としてわざわざ採ってくることはなかった。

　リュウキュウマツの芯は松明に使用され、夜の漁にも利用された。川のウナギ捕りでも重宝した。芯は、毎朝カマドの焚き付けにも使われた。芯を細かく削って、マッチで火をつけ、それから普通の薪に火をたく。

　燃料としては、リュウキュウマツ、イタジイ、シバニッケイ、ヤブニッケイなど。良質とはいえない燃料としてはモクマオ、ガジュマル、ホルトノキ、リュウキュウマメガキなどがあった。

(4) 住

建材

　建材の1番はイヌマキ、2番目はモッコクだが販売にまわすことが多い。3番がイタジイの芯材またはナカハラクロキ、5番目あたりにイジュがくる。イヌマキとか、モッコクは材を丸ごと使うので、芯材や辺材とかいうのはない。シロアリが付かないこと。水に浸けたりすることもなく、そのまま使える。

　奥で一番使われた建材はイタジイ。芯材は硬いので柱に使う。使う前に川や潮水に約半年間つける。

　柱に利用するのがイヌマキ、スギ、イタジイ、オキナワウラジロガシ、イスノキ、イジュ、モッコク、フクギ、ナカハラクロキなど。サクラツツジは幹がねじれていたり、さまざまな格好になるので、床の間の柱に使う。オキナワウラジロガシは硬いので雨戸の道に使用。イスノキ、センダンは家具材にもなる。イスノキの芯材は、オキナワウラジロガシより硬いが、成長に時間がかかる。

　他に、一般的な建材としてホソバムクイヌビワ、タブノキの芯材、イスノキ、センダン、ヒメユズリハ、シマトネリコ、リュウキュウモクセイなどが挙げられる。良質とはいえない材としてホルトノキが挙げられる。

　イタジイ以外にも加工前の材は、水や泥に約半年間浸ける。場所は、河川

第4章　沖縄島奥の動植物方言およびその生物知識を探る

や河口付近の湿地帯。

　小さいリュウキュウチクは、茅葺の茅に使った。また、瓦葺の屋根に大きいリュウキュウチクを編んで、その上に土をのせてさらに瓦をおいた。

縄

　ハスノハカズラは、瓦葺き屋根を作るときリュウキュウチクを固定するために使われた。山から樫の材木などを引き出す時の綱代わりにはクズモダマを使う。これで綱引きの綱を作った。山羊をつなぐときの首輪にはクズモダマ、ヒョウタンカズラ、トウツルモドキを利用した。また、ヒョウタンカズラは腐れないので猪垣の持ち主の札をさげるものにも使用。トウツルモドキはザルやバケツのミミにも使用した。サカキカズラは、薪を束ねて山から降ろすのに利用した。販売用の薪はホウライチクで結束した。

　リュウキュウバショウの繊維で船をつなぐロープを作った。アダンの気根やシュロの繊維でモッコ、ザルの紐、下駄の緒にした。アダンの気根の繊維で漁網の補強、サメをとる時のロープにも使った。シュロの縄で牛をつないだ。

屋敷

　大きいリュウキュウチクで作った網代の竹の壁（**チヌブ**）や竹の網（**アンヌミ**）で屋敷の壁や境界に使った。

　庭木にはマサキ、サンゴジュなど。生垣にはゲッキツ、マサキ、ブッソウゲ、サンゴジュなど。街路樹としてイスノキ、オオハマボウなど。

防護

　防風林としてデイゴ、オオハマボウ、テリハボク、フクギ、アカテツなど。畑の防風林としてイスノキやトキワススキを利用。防潮林としてオオハマボウ、アカテツなど。

　ヒカゲヘゴの枯れた材は硬いので、猪垣を作る時に石がない場合はヘゴの木を杭のように埋めるところもあった。

153

ハマイヌビワは、根が蔓のように長く伸びるので、傾斜地の土砂崩れ防止、畑の土砂止めとして利用する。

水に強いリュウキュウマツは、川の護岸の堤防の前に石をはめて堤防を保護する杭に使用した。また水田の側の杭は全部リュウキュウマツだった。

水田の畦道が崩れた時にダンチクで補修をした。また川から水田に流れる水の勢いを最初にリュウキュウバショウで止め、次に水田におろす時の水圧をダンチクでやわらげた。樋の継ぎ目から水が漏れないように、リュウキュウバショウから繊維をとったあとの残り滓を使用して塞いだ。

用足し

オオハマボウは家庭の用足しのトイレ紙代わりに最も利用した[29]。ホウライチクの真ん中の柔らかい綿部分も利用した。他には山仕事や畑仕事中などでは、アカメガシワ（ちり紙より良かった）、オオバギの葉、またススキは葉を巻いて使用した。

(5) 生産

採集・捕獲

魚毒（ササ）にはイジュの樹皮を最も多く使用した。子ども用としてルリハコベを使用した。サンゴジュの葉の汁も使用したがイジュに比較して少ない。戦後一時期デリスを使用した。海に魚毒を入れるという日、縄の間にクロツグの葉[30]を差し込んで、魚を脅して追い込んでいくのに使った。魚を

---

[29] 一般的に、オオハマボウは樹木から採取してすぐ使うのではなく、しばらく置いてから、しなびたころに使うようにしていた。新鮮な葉はすぐ破れてしまうからである（2015年3月；南城市知念盛俊氏私信）。「動植物語彙」では、お年寄りが1日分のオオハマボウを防風林から採取していたとあるが、前記の意味もあったものと思われる。

[30] 久高島では縄の間にハマユウの葉の根元を挟み、白い根元が太陽の光で反射し、魚を追い込むのに効果的だったという（2001年収集；当山未発表）。

第 4 章　沖縄島奥の動植物方言およびその生物知識を探る

捕るときにキキョウランを用いた[31]。子どもたちの海遊びとして、摺りつぶしたルリハコベの汁をサンゴ礁などの穴に入れクマノミの仲間などを獲った。トベラでイカ釣りの餌木を作った。ホテイチクは釣り竿に利用[32]。

川では、魚毒を利用して6～7キロぐらいのオオウナギをとった。リュウキュウアユはたくさんいた。当時は魚毒を利用してとったが特に捕獲の制限はなかった。

ガジュマル、モチノキで鳥もちを作った。子どもたちは鳥もちでメジロを捕まえて飼育して遊んだ。ヒヨドリは落とし籠でよく捕まえた。

山では、弾性が強いシマミサオノキをイノシシ猟の罠に使うバネ木にした。

経済

販売用の建材は、イヌマキ、モッコクが主。販売用の薪はイタジイ、ニッケイ、ヤブニッケイなどがあった。リュウキュウチクは瓦や茅葺き屋根の資材として那覇などに出荷した。クスノキで天然樟脳を作った。ホソバタブは線香の材料。リュウキュウアイは染料。ヤマグワは蚕の餌。アダンの葉はパナマ帽の材料。ススキは木炭を入れる炭俵の材料。イは畳表などを生産した。戦前は軍用品のためウサギを飼って皮を出した。

生活

コシダの柄の黒くて硬いところで籠を編んだ。笊、籠類は、ホウライチクを利用。ホウライチクで作った塩を入れる独特の入れ物（**マースバイ**）があった。昔の塩は溶けやすかったから、これに入れて吊るしておいた。

ホソバムクイヌビワは、成長したら板根状になるので鍋の蓋に利用。チガヤは鍋の蓋、大鍋の蓋に利用した。籾摺り用の臼はイタジイ、ほかの臼はリュウキュウマツと決まっていた。

アデクは、包丁、鍬、斧、鉈、鎌の柄に利用（図4-15）。材は必ず水に浸けてから利用した。豚の骨を切る大きい刀の柄にはリュウキュウマツを使う。

---

[31]　詳しい情報は無いが上記のクロツグと同じ利用方法の可能性がある。
[32]　魚毒や海の利用については、第3章で詳しく述べられているので参照されたい。

第1部　生きもの

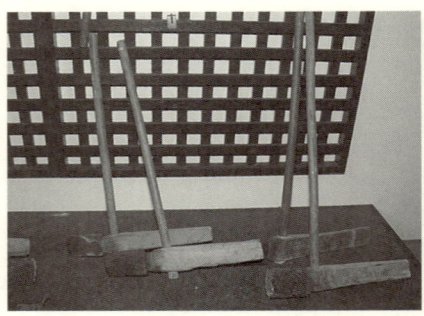

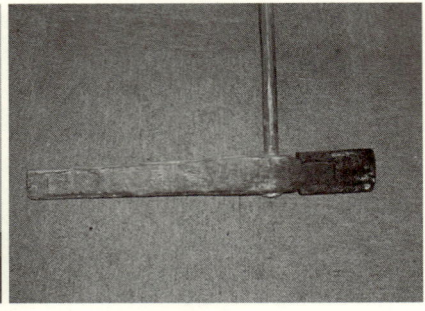

図4-15　アデクで作った斧の柄（奥民具資料館蔵）　**図4-16**　オキナワウラジロガシで作った斧の頭（奥民具資料館蔵）

斧の頭（鉄との接合部分）、鉋の材には必ずオキナワウラジロガシを使った（図4-16）。また、必ずシマミサオノキを使うのは、鉈の柄、**ヤーフキバイ**[33]、弓（昔の**シヌグ**行事の時にイノシシを射る弓）であった。他には、杖、イノシシ猟のヤリの柄など。ホテイチクは、杖、物干し竿などに利用した。材が軽く丈夫で細工しやすいヤマビワで篩いの枠を作った。

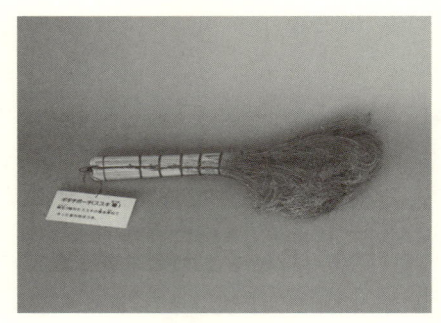

図4-17　ススキで作った箒（奥民具資料館蔵）

　台所の箒はソテツの葉を使うが、庭の掃き掃除はリュウキュウチクの箒を使う。ススキは、種の落ちた穂を乾燥させて内掃き箒を作った（図4-17）。シュロの葉を小さくして団扇にしたり蠅たたきにした。ハマセンダン、フカノキは下駄の材料。定番はエゴノキだった。アダンの気根で草履を作った。アオノクマタケランで蓆を編んだ。
　豚の餌入の容器は必ずリュウキュウマツで作った。家畜小屋の材としてオ

---

[33]　茅葺き屋根を作るときに使うカギ針のような道具。

オシイバモチを使用。豚小屋とか山小屋の屋根はホウライチクで押さえた。トキワススキは**アナヤー**[34]の壁などに使ったりした。

　ヘツカニガキは板材にして墓の覆いに使用した。

　用水を流す樋を水に強いリュウキュウマツで作った。奥にはこの樋が何十か所もあり、橋がわりにもなっていた。

　サバニの余計な水をくみ出す垢水汲みはリュウキュウマツの木と決まっていた。魚をとったら、この裏側をまな板代わりにして中であえた。風の強い日は、船中の便器代わりに使った。モンパノキで水中眼鏡を作った。

　戦時中、雨降りの時にはクワズイモの葉を3、4枚重ねて子どもの雨除けにした。

　ハブを捕まえたら脂をとり、これを家の時計やミシンなどにさす油に使った。

山羊の餌

　山羊が好む餌として1番はイヌビワ、2番にカラムシ、3番にツルソバ、4番目はホソバムクイヌビワが挙げられる。山羊の餌を列記すると以下のとおりになる。タマシダ、ホシダ、クワノハエノキ、ホソバムクイヌビワ、コウトウイヌビワ、ハマイヌビワ、ヤマグワ、ノカラムシ、ハドノキ、ツルソバ、トベラ、インドシャリンバイ、ハマササゲ、オオシマコバンノキ、ウラジロメダラ（タラノキ）、フカノキ、ボタンボウフウ、ルリハコベ、ノアサガオ、ヤエムグラ、シロノセンダングサ、ツワブキ、ハルノノゲシ、キダチハマグルマ、ダンチク、オヒシバ、ハイキビ、イタチガヤ、エノコログサ、クサスギカズラ、ハマサルトリイバラ。

牛の餌

　牛の餌は、コウトウイヌビワ、ハマイヌビワ、ヤマグワ、ギシギシ、ハマササゲ、ウラジロメダラ（タラノキ）、ススキ、クサスギカズラが挙げられる。

---

[34]　穴を掘って柱を建てた簡易な建物、小屋など。

第1部 生きもの

シロバナシマアザミは、刈った後に少ししおらせて餌にする。

畜産

ネズミを焼いて細かくしてアヒルやウサギの餌にした。豚の餌にイルカの脂滓をあげた。豚が下痢した時にジュズダマの株を煎じて、この汁を豚の餌に入れた。チガヤを堆肥を作るための畜舎の敷き草にした。

肥料

ソテツの葉を水田の緑肥にした。ソテツは竹よりも緑肥としてはるかに良い。ソテツは畑の周囲に植えてあるから、畑周りの除草をするときに葉を切って入れて緑肥とした。緑肥としては、イヌビワ、オオバイヌビワ、アコウ、ハマイヌビワ、ソウシジュ、ギンネム、アカギ、オオバギ、カクレミノ、フカノキ、サンゴジュ、リュウキュウチク、リュウキュウバショウが挙げられる。ガジュマルはあまり使わなかった。

山羊の糞を肥料用の堆肥にした。

運搬

コウヨウザンは船の帆柱に使用。櫂にはモッコクを利用した。奥丸（奥集落の船）を作った材料は水に強いリュウキュウマツを使用。荷馬車の鉄車輪の内側にはオキナワウラジロガシを使用した。

(6) 社会生活

利用

ソテツは自分の畑だけでなくて、畑の周辺、原野や山の上や海岸の崖にも生えている。奥では、トラブルを避けるためにソテツの実の採集解禁日が10月ごろにあった。

リュウキュウマツの立ち枯れは、燃料の芯材を取るために入札した。

奥の字有林内のリュウキュウチクの採取の制限は特にはなかった。それぐ

らいたくさんあったが、乱伐を防ぐために月に何日かの山入日が決められていた。

共同
　奥は、戦前から船を所有しており、その繋留用のロープを作るため、各家庭からリュウキュウバショウの繊維を供出した。

管理
　リュウキュウマツで用水を流す樋を作るため、大きなマツは切ってはいけないという条例を作った。
　土地の境界にはホテイチクを植えた。宜名真と奥の境界、国道58号線の琉大山荘の入口のところにも植えている。
　奥では猪垣を放棄した1959年まで個人では犬は飼えない決まりがあった。猪垣の中に侵入したリュウキュウイノシシをとることを集落から委託された人がいて、その人だけが猟犬を飼っており、猟犬の士気を乱すということで、他にイヌを飼わないように字で管理していた。
　イノシシから農作物を守るため。1903年集落周囲に約10 kmの大猪垣を構築して集落の共同猪垣とし、畑の面積や地形的な難度を考慮した分割を行いそれぞれを畑主に与えて管理させた。維持管理は放棄した1959年まで続いた。

(7) 民間療法

　山での切り傷ではツワブキの根のわたを採って血止めに使っていた。外傷にはカタバミを使った。おできの吸い出しには炙ったオオバコの葉。ハゼノキにかぶれた場合は、モクタチバナの葉を火に炙って、熱いうちにポンポンとたたいて貼り付けた。
　目にゴミが入った時、エビヅルの茎を切って、片方から吹くと汁がでてくるので、その汁を目に入れて洗った。

第1部　生きもの

図4-18　ハブ（カラー口絵参照）　　図4-19　ヤンバルヤマナメクジ（カラー口絵参照）

　病院がない戦前はナメクジ（ヤンバルヤマナメクジ）をハブ咬症の治療に利用した（図4-18、4-19）。奥では、ハブに咬まれたら、みんなで山からナメクジを集めた。ナメクジを傷口に這わせて吸わせると白いナメクジが真っ黒になり、また新しいナメクジに代える。それを繰り返し、黒くなったナメクジでバケツがいっぱいになった。実際、戦争中に避難していた山中でハブに咬まれた女性がいて、この治療で助かっている。
　ソテツの芯からとった澱粉を酒につけて腹薬とし、下痢とか食中毒の時に使用した。これは奥の家庭常備薬だった。魚の中毒にヒレザンショウの青汁、魚肉の防腐に葉を利用した。ハンセン病の薬としてニッケイとハマボウフウを一緒に利用した。お灸にニシヨモギを使った。
　子どもが熱をだした時、リュウキュウバショウの芯をたたいて柔らかくして、汁をかぶせながら体をこすり熱をさました[35]。子どもの熱冷ましにはマルタニシを煎じ汁にした。

---

[35]　那覇市在住の當山喜世子（大正6年生）によると、戦前は子どもが熱を出すと市場でリュウキュウバショウの芯を買って、その汁で子どもの体を拭いたという（当山未発表）。

(8) 遊び・娯楽・趣味

花・実

　ブッソウゲの花の蜜を吸って遊んだ。ジュズダマの実を糸を通して首飾りにして遊んだ。お手玉を作って遊んだ。テリハボクの果肉を剥ぎ乾燥させ、球状になった実をビー玉代わりに転がして遊んでいた。乾燥した実を拾い集めて遊ぶこともあった。テリミノイヌホウズキの実をつぶして遊んだ。

葉・茎など

　ハイゴケを丸めて毬（まり）を作って遊んだ。カンコノキはコマの材料。ノカラムシを衣服に付けて遊んだ。男女関係なく、子どもの乳首をサクラランで挟んで遊んだ。アダンの葉をさいて四本はねの風車を作った。腕時計やバンドなど作って遊んだ。ダンチクの節一つ残して割って、笛を作って遊んだ。ホウライチクで水鉄砲や空気鉄砲を作って遊んだ。運動場や空き地に生えたオヒシバを引き抜く競争をして力比べをして遊んだ。ハイキビの根の太い所をかじって遊んだ。クロツグの葉をチャンバラの剣に使用した。川べりに生えているリュウキュウバショウを切り倒し、水に浮かべて筏遊びをした。

庭木・盆栽

　ハリツルマサキ、サクラツツジ、マサキなどを庭木や盆栽にした。

動物

　リュウキュウヤマガメの甲らに孔を空けて紐を通し、家で飼育した。オキナワキノボリトカゲを喧嘩させて遊んだ。アオカナヘビの腹から卵を出して遊んだ。

(9) 忌避・魔除け・俚諺など

　ホソバムクイヌビワを刈り取りしていると粉のようなのが落ちてくる。皮

第 1 部　生きもの

膚にそれがつくと痒くなる。ハゼノキはかぶれる。イジュの乾いた樹皮に皮膚があたると痒くなる。クワズイモは汁で痒くなる。パパイアの白い汁を皮膚に付けるとただれる。オオアブラガヤは葉で手を切る場合がある。ミフクラギの木の下にいるヤシガニを食べてはいけないと言われている。

図 4-20　イノシシのあごが吊られた台所
（奥民具資料館展示）

　ススキの葉で魔除けの**サン**を作った。**サン**の形が重要だったので他の材料を使うこともあった。今でも墓を開けたりする場合は**サン**使う。
　戦中は、豚を屠殺をしたらスイジガイをさげた。
　アオバズクが鳴くと近いうちに人が亡くなる。ゴイサギが鳴いて渡ると縁起が悪い。死人が出る前に鳴くという。ケラは山羊を殺すと言われている。
　捕獲したリュウキュウイノシシの下あごは、台所の壁に吊るして保管し、捕獲したイノシシの数が 1 千頭になると供養した。

(10) 行事

　奥で正月の飾りに使用するのは、松と竹。竹は昔はホテイチクだが、少ないものだからホウライチクやリュウキュウチクも使う。
　戦前、奥の初興し（**ハチウクシー**）の時は若い青年達がリュウキュウバショウの葉を切ってきて庭に敷いた。
　野山に花の少ない十六日祭[36]のころ、ケラマツツジは早咲きをするので、これを父親が朝早く採りにいって墓に供えた。
　旧暦 3 月 3 日には女の子どもは身を清め学校で泊まった。沖縄で一般的

---

[36]　あの世の正月と言われ、この日は墓参りをして祖先を供養する。

に言われているアカマタの悪霊を払うためかもしれない。

　旧盆の時はメドハギを後生用の箸として供えた。ナシカズラの実、アダンの実は仏壇の飾りとして両方に供えた。アダンをお盆の時のお供えするのは何か意味があるかもしれない。

　シヌグの時、奥の人は二手に分かれて山に入り、祈りをしたあとにイヌガシを採取する。山から運んだイヌガシを手にもって、ナガバカニクサの冠（ハブイ）にゴンズイをさし、集落を周回して厄払をする。戦前、**シヌグ**時の神女の髪にはクスノハカエデが使われていたが今はない。祭りの広場にはダンチクやリュウキュウチクを使用した仮小屋が作られる。三日目の**ビーンクイクイ**ではトウツルモドキを桶に巻いて飾にする。

　旧暦の1日・15日にはマサキを仏壇に供えた。

　米寿祝い（**トーハチ**）の時、ホウライチクで笛を作った。米寿を迎えた爺さん婆さんの長寿を祝った子どもたちに、返しとして饅頭(まんじゅう)と笛が与えられ、子どもたちはその笛を鳴らして祝いを盛り上げた。

　太鼓を打つバチとしてシュロの葉柄も使った。

4-4　奥の生物知識を探る

　ここでいう生物知識は、生物を認識（形態・生態など）する知識と、その生物を利用することの知識に分けるが、認識と利用はいずれも相互に作用していると考えられている（山田 1977）。

(1) 認識としての知識

分類

　植物

　4-2の(2)「民俗分類：生きものを見分ける」で述べたとおり、奥の植物は、種に対応して方名があり、ほぼ種レベルで分類認識され、利用されてい

第1部　生きもの

ることがわかる。また利用度の高い植物ほど方名が明確に存在している。

　民俗分類では、奥の植物は、方名として認識分類され、最小単位の方名種が存在するが、生物種は、分類学において和名が決められており、属名、科名などにより体系化されている。そのような意味で、奥の方名種に相当する方名は奥にとっての「和名」であるといえよう。これらは、奥の人々の生物知識として方名というかたちで伝えられてきたとみることができよう。

動物

　動物は、種に対応した方名は多いとはいえず、植物とは対象的である。これは、植物に示されるような種に対応した利用が少ないことが考えられる。植物が衣食住などの生活面に深く関わっているのに対して、動物は食と遊びなどに限定される。他には害獣や毒などで危害を加えるのもあり、避けたいものとして方名がつけられているのかもしれない。動物では、科レベル以上の個別名[37]が多くみられ、利用が少ないことからこれで事足りているか、または包括名に「色」や「大きさ」などの属詞を加えることによって類別していると考えられる。ただし、トカゲやヘビ類など、奥も含め沖縄諸島各地で種に対応した方名種が多くみられることには注目される。

生態知

　植物の聞取りをしていると、その植物の特性や生育地、実のなる時期など、長年の細かい観察から得た生態的な知識（生態知）を垣間見ることがある。しかし、今回の聞取りではこれらをすべて網羅することはできなかった。一部ではあるが、その例を記す。

　①ソテツは、昔は、畑の縁に見渡す限り植えられていた。放っておくと、草

---

[37] 個別名とされている中には、その下位にも以前は個別名があったかもしれない。時を経て、下位の個別名が消失し、結局は、以前に比べて科レベル以上の個別名が多くなったと思われる。

木に覆われてダメになる。
②ウラジロエノキは、奥あるいはやんばるにおいて、太くなるのが一番早い木。デイゴと同じくらい早い。大きくなったら背丈ぐらいの板根ができる。材がやわらかいので使い道がない。
③ハスノハカズラは湿地帯にある。
④インドシャリンバイは、やせた土地に生える。海岸の傾斜地、岩場の傾斜地など。山では稜線の尾根近くの岩が露出している所。
⑤イジュはどこにも生える。窪みよりは尾根の中間あたりという感じ。だから、山の斜面の中腹あたりが伸びがいい。
⑥モッコクの生育場所はだいたい決まっている。やせた高い所でやや乾燥した所にある。水辺の肥沃な窪地、谷間のような所にはない。

　①では競争によって他の植物に負けること、②では成長の速度、③は生育地、④は生育地とともに微環境にまで触れている。⑤は良好な生育場所に触れ、⑥は生育地の適地と非適地について触れている。
　動物は、子どもの遊びなどに利用されることが多いと思われるが、動物を捕獲するためには生態的な知識が必要であり、それが自然と身についていたと思われる。動植物のいずれも、このような生態知までは詳しい聞取りを行っていない。今後の課題である。

(2) 利用としての知識

　動植物を利用する背景には、その生物の特性を活かし、利用する知恵（知識）がみられる。利用については、前にも述べているので、ここでは特徴的なものから一部を抜き出して記す。

特性を利用

①オオハマボウをあらかじめ採取しておくのは、トイレの紙代わりに使う時にすぐには破けないからである（新しいと破れやすい）。トゲの多いシロバナシマアザミはしおらせてから牛にあげた。リュウキュウバショウの葉を

炙って遠足時のおにぎりを包んだ（新鮮な葉は破れやすい）。オオバコやモクタチバナの葉を炙って治療に利用した。

植物の鮮度を落として（萎えさせて）利用するという、細かい知識が反映されている。鮮度を落とした利用方法は、宮古島でもみられる（川上 2015）[38]。

②弾力性が一番強い木はシマミサオノキ。猪猟のバネ木、弓、杖の他、鋸や槍、鍬、斧、鉈、鎌、包丁の柄に利用する。シマミサオノキは割れやすく、アデクは割れ難い（材は必ず水に浸けてから利用）。

弾力性に優れている点とその弱点に触れ、それを補うような植物があげられている。

③リュウキュウバショウとダンチクを利用して河川から水田に引く水の勢いを止めた。

リュウキュウバショウを川岸に植えて、水の流れを弱め、さらに水田への入口の流れにダンチクを利用することによって水田への水の勢いを押さえるという生物の特性を利用している。

使い分け

①海（海水）で一番強いのはバショウの繊維。陸ではシュロの繊維が一番という。

同じ縄でも、使用する環境や用途によって、材料となる植物を使い分けている。蔓性の植物では、ハスノハカズラは、瓦葺き屋根を作るとき。クズモダマは、山から樫の材木などを引き出す時。山羊をつなぐときの首輪にはクズモダマ、ヒョウタンカズラ、トウツルモドキを利用。ヒョウタンカズラは猪垣の持ち主の札をさげるものにも使用。トウツルモドキはザルやバケツの

---

[38] 毒草が多いキンポウゲ科に属するサキシマボタンヅルは、新鮮な間は馬も食べないが、数日経って萎えたころには食べるようになる。正月の休みは普通の草を先に与え、その後、萎えてきた本種を与えて間に合わせるという。

第4章　沖縄島奥の動植物方言およびその生物知識を探る

ミミにも使用。サカキカズラは、薪を束ねて山から降ろすのに利用など多岐にわたっている。これらの蔓性の植物も、その特性によって使い分けていると思われるが、詳細については詳しく調べていない。

②箒(ほうき)では、庭箒はリュウキュウチク、台所の箒はソテツの葉、内箒はススキの穂を利用する。

箒という利用では、箒をする場所によって材料となる植物が異なっていることが認められる。これらの3種類の箒は、沖縄では一般的にみられたが[39]、現在では庭箒以外はほとんどみられなくなっている。

③魚毒は、子どもの頃はルリハコベ、大人になるとイジュを使った。

習熟度によって魚毒の材料を変えていく事例として興味深い。このようにして、魚毒の扱いや捕獲などの知識を重ねていき、次の世代に伝えていったと思われる。

その他

奥における生物知識のとりわけ興味深いものに、ナメクジを利用したハブ咬症治療がある。このような治療方法は筆者の知る範囲では他の地域には無い。聞取りでも複数の方が回答しており、中には、実際にこの方法で治療し、その治療を受けた人が助かった現場を見たという証言もある。

4-5 奥の動植物方名の特徴

奥は、ヒカゲヘゴなどの木生シダ類、イタジイ、リュウキュウイノシシ、オキナワイシカワガエルなどが生息する典型的な「高島環境」の生物相であり、それに対応した動植物の方名およびその利用がみられる。生物相の異な

---

[39] 筆者も沖縄島における生活にて体験、または周辺地域における利用状況をみている。

る南風原町（当山ら 1998）や西原町（当山ら 2004）などの「低島環境」ではヌマガエルやカタツムリなどを食用としているが、「高島環境」の奥では確認されない[40]。このようなことから、生活環境や生物相の差異が、地域や集落のもつ生物知識に深く関わっていることが理解できよう。

調査を通して感じたのは、奥の動植物の方名およびその利用に関する知識は、概して良好な状態で残っているといえるかもしれない、ということである。沖縄島の各地域で調査[41]していると、地元の方名と他の地域から入ってきた方名が混在していると思われる事例がよくみられる。ところが、奥においては、海浜植物や外来種については、不明、またはわからないとの回答を得る場合が多くみられる。これは外から名前が入って定着する機会が少なかったことを示唆しているものと思われる。同様に、セミ類の方名が方名種となっているのもその一面を表しているといえよう。

4-6 調査を終えて

松井（1975）は、「『この木は薪になりますか』という質問に対して、ある老人は『薪にはなるよ、石ではないから』と答えられた」と記している。ある意味では聞取り調査の弱点でもあるし限界を示しているかもしれない。奥における聞取り調査も同様である。幸い、インフォーマントの方が質問者の質問の根底にある意味を理解してくれているので調査が成り立ったこともあるだろう。

実際調査しながら思うことは、奥のみなさんの生物知識は膨大であり、教えられることの方が多いということである。生物を見分ける分類的な知識、生物の分布や生息状況などの生態的知識、そしてこれらを生かした生活への利用について、生物学的な視点からみても驚かされることが多い。先祖から受け継いできた知識、自らが体験して得た知識、ここに収めた知識はほんの

---

[40] 同様な傾向は沖縄島の他の地域でも認められる（当山、未発表）。
[41] 例えば当山（1989a、1989b、2003）、当山ら（1998、2004）など。

第 4 章　沖縄島奥の動植物方言およびその生物知識を探る

一部でしかない[42]。

　今回は、全体的な概要を述べるにとどめ、詳細な検討には至っていない。奥の動植物方名および利用には、多くの興味深い内容が含まれていると思われ、また調査の取りこぼしも多いと思われる。今後の詳細な調査が望まれる。

　本稿では、奥の動植物の方言とその生物知識について述べてきた。方名というコトバを手がかりに、調査を通して、生物の認識、利用について展開してきたが、奥における暮らしを抜きにしては理解することは困難だと思われた。これらは相互につながっており、その一面だけでは理解できたとはいえないだろう。奥は四方山に囲まれ、川、海があり、小宇宙としてのシマとして魅力的である。しかしながら、生活環境の変化によりそのつながりは消失しつつある。本稿で扱った生物知識が、本書のテーマであるコトバ、暮らし、生きものの環（つながり）の継承に役立てば幸いである。

　さいごに、奥の方言についてアドバイスをいただいた宮城邦昌さん、島田隆久さん、本稿をまとめるにあたりコメントをいただいた高橋そよ、大西正幸、盛口満、安渓遊地、城間恒宏、渡久地健の各氏、調査でお世話になった奥のみなさんに感謝したい。

関連資料

当山昌直・盛口　満・島田隆久・宮城邦昌
「沖縄島国頭村奥の動植物方名語彙」（PDF）
http://www.kyoto-up.or.jp/qrlink/201603/yanbaru/03.html

引用文献

秋篠宮文仁（2002）ひとつの民族生物学.『第 4 回「沖縄研究国際シンポジウム」世界に拓く沖縄研究』（第 4 回「沖縄研究国際シンポジウム」実行委員会（編））第 4 回「沖縄研究国際シンポジウム」実行委員会. pp.29–54.

Ankei, Y. (1989) Folk Knowledge of Fish among the Songola and the Bwari: Comparative Ethnoichthyology of the Lualaba River and Lake Tanganyika Fishermen. African study monographs. Supplementary issue, 9: pp. 1–88.

---

[42]　松井（1975）は結果をまとめるにあたり「島の人々の豊かな知識の、ごく限られた形式的な部分であることをことわっておかねばならない」と記している。

第1部　生きもの

安渓貴子（2009）『森の人との対話 —— 熱帯アフリカ・ソンゴーラ人の暮らしの植物誌』（アジア・アフリカ言語文化叢書 47）東京外国語大学アジア・アフリカ言語文化研究所.
池宮正治（1993）『沖縄ことばの散歩道』ひるぎ社.
伊谷純一郎（1977）トングウェ動物誌.『人類の自然誌』（伊谷純一郎・原子令三（編））雄山閣，pp.441-537.
川上勲（2015）宮古諸島.『沖縄県史　各論編　自然環境』（沖縄県教育庁文化財課史料編集班（編））沖縄県教育委員会，pp.553-556.
崎山理（1993）オセアニア・琉球・日本の国生み神話と不完全な子 —— アマンの起源.『国立民族学博物館研究報告』18(1): pp. 1-14.
谷泰（1975）コメント—松井健"民俗分類の構造".『季刊人類学』6(1): pp. 70-78.
当山昌直（1983a）阿嘉島の動物の方言について.『沖縄県立博物館総合調査報告書Ⅲ-座間味村（ざまみそん）』（沖縄県立博物館）沖縄県立博物館，pp.23-29.
当山昌直（1983b）動物.『渡名喜村史　上巻』（渡名喜村（編））渡名喜村役場，pp.35-41.
当山昌直（1989a）宜野座の動物方言.『宜野座村誌　第3巻』（宜野座村誌編集委員会（編））宜野座村役場，pp.830-860.
当山昌直（1989b）佐敷町の動物の方言.『佐敷町誌 3　自然』（佐敷町史編集委員会），佐敷町役場，pp.403-451.
当山昌直（2003）久米島字西銘の自然.『久米島西銘誌』（久米島西銘誌編集委員会（編））久米島西銘誌編集委員会，pp.1-45.
当山昌直（2007）琉球のオカヤドカリ類に関する民俗的伝承について（試論Ⅱ）.『史料編集室紀要』32: pp. 1-20.
当山昌直（2011）人と動植物との関わり.『西原町史第一巻通史編Ⅰ』（西原町史編集委員会（編））西原町教育委員会，pp.51-76.
当山昌直（2015a）島の自然環境.『沖縄県史　各論編　自然環境』（沖縄県教育庁文化財課史料編集班（編））沖縄県教育委員会，pp.27-38.
当山昌直（2015b）島に生きる.『沖縄県史　各論編　自然環境』（沖縄県教育庁文化財課史料編集班（編））沖縄県教育委員会，pp.39-51.
当山昌直（2016）沖縄島南城市における生物文化に関する聞き取り —— 知念盛俊氏に聞く.『沖縄史料編集紀要』(39)：（印刷中）.
当山昌直・神谷保江・国吉朝子・翁長丈子（1998）南風原町の動植物の方言名.『南風原町史　第二巻　自然・地理資料編』（南風原町史編集委員会（編））南風原町，pp.645-796.
当山昌直・久貝勝盛・島尻沢一（1980）宮古群島の両生爬虫類に関する方言.『沖縄生物教育研究会誌』13: pp. 17-32.
当山昌直・知念桃子（2007）字恩納の動植物方言.『恩納字誌　資料編』（字誌編集発行事業スタッフ（編））字恩納自治会，pp.110-153.
当山昌直・米須瑠衣子・山里奈美・大城靖・田島由美江・古波蔵香苗（2004）人と自然の

関わり —— 西原町の動植物方言. 『西原町の自然 —— 動物・人と自然の関わり』(西原町教育委員会 (編)) 西原町教育委員会, pp.93-220.
初島住彦・天野鉄夫 (1994)『増補訂正 琉球植物目録』沖縄生物学会.
文化庁内民俗文化財研究会 (1979)『民俗文化財の手びき —— 調査・収集・保存活用のために』第一法規.
松井健 (1975) 民俗分類の構造. 『季刊人類学』6(1): pp. 3-68.
松井健 (1983)『自然認識の人類学』どうぶつ社.
目崎茂和 (1980) 琉球列島における島の地形的分類とその帯状分布. 『琉球列島の地質学研究』5: pp. 91-101.
山田孝子 (1977) 鳩間島における民族植物学的研究. 『人類の自然誌』(伊谷純一郎・原子令三 (共編)) 雄山閣, pp.241-300.
山田孝子 (1984) 沖縄県, 八重山地方における植物の命名, 分類利用 —— 比較民族植物学的考察. 『リトルワールド研究報告』7: pp. 25-235.
山田孝子 (2012)『南島の自然誌 —— 変わりゆく人 - 植物関係』昭和堂.

● コラム2 ●
奥における植物利用（2）
リュウキュウマツとイタジイ

当山昌直・盛口満・島田隆久・宮城邦昌

　昔の奥はよく山を利用していた。山に生育するリュウキュウマツとイタジイは貴重な資源であった。リュウキュウマツは、燃料として貴重で、明かりとして重宝した。また水に強いという性質を利用して、樋をはじめ、田んぼや川の護岸の杭などにも使われた。イタジイは建材として、そして販売用の薪として利用され、奥の人々の生活を支えてきた。
　この二つの植物の伝統的な利用法を、奥の先輩たちからうかがった。

■ **リュウキュウマツ**（*Pinus luchuensis*、マツ科、方名：**マチ**）
　松かさを**マチブックイ**という。松の芯は**アッシ**と呼んだ（図2）。**アッシ**は奥の石炭のようなもの。宝とも呼んでいた。松明（たいまつ）に使用され、**イザリ**（夜の漁）にも利用された。川のウナギ捕りでも**アッシ**を重宝した。**アッシ**は大きな木にあるとは限らない。いじめられたような木が自然と**アッシ**を作

図1　リュウキュウマツ（国頭村辺戸）

図2　夜の漁に利用された松の芯
　　　（奥民具資料館蔵）

コラム2　リュウキュウマツとイタジイ

図3　豚の餌箱（奥民具資料館蔵） 　　図4　垢水汲み（奥民具資料館蔵）

る。また、**アッシ**はカマドの焚き付けにも使われた。**アッシ**を細かく削って、マッチで火をつけ、それから普通の薪に火をたく。昔は、毎朝、**アッシ**を使った。今でも山を歩いていて**アッシ**を見つけると、重くないものは持って帰る。松の立ち枯れは、**アッシ**を取るために入札する。

　トーニ（豚の餌箱）は必ず松で作った（図3）。**サバニ**の**ユートゥイ**（垢水汲み）は松の木と決まっている（図4）。魚をとったら、この裏側をまな板代わりにして中であえた。よけいな水も汲みだすのにも使う。風の強い日は**サバニ**で用をたすのは大変なので、これを便器代わりに使った。

　松は、松脂が入っていて白蟻にも食われなくて半永久的だが、建材としての仕上がりに弱い。しかし、水には強く、奥丸（奥集落の船）を作った材料が松、あと川の護岸の堤防の前に石をはめて堤防を保護する杭も松を使用しているという。田んぼの側の杭は全部松だった。臼は松と決まっていた（図5）。豚の骨を切る大きい刀の柄は松の木を使う。

　水に強いという性質を利用して、奥には川の上をまたいで用水を流す'**ピー**と呼ばれる松でつくった樋がある（図6）。この'**ピー**が何十か所もあり、橋がわりにもなっていた（図7）。10年とか15年に一回の大雨がくると'**ピー**が流されてしまう。そのため、大きな松を切ってはいけないという条例を作った。'**ピー**を作るのは水に強い松と決まっていた。

　1945年8月3日、戦争で山の中に避難していた奥の住民は、山から下

173

第1部　生きもの

図5　臼（奥民具資料館蔵）

図6　松で作られた樋
左：復元模型、右：1960年頃まで利用されていた奥川にかかる樋（いずれも奥民具資料館蔵）

りた。このとき、大水で増水した川の上を'ピーを橋代わりにして渡った。そこから辺土名の捕虜収容所に入った。このとき'ピーに大変お世話になった。コンクリートの'ピーは今も一部残っている。

　奥で正月の飾りに使用するのは、松と竹（昔はホテイチクが主）。

■**イタジイ**（*Castanopsis sieboldii*、ブナ科、方名：シー、シージ）
　山には椎が多く、よく利用した。一般的に実の名前はないが、強いていえばシーンミーという。椎の実が落ちてそれを採りに行くことを、ジィシープーリーガイカ（さあ、椎の実を採りに行こう）と言った。基本的には実も木も一緒に呼んでいる。

174

コラム２　リュウキュウマツとイタジイ

図8　イタジイの森（大宜味村）　　図9　イタジイの実（沖縄島）

食用として

　椎の実（図9）をご飯に入れた。椎の実で作ったご飯を**シーメー**と言った。米の少ない家では椎の実を収穫したのち乾燥させ、1年間利用した。椎の実はゆがいて干して乾燥させて、臼で砕いて殻をむいて保存する。米1合に椎3合をあわせて炊いた。シーメーはおいしかったというよりは米がないから食べていたというもの。椎の実だけをおやつとして食べる時は、**ウチー**（囲炉裏の残り火）の下に入れて焼いたのを食べた。

建材として

　椎の木でつくった柱は**シージバラ**、つくった家は**シージーヤー**といった。奥で一番建材に使われているのは椎。芯材は白蟻が食わないし、樫（オキナワウラジロガシ）と同じくらい非常に貴重な強い材。芯材は硬いので柱に使う。川を利用して木材を引っぱって運ぶことを**スッキギー**と呼んだ。特に、防虫処理はしないが、川や潮水に約半年間つける。椎以外にも奥の人は鍬の柄、杖、ザルをつくる時の竹を作る前に材料を全部水に浸ける。泥浸けもやっている。いずれも約半年間浸ける。場所は、河川や河口付近の湿地帯。椎は壁や柱などすべてに使う。壁材は奥では椎で壁板もまかなっていた。
　建材で一番使いたいのは、**'チャーギ**（イヌマキ）、**イク**（モッコク）だが

175

第1部 生きもの

図10 椎の木の利用
左：販売用の薪、右：籾摺り用の臼（いずれも奥民具資料館蔵）

量が少ないし、値段も高いから商品として売っていたんでしょう。

いろいろな利用
　椎の木が一番多いので薪として使った。那覇などに出す**サバター**（販売用の薪）にも使用（図10左）。また木炭にも利用した。完全に乾燥してない木や薪などを**スーガリムン**といった。
　メーピキウシ（籾摺り用の臼）は椎の木で作った（図10右）。ほかの臼は松と決まっている。

第2部
暮らし

扉絵：トーニとカキジャー（トーニは「（豚などの）家畜の餌入れ」、
カキジャーは「掻く物」、の意。）
一対の（豚などの）餌入れと、それをたぐり寄せるのに使う
カキジャーを象った、伝統的な芭蕉布の図案。

第5章　奥の共同性・自治・ひと
―― 奥研究の未来に向けて

中村誠司

「奥共同店百周年記念」を祝って、
奥共同店前に集まった、奥の子供たち。

第 2 部　暮らし

5-1　島田隆久との出会い

　奥に通い始めて四半世紀たつ。島田隆久と知り合って30年になる。私は、島田により、奥とやんばるを親しく学んできた。地域史・字誌づくりをライフワーク（研究テーマ）にしていた私を、島田はよく奥の年中行事に案内し、また奥の字文書資料調査などを見守ってくれた。私のやんばる研究と理解は、島田と奥によって深まり具体化した感がする。しかし、私は"奥"を体系的に調査研究したのではなく、ただ奥を楽しませてもらったように思う。奥の人と風土を見聞きし考えることは、私には意義深く、奥通いは続くだろう。奥にはなお深く掘り起こし、記録し、次世代に伝えていきたい歴史文化がある。それはたぶん将来の「新奥誌」に結実するだろう。また、奥の歴史文化の視線から"やんばる総体"はどのように見えるのかにも関心が向く。
　この章では、奥の基礎的特徴と思われる"共同性"や"自治"のエトスについて『奥字ノ事績』をもとに論じ、そのあと"奥共同店"と奥の自治組織、"生活道具（民具資料館）"を取り上げる。続けてこれまでの"奥研究"を振り返り、それをもとに未来の「奥学」の構想について語ってみたい。

5-2　『奥字ノ事績』をめぐって

　私は、奥の地域文化とひとびととの付き合いを通して、「奥には時代と地域の変動期にすぐれた人物が存在し、その人物（先人）たちを、後輩たちは尊敬し、かつ指針としてきた。奥はシマ社会の共同性を大事にし、それに支えられ、進取の気性を持つひとびとが各時期に出現した」というイメージを抱いてきた。
　最近、島田隆久から『奥字ノ事績』（1918年）をめぐって興味深い話をうかがった。この小さな編纂物は、奥の功労者と基本事項を簡潔にまとめたもので、近代やんばるのこの種の地域記録としては最初に属す。奥のシマ社会の

運営や共同店経営、つまり自治と共同性のエトスは、この100年前の『奥字ノ事績』に在る、というのである。

(1) 共計在和

『奥のあゆみ』巻末資料から、『奥字ノ事績』全体の見出しを書き出すと、

　奥字事績ノ編纂ニ題シテ
　奥字事績編纂者ヨリ
　記載順ニ付イテ
　一、宮城親良ノ事績
　二、糸満盛邦氏ノ事績
　字共同店ノ組織
　共同店ヨリ産業組合ニ組織変更
　奥字ノ事績

以下、納税、教育、兵事、勧業、衛生、共同店、資産、青年会、糸満盛邦への県知事表彰辞令2件、となっている。

事績のはじめに名前の挙がっている宮城親良（1823年頃生）は、智徳に優れた人で、明治8（1875）年国頭間切の地頭代を務めた。続いて名前の挙がっている、奥共同店を創立した糸満盛邦（1854生）は、宮城親良のずっと後輩にあたる。さらに後輩の宮城親基（当時の区長）、および宮城親孝、上原直吉、金城親昌、宮城昌良らの有志が、大正6年暮れに集まり、この『奥字ノ事績』を編纂したのである。

奥の自治と共同性のエトスについては、この中の「奥字ノ事績」の項のはじめに、次のように書かれている。

　　当字トシテ幾多ノ短所長所アリト言ヘドモ今日ノ奥ヲ建設シタルハ全ク「一致和合」ノ美風ノ結果ナリ。幾百幾千年月ノ間ニハ幾多ノ変遷アリ。ソノ興亡盛衰ハ人類ノ歴史上免レザル現象ニテ当字トシテモ今日マデ非常ナ暗斗離反アリシモ常ニ破壊ニ終ラズ字民ガ円満ニ生ヒ立チタルハ字民一致和合ノ賜ナリ。

第 2 部　暮らし

　「今日マデ非常ナ暗斗離反アリシモ」とある通り、共同店の経営に支えられた奥社会の自治の持続は、決して容易ではなかった。「共同店ヨリ産業組合ニ組織変更」の項には、この事績が書かれる 3 年前の大正 3 年、奥字民が「共同店」を「産業組合」に変更した結果、経営に困難を来たし、「経済ノ不如意ハ自然字民ノ精神離反トナリテ字民ガ二派ニ分レテ暗斗ハ暗斗ヲ重ネ」、大正 5 年にまた「共同店」を復活した、とある（表 5-1 参照）。この事績編纂の一因も、ここにあることが推測される。奥の「共同一致」のエトスは、単なる理想主義ではなく、このような歴史的な危機を乗り越えた共同体が、その確固たる未来を築くための指針として、当時の知恵を結集して確立したものなのである。
　奥の「共同一致」は、しかし、島田・タニス対談（終章第 3 節 (2) 参照）の中で島田が述べているように、個々の奥区民の個性や自己主張を押さえつけることによって成立するものではない。むしろ個性のぶつかり合い、自己主張のぶつかり合いを前提にした、共同体を維持していく上での、メンバー間の現実的な取り決め、という側面も持っていた。このような和合を維持するためには、共同体の発展に向けてのしっかりとしたビジョンを持ち実行に導いて行く統率力、異なった考えを持つメンバー間の意思疎通を図る指導力が必要とされる。そして、先に述べたように、奥では時代と地域の変動期に、必ずこのような優れた人材が現れた。
　このような奥共同体の指針を体現するものとして、奥集落センター（字公民館/1981 年 3 月竣工）のホールの左奥には、高知県出身の書家、川崎白雲[1]の揮毫による、「共計在和」の扁額が掲げられている（図 5-1）。

---

[1]　「川崎白雲」については、高名な書家だが、沖縄で話題にされることはなかった。奥では親しく語り伝えている。それで、私が奥と高知で知ったことを、やや詳しく記しておく。
　　白雲夫妻は、1975 年頃数年奥の栄森ヤに仮寓し、奥の人たちと親しく交流があった。私が、「川崎白雲」を知ったのは、25 年ほど前、奥でのゆんたく取材の時だった。半紙に平かなの墨字を数枚見せてもらった。それは白雲が奥の人に与えた"書のお手本"であった。名護で白雲夫妻とお付き合いした人に出会い、資料を見せてもらっ

第 5 章　奥の共同性・自治・ひと

表 5-1　奥共同店 100 年のあゆみ

1906（明 39）年 4 月	奥共同店創立（糸満盛邦による）。やんばる船 3 隻購入。
1911（明 44）年	林産物税徴収（代金の 15%）。
1914（大 3）年 12 月	無限責任奥販売購買信用組合（産業組合）として組織替え。
1916（大 5）年 1 月	産業組合解散、負債 3000 余円。
11 月	共同店復活。上原直勝の尽力による。
1930（昭 5）年 5 月	初の発動機船「えびす丸」（35 トン）就航。
1936（昭 11）年	「伊福丸」就航（1944 年 10 月 10 日空襲で炎上沈没）。
1945（昭 20）年 3 月 23 日	空襲を機に住民山中へ避難。
1945（昭 20）年 8 月 3 日	住民米軍に投降し、辺土名周辺の収容所に収容される。
1945（昭 20）年 10 月 5 日	奥住民収容所から部落に帰還、戦後の生活が始まる。
1945（昭 20）年 11 月	共同店解散。
1946（昭 21）年 2 月	配給所設置（1948 年売店に移行）。
10 月	戦災復興のため公営の簡易製材所設置。1951 年民営に移管。1963 年営業停止。
1947（昭 22）年 2 月	公営の製茶工場が竣工、本格的な製茶事業開始。
4 月	「奥生産組合」発足。
1948（昭 23）年	おく丸建造・就航。精米所公営で復旧。発電所設置（1967 年国頭村営に移管）。「奥茶業組合」結成。
1950（昭 25）年 6 月	売店を生産組合に統合。
7 月	「奥酒造会社」設立。昭和 30 年代過疎化が進み、1959 年会社閉鎖。
1951（昭 26）年 12 月	生産組合を改組。生産組合（事業部）：製茶、精米、電気／共同店：購買、販売、船／酒造会社：酒屋
1952（昭 27）年 3 月	酒屋を生産組合に統合。
11 月	売店を共同店に統合。
1953（昭 28）年 1 月	生産組合を共同店に統合。「昭栄丸」（30 トン）就航（1955 年廃船処分）。
1955（昭 30）年 4 月	精米所と発電所を統合。
8 月	共同店の運送業務は海上輸送（船）から陸上輸送（トラック）に替わる。
1956（昭 31）年	共同店の店舗を終戦直後の木造瓦葺からコンクリートブロックに建替える。
1958（昭 33）年 6 月	茶業組合の運営を共同店から分離。
9 月	共同店、那覇倉庫設置。
1972（昭 47）年 10 月	奥木炭組合解散。12 月、林産物の取扱を打ち切る。
1976（昭 51）年 2 月	昭和 50 年度「朝日農業賞」受賞。6 月「沖縄タイムス産業賞」受賞。
1985（昭 60）年 10 月	現在地に共同店を新築移転。
2005（平 17）年 12 月	共同店創立 100 周年記念フォーラム開催。
2006（平 18）年 10 月	共同店創立 100 周年記念式典並びに祝賀会
2008（平 20）年 3 月	『共同店創立百周年記念誌』発刊。

たりした。ずっと後、2000 年頃から学生の巡見学習で高知県に通い始め、偶然、白雲が旧鏡村（現高知市鏡）の出身と知る。

川崎白雲は、高知県鏡村（現高知市）に 1909 年（明治 42）に生まれる。戦後、毎日書道展審査員など書道界で高名な書家であった。晩年、約 2000 点におよぶ作品群を郷里・鏡村に寄贈した。それをもとに「ギャラリー白雲」が 1995 年に開館した。

白雲は、1971 年頃に転機があったようだ。1975 年頃夫妻で奥にやってきて、数年住んだ。白雲が奥に残した公的な書は、「朝日農業賞受賞記念碑」（1975 年 10 月

第 2 部　暮らし

図 5-1　川崎白雲書「共計在和」(奥区事務所)

図 5-2　アシャギマーの顕彰碑
左：宮城親栄翁顕彰碑（戦後最初の区長（第 5 代、1945-47 年））
右：朝日農業賞受賞記念碑（1975 年、川崎白雲揮毫）

(2) コトバによる記録の伝統

　ところで、この「一致和合」が『奥字ノ事績』の最も重要なテーマであり、奥共同体の精神の基本を示したものとして言及されるのは間違いないのだ

---

6 日建立）を揮毫し、「一おくのはらからまもり　ちりゆきし　いさおはながく　くちぬとぞおもう / 白雲」（漢字を宛てると、一億の同胞守り / 散り行きし / 功は永く / 朽ちぬとぞ思う）を作歌・揮毫した。そして、奥集落センター（公民館）内に掲げられる「共計在和」の額を揮毫した（図 5-1、5-2 参照）。

が、『奥字ノ事績』の中には、もう一つ重要なメッセージがこめられている。「記載順ニ付イテ」の、次の箇所である。

> 以下当字ノ事績ヲ記スルニ付、参考トナルベキ記録ノ存スルナク又当字ノ建設ノ昔ヨリ記載スルヲ得ザルニ付、明治初年後吾々ノ印象セル大略ヲ記述シ得ルノミ、故ニ自然順序ニ錯誤アリ。又事実ニ相違スル点ノ生ジ来ルハ免レザル事ナルモ、吾々ハ将来ノ記録トシテ吾々ノ印象ヲ編纂スル。

奥についての文字で書かれた歴史がないため、奥共同体の未来のためにも、いままで伝わっている限りの情報を書きコトバで記録しておくことの決意を述べている。口承で伝わる情報を文字に書き留めることの重要性と限界を、実にバランスよくまとめた記述である。

すべてを文字で記録するという奥の伝統は、ここに始まる。区議会の議事録や共同店の運営に関する記録などの詳細な資料、個々の区民の手になるさまざまな手書きの資料等が残さていること、また近年、『字誌　奥のあゆみ』（1986年）や『奥共同店　創立百周年記念誌』（2008年）のような奥共同体の総力をあげての出版事業が行われたことなどに、この伝統は、まっすぐつながっていくものである。

5-3 奥共同店と自治機構

(1) 奥共同店：暮らしの多様性の原動力

2006年10月7日、晴れた一日、奥は「奥共同店100周年」を祝う"道ジュネー"から記念式典と祝賀会で大いに賑わった（本章扉写真参照）。上原信夫（1928年生）により「奥共同店口説」が作詞作曲され、式典と祝賀会で披露された。

奥共同店の100年は、近現代の奥の経済社会、歴史そのものである。現在、全国の中山間地域・農山村、また大都市の地域社会が崩壊過程にある。その

中で、小さなシマ社会・奥、その"共同店"が注目され続けている。100周年を期に開催された「記念フォーラム」(2005年)と「記念サミット」(2006年)では、沖縄各地から大勢の人が集い、論議し考えた。テーマは、"現代と共同店・共同社会"である。このフォーラムの記録を含め、奥共同店の歴史、寄稿文、関係資料の全部が総合的にまとめられ、『奥共同店 創立百周年記念誌』として2008年に発刊された。

奥共同店は、1906(明治39)年に糸満盛邦によって創設された。奥の近代100年は、奥共同店の運営・経営を軸に展開してきた。奥共同店は、地域の林産物の集荷・流通を基本に、奥人たちの実に多面的・多様な活動を支持してきた。まさに、奥の暮らしの多様性を保証する原動力となった。現代の奥は小さなシマ社会と見てしまうけれど、奥共同店100年の歴史には、現代においても深く豊かに見究めるところが多い(表5-1)。

奥共同社会における共同店の特色を、調査研究して明らかにしたのは、平恒次の「琉球村落の研究」(1957年)であった。平は、奥共同店の特徴を、下のように簡潔にまとめている(11頁)。

> 奥区共同店は、奥部落における購買、販売、信用における独占的事業機関である。共同店は奥部落が共同体として、資本主義的要素の侵入と圧力とに対して自己防衛の手段として創造した共同事業である。

この「資本主義的要素」を「グローバル市場要素」と言い換えることによって、我々は、奥共同店の今日的な意義を、鮮明に再認識できるであろう。

沖縄で資本主義経済が潮流となりつつあった明治後半のこの時期に、この「資本主義的要素」は、流通面での商業資本という形で奥社会の中に侵入しようとしていた。平が金城親昌から聞いたところによれば、それは、生粋の部落民で雑貨商を営む糸満盛邦と、与那原からやってきたよそ者の太田という名の雑貨商との間の対立となって現れた。

> 時に、日本では明治三十三年に産業組合法が制定され、その後数年後おそらく産業組合の趣旨に刺戟をうけた部落民の一部が、流通過程に介在して利潤の形で農民を搾取している商業の私的経営に反感をもつようになつたことで

第 5 章　奥の共同性・自治・ひと

共同店口説（奥共同店創立百周年記念作品）

作詞　上原信夫
唄三線　新城雄一

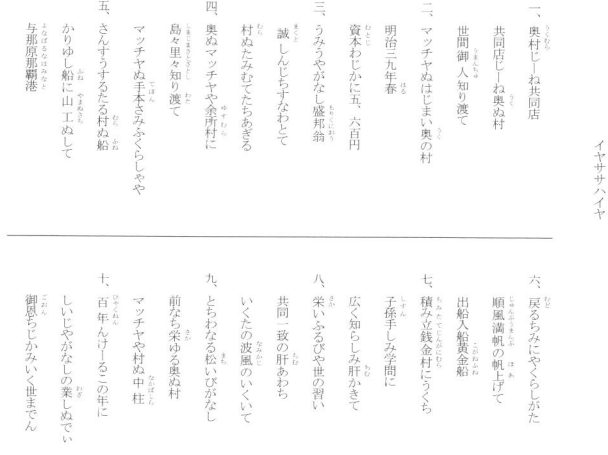

（ハヤシ）
サテサテ明治三九年の春ぐる
わじか資本や五、六百円
うちするて今ぬ繁盛
むしるむんさみ
イヤササハイヤ

一、奥村じーね共同店
共同店しーね奥ぬ村
世間御人知り渡て

二、マッチヤはじまい奥の村
明治三九年春
資本わじかに五、六百円
誠しんじちすなわて
村ぬたみむてたちあぎる

三、うみうやがなし盛邦翁

四、奥ぬマッチヤや余所村に
島々里々知り渡て

五、さんすうするたる村ぬ船
マッチヤぬ手本さみふくらしゃや
かりゆし船に山工ぬして
与那原那覇港

六、戻るらみにやくらしがた
順風満帆の帆上げて
出船入船黄金船

七、積み立銭金村にうくら
子孫手しみ肝きて

八、栄いふるびや世の習い
広く知らしみ学問に

九、共同一致のあわち
いくたの波風のいくいて
とらわなる松いがばなし
前なち栄ゆる奥ぬ村
マッチヤや村ぬ中柱

十、百年んぢーるこの年に
しいじやがなしの業しぬでい
御恩ちじかみいく世まで ん

図 5-3　「奥共同店口説」歌詞

図 5-4　「奥共同店口説」録音風景
左より玉城弥生、新城忍、新城雄一、座波雪子
QRリンク：http://www.kyoto-up.or.jp/qrlink/201603/yanbaru/04.html

「奥共同店口説」音声

あろう。しかも商業が区民の中からのみの発生であつたとすればそれ程の刺戟にもならなかつた筈であるが、着のみ着のままで奥部落に辿りついて、田畑を耕すのでもなく山に行くのでもなく、居ながらにして富を蓄積して行く太田氏の存在は、商業資本および商業利潤の性格について心ある人々に余程

第 2 部　暮らし

　　の刺戟を与えたにちがいない。商業の共同化は、部落民の共同の利益のため
　　にこの際どうしても必要であった。この動きが、盛邦氏の子盛弘氏を中心に
　　して進められたということは、事を遂行するに当って甚だ好都合であつた。
　　盛邦氏はこの時に当つて快く自己の商業資本を共同店にゆずりわたし、ここ
　　に奥共同店が明治三十九年四月に設立の運びとなつた。（平 11-12 頁）

　設立後、共同店の経営は順調に進み、大正初期にはその最盛期を迎えた。
ところがちょうどその頃、産業組合運動が沖縄全県に広がり、奥はこの影響
で、大正 3 年に共同店を「産業組合」に変更した。その結果、5-2 節（1）に
述べたような、共同体の崩壊ももたらしかねない重大な危機に直面すること
となる。結局、2 年間続いたこの"産業組合"は、解散に追い込まれる。
　このような状況は、当時のやんばる各地域に共通する歴史的経験であった。
地域経済社会の大きな変動が続き、復活できないところも多かったが、奥は、
その後すぐ、この失敗の原因に関する徹底的な分析・総括を行い、危機を乗
り越えて共同店の復活を実現する。『奥字ノ事績』の「共同店ヨリ産業組合
ニ組織変更」の項には、その原因分析とともに、「農学校出身の在郷軍人」
上原直勝がこの後の共同店の再建に大きく貢献したことが記されている。島
田がその姪孫の上原信夫（1923 年生、東京在）から聞いたところによれば、
上原直勝は、九州の炭鉱で生活協同組合の体験を経て奥に戻り、その体験を
生かして共同店の運営を軌道に乗せたようである[2]。このような実際的なス
キルを持つ人材が育っていたことも、共同店の発展の大きな原動力となった
と考えられる。
　このような経緯一つをとっただけでも、やんばるの近代地域史を見る上で、
奥と共同店の歴史を再検討することが不可欠であることがわかる。
　平恒次の研究の後、外からの研究者の奥への関心は、その"共同社会と共
同店"に向かった。そうした中で、奥共同店を、奥人の目から自己検証・評
価したのは、『字誌　奥のあゆみ』（1986 年）と『奥共同店創立百周年記念誌』

---

[2]　その後、上原直勝は、その兄の上原直松（明治 41 年、奥から最初に南米に移民した）
　　の後を追って、ブラジルに移民した。

（2008年）であった。

　奥出身の畜産研究者・宮城悦生は、奥共同店の設立、産業組合移行による失敗からの再建、その戦前における繁栄、沖縄戦の戦災による解散、そして戦後における復興と、共同店の歴史を振り返りながら、その過程における多角経営、多機能について、詳細に論じた。この論文の第3部「共同店の事業および部落の繁栄に果たした役割」（『奥共同店創立百周年記念誌』41-61頁）で、彼は、奥共同店が、戦後の最盛時（1956年）において、食糧・日常品の購買販売に加え、次のような事業を行っていたことを記述している。

　①林産物、②茶業、③運送業、④製材所・精米所・発電所、⑤酒造会社、⑥資金貸付：猪垣資金、他部落への貸付、出稼ぎ者への渡航費、病気療養費、畜産購入資金、育英資金、⑦納税、⑧医療・衛生：診療所、共同浴場、⑨株主配当、⑩助成金（補助金）

　簡単に言えば、奥共同店の経営は、地域経済を基礎に、シマ社会の展開、人的能力の開発、青少年の育英・育成、健康・福祉の保障などの基盤条件を形づくったのである。それは、奥スタイルの地域自治につながるであろう。

　奥で創設された共同店は、やがてやんばるをはじめ沖縄各地に広がり、戦後1980年頃の調査では116ヶ所を数えた[3]。しかし、車社会化と大型スーパーの立地展開とともに各地の共同店は衰退し、現在沖縄で約80ヶ所に減っている[4]。現代の消費社会で共同店の経済性に限界はあるが、進む高齢化社会の一方、地域の共同社会性や福祉を考えるなら、共同店の未来の可能性を見なくてはならないであろう。

　奥共同店は、やんばるにおいて、歴史の関心事であるとともに、未来の課題でもある。

---

[3]　沖縄大百科事典（1983年、沖縄タイムス社）。
[4]　この数字は、宮城能彦の2006年の調査に基づく（http://kyoudoubaiten.ti-da.net/c33875.html）。

(2) 奥の自治（政治経済）機構

　沖縄の伝統的なシマ社会（行政区・字）は、それぞれ自治組織を備えている。区行政の代表・執行者は"区長"と通称される。区長は、そこの住民（区民）による選挙で選任される。奥は、共同店を運営しているので、共同店の"主任"も住民の選挙で選ばれる。

　奥の自治（政治経済）機構（1950年代）は、図5-5のようであった。（この図を整理・作成したのは、平恒次であり（1957年）、以降、奥研究における"奥の社会・自治"の理解はこの図に基づいている。）この組織・機構は、現在も基本的に同じである。

　1960年代中頃には、理事4人、代議員9人で"奥区議会"を構成した。議会では区長が議長を務めた。

　奥の自治法制は、"奥区条例"（1963年末は10章65条）および"奥共同店店則"を基本に、各種規定が定められた。

　"奥共同店店則"は、旧くは1917（大正6）年頃に制定され、その後何度か改定されている。

　"奥区条例"は、慣習法をもとに、1954（昭和29）年に初めて成文化されたと言われる。初期の条例は残っていない（『奥のあゆみ』69-70頁）。上に挙げた1963（昭和38）年のものが現行の条例の基礎になっている。

　『奥共同店　創立百周年記念誌』には、この大正6年頃作成の"奥共同店店則"に加え、奥区議事録（1944年10月～1950年12月）や奥共同店議事録（1942年1月～1944年12月/1948年12月～1960年12月）が翻刻・収録されている。

　特に、戦後すぐの奥区議事録は、当時の奥の状況を生々しく伝える。奥区民は、10月5日に、米軍の収容所から、戦災で荒れ果てた集落に帰還した。まず焼失を免れた家々に住居を割り当てると、10月8～9日にはもう役員会・部落常会を開いて、新区長宮城親栄（図5-2参照）と臨時役員を選出する。そして新体制のもと、最初の2週間はほぼ毎日と言っていいペースで役員会・常会を開き、行政組織の復活、土地や家の整備、共同店復興に向けての財務

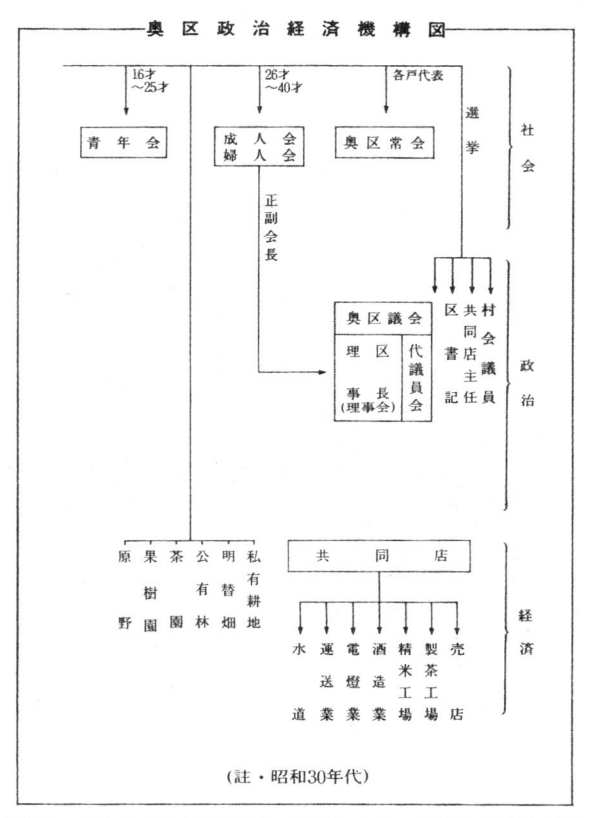

図5-5 『字誌 奥のあゆみ』(1986年、76頁) より。原図は平 (1957年、19頁)。

整理など、目の前に山積する課題を処理しながら驚異的なペースで村の復興を進めている。奥というこの小さな共同体のもつ自治の力がフルに発揮されていることが感じられる。

10月26日の夜に開催された役員会では、三つの事項が決定されている。最初の二つを挙げる。

1. 乃木神社廃止ノ件

第 2 部　暮らし

図 5-6　ミヤゲムイ
中央：乃木神社の台座跡に建てられた慰霊塔。
右：忠魂碑。

　従来軍神トシテ奉レル乃木神社ハ、日本敗戦ノタメ神トシテ奉ル事ヲ如何ガト思ヒ廃止スル事トセリ。
2. 氏神様並ビニ乃ン殿内信仰ノ件
　氏神様ハ従来通リ信仰スルコトトシ、乃ン殿内ハ戦争ノ為全焼セルタメ建築スルコトトス。従来ノ住宅合作ニセズ、拝所ダケ一間半×一間半ノ家ヲ作ル事。用材ハ区有林ヨリ出材ス。人夫ハ去ルウェーデー（共同作業）ノ出不足ノ分ヲ以テ之ニ充テル。

　奥は、戦前、愛国心高揚のため、さまざまな貢献をした。大正の御大典（大正 3 年）の際、ミヤゲムイで建立された乃木神社もその一つである（第 7 章 7-2 節 (3) 参照）。人々は軍神が日本を勝利に導くと信じていたのである。それが、敗戦を迎えた。そのため、「日本敗戦ノタメ神トシテ奉ル事ヲ如何ガト思ヒ」、戦後すぐこれを廃止する。その一方で、焼失した各拝所の復興を決め、その場所と労働力を具体的に割り当てている。奥の合理精神が躍如としている感がある。（なお、廃止された乃木神社の跡には、1962 年に、戦没者慰霊塔（図 5-6）が建立された。)

5-4 民具資料が伝える奥の暮らしの多様な姿

　1972年の日本復帰後、沖縄の日常生活にも便利で安価な日常用品が入り込み、それまで各家庭で使われてきた伝統的な生活道具が使われなくなり放置され始めた。また、庭先や納屋に置かれていた生活道具が、外部の収集家に買い叩かれ地域から流出した。奥でも同じ危機的状況であったという。

　これでは、自分たちの昔からの生活の移り変わりを知る民具類が消滅してしまうと憂慮し、奥区民が一体となって収集と保存に乗り出した。1980年頃"奥民具保存会"を結成し、奥の民具を収集・保存する活動が始まった。

　1983年7月、第1回奥生活民具総合展示会が開催された。その趣意書は、「古いものに愛情を注ぎ新しいものとの調和状態を保つことが、すぐれた生活環境ではないか。心の故郷への回帰を意図して奥生活民具保存会を結成、昔から今日にかけて奥で使用されてきた漁具および農具、生活民具等をできうる限り広範囲に収集、復元保存して、心のよりどころ、故郷の心として後世に引き継いで行く」と述べる。共同の心、故郷への愛情、生活文化の自己評価が、奥の字立民具資料館を誕生させ、維持・運営してきた基盤であろう。

　奥民具資料館は、1985年10月に旧共同店が新店舗（現共同店）に移転したので、旧店舗跡を利用して開設した（図5-7参照）。

　"奥ヤンバルの里（交流館）"は、2001年4月に施設が落成した。その中に、奥民具資料館は移設され、"奥ヤンバルの里資料館"の名で一般の見学に開いている。やんばるのシマ社会の生活文化誌を静かに物語っている。

　奥の民具資料館は、ユニークである。まず、全国でも珍しい"字立"の資料館であること。さらにそれは、

- 奥人がそれぞれの自宅で使った資料（生活道具）を持ち寄ったこと。約1500点の資料のほぼすべては奥住民の寄贈（持ち寄り）である。
- 奥区が運営していること。国頭村には公立の資料館が未設置で、2001年に公的補助で"奥ヤンバルの里"（交流館、資料館、レストラン、宿泊施設）を建設したが、管理運営は奥区で行っている。

第 2 部　暮らし

図 5-7　奥民具資料館（1985 年、旧共同店跡に設置）

- 民具の特色は、一昔前の奥・やんばるの生活・生業を表現するが、沖縄を代表する山国＝奥であるので、山仕事の道具類が多いこと、そして奥産業の基幹である茶業関係の道具類が多い点である。
- 生活格差のあまりない奥社会なので、民具資料の"格差"もあまりない。したがって同じ種類の生活道具が多い。ていねいに見ると、職業差に基づく道具の特色が、鍛冶道具や大工道具などにみられる。
　共同性が強いムラだからか、'ピー（川を跨ぐ樋）や精米機など共同利用施設・道具も多い。

　私は当初、"生物・文化多様性"のテーマを、生活道具（民具）を見つめることで考えてみようとした。生活・生業の道具は、その地域の土地自然、生物（植物）の条件と対応している。琉球（沖縄）の民具は、北の日本だけでなく、南のアジアにもつながるそうだ（上江洲 1980、2005）。では、琉球文化の中でのやんばる民具の特徴はどうであろう。奥に注目すると、やんばるの中での奥の民具の特徴は、どのように理解されるのだろうか。これらを、1 個・1 戸単位のレベルで見ることはできるのだろうか。さいわい私は、身近に民具や博物館に詳しい知人・友人に恵まれてきた。だが、深く学習してこなかった。さらに出身が大阪の街外れで、やんばるの生活体験、道具を使う経験が

欠けている。ネイティブでないと、頭で理解しようとも、あるところから先はわからないのである。

　私は、2001年の奥ヤンバルの里開設にむけて、民具資料館の資料整理の一部を手伝わせもらうことを考えた。折よく名桜大学での担当ゼミ生に、国頭村辺土名在住の卒論生・宮城慎也がいた。卒論は、民具資料館の1点1点の"資料カード"を作成することを課題とした。島田隆久に基本情報を書いてもらい、モノ（道具）に番号を付け、写真撮影をする。作業手順は単純だが、真夏の8月から、狭く蒸し返す資料館の内外での作業が続いた。資料は何点あるのか、ようとして見えない。資料は不定形があり、道具箱にある大工道具は、道具が小さく数が多い。作業は1点単位。何日かかったのだろうか。宮城慎也はよく作業を持続した。

　この整理・撮影作業の結果、民具資料館の資料数はほぼ1500点を数えた。6cmのA4ファイルは8冊になった。カードと写真を基に、基本データの整理は、私が担当した。余裕と能力があれば、資料の理解と分類に着手したかもしれない。私レベルの奥の民具＝道具文化の分類～系統理解はできなかった。

　ただ幸い、データ整理の途中、資料全体の2/3にあたる約1000点について、沖縄民具研究の第一人者である上江洲均氏に"分類"を依頼することができた。その成果（全体分類表）を図5-8に紹介する。

　この作業は、予定されている展示計画作業の前提として考えていた。時期は間に合わせたが、展示設計業者はこのデータを使わなかった。

　この後の経過は説明がややこしいので省く。結局、民具資料データを使わずに展示計画が進められた。つまり、展示業者においては、奥資料館のような小規模展示には労をかけない、ようだ。最後は島田も私もずっと懇意な、博物館づくりの専門家である島袋正敏氏をお願いして、当事者の島田を中心に、現場で大きな展示変更を行いつつ、道具の移動から展示を仕上げてしまった。

　今回、私は資料台帳カードを確認しながら、沖縄・やんばる民具文化の理解をしようと、少し作業をしてみたが、15年間民具学習を怠ったため、奥

第2部 暮らし

国頭村奥民具資料分類表（全体）　　［上江洲均原案］

```
大分類　　　中分類　　　小分類

衣食住─┬─着用具‥‥‥‥‥‥‥‥‥‥‥‥‥‥（  18 ）
　　　 ├─食用具─┬─調　理‥‥‥‥‥‥‥‥（ 144 ）
　　　 │　　　　 ├─飲　食‥‥‥‥‥‥‥‥（ 121 ）
　　　 │　　　　 ├─嗜好＝喫煙‥‥‥‥‥‥（   3 ）
　　　 │　　　　 └─食品貯蔵‥‥‥‥‥‥‥（  34 ）
　　　 └─住用具‥‥‥‥‥‥‥‥‥‥‥‥‥‥（  47 ）
生産・生業─┬─農耕具─┬─耕耘用具‥‥‥‥（  89 ）
　　　　　 │　　　　　└─収穫用具‥‥‥‥（  60 ）
　　　　　 ├─漁　具‥‥‥‥‥‥‥‥‥‥‥‥（   3 ）
　　　　　 ├─山樵用具‥‥‥‥‥‥‥‥‥‥‥（  50 ）
　　　　　 ├─狩猟用具‥‥‥‥‥‥‥‥‥‥‥（   2 ）
　　　　　 ├─加工用具‥‥‥‥‥‥‥‥‥‥‥（  30 ）
　　　　　 ├─染織用具‥‥‥‥‥‥‥‥‥‥‥（   2 ）
　　　　　 ├─畜産用具‥‥‥‥‥‥‥‥‥‥‥（  11 ）
　　　　　 └─職人用具‥‥‥‥‥‥‥‥‥‥‥（ 234 ）
交通・運輸・通信‥‥‥‥‥‥‥‥‥‥‥‥‥‥（  74 ）
交　易‥‥‥‥‥‥‥‥‥‥‥‥‥‥‥‥‥‥‥（  58 ）
社会生活‥‥‥‥‥‥‥‥‥‥‥‥‥‥‥‥‥‥（   5 ）
信　仰‥‥‥‥‥‥‥‥‥‥‥‥‥‥‥‥‥‥‥（   1 ）
民俗知識─┬─民俗芸能‥‥‥‥‥‥‥‥‥‥‥（     ）
　　　　 ├─競技・娯楽・遊戯‥‥‥‥‥‥‥（     ）
　　　　 └─教　育‥‥‥‥‥‥‥‥‥‥‥‥（   2 ）
人の一生─┬─産　育‥‥‥‥‥‥‥‥‥‥‥‥（     ）
(通過儀礼)├─婚　姻‥‥‥‥‥‥‥‥‥‥‥‥（     ）
　　　　 ├─葬　送‥‥‥‥‥‥‥‥‥‥‥‥（     ）
　　　　 └─祭　具‥‥‥‥‥‥‥‥‥‥‥‥（     ）
年中行事─┬─春‥‥‥‥‥‥‥‥‥‥‥‥‥‥（     ）
　　　　 ├─夏‥‥‥‥‥‥‥‥‥‥‥‥‥‥（   2 ）
　　　　 ├─秋‥‥‥‥‥‥‥‥‥‥‥‥‥‥（     ）
　　　　 └─冬‥‥‥‥‥‥‥‥‥‥‥‥‥‥（     ）
```

図 5-8　国頭村奥民具資料分類表（全体）［上江洲均原案・2000年］

の民具の系統分類はできなかった。"奥の民具"の整理・研究は、奥の生活文化を深く具体的に理解するうえで重要な仕事である。将来の"奥研究"の課題としよう。

第 5 章　奥の共同性・自治・ひと

5-5　奥研究

(1) 奥研究のあゆみ

　沖縄では、シマ社会（字・区）を単位とする地域研究が盛んだ。しかも、その地域住民（素人集団）によって取り組まれるところに沖縄の特色がある。やんばるでは1980年代前期に名護市史編さん活動において、この住民による地域研究を"字誌づくり"として評価し方法化し、その活動普及を支援した。その後、先行する字誌を見習うことで、字誌づくりは沖縄中に広がった。その結果、沖縄でこれまで約250点（種）の字誌が刊行された。

　字誌づくりは、素人集団による"わがシマ"の調査研究→執筆→編集→印刷・刊行の一連の仕事過程を実施するもので、紆余曲折の苦労を経験する。ふつう10数年を要するようだが、『字誌　奥のあゆみ』の場合、1983年5月に字誌編纂委員会を設置し、1986年10月に発刊している。短期間に密度の濃い上質の内容に仕上げているのは、担当した奥人たちの経験と力量、そして共同一致の賜物であるが、その背景には、5-2節(2)で述べたような、書きコトバによって記録を残そうとする、『奥字ノ事績』以来の伝統がある。そのことは、『奥共同店創立百周年　記念誌』(2008年)にも結実する。

　沖縄の人々と社会は、出身地（生まれジマ）への愛着・きづなが強い。沖縄では区・字を単位に、移住した中部や那覇都市圏で出身者たちが"郷友会"を結成する。奥郷友会の人たちは、奥の区民運動会や各種行事によく参加交流する。郷土の活動・事業を支援することもよくある。奥の場合、『字誌　奥のあゆみ』や『奥共同店　創立百周年記念誌』の刊行は、地元奥と在那覇奥郷友会との共同作業による見事な成果である。

　また、在那覇奥郷友会は自分たちの"記念誌"を重ねて編集・刊行している。これは郷土・奥への愛着を共有する郷友会員が多いことに加えて、会員多くの共感と支持があり、この種の仕事 ── 執筆・編集・基金集めなど ── に長けた人たちがいるからであろう。

第 2 部　暮らし

　奥に関する本や研究成果報告は、沖縄においてもきわめて多い。奥人による奥の研究・記録に加え、外部の人による奥研究も多い。その関心は、5-3節(1)で述べたように、奥の"共同社会"、ことに"共同店"に注がれてきた。その関心は、現代に継続する。
　また、2000年前後から、島田を頼り、島田を介した外部の人による"奥の調査研究"が増えた。1990年に奥のムラおこし事業・活動の一環として「奥鯉のぼり祭り」がはじまる。90年代、区長職にあった島田の内外の活動は注目される。その一つは1995年、20世紀最後の"亥年"にあわせて奥を舞台に開催された"イノシシ・サミット"である。奥研究・記録における島田の功績は大きい。そして現在、宮城邦昌が島田隆久の奥調査研究を継いでいる。

(2)『字誌　奥のあゆみ』：奥の字文書資料

　『字誌　奥のあゆみ』(1986) は、奥のすべての事象を総合的に叙述・記録した本である (表5-2)。充実した内容および編集、その取り組み体勢の点で、1980年代やんばるの"字誌"の参照基準をなしたと言える。
　私は沖縄・やんばるの地域史 (市町村史・字誌づくり) 研究をライフワークにしてきた。1977年に名護市史編さん事業・活動を起こし、現在も名護市史の調査研究・編集に関わっている。沖縄における市町村行政文書の歴史資料評価・保存活動にも関心を寄せ、実地をみてきた。"字誌づくり"は、名護市史編さん活動において特に重視し、その普及に努めてきた。字誌は、地域の歴史資料がきわめて少ないため、経験と記憶・伝承を基に執筆・構成されることが多い。
　ところで沖縄は、本土日本とは歴史の形成・展開を異にするので、前近代においても地方（ジカタ）文書の作成量は日本と比較にならないくらい少ない。近代もそれは同じであったが、沖縄戦により地域の歴史文書や文化財資料は灰燼に帰してしまった。
　したがって、沖縄で地域史 (市町村史・字誌) を調査研究し叙述することは、

第 5 章　奥の共同性・自治・ひと

表 5-2　『字誌　奥のあゆみ』(1986) の目次

第 1 章　奥の自然と風土 　1　地形・風土 　2　奥の名称 　3　奥部落の成立 　4　神職と祭事：ノロ及びノロ殿内・御嶽と拝所 　奥貝塚 第 2 章　部落行政と機構 　1　指導者群像 　2　部落行政と機構 　3　補佐団体：成人会・向上会・青年会／奥区政治経済機構図／奥部落条例 第 3 章　奥共同店 　1　共同店の設立 　2　産業組合の失敗 　3　共同店の復活 　4　戦後共同店の再建 　共同店議事録／勘定清算書／奥共同店店則（旧）／奥共同店店則（新） 第 4 章　奥の産業 　1　農業：耕地／猪垣／水稲／甘藷／サトウキビ（甘蔗）／果樹／蘇鉄 　2　茶業 　3　畜産 　4　林業 第 5 章　学校教育 　1　学校教育の夜明け 　2　奥分教場の設置 　3　奥小学校の独立 　4　昭和初期から敗戦まで 　5　戦後の学校教育 　6　奥中学校の移転 第 6 章　交通・通信の発達 　1　概説 　2　海上交通	3　陸上交通 　4　郵便局と電話 第 7 章　保健と環境衛生 　1　診療所の開設 　2　共同風呂の設置と環境衛生 　3　助産婦（産婆） 　4　断髪屋 　5　ハブ咬傷 　6　民間療法 第 8 章　生活のいろいろ 　1　井戸と川の利用 　2　簡易水道の敷設 　3　食生活 　4　住居 　5　民具 第 9 章　民俗と習慣 　1　婚姻 　2　葬制・墓制 　3　俗信 第 10 章　奥の方言 　1　奥ことばの年輪 　2　ウクムニー（奥言葉） 　3　奥の方言 第 11 章　民話・伝説・歌謡 　1　民話・伝説 　2　奥の歌あれこれ 第 12 章　各種施設：発電所／親子ラジオ／酒造工場／製材所／駐在所 第 13 章　年中行事と伝統行事 　1　年中行事 　2　伝統行事 第 14 章　門中・屋号・地名 　1　門中 　2　奥の屋号と家判	第 15 章　戦争と奥部落 　1　太平洋戦争の勃発：10 月 10 日の空襲／山中へ避難／夜間の大移動／投降・収容／戦災復旧／戦没者 　2　与論島逃亡の記 　3　石師団薪炭作業隊（畑中隊）の記録 　4　戦没者御芳名 　5　戦災家屋一覧 　6　終戦直後の想い出 第 16 章　海外移民・郷友会 　1　海外移民：南米（ブラジル）／南洋（サイパン・パラオ）／フィリピン 　2　郷友会 　1　在那覇奥郷友会・在那覇奥郷友会歴代会長・在那覇奥郷友会会則 　2　在阪奥郷友会の概要・在阪奥郷友会会則 第 17 章　資料編 　1　奥字ノ事蹟 　2　琉球共産村落の研究 　3　田村理論の性格 　4　沖縄県国頭村奥共同店の機能に関する研究 　5　河村只雄「南島文化の探求」より 　6　溝上泰子「受難島の人々」より 　7　「上杉県令国頭巡回日誌」より 　8　笹森儀助「南島探験」より 　9　土地所有権委員会記録 　座談会（1） 　座談会（2） 　奥字年表

第 2 部　暮らし

絶望的に難しい。沖縄の市町村においては、戦後の行政文書資料の整理保管状況も一般に芳しくない。市町村の行政記録情報の断片は各字・区事務所に残存している可能性がある。そのように考えて、実地に字文書の見分けと整理（目録作成）をやってみたく、1998 年島田区長にお願いをした。字文書を外部の者に見せるのは躊躇があると、有志の方々とも検討したそうである。ただ、奥はその数年前に多量の文書資料を整理した経験があった。

　奥共同店の膨大な帳簿を写真複写・複製保存をしたい旨、沖縄国際大学南島文化研究所から申し出があった。南島文化研究所はそれ以前共同研究で"やんばるの共同売店"の実地調査研究に取り組み、貴重な調査報告論文を公にしていた。私は仲介的立場で、民具資料館に保管されていた 100 冊以上の共同店帳簿を島田区長と確認してみた。すると、かなりの部分、シロアリの被害が進行中であった。幸運であった。南島文化研究所の予算で写真複写・複製が実施され、現在、原本は奥資料館に、複写製本は南島文化研究所に保管されている。帳簿をどのように整理・分析するかは将来の調査研究課題であるが、シロアリに喰われる消滅は回避できた。

　そして字文書の整理は、確認と目録作成を名桜大学の私と新城敏男・上江洲均教授との共同研究として取り組んだ。奥の字文書の管理は区長の仕事で、膨大な量の文書群が、10 数個の化粧ケースに収納保管されていた。第 1 次整理の段階であるが、字文書の書誌情報をカードに記入し、あとでパソコンに入力・整理した。断片・紙片を収めた 2 箱を残したが、「国頭村奥区文書資料目録」として約 650 点をデータベースに整理した。奥文書には、多くはないが貴重な戦前史料が含まれている。字の基本文書である「常会等の議事録」は丁寧に記録作成され、保管されている。この情報は、近い将来、きちんと研究テーマ・方法を検討して、読める・利用できるように、第 2 次整理（資料化）の作業に取り組む必要があろう。ただ、文書作成の当事者・同時代者が達者でないと、文字は読めても"歴史"は読めないから、かなり急ぎの課題であろう。これは、近い将来の"奥研究"の仕事となろう。

　以上、少々わかりにくい話かもしれないが、これには根拠がある。私は、奥の字文書整理の経験をふまえて、ずっと"沖縄地域史における字文書資料

（地域史料）の重要さ"を考え語ってきた。1994～97年度は、大プロジェクト「沖縄の歴史情報研究」の分担課題として、新城敏男と共同で「沖縄県内地方史料所在目録データベース」調査・作成に取り組み、やんばるで約1500件、沖縄で約5000件の地方文書史料のデータベースを調査・作成し公開した。奥は先を歩いている。2008年刊行の『奥共同店創立百周年記念誌』には、「奥区議事録」と「奥共同店議事録」文書史料がパソコンで翻刻・入力され、300頁も収録された。資料化作業は、分担して1年かかったそうだ。翻刻・入力作業は、先輩方の校閲とゆんたく（伝承）過程でもあったので、奥の戦後史は肉体化された。

　私は、今帰仁村兼次の字誌を作る位置にいたので、奥での学びを、一方でやんばる全体の課題に、他方では兼次字文書資料の理解を深める作業に生かすため、2011～2013年"科研研究"「沖縄県北部地域における字文書資料の伝存・保存状況の把握および字誌・地域史への活用方法に関する調査研究」に取り組んだ。やんばるは12市町村・188字区で成り立っている。字の基本文書である"議事録"を確認して、伝存量の多い2、3字を実地に調査し目録を作成する心づもりだった。けれど、アンケート照会への反応は弱く、字議事録の状況は不明であった。関係の深い名護市と大宜味村については、旭川と饒波の保存・整理を確認できた。整理作業は実に膨大な労力を要する。面倒である。そのため、従来字文書を字誌づくりに活用できなかったのだろう。

　"共同一致"・"自治"そして"ひと"を基本にしてきた、そこに奥の個性・特長があると考えながら、この項をまとめた。

(3) 外からのまなざし：『琉球共産村落之研究』と「琉球村落の研究」

　沖縄の村落社会を、私たちは"シマ社会"と包括的に理解し通称することが多い。民俗文化、文化（社会）人類学的視点に比重をおいたシマ社会の調

第 2 部　暮らし

査研究が 20 世紀以降豊かに蓄積されてきた。一方、社会科学の視点と方法からするシマ社会研究は低調であった。

　沖縄のシマ社会（村落共同社会＝共同体）の社会科学的調査研究は、早く 1920 年代（大正期）に、ここ奥をめぐって取り組まれていた。田村浩[5]による『琉球共産村落之研究』（岡書院 1927 年 / 至言社 1977 年復刻版 / 沖縄風土記社 1969 年）である[6]。本書は、世界史の共同体研究、つまり"共同体"の理論的・歴史的・琉球地域的研究である。基礎資料として奥の記述が多い。そのため、本土日本で琉球・沖縄の村落（共同体）に関心を寄せる研究者は、本

[5]　1866・5・5～1945・7・4（明治 19～昭和 20）　経済学者で官吏、沖縄研究者。群馬県碓氷郡安中に生まれる。1905 年（明治 38）3 月、安中中学校卒業後、地元小学校の代用教員をしたあと上京、東京外国語学校・日大高等師範部などをへて 13 年（大正 2）師範学校中学校教員免許を取得。35 歳のとき高等文官試験（行政）に合格、翌年（1921）沖縄に赴任、官吏生活にはいり、県視学・国頭郡長・県産業課長を歴任した。その間、沖縄の地割制度や村落の調査研究に専念し、『沖縄経済事情』（1925）を刊行。帰郷後、大著『琉球共産村落之研究』（1927）を刊行した。沖縄を去ってのちも晩年民間会社の経営にたずさわったほかは地方官吏として過ごした。岩手県農務課長、青森県農務課長、山形県経済部長、福岡県経済部長などを歴任。その間も研究は続けられ、『農漁村共産体の研究』（1931）、『財産進化論 ── 共産村落研究』（1935）、『五人組制度の実証的研究』（1936）など多くの成果を生んだ。〈与那国あきら〉　※『沖縄大百科事典』より

[6]　田村浩による沖縄の村落共同体の体系的研究書。1927 年（昭和 2）11 月岡書院発行。田村の〈共産村落〉研究の特色は、土地制度の変遷に基づいて村落の発展形式を構想し、土地所有の原始的形態を解明しようとした点にある。その論旨は、〈門族共産体〉の時代には、土地は原始的所有形態であって、共有あるいは私有の観念もなく自由占用であった。その後、人口の増加によって耕地を均分する必要が生じ、12 世紀に英祖王が中国の井田法にならって人頭による土地の均分を実施、それにともなって〈共産村落〉が成立した。慶長検地後に、薩摩藩の門割制に準拠して地割制が発生したのであって、地割は太古共産制の遺制ではないと説いている。また、地割制の確立によって、その一般的形態を失ったとされる。ただし、田村の地割制の期限については異説も提示されていて、定説とはなっていない。しかし、当時の進化主義的仮説の吟味といい、実証資料の吟味の精緻さといい、世界的にみてもひけをとらない共同体研究である。77 年 1 月、至言社から復刻版が出された。〈与那国あきら〉　※『沖縄大百科事典』より

書を手がかりにし、その関心は奥へと向かった。一方、奥の人は、"共産"の語句がつき、「共産村落」＝奥と受け止められると、たいそう嫌ったそうである。

平恒次の「琉球村落の研究」は、奥をフィールドにした"沖縄村落の社会科学的調査研究"の稀有で重要な成果である。1950年代半ば、平恒次20代中期の仕事である。

本論文の内容構成は次の通り。

　序　方法的覚書
　1、奥の自然的環境
　2、奥の土地経済
　3、奥の共同店（沿革）
　4、奥の共同店（性格）
　5、奥の共同店（経営）
　6、奥の区内経済および対外収支
　7、奥の古い事ども
　8、田村理論の性格

この研究について、平恒次は"平恒次「琉球村落の研究」(1957)をめぐる思い出"という文章を『奥共同店　創立百周年記念誌』(2008)に寄稿している。この文章によれば、平は、「琉球村落の研究」の中で、田村浩の『琉球共産村落之研究』(1927)の"土地所有と共同体"の問題を理論的に議論し、奥の村落社会を調査研究した。「一体琉球とは何ぞや」が、平の原点の問いであった。

私は、理論的課題を内包する沖縄・やんばるの村落・シマ社会の社会科学的調査研究は、まだ十分ではないように思う。平の仕事は、半世紀前の研究成果であるが、奥共同店の経済分析を含め、このようなテーマの調査研究の先駆をなす。未来に向けて、私たちが学ぶ課題とフィールドはなおあるだろう。

"奥共同店"の理論的問題は、沖縄・やんばるの20世紀の経済・社会変動を歴史的かつ地域的に理解しようとする際、重要な研究対象となってくる。

第2部　暮らし

地域史料が不足しているので、細部まで解明するのは難しいだろうが、近代やんばるの地域社会史を探究する際、奥共同店の歴史は豊かな経験とヒントを提供するであろう。100年の活動と経験はなによりも貴重である。概略であっても、"奥共同店100年"を、記録史料を参照しつつ、通史として理解できるのは奥共同店の際立つ特長である。その研究と理解の途を拓いたのが、平恒次の「琉球村落の研究」であろう。

5-6 奥研究の未来 ── 歴史文化を中心に

(1) これまでのシマ社会研究の積み重ね

　奥のような小さなシマ社会（村落）を対象・テーマとする"研究"が成立するのだろうか、不思議である。当たり前のことだが、"奥のシマ社会研究"は"奥のシマおこし・ムラづくり"を目的とする。それは現在から未来の奥人のためにある。

　シマ社会を単位とする地域研究は、沖縄は他府県と較べてたいそう多い。その理由は沖縄ではシマ社会（地域共同社会）が崩壊せずなお健在だからであろう。1980年代から沖縄各地で目立って盛んになった"字誌"をはじめ、1960年代から文化・社会人類学・民俗学の領域では、シマ社会の調査研究が盛んに取り組まれてきた。後者は主に外部の研究者による。また、シマ社会を単位とする古謡や民話等特定テーマの調査研究も盛んである。

　私は2003年頃、沖縄の字誌づくり調査においてシマ社会単位の調査研究状況を調べたことがある。論文・報文は膨大すぎて把握しがたいので、刊本のみ情報整理した（中村2005）。その結果、沖縄のシマ社会研究の蓄積は八重山地域が最も多く、それに次ぐのがやんばる地域であることがわかった。

　そのやんばるの中でも、次頁の「主要な奥研究誌」（表5-3）に見るように、奥研究・記録の量は跳びぬけて多い。奥の字誌は早く1986年に刊行し、その後『共同店記念誌』はじめ奥人による成果も少なくない。したがって、未

204

第 5 章　奥の共同性・自治・ひと

表 5-3　主要な奥研究誌

- ○「奥字の事績」奥有志会 1918 年　※『字誌　奥のあゆみ』→『奥共同店　創立百周年　記念誌』所収（596-608）（本章 5-2 節参照）
- ○「自力更生ノ模範字　国頭村字奥」昭和 10 年 7 月「沖縄県知事事務引継書」より
- ○『奥の歩み』浦崎直次 1951 年執筆→ 1998 年整理・刊行　当時著者は奥駐在巡査。内容は、1 概況 /2 行政 /3 制度（代議制度・補佐団体）/4 共同店 /5 産業（農業・茶業・林業・漁業）/6 文化（教育・衛生・その他施設）/7 風俗（奥気質・月次作業と公休日・迷信打破）/8 交通
- ○平　恒次「琉球村落の研究」『琉球大学文理学部紀要・人文科学』第 2 号 1957 年 1-53（本章 5-3 節（1）参照）
- ○「奥部落調査報告」「沖縄民俗」第 9 号所収、琉大民俗研究クラブ 27-69　1965 年
  構成は、概況 / 部落 / 職制 / 門中 / 交通交易 / 屋敷・家屋 / 食物 / 衣服 / 生業：農業・茶・甘藷・農耕用具・林業 / 葬制墓制 / 婚姻：毛遊び・婚姻・初婚年齢・近親婚・口約束・ニービチ行事・妾について / 産育：妊娠祈願・妊婦・出産・胞衣・川下り・産湯・ナージキウバイ・命名・ユートジ（夜伽）・初歩き・妊婦の死・子守り / 口承文芸：伝説・歌謡・臼太鼓節 / 一般信仰：拝所・神職・火の神 / 年中行事
- ○『新しい農村 '76』朝日新聞社 1976 年　奥が朝日農業賞を受賞したので、その経緯、特長をレポートしたもの。
- ○玉野井芳郎・金城一雄「共同体の経済組織に関する一考察」沖縄国際大学商経学部『商経論集』第 7 巻 1 号　1978 年
- ○仲間勇栄「沖縄県国頭村奥共同店の機能に関する研究」『協同組合奨励研究報告　第 6 輯』1980 年 461-484 頁
- ○『人生八十年の歩み：私のこと、奥のこと』宮城親昌 1984 年
- ○『奥郷友会会誌』在那覇奥郷友会 1985 年
- ○『字誌　奥のあゆみ』同刊行会　奥区 1986 年 585 頁（本章 5-5 参照）
- ○「国頭村奥　ウシデーク歌集」糸満トミ 1991 年 65 頁
- ○『写真集　奥の肖像』坂井和夫 1998 年 127 頁
- ○『奥小中学校創立九十周年記念誌』同記念事業期成会 2003 年
- ○「フォーラム　奥共同店 100 周年記念」100 周年記念事業実行委員会 2005 年
- ○『100 周年記念　奥共同店関係資料集 1』奥共同店 2006 年
- ○『奥共同店創立百周年　記念誌』奥共同店 2008 年 718 頁（本章 5-5 参照）
- ○市村隆紀『"共計和和"に生きる：奥共同店 100 年から考える協同組合と地域の未来』財団法人協同組合経営研究所 2007 年 45 頁
- ○『奥小学校創立百周年記念誌』国頭村立奥小学校 2011 年
- ○『奥郷友会創立 60 周年記念誌　郷愁』在那覇奥郷友会 2012 年
- ○宮城邦昌「親島と郷友会の自治と共同の関係について」『東アジア社会教育研究』18、2013 年 208-222 頁
- ○『上原信夫評伝　紺碧の心で生きて』上原信夫評伝刊行委員会、琉球書房 2014 年
- ○関　満博『中山間地域の「買い物弱者」を支える』新評論 2015 年 361 頁　※第 10 章「沖縄県 /100 年の歴史を重ねる共同売店」（221-283 頁）

来の奥研究は、これまでの"奥研究"の成果をふまえて取り組まれる。これまでの"奥研究"を咀嚼・総括することから進められる。

(2) 先輩から後輩へ、未来の世代へ

　"研究"というと、毛嫌いされることがある。難しくはない。あることがらを、みんながわかるようにまとめることだ。奥は、モノ書く人が多い。なぜか知らないが、あれだけの「字誌」「記念誌」を書きあげ、まとめ、刊行してきた経験と実績がある。データを挙げると、戦前の「奥出身上級学校進学者数」の表がある（『奥共同店百周年記念誌』56頁）。これによると、戦前（明治・大正・昭和）中学校以上の上級学校に進学した者は、男子49名、女子14名である。奥のリテラシーが高かった一面がわかる。進学者が多い理由を、「部落全体の教育熱が高かったこと」、「共同店の育英資金制度による経済的裏付けがあった」からだ、としている。

　いま、21世紀の初期に立って、私たちはこの奥・やんばるの20世紀の人々の経験や知恵・知識を丸ごと整理して、奥・やんばるの21世紀を生きる人々の手に渡さなくてはならない。それが、これからの"奥研究"の仕事であろう。本書『シークヮーサーの知恵』はその中継点にあるように思うのである。

(3) 膨大な字文書資料を資料化する

　5-5節(2)で、やや詳しく論議した。奥は、共同店と合わせて字の自治運営がしっかりしているように思う。区・共同店とも「議事録」が書き継がれている。私たちの、字文書資料調査、文書目録データベース作成から、約650点の奥字文書を確認した。字文書は区長の責任引き継ぎなので、1998年から基本的に保存されている（はずである）。現文書は、ほとんど戦後の文書なので、文書記録の実体を知る人もいる。奥字文書は、時の経過にしたがい、貴重な"歴史文書＝史料"となる。

戦後70年、"実体"を経験し知る人が少なくなってきた。"実体"＝"歴史"を確かに伝承するには、先輩方から奥の歴史"経験と実体"を学習する必要がある。膨大な文書資料を短期間に資料化するのは困難だ。1999年整理作成の「国頭村奥区文書資料目録」を手がかりに、資料化（翻字作業）計画を検討することに着手してはどうだろうか。20年前と比べて、現在は資料化の作業は格段にやりやすくなっている。ただ、膨大な資料量なので、「奥研究」プロジェクトの"目標"と"方針・方法"をしっかりと吟味する必要がある。

　奥文書資料の中には、戦前文書が含まれている。注目されるのは、1900（明33）年の最後の地割関係文書が3点あることである。戦後の土地関係文書資料も重要だ。共同店関係資料、茶業関係文書なども、資料群として保存されている。

　なお、奥字文書資料は奥に固有の資料であるが、地割や共同店は広い事象であり、関心ある人たちとの開かれた研究の途もあるだろう。

(4) 奥研究会、資料の収集・保存・利用

　やんばるには、市民の"やんばる研究・発表"機関（団体）として「やんばる学研究会」が活動している。奥研究においても、奥をテーマとする研究・発表活動が生じるであろう。事務局機能は、「奥ヤンバルの里＝交流館」が相応しい。奥・やんばる・沖縄に関する資料・文献は、これまで島田隆久が収集してきた。それを、交流館の資料室に提供し、閲覧利用に供している。しかし最近、貴重な配架資料の盗難があり、今後の収集・保存・利用の方法を考慮中という。奥研究の成果は公開・発表されていくだろう。その方法についても、研究会の組織づくりと合わせて検討されるだろう。

(5)『新字誌・奥のあゆみ』に向けて

　奥資料の整理と資料化、研究が展開すれば、その成果の集約と編集へと進む。"字誌"は、その地域の特色を核に総合像を描くのが通例である。本章「奥

研究の未来」で考えてきた"奥研究"のテーマと内容は、単純に見れば、"新奥字誌"の見取り図において考えることができる。

『字誌　奥のあゆみ』(1986年) は、1世代上の先輩方が持てる力を振り絞って"郷土奥"を研究・執筆した。奥の特色である"共同店"を核に手堅くまとめられた。『新字誌』は、『字誌　奥のあゆみ』を基礎に、新たなテーマと成果を盛り込んで構想され、実現されるであろう。奥研究の仕上げ、「奥学」の構想が語られている。

引用文献

上江洲均 (1980)『沖縄の民具』慶友社 (1973初版).
上江洲均 (2005)『沖縄の民具と生活』榕樹書林.
中村誠司 (2005) 沖縄の字誌づくり ── 既刊字誌等の目録情報のデータベース化.『沖縄の字(集落)公民館研究 ── 第3集』pp.76-161.

● コラム3 ●

奥・やんばるで身近な野草を食べる

中村愛子

　私は、1952年、やんばるの純農村・今帰仁村兼次に生まれ、そこで育った。1978年以後は名護市街地の端の住宅地、2013年夏からは名護市の北西端に位置する農村・源河で暮らしている。子どもの頃から身近な自然、生物、特に植物に深い関心をもってきた。大人になってからは、山野が好きな仲間と、やんばる-本部半島や国頭の山々の散策を愉しみ始めた。「食」としての野草に関心を深め、求めに応じ「野草食の講習会」サービスを始めて20年になる。

　初めのうちは、誰でも知っているような野草食しかわからず、おそるおそる試食をしたものだが、親や年寄りの話を聞いたり、本で調べてみたら、意外と身近に食べられる野草が多いことに気づいた。元々、やんばるには山菜食文化が薄い。「極貧なので草を食べた」、「戦争でしかたなく食べた」というお年寄りはいる。だから、今のやんばる住民にとって野草・山菜料理は不慣れな食文化である。

　「野草食の講習会」参加者は、ほとんど都市住民であり、野草料理は初体験である。みな、「こんなモノが食べられるんですか？」と不安顔で口にする。初めのうちは違和感を表すが、おおかたは"おいしい"と言う。

　国頭村奥には、私は、四半世紀ほど前からよく訪問するようになった。5月の連休に開催される「奥ヤンバル鯉のぼり祭り」を見にでかけたり、新茶購入などでドライブがてら年に数回訪ねる。友人もでき、いつも心愉しい時間を過ごさせていただいている。

　奥での「野草食の講習会」の初めは2011年の名桜大学公開講座であった。この催しは、奥ヤンバルの里の主催事業として、栽培農家の全面協力

第 2 部　暮らし

図 1　山を散策し、野草を採取する参加者たち

を得て開催された。その年の 6 月と 10 月、そして翌年の 2 月と、3 回続いた。各催しには、都市域から親子 30 人ほどが参加し、奥・やんばるの身近で豊かな自然を満喫した。好奇心旺盛な奥の婦人たちも参加した。
　その時の各講座のタイトルは下のようだった。

　第 1 回（2011 年 6 月）
　「奥やんばるでスモモ採りとジャム作りをたのしもう」
　第 2 回（2011 年 10 月）
　「奥やんばるでカーブチー（在来種ミカン）採りとマーマレード作りをたのしみ、奥の食文化を体験しましょう」
　第 3 回（2012 年 2 月）
　「桜満開の下で山菜採りを楽しみ、おいしく食して、ミカンの種化粧水作りに挑戦！」

　奥周辺は深い山々から海岸まで豊かな自然が広がる。2 時間ほど散策すればさまざまな野草を採取できる。私が友人と"野草の会"を始めた 20 年前に比べると、国頭・やんばるには観光客や都市部からのドライブ客が増え、それにつれてタラの芽やワラビなどポピュラーな山菜が摘み取られるようになった。近年はかなりの競争率である。ネット情報や本土からの移

コラム3　奥・やんばるで身近な野草を食べる

図2　野草料理が並ぶ食卓。右段上からツルナの白あえ、ノビルの餃子、ヘゴの梅酢漬け。

住者などによりやんばるの山菜情報が普及したのだろう。

　この野草食公開講座は、その後、奥ヤンバルの里の担当者が交替したこともあって、残念ながらしばらく中断している。奥の素晴らしさは、豊かな自然環境とそこに暮らす人々の明るい逞しさにあるように感じる。奥ヤンバルの里を拠点として野草食サービス活動を続けることを通して、今後も、奥・やんばるの魅力を都市住民にささやかにアピールし続けることができれば、と願っている。

211

第2部　暮らし

やんばるで身近に食べられる野草

[海　辺]

ハマダイコン：早春の若葉をおひたしや炒めものに

ツルナ：炒めもの、和えもの、雑炊

ハマウドの花芽（つぼみ）：天ぷら　※春限定

ホソバワダン（ニガナ）：和えもの

ボタンボウフウ（サクナ）：新芽をみそ汁などに

[集落まわりや野山]

タラの芽：天ぷら、キンピラ、みそ汁など　※5月まで

ワラビ：煮物、炊き込みご飯など　※春が一番

ツワブキ：煮物、炒めもの　※ほぼ一年中

リュウキュウハリギリ：出たばかりの新芽を天ぷらに　※新春限定

ツバキの花：天ぷら　※冬

アカメガシワ：赤い新芽は天ぷら、硬くなった葉は野草茶に

サンキライの新芽：天ぷら

セリ：汁物、炒めもの、和えもの

スミレ：全草をてんぷらに、花はサラダの彩りに

オオバコ：花穂・若葉を天ぷらに

クチナシ：花に湯を注いで花茶に

アキノノゲシ：細かく刻んで水によく晒してから、和えものに

ハルノノゲシ：細かく刻んで水によく晒してから。和えものに

ヒカゲヘゴ：新芽の皮をむいてサラダや天ぷらに

ホウビカンジュ：新芽を和えものやおひたしに

クワ：雑炊や野草茶

タブの木の新芽：天ぷら

ノビル：餃子、みそ和え、そうめんチャンプルに

図3　タブの新芽

212

第6章　近代沖縄に継承された近世琉球の造林技術
―― 国頭村字奥で見つかった『造林台帳』の分析

齋藤和彦

地名のフィールド調査。執筆者（左）が示すコンピュータのGIS画面に見入る、研究協力者たち。

第 2 部　暮らし

6-1 「蔡温(さいおん)の林政」に惹かれて

　私の沖縄林業史研究は、「育成天然林施業」が沖縄の自然環境に与える影響を解明する研究プロジェクトに参加した 2005 年から始まった。「育成天然林施業」は、沖縄の広葉樹天然林で、曲がった木や価値の低い樹種を抜き伐りし、真っ直ぐな木や価値の高い樹種の割合を高める森林施業である。この研究プロジェクトでの私の役割は、これまでにこの施業が実施された場所を把握することと、この事業が始まった背景を歴史的に理解することだった。

　この研究プロジェクトをきっかけに、私の沖縄研究が始まるのだが、実は、私はそれまで一度も沖縄に行ったことがなかった。そんな私が、大きな研究プロジェクトの一員として、日本の中でも特異な沖縄の林業史研究を始めるのは少々無謀と思われた。しかし、私は林学を学んでいた学生時代に、『森林を蘇らせた日本人』(牧野 1988) を読み、琉球王国の三司官「蔡温」が行った森林政策に深い感銘を受けていた。蔡温は、毎年台風が来襲する沖縄の厳しい自然環境や、1609 年の戦に敗れて薩摩に年貢を納めなければならなくなった近世琉球の苦しい経済環境の中で、森林域への農地の進出を抑え、森林資源の保続培養を達成した人物である。私は、「蔡温の林政」が展開された沖縄の山を直にみられる魅力に惹かれ、最終的にこの研究プロジェクトに参加することにした。

　それ以来、私は、古い地図や空中写真、文字資料、聞取調査、現地踏査を通して、現在から過去へ時代を遡る形で沖縄の森の姿の変化を辿り、「蔡温の林政」の時代の沖縄の山に近づく作業を続けている。今回は、その一部である近代沖縄の人工造林の実態分析を紹介したい。

第6章　近代沖縄に継承された近世琉球の造林技術

6-2 沖縄の森林管理における歴史の重要性

　木の寿命は人間の寿命をはるかに超える場合が多いため、適切な森林管理を行うためには過去の経緯、すなわち歴史を把握することが重要になってくる。

　沖縄は、前述の通り、琉球王国の時代から、特筆すべき森林管理の歴史をもつ地域である。苗木を植えたり種をまいたりして有用な樹木を育てる造林技術については、1747年に『樹木播植法』（蔡温ほか1997）というマニュアルが作成されていた。言い換えると、沖縄では既にその時代には、自然放置では欲しい木が得られず、人が手を加えて育てるようになっていた。

　その当時の琉球王府は、首里城の修築の他、中国や薩摩、琉球王国内の交通に必要な船を建造するために、有用樹の大径材、直材を確保する必要があった。そして、そうした特別な木材だけでなく、当時既に20万人に達しようとしていた人々の炊事や暖房用の燃料、家や小屋、農業資材、さまざまな工芸品用の材料も供給しなければならなかった。沖縄の森は、琉球王国の時代から、人による管理の下で王府や人々の需要に応えてきたのである。

　その一方で、よく知られているように、沖縄には貴重な生きものがたくさんいる。特に本島北部の森には、ヤンバルクイナ、ノグチゲラ、ヤンバルテナガコガネ、トゲネズミ等の天然記念物が生息しており、それらの多くは、ここにしかいない固有種となっている。

　しかし、先に述べたように、沖縄の森は原生林ではなく、歴史的に人が利用してきた森である。沖縄の貴重な野生生物は、その中で生き残ってきた。では、かつての人の利用はどのような形態だったのだろうか。また、当時の森はどのような姿だったのだろうか。

　残念ながら、第二次世界大戦末期に激しい地上戦に曝された沖縄では、琉球王国の時代や明治〜昭和戦前期の森林利用や森林管理に関する現場の記録

第 2 部　暮らし

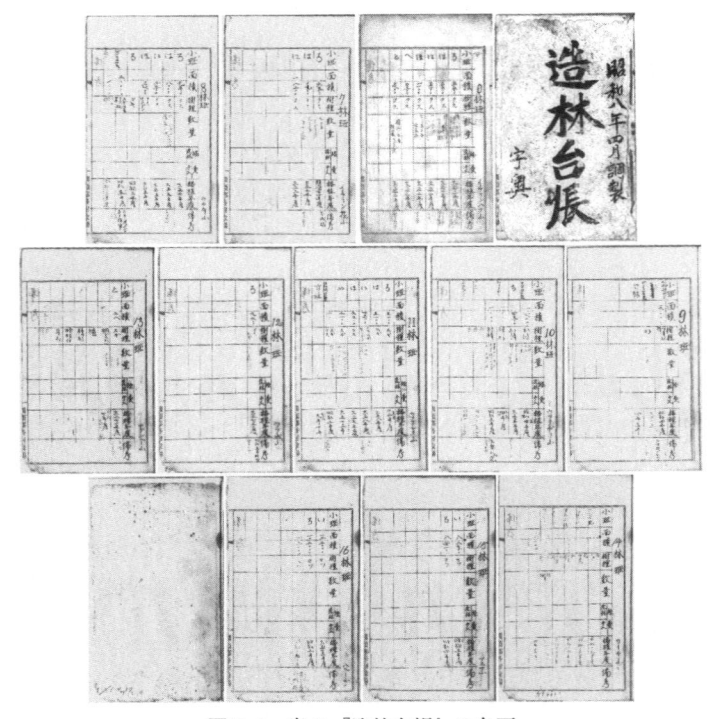

図 6-1　奥の『造林台帳』の各頁

が、ほとんど残っていない[1]。そうした中、今回、明治 44 年から昭和 17 年に何をどこに植えたのかを記録した『造林台帳』（図 6-1）が国頭村字奥（以下、奥）に残っていることがわかった。

　以下では、この貴重な資料を読み解き、当時の造林技術の実態や近世琉球の林業技術とのつながりを明らかにしていきたい。

---

[1] 1849 年の造林地の種類と数、小字地名を記した「羽地間切杣山巡回日誌」（小野 1932）があり、入会関係の諸形態について分析されているが（仲間 1992）、立地の分析は行われていない。

6-3 近世から近代に至る沖縄の林業史

『造林台帳』の分析を通して近代沖縄と近世琉球の技術的つながりを見出すために、沖縄の主要造林樹種と、近世から近代にかけての森林管理の移り変わりについて触れておく。

(1) 沖縄の主要造林樹種[2]

時代を通して、沖縄で最も一般的な造林樹種はリュウキュウマツ（以下、マツ）である。水に強く、大径木は船の骨格や板、小径木は土木丸太に用いられた他、焼き物の燃料や松明としても利用された。しかし、シロアリの害を受けやすく、建築材としては好まれなかった。

沖縄の造林樹種の中で、伝統的に建築材として最も珍重されたのは、シロアリの害を受けにくいイヌマキである。しかし、イヌマキは、育成中に虫害を受けやすく、大径木を得るのは容易でない。シロアリの害を受けにくい造林樹種として、他にモッコク、イジュがあり、どちらも重要な建築材だった。

スギもまた、シロアリに強いとされる（嘉手苅ほか2004）。沖縄の天然林材は、曲がりくねった広葉樹材が主となるため、真っ直ぐに伸びるスギは、コウヨウザンとともに、船の帆柱や建物の柱、電柱等を得るために、1972年の沖縄本土復帰前後まで造林された。しかし、沖縄では、樹令40年くらいを超えると、成長が顕著に低下する問題があった。

元々沖縄にあった樹種ではないが、クスノキ（以下、クス）は、適地に植えると成長が良く、大径材になるため、マツ同様、船材として造林された。また、明治〜昭和10年代にかけて、樟脳生産のために盛んに造林された。

---

[2] 主に天野（1989）を参考にした。

(2) 近世琉球の森林管理

　近世琉球王国の森林管理体制が確立するのは、18世紀半ばの蔡温の時代からである。蔡温は、測量、土木、農業、林業と多方面に活躍した琉球王府の三司官（国政の最高責任者）で、その森林施策は明治初期に『林政八書』（蔡温ほか 1997）としてまとめられ、今日まで伝えられている。

　『造林台帳』を読み解く上で、「蔡温の林政」に関する以下の三つの知識が重要である。

1.「杣山（そまやま）」制度

　蔡温は、王府が必要とする有用樹の大径材や直材を確保するために、沖縄の森林の大部分を「杣山」（図6-2）と呼ばれる王府用材生産林に指定し、厳格な利用規制を行った。杣山の境界は検地で測量され、その内部を開墾する「農」的利用は森林劣化の原因として排除された。その結果、この時代、杣山には鬱蒼とした森が成立したという（沖縄県教育庁文化財課史料編集班（編）2014、p.117）。

　王府が必要とする林産物の生産や、造林、保育等の管理は、税や夫役と相殺する形で地元の間切（現在の村）・村（旧村＝現在の字）が担った。造林の負担が余りに大きい場合には王府から費用の支給もあった。また、王府の需要を満たした余剰の林産物は、許可制で地元に利用させた（仲間 1984）。

2. 風水理論に基づく森林管理

　「蔡温の林政」の一番の特徴は、風水理論に基づいて地況を判断し、森林の取扱を定めた点にある。例えば、用材を生産するための「仕立敷（したてしき）」は、傾斜が中庸で、背後、左右、正面に適度に距離を置いた峰で「抱護（ほうご）」された谷や「抱護林」と呼ばれる樹林帯で守られた場所（図6-3）が良いとされた（蔡温ほか 1997）。風水的な地況の判断は、見晴らしの良い場所にヤグラを立て、風水の専門家である「風水見（フンシーミー）」が観望して行った。この判断を「見分（みわけ）」、ヤグラを立てた場所を「見分所（みわけどころ）」（図6-2）という（名護市教育委員会文化課市史

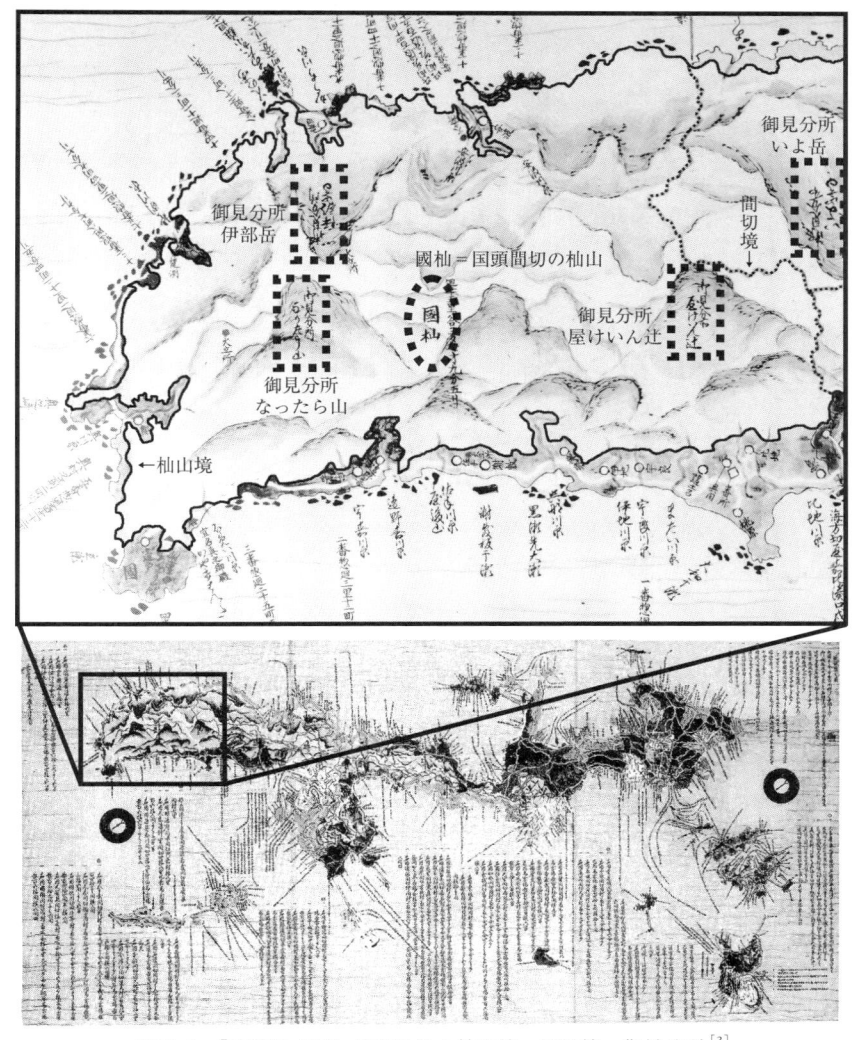

第6章　近代沖縄に継承された近世琉球の造林技術

図 6-2　『琉球国之図』に記された杣山境、間切境、御見分所[3]
上の図の杣山境（太線）と間切境（太点線）は、筆者が加筆強調した。

---

[3]　全体図は、「琉球国之図」POST CARD（尚財団）より。拡大図は、2013 年 11 月 9

第 2 部　暮らし

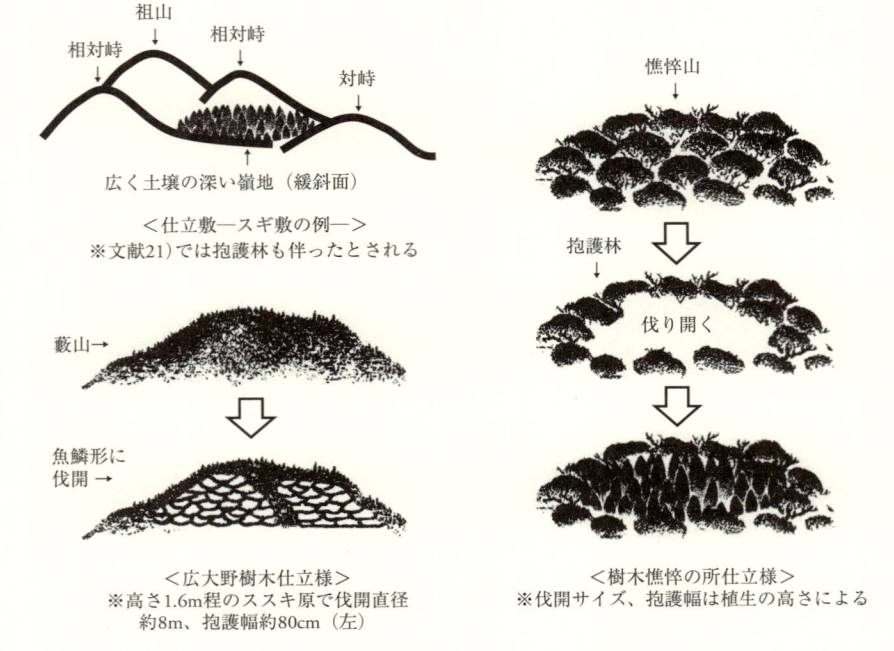

図中ラベル:
- 祖山
- 相対峙
- 相対峙
- 対峙
- 広く土壌の深い嶺地（緩斜面）
- ＜仕立敷―スギ敷の例―＞
  ※文献21）では抱護林も伴ったとされる
- 藪山→
- 魚鱗形に伐開→
- ＜広大野樹木仕立様＞
  ※高さ1.6m程のススキ原で伐開直径約8m、抱護幅約80cm（左）
- 憔悴山
- 抱護林
- 伐り開く
- ＜樹木憔悴の所仕立様＞
  ※伐開サイズ、抱護幅は植生の高さによる

図 6-3　近世琉球の人工造林の形態[4]

2006）。

　こうした風水理論に基づく森林管理は、風の影響が大きい島嶼気候の沖縄において合自然的であり、「蔡温の林政」は、近世日本の各藩で行われた森林施策の中で特筆すべき施策として高く評価されてきた（蔡温ほか 1997、天野 1989、p.392-395）。

　　　　日の「琉球国之図と完全復元伊能図フロア展」（撮影可）で筆者が撮影。
[4]　『樹木播植法』の記述をもとに『杣山方式帳』の「杣山見様之事」の挿絵を改変して作図した。

3. 近世琉球の造林技術

『林政八書』の中の『樹木播植法』には、「仕立敷」、「樹木憔悴の所仕立様」、「広大野樹木仕立様」の三つの造林形態に関する記述がある（図6-3）。

「仕立敷」は、建築や造船に使う有用樹を特別に育成する人工造林地で、主要樹種については場所の選定基準から種取り・苗木づくり・林の手入れ方法まで定められていた。スギの仕立敷は、風から守られた地形で、広く、土壌の深い場所を選ぶのが良いとされた。

「憔悴」とは、台風で倒木や折損が生じたり、良木択伐で枯木や曲木が多くなったりした状態のことで、"憔悴山"の仕立換は、周囲に樹林帯を残して魚鱗状に伐開し、人手による播種や植栽、自然力による萌芽や下種でその中に諸木を仕立てるよう指示している。

「広大野」とは、伐り過ぎてススキや茅が生い茂る"藪山"が広がった状態のことで、藪山の仕立換は、図6-3のように区分けした魚鱗型防風帯を設け、中を伐り開いた後に種を播いて諸木を仕立てるよう指示している。

『林政八書』では、焼畑耕作による火入れ地拵え（造林前の整地作業）を禁じているが、実際には造林してもすぐに利益が得られないため、地元の要望で造林前の焼畑耕作が黙認されていたという（仲吉1900）。

(3) 近代沖縄の森林管理

沖縄の廃藩置県は1879（M12）年に行われたが、沖縄の場合、急激な社会変化による混乱を回避するために、置県後も「土地整理」（＝土地官民有区分）が始まる1903（M36）年まで、旧慣を温存する政策がとられた。この間、琉球王国の時代に蓄積された森林は急速に劣化し、その後、立て直しが図られた。

利用圧の増大と、森林保護意識、規制制度の弛緩

森林劣化の原因の一つは利用圧の増大である。沖縄の人口は、明治に入り急速に増加した（東村誌編集委員会1987）。特に沖縄島の北部地域では、首里、

那覇にとどまっていた無録士族の流入や周辺地域からの人口流入で著しく人口が増加し、山地開墾も増えて森林の利用圧が高まった。

また、人々の森林保護意識も廃藩とともに弛緩した。廃藩時に旧制度も廃止されたと誤認したり（沖縄県農林水産部 1972）、土地整理においても、杣山は官有林化されて従来の利用が永久にできなくなるのではと恐慌をきたしたりして、盗伐する人が続出したという（国頭村役場 1967）。

制度的にも、全て旧慣温存ではなく、1888（M21）年のサトウキビ作付制限の廃止（沖縄県大百科事典刊行事務局 1983、p.799）や 1889（M22）年の一般庶民の瓦屋根使用規制の廃止（沖縄県大百科事典刊行事務局 1983、p.786）など、木材需要を増加させる制度変更が行われ、また、違法な木材の流通や伐採を取り締まる津口番や山筆者が一旦消滅する（沖縄県農林水産部 1972）等の規制の弛緩もあり、乱伐を助長している。

管理体制の再構築

沖縄の森林の大部分を占めた杣山は、一部を除き、土地整理とその後の国有林不要存地処分を経て、私有林化せずに公有林になり、市町村有林率の高さが特徴の現在の沖縄の森林所有構造が形成される。

近代的な森林所有が定まると、沖縄県は、この間の森林劣化に対し、区画を定めて毎年順番に皆伐・萌芽更新させ、利用しながら林相を改良する森林計画「施業案」の普及を進めた。また、藪山や無立木地に対しては、造林計画の下、補助金を出して人工造林を推進した（沖縄県教育庁文化財課史料編集班（編）2014、p.408）。

この本格的な造林施策は国の公有林野造林奨励規則に合わせて施行された 1910（M43）年の公有林野造林補助規則に始まる。造林補助実績を見ると、当初、造林樹種の中心はクスだったが、すぐにマツが主となり、以降、戦前を通してマツが主要造林木だった（図 6-4）。

一方、施業案については、当初は村（新村）単位の計画で実効性に問題があったが、1916（T5）年の 2 巡目から、実質的な管理主体である字（旧村）単位の簡易施業案に変更して実効性を高めている（沖縄縣内務部 1928）。

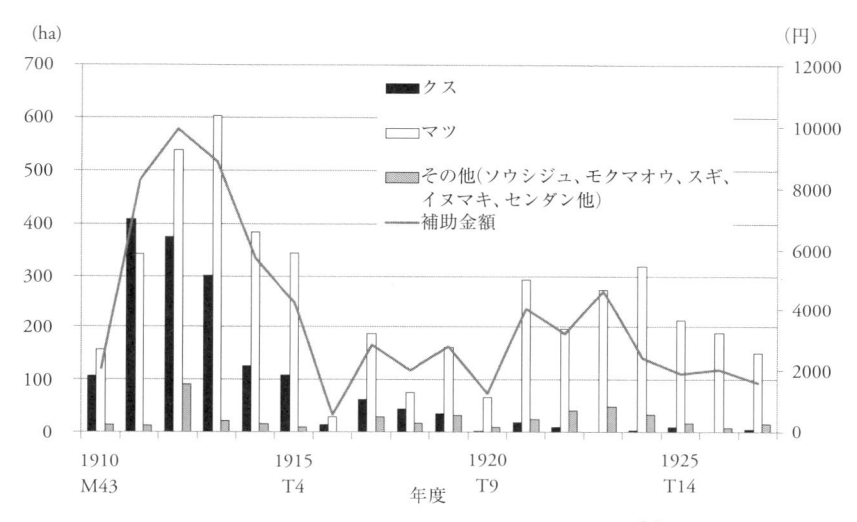

第6章　近代沖縄に継承された近世琉球の造林技術

図6-4　沖縄県の造林補助実績と補助額の推移[5]

3）近代沖縄の造林地の姿

　近代沖縄の造林地の姿を記した数少ない文字資料として『沖縄縣森林視察復命書』（農商務省山林局1906）がある。この資料では、「杉ノ人造林ハ渓間低窪ノ地ニ在リ挿穂ニ依リ…樟ノ人造林ハ山ノ半腹又渓谷ニ添ヘル傾斜地ニ在リ…藩政時代…抱護ヲ備フレドモ近年ハ…之ヲ設ケス…松ノ人造林ハ村落ニ近ク交通利便ノ位置ヲ占ムルモノ多シ…雑木ヲ伐払ヒ…之ヲ焼キ…播種スル…」と、1904（M37）年当時の実態を伝えている。また、地元『国頭村史』には、戦前の公有林の造林方法について、「造林するのには山林を伐採して焼き、そこに初期は樟樹を植えたが、一九一三年（大正二）ころからは松を中心にして、樟・杉・檜・伊集などを植えた」（国頭村役場1967）という記録が残っている。

　しかし、「渓間低窪地のスギ造林」や「抱護のないクス造林」が具体的にどこにあったのかを示す資料は、これまで見つかっていなかった。その資料

---

[5]　沖縄縣内務部（1928）p.75をもとに作成。

が奥で見つかったのである。

6-4 『造林台帳』の分析

　戦前の『造林台帳』を保存していた奥は、沖縄島国頭村の北部に位置する面積1260 haの集落である。奥は、沖縄・奄美地方に広く分布する「共同店」発祥（1906 / M39年）の地としても有名である。共同店は、字民が一株株主となって設立された事業体であるが（宮城2009）、奥の場合、その経営基盤は林産物だった（奥共同店100周年記念事業実行委員会・奥共同店編2008）。奥共同店は、住民が生産した林産物を一手に集荷し、那覇等で売却する一方、食料品や日用雑貨を仕入れ、住民が出荷した林産物の対価にした。近年の主産業は、戦前から続く茶やみかん等の農業であるが、1960年代までは林業が盛んで、大正期から1950年代半ばまで人口1,000人を越える大集落だった（図6-5）。

(1)『造林台帳』の概要

　奥で見つかった『造林台帳』は、「昭和八年調整　造林台帳　字奥」と記された表紙を含めて合計13頁のコピーだった（図6-1）。
　この『造林台帳』の記載事項は、林班、小班、面積、樹種、数量、経費（造林・手入）、播植年度、備考の7項目で（図6-6）、具体的な記載内容は表6-1の通りである。
　現存する頁は6～16林班で、1～5林班の頁は失われていると考えられた。現在の沖縄県の林班番号は、市町村単位で国有林と県営林を除いて振られているが、前述の通り、戦前の国頭村の場合、字ごとに簡易施業案が立てられており（沖縄縣内務部1928）、林班番号も字ごとだったと推察される。戦争で戦前の資料の多くが失われ、これまでその事実が確認できる資料がなかったが、この『造林台帳』で確認できた。

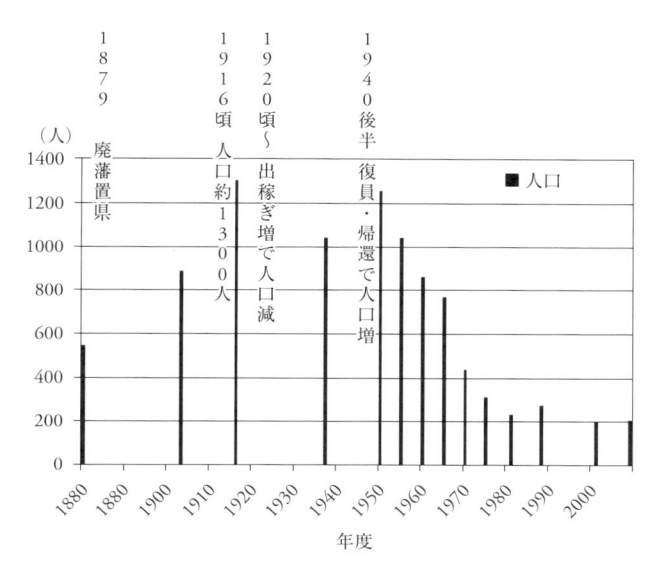

第6章 近代沖縄に継承された近世琉球の造林技術

図6-5 奥の人口の推移[6]

『造林台帳』に記載された造林地は合計46ヶ所で、それぞれ各林班の小班として記載されていた。この『造林台帳』には、林班や小班の場所を示す地図は附属しなかったが、林班や小班、数量の欄に方言地名が付記されていた。

経費の欄はどの林班も空欄だった。これは、国頭村の公有林は半ば部落有林であり、造林は「ウェーデー」と呼ばれる部落の共同作業で行われ、経費は別に管理されていたためか、造林地が公有林内の個人開墾の跡の場合、撤退時の造林は開墾者の義務で[7]経費が不要だったためか、どちらかの結果であると考えられた。

各小班の播植年度は、1911（M44）～1942（S17）年度の31年間にわたり、近代日本の森林政策が沖縄に適用されていた1907（M40）～1945（S20）年度

---

[6] 奥のあゆみ刊行委員会（編）(1986) p.180-181 より作成
[7] 奥区議事録1952（S27）年2月28日、同年9月25日、同年12月9日の記述より。

225

第2部　暮らし

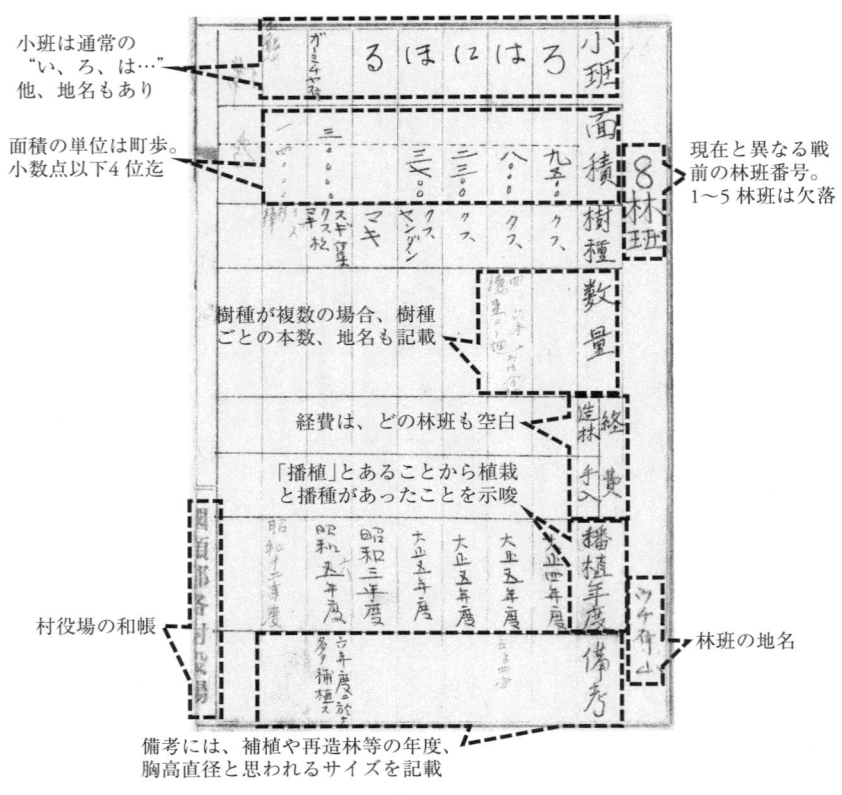

図中注釈：
- 小班は通常の"い、ろ、は…"他、地名もあり
- 面積の単位は町歩。小数点以下4位迄
- 現在と異なる戦前の林班番号。1〜5林班は欠落
- 樹種が複数の場合、樹種ごとの本数、地名も記載
- 経費は、どの林班も空白
- 「播植」とあることから植栽と播種があったことを示唆
- 村役場の和帳
- 林班の地名
- 備考には、補植や再造林等の年度、胸高直径と思われるサイズを記載

図6-6　奥の『造林台帳』の実例

の期間をほぼ網羅していた。表紙に「昭和八年調整」と記されているが、1933（S8）年以降も、この台帳を使って記録を更新していたと考えられる。

最後の頁には「〆104町37畝」の文字があった。何年の〆か記されていないが、この『造林台帳』に記載された造林地の合計面積と考えられた。ここで、仮に1937（S12）年時点の奥の林野面積約700 ha（矢野1937）とこの合計値で計算すると、人工林率は約15％になる。この値は2004（H16）年の奥

第6章　近代沖縄に継承された近世琉球の造林技術

表6-1　『造林台帳』の記載内容

林班	小班	面積(町)	樹種	数量	経費 造林 手入	播植年度	備考	造林地No.
(1～5林班はページ喪失)								
6 イチリンハナ山	ろ	0.36	クス	楠 68 本、202 本 ウドン敷前 溝畑小カイ梱		大正2年度	6寸8分、平均5寸8分	6-A
	は	0.36	クス	楠 285 本、58 本 ウドン敷前		大正1年度	4寸7分、6寸8分	6-B
	に	0.51	クス	全 120 本 ハーブイガマ		大正1年度	6寸	6-C
	ほ	0.11	クス	全 52 本 前長根		大正2年度	4寸8分	6-D
	へ	0.03	クス			大正2年度		6-E
	と	0.07	クス	楠 89 本 杉 1 本 チダイ道		大正2年度	4寸6分	6-F
7 イチリン花山	ろ	0.65	クス	98 本 チダイ道		明治44年度	不成功	7-A
	は	0.09	クス	98 本 チダイ道		大正2年度	4寸6分	7-B
	に	1.82	クス			大正3年度		7-C
8 ウチ原山	ろ	0.95	クス	ろは合計 416 本 徳盛アイ畑		大正4年度		8-A
	は	0.80	クス			大正5年度	5寸4分	8-B
	に	0.23	クス			大正5年度		8-C
	ほ	0.37	クス、センダン			大正5年度		8-D
	る		マキ			昭和3年度		8-E
	ガーミチャ原	3.00	スギ、クス、マキ、伊集、松			昭和5、6年度	6年度二於テ多ク補植ス	8-F
	開墾	1.40	イズ、楠			昭和12年度		8-G
9	ウチヂナー	16.00	伊集、楠、杉			昭和4年度	10林班へまたがる	9-A
	ガーミチャ敷		杉	409 本		大正10年	3寸3分	9-B
	竹林					昭和[1]4年、5年		9-C
10 ウフクヂリ山	古堅原	1.70	杉、楠	スギ、クス、マキ		昭和5年度		10-A
	ち	0.45	杉、楠	杉 708 本、楠 86 本		大正13年度	杉3寸3分	10-B
	ウフクヂリ	1.00[3]	楠、杉			昭和5年度		10-C
		1.00[3]	杉、楠	コウヨウ山 27 本、センダン楠 64 本、杉 551 本		昭和3年度	大典記念 杉2寸7分	10-D
	マチアラシ		杉、楠			昭和11年度		10-E
	林道下		杉			昭和11年度		10-F
11 ウフグシク山	ろ	0.31	スギ	ろはに合計 1064 本		大正12年度		11-A
	は	0.51	スギ			大正8年度		11-B
	に	0.73	クス、スギ、センダン			大正8年度	平均3寸4分	11-C
	ほ	0.96				大正9年度		11-D
	ぬ	0.21	スギ	10林班ちトセ ウフクヂリ		大正13年度		11-E
	役場藍畠	0.40[3]	スギ、クス	杉 350 本		昭和3年度	2寸8分	11-F
	竹林					大正9年、10年		11-G
12 ウフ城山	ろ	0.96	クス、スギ	215 本大減に		大正7年度	昭和5年除伐 4寸2分	12-A
13 ナグンヘー山	と	0.28	スギ	325 本 ナンダキ		大正11年度	平均3寸8分	13-A

227

第 2 部　暮らし

		4.00[3]	桐（支那）、櫨、楠、杉、伊集、松	昭和 7 年度 ナゴンヘー原	13-B
		1.50[3]	杉、楠	昭和 7 年度	13-C
14 カイチ山	ウシクブ		楠、イズ	昭和 13 年度	14-A
	シバシジ		松、伊集	昭和 13 年度	14-B
	栄永開墾	1.10[4]	松、伊集、楠	昭和 14 年度	14-C
	アカチチバー	2.10	松、伊集、楠	昭和 15 年度	14-D
	次の谷	2.00[3]	松、伊集、楠	昭和 16 年度	14-E
15 アミサ山	い	8.89	マツ	昭和 3 年度	15-A
	ろ	8.41	マツ	昭和 4 年度	15-B
16 ハルー山	い	12.20	マツ	大正 13 年度	16-A
	ろ	10.20	マツ	昭和 2 年度	16-B
	〃	1.50	マツ	昭和 16、17 年度	山火事後再造林	16-C
	（〆 104 町 37 畝）				

注 1）原本は元号がない。竹造林補助が大正 10 年からなので昭和とした。
注 2）通常、町以下の数字は 4 桁だがここは 3 桁。最後の 0 が欠けていると判断した。
注 3）ここは町以下の数字が 5 桁。最後の 0 は余計と判断した。これらの外は、原本の記載のまま転載した。

の人工林率約 18％[8] とほぼ同等であった。

(2) 何を、どのように造林したのか

　1〜5 林班の頁が失われているため、不完全な情報ではあるが、残った頁で最も多く造林されていた樹種はクス（**クス**、**クスヌチ**）で、全 46 小班中、31 小班で造林されていた（表 6-2）。以下、スギ（**シギ**）30 小班、マツ（**マチ**）11 小班、イジュ（**イジュー**）9 小班と続き、イヌマキ（**'チャーギ**）、センダン（**シンダン**）、タケ（**ダヒ**）、コウヨウサン（**クィンチャ**）、アブラキリ、ハゼ（**パシギ**）も造林されていた。
　1 造林地 1 樹種の単植小班は、全体の 6 割 26 ヶ所を占め、その他は、1 造林地複数樹種だった。一つの造林地に複数樹種を造林する場合、現在では造林地を区分けして各樹種を単植する場合が多いが、当時、後述するように、陰樹・陽樹を混ぜる考え方（三溝 1905）が普及していたことから、混植だった可能性が高い。
　単植/混植に注目すると、単植は、クス、スギ、マツが多く、混植は、ク

---

[8]　沖縄県民有林森林簿（2004 年 9 月 3 日最終更新）を用いた。

第6章　近代沖縄に継承された近世琉球の造林技術

表6-2　播植年度の古い順に見た各小班の樹種構成

造林地 No.	播植年度		面積 (ha)	クス	スギ	マツ	イジュ	イヌマキ	センダン	タケ	その他
7-A	1911	M44	0.65	◎							
6-B	1912	M45 / T1	0.36	◎							
6-C	1912	M45 / T1	0.51	◎							
6-A	1913	T2	0.36	◎							
6-D	1913	T2	0.11	◎							
6-E	1913	T2	0.03	◎							
6-F	1913	T2	0.07	◎	○						
7-B	1913	T2	0.09	◎							
7-C	1914	T3	1.82	◎							
8-A	1915	T4	0.95	◎							
8-B	1916	T5	0.80	◎							
8-C	1916	T5	0.23	◎							
8-D	1916	T5	0.37	◎					○		
12-A	1918	T7	0.96	○	○						
11-B	1919	T8	0.51		◎						
11-C	1919	T8	0.73	○	○				○		
11-D	1920	T9	0.96	◎							
11-G	1920 / 21	T9 / 10	—							◎	
9-B	1921	T10	—		◎						
13-A	1922	T11	0.28		◎						
11-A	1923	T12	0.31		◎						
10-B	1924	T13	0.45	○	◎						
11-E	1924	T13	0.21		◎						
16-A	1924	T13	12.20			◎					
16-B	1927	S2	10.20			◎					
8-E	1928	S3	—				◎				
10-D	1928	S3	1.00	○	◎				○		コウヨウサン
11-F	1928	S3	0.40	○	◎						
15-A	1928	S3	8.89			◎					
9-A	1929	S4	16.00	○	○		○				
15-B	1929	S4	8.41			◎					
9-C	1929 / 30	S4 / 5	—							◎	
10-A	1930	S5	1.70	○	○		○				
10-C	1930	S5	1.00	○	○						
8-F	1930 / 31	S5 / 6	3.00	○	○	○	○				
13-B	1932	S7	4.00	○	○						アブラギリ、ハゼ
13-C	1932	S7	1.50	○	○						
10-E	1936	S11	—	○	○						
10-F	1936	S11	—		◎						
8-G	1937	S12	1.40	○	○		○				
14-A	1938	S13	—		○		○				
14-B	1938	S13	—			○	○				
14-C	1939	S14	1.10	○		○					
14-D	1940	S15	2.10	○							
14-E	1941	S16	2.00	○		○					
16-C	~~1941~~、42	S16 / 17	1.50			◎					

229

第2部 暮らし

	組み合わせ樹種								
	クス	スギ	マツ	イジュ	イヌマキ	センダン	コウヨウザン	アブラギリ	ハゼ	タケ
着目樹種 クス	12	**14**	5	8	2	3	1	1	1	0
スギ	**14**	6	2	4	2	2	1	1	1	0
マツ	5	2	5	**6**	1	0	0	1	1	0
イジュ	**8**	4	6	0	1	0	0	0	0	0
イヌマキ	2	**2**	1	1	1	0	0	0	0	0
センダン	**3**	2	0	0	0	0	1	0	0	0
コウヨウザン	1	1	0	0	0	1	0	0	0	0
アブラギリ	1	1	1	0	0	0	0	0	**1**	0
ハゼ	1	1	1	0	0	0	0	**1**	0	0
タケ	0	0	0	0	0	0	0	0	0	**2**

図 6-7 樹種の組み合わせ
同種の交点は単植。太字は、その樹種との組み合わせが最多であることを示す。

スとの組み合わせが多かった（表6-2）。クス、スギ、マツ、イジュの主要4樹種で混植の組み合わせを見ると、スギ、イジュはクスとの組み合わせが最も多かった。マツはイジュとの組み合わせが最も多く、2番目がクスとの組み合わせだった。クスはスギとの組み合わせが多かった（図6-7）。

　これらの組み合わせのうち、スギとクス、マツとイジュは、性質が類似する樹種の組み合わせになっている。前者は、ともに適湿肥沃な環境が良いとされ（天野1989）、潮風害の少ない谷間に造林される。後者は、ともに伐採跡や焼け跡に繁殖する樹種（天野1989）で播種造林が可能である。

　一方、マツ・イジュとクスは、性質が異なる組み合わせであるが、クスは寒さを避けるために混植が適当とされており（三溝1905）、マツ・イジュの混植はクスの保護樹の意味をもつと考えられる。

　奥では、当時、こうした樹種特性を考慮した造林が行われていたと推察された。

(3) 何を、どこに造林したのか

　この『造林台帳』には地図が附属しなかったが、11林班中10林班と46

第6章　近代沖縄に継承された近世琉球の造林技術

小班中29小班に方言地名が付記されていた。奥には、元区長の島田隆久氏が『字誌　奥のあゆみ』を引継いで編集していた地名図と、故宮城親徳氏（M38年生）が残した手書き地名図（第7章（宮城）7-2節参照）の二つの地名図があり、これらを使って14の小班の地名の場所が特定できた。また、奥は、沖縄公文書館が米国公文書館でネガをコピーして持ち帰った詳細な空中写真5M3（米軍1945（S20）年1月3日撮影、図6-8の周囲の写真）の撮影範囲であったため、地名図で特定した場所を空中写真で分析することができた。

　その結果、図6-9のように、戦前の奥の林班は、集落のある奥川下流から始まって左岸を遡り、右岸を下る配置だったと推定された。一方、小班については、地形と造林前の土地利用に着目すると、(a1)谷の藍畑跡タイプ、(a2)谷の焼畑跡タイプ、(b)丘陵の農耕不適地タイプの三つのタイプに分けられると考えられた。以下、その詳細を見ていく。

(a1) 谷の藍畑跡タイプ

　このタイプには、8-A、B（**トゥクムイエーバテー**「徳盛藍畑」）、11-F（**ヤクバエーバテー**「役場藍畠」）、6-F（**チダイミチ**「チダイ道」）の3小班が該当する。これら3小班は、谷あるいは渓間にスギやクスを植栽した造林地であり、「杉ノ人造林ハ渓間低窪ノ地ニ在リ挿穂ニ依リ…樟ノ人造林ハ山ノ半腹又渓谷ニ添ヘル傾斜地ニ在リ」（農商務省山林局1906）の記録の通りの造林地といえる。

　前述の通り、スギ、クスは潮風害の少ない適湿肥沃な土地に植えられたが、藍作適地（小橋川2004）も同様であるため、その跡地が利用されたものと考えられる。地名に「アイ」は入っていないが、立地が類似する6-F（**チダイミチ**「チダイ道」）にも藍畑があった可能性がある。

(a2) 谷の焼畑跡タイプ

　このタイプには、8-F（**ガーミチャバル**「ガーミチャ原」）、13-B（**ナグンペーバル**「ナグンヘー原」）、9-A（**ウチジナー**「ウチジナー」）、14-A「**カイチヤマ**「開地山」」、9-B（**ガーミチシチ**「ガーミチャ敷」）が該当する。それぞれの地名に着目すると、8-F（**ガーミチャバル**「ガーミチャ原」）、13-B（**ナグンペーバル**「ナ

第 2 部　暮らし

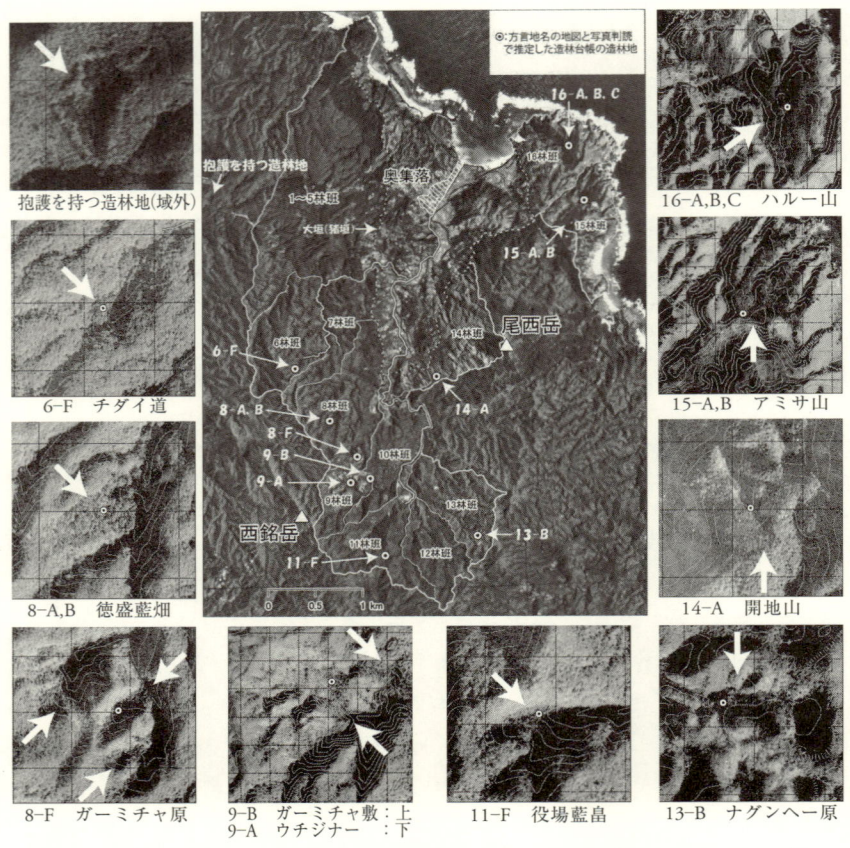

図6-8 推定された『造林台帳』の林班配置および造林地13箇所とその拡大図[9]
矢印は造林箇所、等高線間隔は 10 m、メッシュは 100 m

グンヘー原」）の「原（バル）」は畑、開墾を意味し、9-A（**ウチジナー**「ウチジナー」）の「ジナー（＝キナ）」（宮城1988）は焼畑耕作地を意味する。14-A の林

[9]　全体図：米軍1946年撮影 M57（平20業使第41号）。拡大図：米軍1945年撮影 5M3（沖縄県公文書館所蔵）

第 6 章　近代沖縄に継承された近世琉球の造林技術

班名の「カイチ」は、森を伐り開き、焼畑耕作した後に造林する開地作職の「開地」である（仲吉 1900）。これら四つの小班は、空中写真で見ると、ともに白っぽい裸地を伴う谷で、焼畑跡に造林した場所と考えられる。

一方、9-B（**ガーミチシチ**「ガーミチャ敷」）は、畑、開墾を示す地名ではないが、空中写真を見ると、8-F、9-A、13-B、14-A と同様、9-B も白っぽい裸地を伴う谷であり、ここも焼払いで地拵えされた造林地だったと考えられる。

また、『造林台帳』の造林地ではないが、この判読作業の中で、奥の隣の字宜名真の谷に、抱護に囲まれた約 0.24 ha の造林地が見つかった。先の 1894（M37）の記録では、「藩政時代…抱護ヲ備フレドモ近年ハ…之ヲ設ケス」（農商務省山林局 1906）とされていたが、1945（S20）年時点でも「藩政時代」の伝統を受け継ぎ、抱護で囲われた造林地が存在していたことがわかった。写真は明瞭でないが、その林相から、抱護の中は焼いた跡の造林である可能性が高い。

(b) 丘陵の農耕不適地タイプ

このタイプには、15-A、B（**アミサヤマ**「アミサ山」）、16-A、B、C（**ハルーヤマ**「ハルー山」）の五つの小班が該当する。五つの小班ともマツ造林地で、風が強く、潮をかぶる、農耕に不適な海岸の丘陵に立地していた。この場所は、『琉球国之図』（図 6-2）では杣山であり、1921（T10）年の 5 万分の 1 地形図では荒地（＝採草地）である（図 6-9）。つまり、明治以前は森林（恐らくマツ林）だった部分が 1921（T10）年に至る間に採草地化し、その後、1945（S20）年に至る間に再びマツ造林された場所と考えられる。

これらに抱護はないが、元採草地であるから琉球王国の時代の「藪山仕立換」に相当すると考えられる。また、集落に近いことから、先の「松ノ人造林ハ村落ニ近ク交通利便ノ位置ヲ占ムルモノ多シ…雑木ヲ伐払ヒ…之ヲ焼キ…播種スル…」（農商務省山林局 1906）に該当する造林地といえる。

第 2 部　暮らし

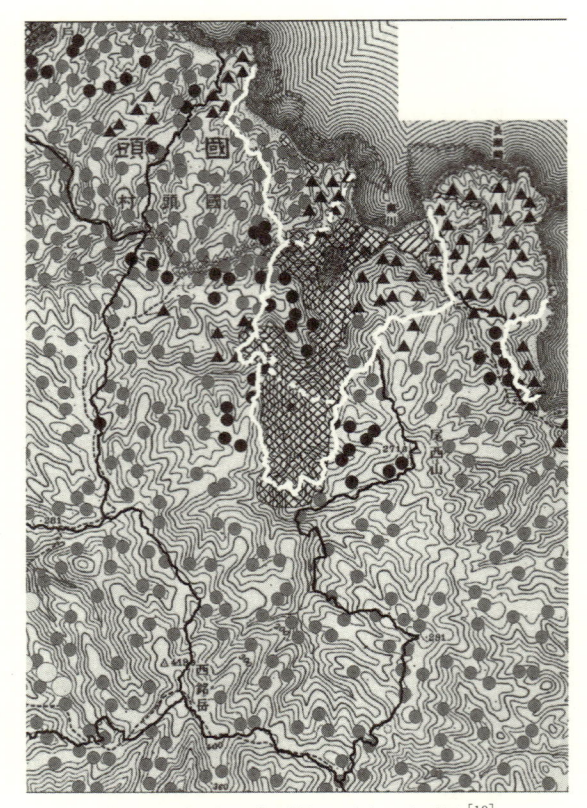

図 6-9　大正 10 年測量 5 万分 1 地形図[10]
▲：荒地、●：針葉樹林、●：闊葉樹林、黒線：字界、白線：猪垣、斜線：荒地

(4) 何を、どこに、いつ頃造林したのか

　1～5 林班の頁が失われているため、不完全な情報ではあるが、造林樹種と更新方法は時期的に変化していた（図 6-10）。記載が始まる明治末～大正前半まではクスの単独植栽が多く、大正後半～昭和初期になるとスギの単独

---
[10]　平 20 業複第 92 号

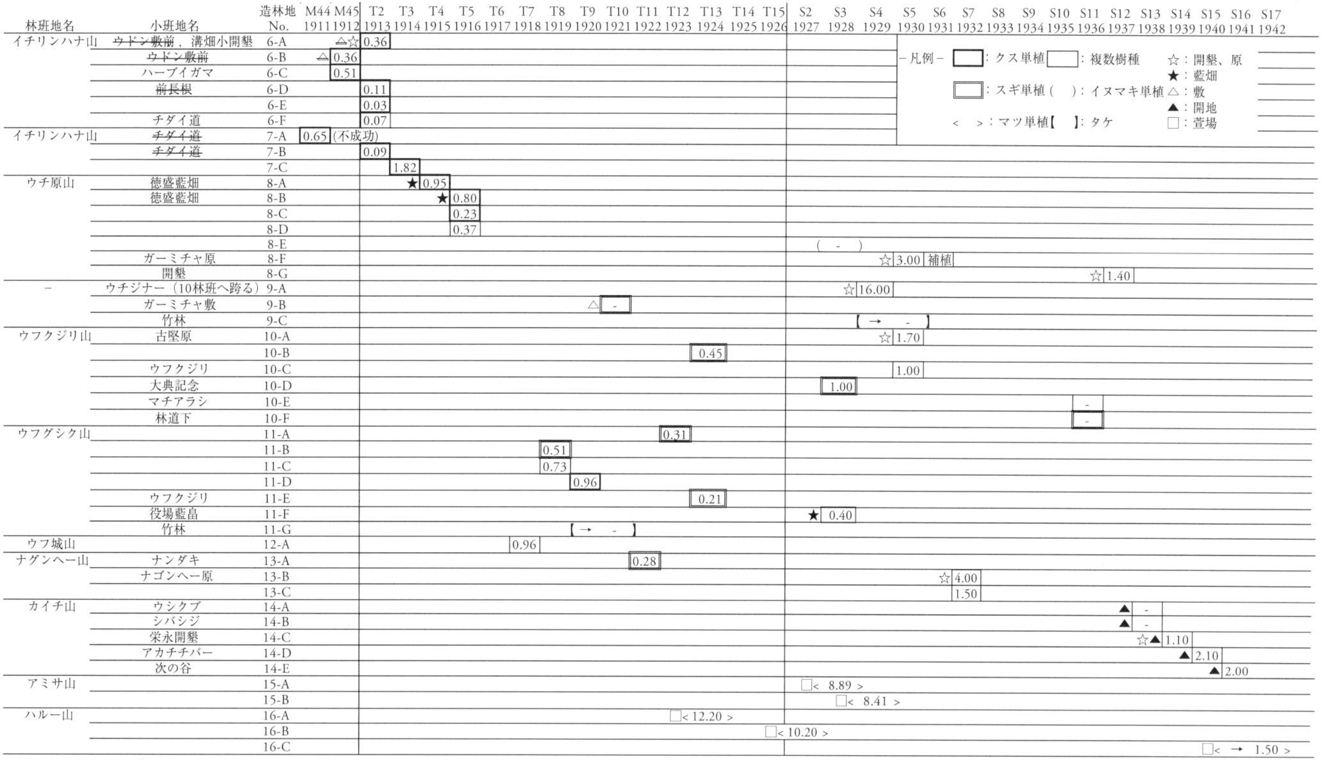

図 6-10 樹種、更新方法、面積の時期的な変化

第 2 部　暮らし

植栽が多くなり、その後、昭和に入り、複数樹種の播種が多くなっていた。一方、沖縄の主要造林樹種であるマツは大正末から現れており、それより古いマツ造林地は現存頁にはなかった。

各小班の面積を見ると、植栽の多い明治・大正期は小班面積が小さく、播種が多くなった昭和に入ると小班面積が大きくなっていた[11]。植栽か否かに着目すると、植栽の小班は大多数が 1 ha 未満で、それ以外の小班に比べて面積が小さかった[11]。

この造林地の面積は、播種 / 植栽の造林方法だけでなく、造林前の土地利用とも関連していると考えられた。奥およびその周辺では、外部からの入植で戦前に 12 ヶ所の開墾があり、明治末頃から藍が栽培されていた（奥のあゆみ刊行委員会編 1986）。また、大正期には、耕地拡大のための山地開墾も行われ、9-A（**ウチジナー**「ウチジナー」）がその場所であるという[12]。

沖縄の藍作は、人工藍との競合で 1900 年頃（M30 頃）をピークに減少に転じ（小橋川 2004）、藍の商品としての出荷も奥では大正時代までとされる（奥のあゆみ刊行委員会編 1986）。また、山地開墾や採草地も、内地や南洋等への出稼ぎ・移住が始まって、大正半ば以降は需要が減少したと考えられる。

奥の人工造林地となった山の藍畑や焼畑、海岸の丘陵部分の草地は、こうした経済や社会の変化に伴う転用だった可能性が高い。そして、その面積の大小が造林地の面積を規定したと考えられる。

---

[11]　Mann-Whitney の U 検定で 5% 有意（両側検定）。
[12]　奥で筆者が聞取。

6-5 「コトバ－暮らし－生きもの環」
―― 森林利用に関わる沖縄の伝統知の解明に向けて

(1) 近代沖縄の集落レベルの造林実態

　奥の『造林台帳』の存在は、戦前の国頭村の公有林が、琉球王国の杣山時代と同様、字によって管理されていたことを示している。また、『地名図』で特定した場所を空中写真で見ると、人工造林の主目的である用材生産の造林地は、谷や渓間に造成されていた。また、今回、奥の隣字の宜名真で『沖縄縣森林視察復命書』の「藩政時代」を想像させる抱護林のある人工造林地を空中写真上で確認することができた。奥およびその近隣集落では、風を強く意識した近世琉球の造林形態を、終戦時点まで色濃く残していたといえる。
　こうした近代沖縄の人工造林の場所や景観が具体的に明らかになったのは初めてである。奥の『造林台帳』と『地名図』は、非常に価値のある資料といえる。

(2)「蔡温の林政」の実態解明

　上記の通り、今回の奥の『造林台帳』の分析から、沖縄では、終戦時点まで基本的に琉球王国の技術が色濃く残っていたことが確認された。琉球王国の森林管理技術は18世紀半ばに構築されており、約200年にわたって現場で継承されていたことになる。
　人と貴重な野生生物が、長く隣り合わせで暮らしてきた沖縄の森林の場合、その長期的な管理には、生きものがどのような環境の中を生き延びてきたかを解明する環境史研究が不可欠である。約200年にわたって沖縄の森林管理の現場で受け継がれてきた「蔡温の林政」の実態の解明は、この環境史研究の中で非常に重要なテーマであるといえる。
　戦前の奥の人工造林は、生きものの生息地として重要な谷や渓間を利用し、

第 2 部　暮らし

山を焼いていた。昭和に入ると焼払造林の割合増加とともに、面積的にも 10 ha を越えるものも出ている。今日の感覚からすると、こうした造林方法は自然保護的な懸念があるが、谷や渓間を全て利用しているわけではなく、島状に点在して利用しており、こうした土地利用が自然にどのような影響を与えていたのか興味を引かれる。

今後、今回確認された戦前の人工造林を再現した実験や、かつての造林地が現在、どの程度、自然性を回復しているかを検証する等、伝統的な沖縄の造林技術を評価する研究が考えられる。奥はそのフィールドになりうる貴重な地域といえる。

(3) 方言地名の GIS データ化

奥の『造林台帳』の解読では、造林台帳に書き込まれていた方言地名が大きな役割を果たした。その土地の特性や来歴を伝える奥の方言地名は、先人の経験知の蓄積であり、地域が辿った歴史の記録であり、文化財といえる。

しかし、奥でも、まだ意味がわからない地名や、位置が確認できていない地名が残されている。引き続き、方言地名に関する聞取調査や現地踏査を行い、理解を深める必要がある。

沖縄では字誌の出版が盛んで、地名図を掲載した字誌も珍しくない。そうした地名を GIS に集積することで、より広い視野で経験知や地域史を掘り起こせる可能性がある。奥以外の方言地名の GIS データ化も進める必要がある。

昔、山に入っていた年代の方々は、いよいよ少なくなっており、方言地名の保存は急務である。可能な限り正確に位置と意味を記録し、沖縄の自然や土地の特性、歴史を活かした森林利用に結びつける必要がある。

引用文献

天野鉄夫 (1989)『図鑑琉球列島有用樹木誌』沖縄出版.
沖縄県大百科事典刊行事務局 (1983)『沖縄大百科事典上巻』沖縄タイムス.

沖縄県教育庁文化財課史料編集班（編）（2014）『沖縄県史　資料編 24　自然環境新聞資料　自然環境 2』沖縄県教育委員会.
沖縄縣内務部（1928）『沖縄縣林業要覧』沖縄縣内務部.
沖縄県農林水産部（1972）『沖縄の林業』沖縄県.
奥共同店 100 周年記念事業実行委員会（編）（2008）『奥共同店創立百周年記念誌』奥共同店.
奥のあゆみ刊行委員会（編）（1986）『字誌　奥のあゆみ』国頭村奥区事務所.
小野武夫（編）（1932）『近世地方経済史料　第 9 巻』吉川弘文館.
国頭村（編）（1967）『国頭村史』国頭村役場.
小橋川純市（2004）『沖縄　島々の藍と染色』染織と生活社.
蔡温ほか（著），沖縄県（編）（加藤衛拡翻刻・現代語訳・注記・解題）（1997）明治十八年林政八書全．『日本農書全集 57 林業 2 二十番山御書付』（脇野博・加藤衛拡）農山漁村文化協会．pp. 67-237.
三溝謹平（1905）『くすのき』福井正吉.
仲間勇栄（1984）『沖縄林野制度利用史研究 ─ 山に刻まれた歴史像を求めて』ひるぎ社.
仲間勇栄（1992）近世琉球における林野入会の諸形態 ─ 羽地間切杣山巡回日誌の分析.『琉大農学報』39：47-63.
仲吉朝助（1900）杣山制度論.『沖縄県農林水産行政史 15』（沖縄県農林水産行政史編集員会（編））（財）農林統計協会，pp. 321-370.
名護市史編さん委員会（編）（2006）『名護市史資料編・5　文献資料集 ─ 4 羽地真喜屋稲嶺風水日記』名護市史編さん室.
農商務省山林局（1906）『沖縄縣森林視察復命書　琉球藩林制書』農商務省山林局.
東村誌編集委員会（編）（1987）『東村史　第 1 巻通史編』東村役場.
牧野春和（1988）『森林を蘇らせた日本人』日本放送協会.
宮城能彦（2009）『共同売店 ─ ふるさとを守るための沖縄の知恵』沖縄大学地域研究所.
宮城真治（1988）『沖縄地名考』名護市教育委員会.
矢野虎雄（1937）山村部落と共同店 ─ 沖縄縣國頭郡國頭村字奥の例.『山林』655：73-81.

● コラム4 ●
奥における植物利用（3）
ホウライチクとリュウキュウチク

当山昌直・盛口満・島田隆久・宮城邦昌

　奥における植物利用で、ひときわ目立った存在がホウライチクとリュウキュウチクである。どちらも竹類ではあるが、その性質をうまく利用し、ホウライチクは籠の材料、子どもの水鉄砲や笛、そして夜なべ用の明かりまで利用している。また、リュウキュウチクでは成長過程によって利用が異なり、名称も変わってくるのが注目される。
　この二つの植物の伝統的な利用法を、奥の先輩たちからうかがった。

■**ホウライチク**（*Bambusa glaucescens*、イネ科、方名：ハーダヒ）
　ハーダヒは川の側に生える（図1）。**アムトゥ**（川の堤防）の補強。根っこをはりめぐらすから必ず川の堤防にこれを植えた。川の中にはりめぐらされたその根にエビがすむ。川魚やエビが増える要因でもあった。**アムトゥ**に豊富にあったが奥川河川工事のため**アムトゥ**とともに姿を消した。枯れた**ハーダヒ**をオバーたちが集めてきて、束ねて燃やし、**ティガマ**（夜なべ）をするときの明かりにした。松の芯を使用する**トゥブシ**と違って気軽に使え、明るかったらしい。
　豚小屋とか山小屋の屋根はこれで押さえた。**ユイ**（穀物と藁屑などを選り分ける道具：図2左）、**ソーヒ**（色々な物を入れる：

図1 今は使われなくなった奥のホウライチク

コラム4　ホウライチクとリュウキュウチク

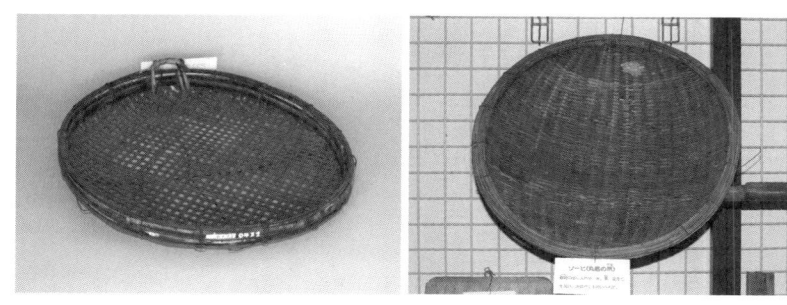

図2　平たく丸い籠
左：ユイ、右：ソーヒ（いずれも奥民具資料館蔵）

図3　物を運ぶのに利用した籠
左側：バヒ、右側：ティル（奥民具資料館蔵）

図4　小さな物入れ籠
上側：パーギ、下側：タジク
（奥民具資料館蔵）

図2右)、**バヒ**（籠のミミを天秤棒に通して担ぐ。男性がよく使う：図3左側）や**ティル**（帯を額に当てて、薪や芋などを運んだ。女性が使用した：図3右側）などの物を運ぶ大きな籠類、**パーギ**（バヒを小型化したもの。男女兼用の弁当入：図4上側）や**タジク**（ティルを小型化したもの。女性が使う：図4下側）などの小さな籠類、**ウムアレーマドゥヒ**（主に芋洗いに利用した：図5左）、**マドゥヒンクヮー**（主に芋を盛って食べる時に利用した：図5右）、**マースバイ**（塩の入れ物、溶けやすい塩を入れて吊した：図6）、**サバター**（販売用の薪）

241

第 2 部 暮らし

図 5 芋をいれた籠、左：**ウムアレーマドゥヒ**、右：**マドゥヒンクワー**（いずれも奥民具資料館蔵）

図 6 塩を入れた精巧な籠、**マースバイ**（奥民具資料館蔵）

図 7 薪を束ねる輪に利用（奥民具資料館蔵）

を束ねる輪（図7）などに利用した。

　子どもたちは草刈の帰りに**ハーダヒ**を切って、水鉄砲や空気鉄砲を作り遊んだ。空気鉄砲の弾は、新聞紙や古紙を水につけて軟らかくし、それを竹筒に詰めて芯で押すことでボーンと音が出て、詰めた弾が飛び出す仕組みで、打ち合いしながらグループで合戦をして遊んだ。

　奥で正月の飾りに使用するのは、松と竹。竹は昔はホテイチクだが、少ないものだからホウライチクやリュウキュウチクも使う。**トーハチ**（米寿祝い）の時の先頭の**ブラ**（笛）。これはホラ貝代わり。節をつけないで一節分を切って、その一方を斜めに切り、口に当てて吹くとプーと音がでる。それを**トーハチブラ**といい、**トーハチ**を迎えた爺さん婆さんの長寿を祝った子どもたちに返しとして饅頭と**ブラ**が与えられた。子どもたちはそのブ

242

ラを鳴らして祝いを盛り上げた。

その他、真ん中の柔らかい綿部分は便をする時のトイレ紙代わりにした。

■リュウキュウチク

(*Pleioblastus linearis*、イネ科、方名：ダヒ、ヤマダヒ、ハラ)

ダヒは竹類一般をいう。茅葺に使う小さいのはハラ、箒などに使

図8　リュウキュウチク（恩納村）

う大きい竹は**ヤマダヒ**という。**ハラ**が大きくなったら**ヤマダヒ**という。特に採取の制限はなかった。それぐらいいっぱいあった。ただ国頭村我地は国有林が多く、そういう国有林からは竹であっても許可なく切ってはいけない。だから、山の管理者にかくれて盗伐したのもいた。奥は、字有林なので非常にゆるやかだった。また、乱伐を防ぐために月に何日かの**ヤマイリビ**（山入日）が決められていた。

ハラ（小さいリュウキュウチク）は茅葺のかやに使った（図9左）。また、瓦葺の屋根にこれを編んで、その上に土をのっけて、瓦をおく。土がのる竹は**ヤマダヒ**（大きなリュウキュウチク）を使う（図9右）。ホウライチクは節が細いからすき間ができる。**ヤマダヒ**の用途は、瓦葺を作る時の用途も多かった。**チヌブ**（網代の竹壁：図10左）や**アンヌミ**（竹の網：図10右）で屋敷の壁や境界に使った。瓦や茅葺屋根の資材として那覇などに出荷した。

田んぼの緑肥。特に深田の緑肥に使用し、切り口は下にして足で踏み込んだ。緑肥に使うときは鎌を使って、折って採った。鎌で斜めに切ると脚に刺さるから。それでも怖かった。お茶畑の敷き草にも使った。

庭箒の材料。台所の箒はソテツの葉を使うが、庭の掃き掃除はリュウキュウチクの箒を使う。

第 2 部　暮らし

図 9　リュウキュウチクの利用
左：茅葺に利用するハラ（奥民具資料館）、右：瓦葺に利用するヤマダヒ（奥）

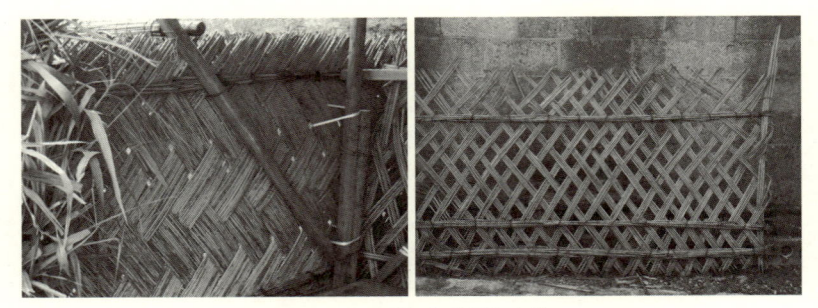

図 10　ヤマダヒを利用した壁
左：チニブ、右：アンヌミ

第7章　地名に見る奥の暮らしの多様性

宮城邦昌

郷土の歴史探訪。奥小学校の全生徒とPTAによる「フイジ（越地）のイノシシ垣」見学風景。

第 2 部　暮らし

7-1 | 地名図作成の経緯

(1) 開墾での出会いと体験

　私は 1948 年に奥部落で生まれた。1964 年に中学校を卒業するまでの 16 年間生活した。田畑や山仕事を通じての生活体験や海や山野と駆け巡る大自然を謳歌した体験は、私の人生を大きく左右する要因となっている。特に、**ウプドーカイクン**（大堂開墾、現琉球大学「奥の山荘」の西側）で 1951 年から 1952 年までの約 2 年間生活した時の以下に述べる二つの体験は貴重なものである。

　一つは園原咲也氏（1885（明治 18）年生、長野県出身、植物研究者、以下敬称略）で、大きなリックを背負った爺さんが**ターマタ**（田又、奥・宜名真境界にあった湿田の名称）から我が家に来て、一泊して去って行った。母に聞くと、沖縄県立北部農林学校の先生で、沖縄の植物を研究しているとのことだった。この**ソノハラ'タンメー**（園原老爺）によれば、**マチ**（マツ）、**'トゥ'トゥチ**（ソテツ）、**ウゴー**（クワズイモ）以外のほとんどの植物が食べられる。だから山に行くとき食糧は待たない、**ミス**（味噌）と**マス**（塩）を持って行き、草を食べる、というのであった。その影響か、私は今でも野山に出かける時、いろいろな植物を食することが習慣化している。

　もう一つは、**ナーハヤーヌウンメー**（那覇屋の爺さん）である金城久太郎（1896（明治 29）年生）との出会いである。ある日、大雨の降る中、5 匹の犬が我が家に入り込んで大騒ぎになった。続いて猪を担いだ背の高い久太郎**ウンメー**（爺さん）がやってきて、マカテー、マカテーと母の幼名を呼ぶのでびっくりした。よく見ると両手の手首がないのにどうして猪を捕えて担いできたのかが、不思議であった。後で聞いたら母方の祖母である我如古カナ（1902（明治 35）年生）の兄で、**インビキ**（犬引、部落から委託された猪猟師）している爺さんという。若い頃南洋で事故にあい両手首を失ったという。どのように**インビキ**道具である**ブラ**（法螺貝）、山刀、槍を使うのか不思議であっ

たが、この謎は開墾を引き上げて部落に降り、田や畑仕事を手伝ううちに解けた。

　私が小学校に入った後のことである。母方の祖母宅・**ヤゲンヤー**（屋号・弥元屋）と**ナーハヤー**が**ユイマール**（結）をして田や畑仕事をするというので、**ヤゲンヤー**の祖父・我如古弥元（1900（明治33）年生）**ウンメー**と久太郎**ウンメー**の手伝いをする機会があった。私の興味は久太郎ウンメーの道具である。鎌や鍬など、ほとんどの道具には紐が取り付けられていて、それを手首のない左手と口を使って右腕に結び付け、鎌や鍬を上手に操り、草刈りや畑を耕すのである。私が一所懸命に頑張っても追いつかない早業であった。

　田畑仕事での道具の扱いについてはその時理解できたが、犬を引き連れての猪猟で一瞬のうちに山鉈や槍を縛り付けなければならないような状況に遭遇した場合、その道具の取付けはさぞ大変であったろうと、いまだもって不思議である。だが、もううかがう機会はとうに失われている。

　この二つの出会いは、私の幼い頃の仕事や遊びに大きな影響を与えた。部落周辺の山頂付近まで切開かれた段々畑、草刈りや薪取り、木炭生産などの場となった山野の風景。日々の生活の場として、それぞれの地形や植生、山や川の地名などが、私の脳裏に蓄積されたのである。

（2）奥の地名調査と地名図作成

　私は高校へ進学するとともに那覇で暮らし、卒業すると気象台に就職したので石垣島をはじめ、沖縄県内の離島勤務を41年余続け、2008年3月に定年退職した。その間、郷里奥を訪れたり、奥出身者の郷友会活動に接したりする機会がなかった。退職し、実家で暇を持て余している時に、偶然に目にしたのが『字誌　奥のあゆみ』（1986年）であった。ページをめくると懐かしい往時の奥部落と山野の風景写真が、幼い頃の記憶を彷彿させた。目次を見ると自分の知らなかった故郷の歴史・文化・風俗などが綴られていることに感動し、忘れかけていた記憶を甦らせながら夢中になって読み通した。母幸子（1922（大正11）年生）に、すごい本ができていると感動を伝え、編集委員

第 2 部　暮らし

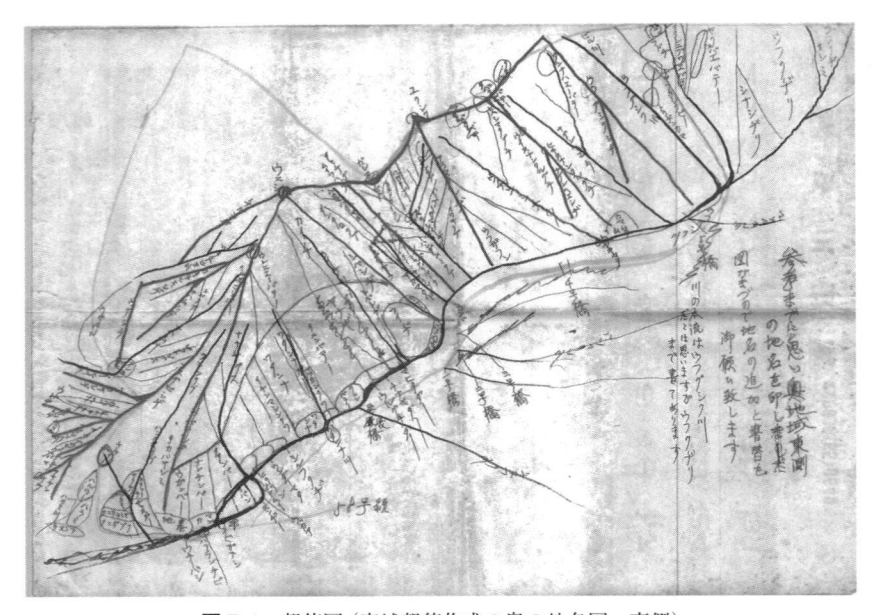

図 7-1　親徳図（宮城親徳作成の奥の地名図、東側）

長をした上原信夫（1928（昭和 3）年生）に会っていろいろうかがいたいと言うと、母は近くに住んでいると教えてくれた。
　上原信夫宅を訪ねると、『字誌　奥のあゆみ』に掲載できなかった多くの資料を保存していることや、ウクムニー（奥コトバ）の語彙を収集している事などを話された。『字誌　奥のあゆみ』の続編を発行する計画もあったが、財政的な事など奥区や郷友会の諸般の事情から実現していないとも言われた。そして、『字誌　奥のあゆみ』に掲載されている地名略図の基になった宮城親徳（1906（明治 39）年生）が描いた手書きの地名図 3 枚（いわゆる「親徳図」、図 7-1）を広げ、奥で島田隆久（1937（昭和 12）年生）が地名収集をしているので、ぜひ手伝うようにと促された。
　早速、奥へ行き島田隆久と会うと、上原信夫先輩から連絡があったようで、私が訪ねてくるのを待ち構えていた。そして、『字誌　奥のあゆみ』発行に

248

際し、奥の地名図を作成し記載したが、収集した地名の一部を記述したにすぎない、と説明された。

　奥でも他の集落と同じように、1960年代をピークとして、豊かな生活を求めて都市部への人口移動が起こり、過疎化が進んだ。人口減で、段々畑の多くは耕作を営むのが困難となり放置されたため、森に覆われ姿を消した。同時に自然の中で育まれ継承されてきた山、川、海などの名称が忘れ去られかけていた。その状況を危惧した奥の先輩諸氏が、失われつつある地名を残すことの重要性を認識し、島田隆久を中心に、奥の地名収集が1990年代初頭から始まった。収集・記録した地名は、実に420余りに上っている、と付け加えたのである。

　私も、久し振りに郷里に戻って往時の面影が消えていることに気付き、往時を懐かしみ郷愁に浸っている思いを話した。すると島田は、是非協力してほしいと言い、5000分の1の地形図を何枚も張り合わせ奥区領域の全図に仕立てた大地図に、地名を記した付箋紙を張りつくした図（いわゆる島田図、図7-2）を広げて見せてくれた。また、地名を記したメモと『大垣台帳』（猪垣を管理するために作られた管理台帳）のコピーの2冊を渡され、これを整理してほしいと、私に依頼されたのである。これが私と「奥の地名」や「奥の猪垣」との出会いの瞬間であった。

　「地名メモ」と『大垣台帳』を清書・分類し終えてリストを作成し、島田に届けるために奥へ出向いた。島田は私に、地名の由来などを知るうえで現場確認する必要性を強調した。そして、たまたま奥の山について調査・研究していた齋藤和彦（森林総合研究所関西支所、1966年生）に加え、上原賢次（1950年生）、座安賢一（1951年生）、親川栄（1955年生）ら「沖縄県勤労者山の会」の仲間が、私の現地調査に協力してくれることが確認された。奥の地名に関わる現場のほとんどをGPS（全地球測位システム）を用いて位置確認するとともに、地形や地質、植生などの確認を含めた現地調査を行った。こうして整理分類した地名リストを基に、GIS（地理情報システム）を用いて完成したのが本書の巻頭に掲げられている「奥の地名図」である。

第 2 部　暮らし

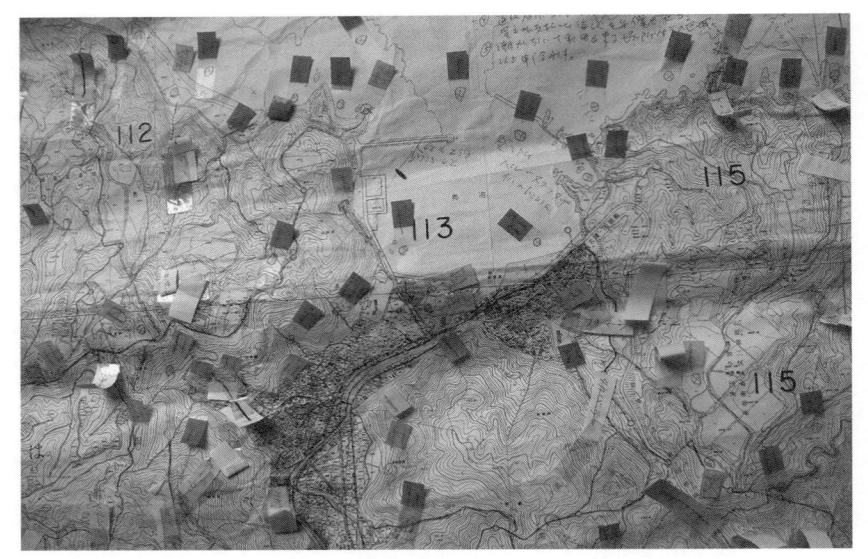

図 7-2　島田図（島田隆久作成の奥の地名図の一部、集落付近）

7-2 奥の地名分類

(1) 地名分類の概要

　奥の地名は、その多くが、二つの要素（図 7-3）からなる合成語である。この二つの要素は、標準語の「の」にあたる「ぬ」または「ん」で結ばれることもある。
　これらの要素は、さらに細かく、図 7-4 のように分類できる。
　今日までに収集の終わった地名 413[1] を、内容別に多い順に記すと、①一

---

[1]　この、地名の一つ一つの緯度経度や由来などをくわしく記述した厖大な資料「奥の地名リスト」は、章末に記載のリンクからアクセスして無料で閲覧・ダウンロード

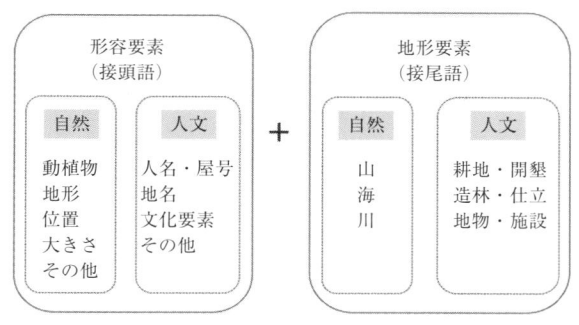

第7章　地名に見る奥の暮らしの多様性

```
┌─────────────────────┐     ┌─────────────────────┐
│   形容要素          │     │   地形要素          │
│   （接頭語）        │     │   （接尾語）        │
│  ┌─────┐ ┌─────┐   │  ＋  │  ┌─────┐ ┌─────┐   │
│  │自然 │ │人文 │   │     │  │自然 │ │人文 │   │
│  │動植物│ │人名・屋号│ │     │  │山   │ │耕地・開墾│ │
│  │地形 │ │地名 │   │     │  │海   │ │造林・仕立│ │
│  │位置 │ │文化要素│ │     │  │川   │ │地物・施設│ │
│  │大きさ│ │その他│   │     │  └─────┘ └─────┘   │
│  │その他│ │     │   │     │                     │
│  └─────┘ └─────┘   │     │                     │
└─────────────────────┘     └─────────────────────┘
```

図7-3　奥の地名（合成語）の構造

般地名118個、②史跡67個、③山の地名79個、④海の地名58個、⑤川の地名52個、⑥水田の地名23個、⑦面的地物14個、⑧畑の地名2個、となる。

(2) 自然に関わる地名

動物に関わる地名

ハーブイガマ（5C右下）（ハーブイ［蝙蝠］＋ガマ［穴］）
奥川の支流**アラマタガー**（荒俣川）中流域で、**ハーブイ**（蝙蝠）が棲んでいた洞窟。

カーミーマタ（5B中上）（カーミー［亀］＋マタ［谷］）
二号橋の中流域にある谷で川が合流する付近のことである。左右の支流（マタ＝谷）に挟まった地形が亀に似ているところからこの名がある。復帰後奥の簡易水道の取水場が設置された所。

グンダバマ（2D中上）（グンダ［鯨］＋バマ［浜］）
奥港の北東側にある**アサチンサチ**（アサチン崎）付近の、海岸に鯨が打ち揚げられたことに因む浜。

することができる。なお、本稿に掲載されている地名に関する記述は、すべてこの基礎資料に基づいている。

第 2 部　暮らし

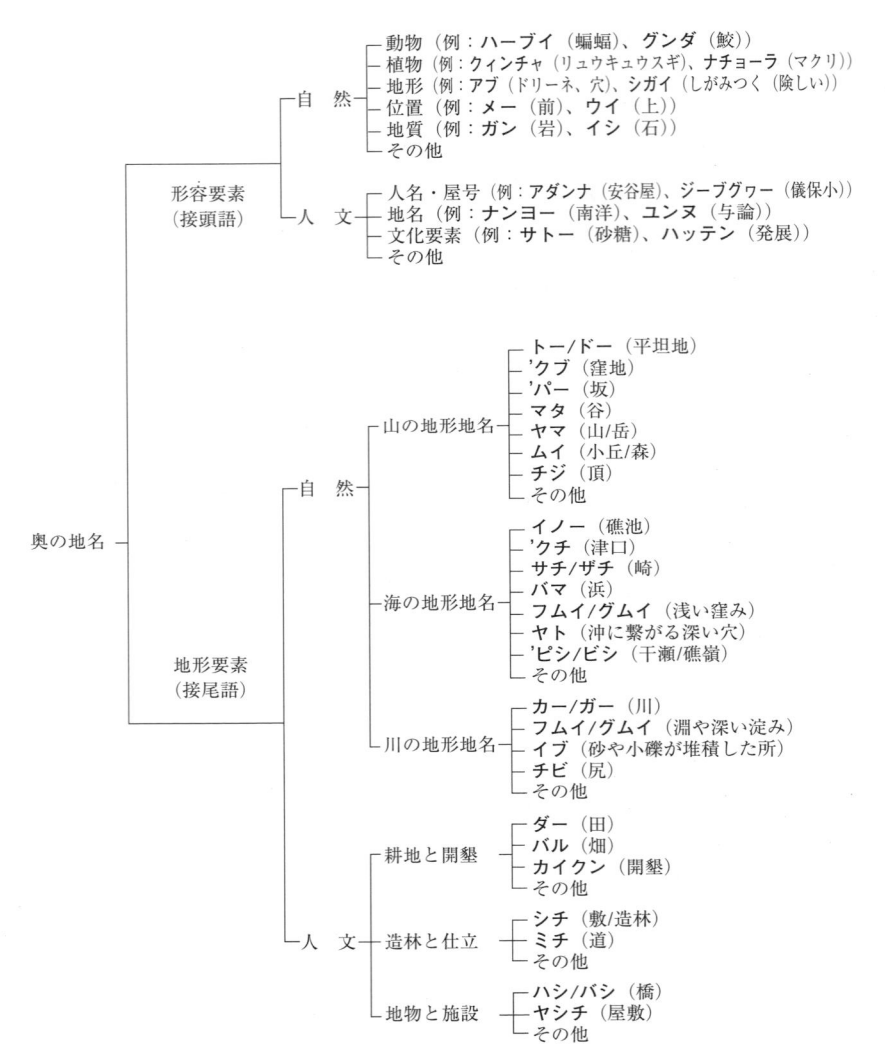

```
奥の地名 ┬ 形容要素     ┬ 自　然 ┬ 動物（例：ハーブイ（蝙蝠）、グンダ（鮫））
        │ （接頭語）    │        ├ 植物（例：クィンチャ（リュウキュウスギ）、ナチョーラ（マクリ））
        │              │        ├ 地形（例：アブ（ドリーネ、穴）、シガイ（しがみつく（険しい）））
        │              │        ├ 位置（例：メー（前）、ウイ（上））
        │              │        ├ 地質（例：ガン（岩）、イシ（石））
        │              │        └ その他
        │              │
        │              └ 人　文 ┬ 人名・屋号（例：アダンナ（安谷屋）、ジーブグヮー（儀保小））
        │                       ├ 地名（例：ナンヨー（南洋）、ユンヌ（与論））
        │                       ├ 文化要素（例：サトー（砂糖）、ハッテン（発展））
        │                       └ その他
        │
        └ 地形要素     ┬ 自　然 ┬ 山の地形地名 ┬ トー／ドー（平坦地）
          （接尾語）    │        │              ├ 'クブ（窪地）
                        │        │              ├ 'パー（坂）
                        │        │              ├ マタ（谷）
                        │        │              ├ ヤマ（山／岳）
                        │        │              ├ ムイ（小丘／森）
                        │        │              ├ チジ（頂）
                        │        │              └ その他
                        │        │
                        │        ├ 海の地形地名 ┬ イノー（礁池）
                        │        │              ├ 'クチ（津口）
                        │        │              ├ サチ／ザチ（崎）
                        │        │              ├ バマ（浜）
                        │        │              ├ フムイ／グムイ（浅い窪み）
                        │        │              ├ ヤト（沖に繋がる深い穴）
                        │        │              ├ 'ピシ／ビシ（干瀬／礁嶺）
                        │        │              └ その他
                        │        │
                        │        └ 川の地形地名 ┬ カー／ガー（川）
                        │                        ├ フムイ／グムイ（淵や深い淀み）
                        │                        ├ イブ（砂や小礫が堆積した所）
                        │                        ├ チビ（尻）
                        │                        └ その他
                        │
                        └ 人　文 ┬ 耕地と開墾 ┬ ダー（田）
                                 │            ├ バル（畑）
                                 │            ├ カイクン（開墾）
                                 │            └ その他
                                 │
                                 ├ 造林と仕立 ┬ シチ（敷／造林）
                                 │            ├ ミチ（道）
                                 │            └ その他
                                 │
                                 └ 地物と施設 ┬ ハシ／バシ（橋）
                                              ├ ヤシチ（屋敷）
                                              └ その他
```

図 7-4　奥の地名（合成語）の分類

第7章 地名に見る奥の暮らしの多様性

図7-5 ナチョーラダー（岩場にマクリが自生したことに因む）

サールーバンタ（4C中央）（**サールー**［猿］＋**バンタ**［崖］）
ワタンナガー（ワタンナ川）上流を横切る**ウーガチ**（東大垣）付近にある。急傾斜となっており、**サールー**（猿）も登れないほど険しい崖との意。

植物に関わる地名
クィンチャ'クブ（5C右中）（**クィンチャ**［リュウキュウスギ］＋**'クブ**［窪］）
奥川の支流**アラマタガー**（荒俣川）中流域にある窪地に、**クィンチャ**（リュウキュウスギ、広葉杉）を植林したことに因む。
ダラギ'クブ（3D右上）（**ダラギ**［タラノキ］＋**'クブ**［窪］）
奥部落の北東側にある、**ダラギ**（タラノキ）が群生していた谷。
ナチョーラダー（2E中下）（**ナチョーラ**［マクリ］＋**ダー**［田］）（図7-5）
奥の北東海岸にある岩場のことである。**ナチョーラ**（マクリ、海人草）が植生している岩が田圃をイメージしていることに因む。岩場は裾礁の淵にあり、時々外洋から大波が打ち寄せるため危険な場所となっているが、時期になると奥のオバーたちは、**ナチョーラ**を巧みに採るのである。

253

第 2 部　暮らし

メーガン'クブ（3A 右下）（メーガ［ミョウガ］＋ン［の］＋'クブ［窪］）
国道 58 号線琉大山荘入口のバス停の北側にある窪地の名で、**メーガ**（ミョウガ）が自生していたことに因む。今でもミョウガのなかまであるホワイトジンジャーが夏になると美しい花を咲かせる場所である。

地形に関わる地名

アブントー（2B 中上）（アブ［ドリーネ］＋ン［の］＋トー［平坦地］）（コラム 5 参照）
アブ（ドリーネ、穴）のある平坦地のこと。奥部落の北西方向、辺戸部落との境界付近の**ユッピバマ**（世皮浜）の南側にある、標高 100〜150 m のなだらかな斜面。面積にして約 28.2 ha。隆起した琉球石灰岩があることから洞窟などがある。この場所は、奥に伝わる大蛇伝説と密接な係わりがある。

ウプドー（3A 右上）（ウプ［大きい］＋ドー［平坦地］）（本章 7-3 (2) 参照）
奥部落南西側の標高 220 m 付近を中心とした平坦地のこと。周囲約 3.6 km、面積にして 31.6 ha と大きな平坦地であることに因む。1950（昭和 25）年から 1965（昭和 40）年までの 15 年間奥中学校があった。現在は琉球大学「奥の山荘」として継承されている。

シガイマガイ（2C 中央）（シガイ［しがみつく］＋マガイ［曲がり］）
奥港の西側の村道付近の岩場で、かつては岩にしがみついて越えたことに因む。1928（昭和 3）に初めて掘削工事が行われ人間がやっと歩ける道が開かれた。その後、1949（昭和 24）年から始まった山越えの県道工事で幅員が改修され奥部落へ車が通るようになった。1980（昭和 55）年頃、奥港構築のため元の道の下に新しい道が造られ、上の方に放置された旧道の遺構が残る。

位置に関わる地名

ウイントー（2B 右下）（ウイ［上］＋ン［の］＋トー［平坦地］）
1951（昭和 26）年に完成した旧道と、部落が管理した猪垣である西大垣第二区が交差する、**チジン'パー**（頂の坂）の南側に位置する。「112 林班、世皮原」の南東端に位置する。**ウイントー**は「上の平坦地」に因む。

第7章　地名に見る奥の暮らしの多様性

タカシジ（3B 中下）（タカ［高い］＋シジ［嶺］）
国道58号線を辺戸方面へ約1.5 km行った**チヌプクガー**（チヌプク川）の支流と交差する付近で、北西側の窪地**アダギ**から注ぐ支流の東側に位置する小さな**ムイ**（森）のこと、南東に傾斜する**チヌプク**付近では高く見えたことに因む。

フジ'クビー（3D 左中）（フジ［後］＋'クビー［首］）
奥部落東にある**ナンチンムイ**（山の名）からの尾根道は猪垣に交差する付近で縊れている。猪垣と尾根道が交差する付近の縊れ一帯を**フジ'クビー**と呼んでいる。

メーバマ（2C 中下）（メー［前］＋バマ［浜］）
奥部落の海岸である。かつては奥小学校付近から砂嘴が東に発達してできた砂浜であったが、奥港築港工事が1983（昭和58）年頃行われ、旧護岸（1933（昭和8）年竣工）の外側に、新護岸が造られたため砂浜は消えてしまい、かつての子どもたちの海遊びの面影も消えた。「部落の前の浜」に因む。

地質に関わる地名

イシンチジ（3B 右中）（イシ［石］＋ン［の］＋チジ［頂］））
奥部落が管理した西大垣第三区の猪垣の北側に、頁岩（粘板岩）の岩山がある。その岩山が**イシンチジ**である。

ガンバ（5B 右中）（岩場）
奥与那林道（旧ウイバル林道）は、1933（昭和8）年に**ハッテンバシ**（発展橋318）から**ヒヤギマタ**までの約2.7 kmの1期工事が行われた。しかし、**ハッテンバシ**から三号橋をこえた約1.8 km付近は大難所であった。**グルイシ**（頁岩＝千枚岩）の相が幾重にも重なる岩場で、**ウプダーガー**（大田川）の急流が北側を流れ危険な場所でもあった。宮城悦生（東リ六ツ又、1934（昭和9）年生）の祖父である宮城親松（1884（明治17）年生）は鍛冶屋を営んでいた。岩を割ったり、ダイナマイトを仕掛ける穴を掘る**パガニ**（鋼）や**ハニガラ**（金棒）に焼入れ（硬化）していたがすぐになまってしまうので、大変難儀したとの伝承がある。

第2部　暮らし

図 7-6　シル'カニジ海岸沖の岩

図 7-7　シル'カニジ海岸の断崖

シル'カニジ（2E 左中）（シル［瀬戸］+'カニジ［鉄地］）
奥部落の北東側にある**ハルー**（加与原）の北海岸にある岩場。**ハルー**の裾野から大きな岩が沖の方に点在する、いわゆる瀬戸と呼ばれる地形である。点在している岩は裾礁が発達し干潮時には干瀬となる。そこに点在する岩が頁岩ではなく金属的な岩石であることに因んだ地名。1944（昭和 19）年の冬、南方方面への輸送船須磨丸が座礁した所で、その積荷であったカンパンなどは戦時避難中の奥部落住民の食糧源となったが、暗闇の中を険しい崖をよじ

登って行き来した体験者たちは、思い出すと恐怖を感じるとのこと。

全体で自然現象を表す地名
ヌンジー（3C 中央）（[虹]）
奥ヤンバルの里の東側にある橋付近の地名である。**ヌンジー**は虹の古語で、昼下がりににわか雨が降ったときに虹が見えたことに因む。
ハンナイヤキ（5B 左中）（ハンナイ［雷］＋ヤキ［焼き］）
奥の南西側で**カーミーマタ**（亀谷）を流れる**ハシッタヒガー**（川名）の上流付近にある**シジ**（尾根）に、雷が落ち焼けたことに因む。

（3）暮らしに関わる地名

アダンナカイクン（7A 中央）（アダンナ［安谷屋］＋カイクン［開墾］）
辺野喜領域の「大川山、38 林班」内にあった開墾。伊江林道と**チヌプク**林道の合流点の三叉路（現在の辺野喜山荘）南の谷にあった開墾で、リュウキュウアイを栽培していた。安谷屋の子どもである宮城サチ（前六ッ又（奥の屋号）、1917（大正 6）年生）から、「今みたいに立派な道もなかったので、けもの道を通って奥の学校に通った。あまり遠いので、奥の親戚の家に泊まり込むことが多かった」とうかがったことがある。戦後、ミカン畑などとして使用されていたが放置されている。造林されたスギやセンダンの大樹が往時をしのばせる。
インヌ'クヮバル（3D 中央）（インヌ'クヮ［犬］＋バル［畑］）
奥の共同猪垣である**ウーガチ**（大垣）が、部落で維持管理されていた頃、**ウーガチ**を破り耕作地に侵入した猪の捕獲を部落から委託された者を**インビキ**（犬引き）と呼んだ。戦前はイノシシが多くいて、猪垣の外でも捉えることができたので、部落からの手当てはなかった。捕えたイノシシの肉を自由に売りさばき収入源にして、生活が成り立っていたからである。戦後イノシシの猪垣内への侵入が少なくなり、犬の餌代を部落から援助する事になったが、現金を支給するのではなく、犬の餌場としてイモ畑を与えたのである。その

第 2 部　暮らし

イモ畑が**インヌ'クヮバル**で、場所は現在の県道 70 号線を東に約 2 km 行った西側の窪地にあった。

'クランメーエーバテー（4A 中上）（**'クランメー**［藏ン前］＋**エーバテー**［藍畑］）
ウプドーの琉大「奥の山荘」入口の南側に、**トーヤマ**（当山）開墾につながる農道がある。その農道沿いに**チヌプクガー**の支流**ナンガー**が注いでいる。**ナンガー**は二つに分岐し、西側を南から流れてくる沢の中流域が**'クランメーエーバテー**である。**'クランメー**（奥の屋号：藏ン前）が拓いた**エーバテー**（藍畑）に因む。現在でもリュウキュウアイが残る。

サトーマー（4B 右上）（**サトー**［砂糖］＋**マー**［場］）
奥川の支流**チヌプクガー**に架かる発展橋から**チヌプクガー**に沿って行くと**クワマタ**（桑又）の田圃がある。国道 58 号線に架かる桑又橋の南側である。この田圃付近で昔サトウキビが植えられ、砂糖屋があり、黒砂糖を生産していたことに因む。**ジートイグナ**（砂糖を固める石灰調合係り）は**ミージ**（奥の屋号：新地）**ウンメー**（爺さん）、新城春良（1890（明治 23）年生）であった。

ジーブグヮーカイクン（7D 中央）（**ジーブグヮー**［儀保小］＋**カイクン**［開墾］）
奥領域の南端「奥山、59 林班」と楚洲領域「楚意原、県 49 林班」の境界線をなす所で、奥与那林道と伊江 II 号林道が交差する地点がある。その南東谷を源流とする伊江川の上流域に拓かれた開墾名である。この開墾は首里出身の屋号**ジーブグヮー**（儀保小）が明治の末期から 1944（昭和 19）年まで芋を造り生活していた。伊江林道の下にフクギの防風林に囲まれた屋敷と**ワーン'プル**（排便で豚を養う所）跡がある。また川のそばには池跡も残る。そこで育った池原美津子（1927（昭和 2）年生）は、「池には**ジクル**（オオクチユゴイ）を養っていてよく食べた。時々、兄と二人で奥まで買い物に出かけたこともある。」と、当時を懐かしんでいた。戦前、**ジーブグヮーカイクン**に行ったことのある奥部落の先輩達は、**ジーブグヮー**（儀保小）は篤農家で牛、豚、山羊、鳥、兎なども飼育したという。現在開墾跡にはスギなどが造林されている。

ナンヨーバル（3D 中央）（**ナンヨー**［南洋］＋**バル**［畑］）
奥部落から県道 70 号線を約 1.7 km 行った所に**スイヌチジ**（楚意頂）に到着

する。そこから林道に入り 200 m 付近にコンクリートの**'ピー**（樋）が架かったダヒプガー（川名）の上流がある。その一帯を**ナンヨーバル**という。戦後**ナンヨー**から引き揚げてきた人たち（屋号・**ナーハーヤー**（那覇屋）、**ヤーグヮ**（屋小）など）が拓いた畑に因む。私が幼少の頃、芋畑と湿田があった。放置され現在は深い森に覆われている。

ハッテンバシ（4B 右上）（発展橋）
チヌプクガー（川名）に架かる橋の名前、**ウイバル**林道（1933（昭和 8）年着工）第 1 期工事で架けられた橋。豊富な林産物によって部落が発展することを祈念して、上原直次（大首里屋、1882（明治 15）年生）が命名した。

ミヤゲムイ（3C 左中）（ミヤゲ＋ムイ［森］）
奥部落の南端に位置する丘陵を、**ミヤゲムイ**（通称・神社）と呼ぶ。神号**マハハ**という女神を祀る祠（ほこら）がある。**ミヤゲムイ**には、1914（大正 3）年、乃木将軍の愛国心を讃えて、乃木将軍の半身像を安置した乃木神社が建立された。その後、1928（昭和 3）年に、昭和天皇の即位を記念して、「護国神社」と改称した。ところが戦後、1945（昭和 20）年 10 月 5 日に辺土名兼久などの収容所から部落に帰任した住民は、10 月 26 日に役員会を開き、「従来軍神として奉れる乃木神社は、日本敗戦のため神として奉ることは如何と思い廃することとせり」と議事録に記して廃止した（第 5 章 5-2 節（2）参照）。1962（昭和 37）年末に、廃止された神社の台座を利用して慰霊塔が建立された。また、隣には「忠魂碑」も残されている

7-3 地名から見る奥共同体の暮らしの歴史

　田村浩著『琉球共産村落の研究』（1927 年）は、「奥部落は 1187～1611 年に発生した集落の一つである」としているが、それを証明する史料はとぼしく、奥の歴史は明治初頭から今日までの、せいぜい 140 年程しかわからないが、地名のほとんどはそれ以前から継承されてきたものと推察される。7-2 に見るように、奥の地名を見ると、地形や地質、山、川、海、動植物など

の自然に関わるもの、生活の中から生まれた人工物など多様性に富んでいる。地名図を見れば奥の共同体としての歴史や、その生物文化多様性を垣間見ることができる。

このセクションでは、特に奥共同体の暮らしに関わる重要な地名を、(1) イノシシ垣、(2) 学校、(3) 道、(4) 郵便局・通信、(5) 外からの来訪者、にわけて、それぞれのテーマに関わる地名とそれをめぐる歴史を概観しながら、奥共同体の暮らしの諸相を素描する。

(1) イノシシ垣

現在、奥部落の風景はすっかり変貌し、深い森に覆われている。かつては奥川沿いの扇状地に広がる田園、三方を囲む山々の斜面は裾野から山頂付近まで開拓された段々畑であった（図7-8）。

奥の**ウーガチ**（大猪垣）は、1903年に糸満盛邦翁の提案で構築された部落管理の共同猪垣である。このような田や段々畑から生産される、住民の食糧である農産物（イモ・粟・米など）を、森に住むイノシシの害から護る役割を担っていた。

しかし、1950年頃から始まった都市部への移転と人口流出による過疎化で、部落の働き手が減り、**ウーガチ**の維持・管理が困難となり、1959年の部落総会で管理放棄が決まり放置されたのである。放棄されてから57年を経た**ウーガチ**は、今日、深い森の中に、段畑や小川などの痕跡とともに、**ウーガチ**遺構として静かに眠っている（図7-9、7-10）。

それは奥の先人たちの知恵を結集し、奥部落の文化として培われた宝物である。

『大垣台帳』について

奥区事務所には**ウーガチ**を管理した『大垣台帳』（1938（昭和13）年7月調整）（図7-11）がある。それを清書、分類し、現場を確認したので、その結果と現状について記し、奥の民俗・文化をひもとく資料として、また村興しに

第 7 章　地名に見る奥の暮らしの多様性

図 7-8　奥の段畑風景、1950 年頃。
出典：「琉球諸島の地質調査報告書」米国地質調査所 1959 年より、島袋伸三氏が米留学中に調査団の一人から譲り受けた写真の一枚。

図 7-9　ウーガチ
東大垣 2 区、フシンクブ付近、クルイシ（頁岩）の返しを設置。

第 2 部　暮らし

図 7-10　ウーガチ
東大垣第 5 区、開地付近、ウンザラ（テーブルサンゴ）の返しを設置。

活用可能であることを紹介したい。
　まず、『大垣台帳』に記載されている規定は、次のように記されている（図7-12）。

　　　一　本帳簿ハ字区長ノ外手ヲ入レルコトヲ得ズ。
　　　一　垣主変更スル時、両人立会ノ上ナスコト。
　　　一　垣主変更ノ時ハ譲受人ノ捺印ヲ要ス。

　『大垣台帳』の構成は垣番号、尋尺（長さ）、屋号（垣主名）、備考の4項目からなり、備考では垣主変更時の譲り受け人名や屋号、垣の外への出入口となる**フイグチ（越口）**やビービー垣の場所等も記載されている（図7-13）[2]。台帳には垣主変更の記述があるが、規定にある「垣主変更の時は譲受人の捺印を要す」の処理がほとんど省略されている。1938年の調製時に書き換えら

---

[2]　**フイグチ（越口）とビービー垣**：猪垣の外との出入り口である。**フイグチ**は丸太に階段状の切り込みを造り、イノシシ垣に架けて人のみが出入りした。またビービー垣は人畜用の出入り口で、木製の扉で、開閉時にビービーと音を発したことにちなむ名称である。

262

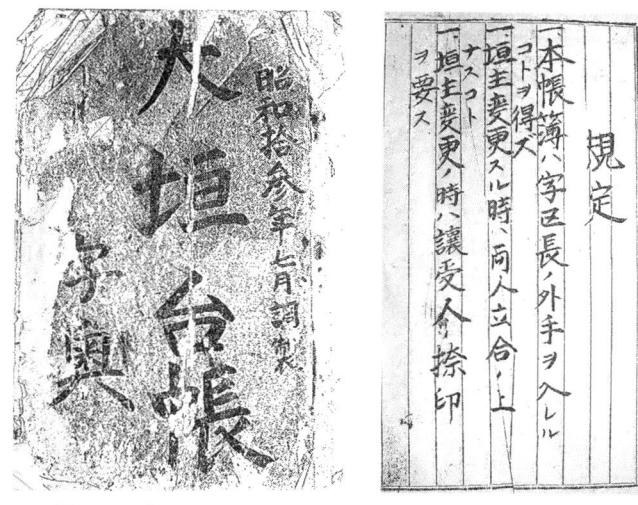

第 7 章　地名に見る奥の暮らしの多様性

図 7-11　『大垣台帳』表紙　　　図 7-12　『大垣台帳』規定

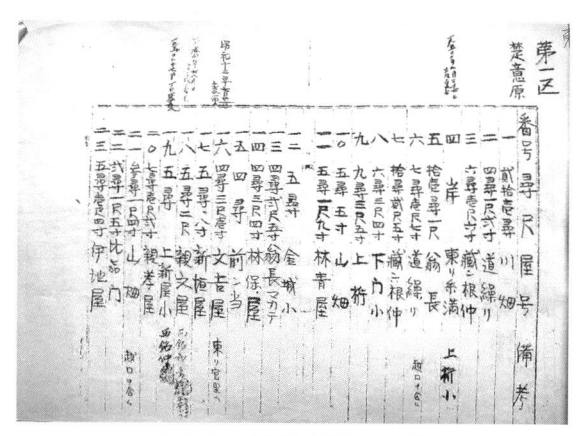

図 7-13　『大垣台帳』の一部

れたために押印されなかったものと推察する。垣主の変遷を取り扱うと複雑になる事から、本稿では当初の垣主に限り扱った。

　また「奥の猪垣周辺図」（図 7-14）に示すように、もともとの大垣は東 1 区

263

第2部　暮らし

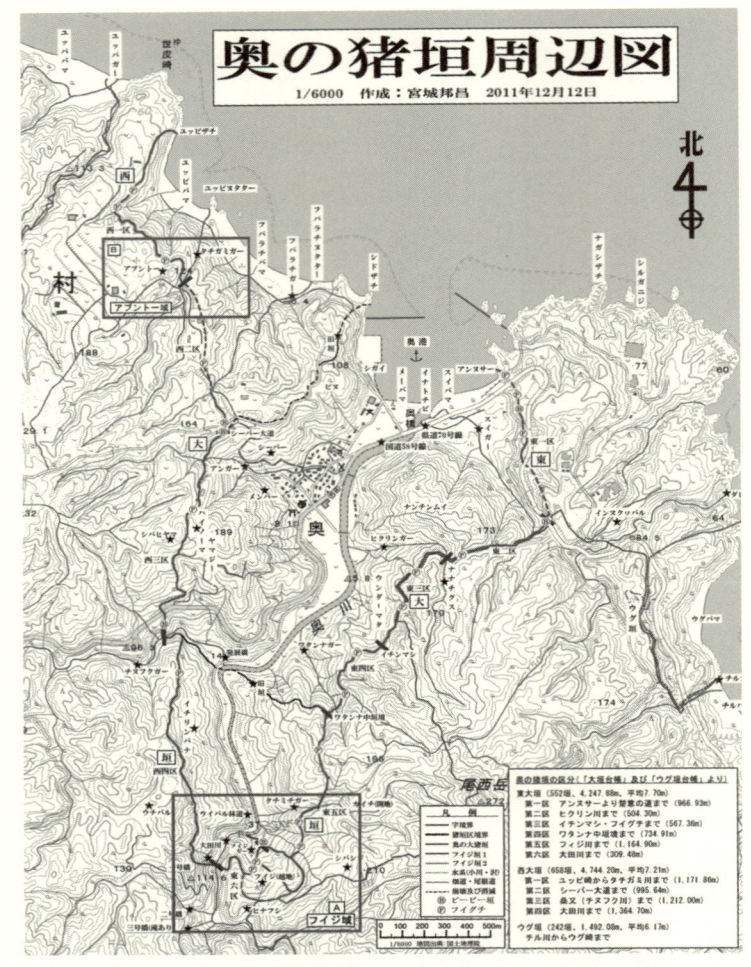

図7-14　奥の猪垣周辺図（A：フイジ域、B：アブントー域）

から4区、4区と5区の結合部から西に伸びる旧垣（南側）が西垣3区終点で結合し、西垣3区起点から北に伸び**シドゥンサチ**までの垣で構成されたものであったが、人口増に伴う農耕地拡大のために東垣5区、6区と西垣1区、

2区、および4区が新たに増築された。『大垣台帳』では東垣の全垣と西垣の全垣はそれぞれ一連番号に調製されている。しかし猪垣拡張の時期や構築の経緯は不明である。

『大垣台帳』に基づくイノシシ垣の分類

　『大垣台帳』の整理結果を表7-1に示す。奥部落とその周辺の田・畑・原野・山林を取り巻くイノシシ垣で、東大垣と西大垣に区分され、東大垣は奥湾東の**アンヌサーイノー**より第一区が始まり、奥川の中流の**ウプダーガー**（大田川）で終わる6区分552個の垣で構成され、延長約4.2 kmのイノシシ垣である。また西大垣は奥湾西側にある**ユッピバマ**の先端である**ユッピザチ**（世皮崎）から始まり、**ウプダーガー**（大田川）で終わって東垣と連結するが、4区分657個の垣で構成され、全長約4.7 kmのイノシシ垣である。全体では1,210個の垣で、総延長約9 kmと、名実ともに奥部落を取囲んだ**ウーガチ**である。

　東垣の「岸」と表された3ヶ所（一区4番＝東リ糸満、二区126番＝溝畑、同区127番＝上ノ大屋）は、垣長が記されていない。また、東垣と西垣が合流する大田川でも、垣の管理者は西垣四区657番＝前蔵ン根と割り当てられているが長さが表示されず、単に「川」とだけ記されている。したがって大垣の分類解析にはこれらの4垣の長さは含まれていない。越口の設置個所は東垣で13ヵ所、西垣で6ヵ所、**ビービー垣**の設置個所は東垣および西垣とも3ヵ所である。

・大垣の長さ

　東と西の大垣の長さを比較した。一番長いのは西垣四区497番＝翁長小の垣で57.0 mもある。その場所は西四区の起点となる**チヌプク**川から南に続く**イチリンパナ**尾根が立ち上がる、岩場の斜面を利用した箇所である。立ち上がり部分に石積みがあるがすべてが岩の壁を利用している。東垣で一番長いのは六区518番＝前門小の垣で47.7 mである。また、東垣と西垣のそれぞれで、一番短いのは、東垣四区391番 0.54 m＝仲ケと、西垣一区5番 0.6 m＝田ン原である。長い垣については理解できるが、このような1 mにも

第2部　暮らし

表7-1　奥のイノシシ垣関係表

東垣（アンヌサー〜大田川）

区分	垣番	垣数	尋	尺	寸	長さ(m)	平均(m)	越口	ビー
一区	1〜119	119	644	3	1	966.93	8.13	3	1
二区	120〜187	68	336	1	0	504.30	7.42	1	1
三区	188〜278	91	378	1	2	567.36	6.23	2	
四区	279〜403	125	489	4	7	734.91	5.88	2	
五区	404〜511	108	776	3	0	1,164.90	10.79	3	1
六区	512〜552	41	206	1	6	309.48	7.55	2	
計		552	2,831	4	6	4,247.88	7.70	13	3

西垣（ユッピ崎〜大田川）

区分	垣番	垣数	尋	尺	寸	長さ(m)	平均(m)	越口	ビー
一区	1〜164	164	781	1	2	1,171.86	7.15	3	
二区	165〜317	153	663	3	8	995.64	6.51	1	1
三区	318〜496	180	808	0	0	1,212.00	6.73	1	2
四区	497〜657	161	909	4	0	1,364.70	8.48	1	
計		658	3,161	8	10	4,744.20	7.21	6	3

※三区451番垣が2垣（451、451-2）あり、合計数が658垣となる。

大垣の垣数と長さ

垣名	垣数	尋	尺	寸	長さ(m)	平均(m)
東大垣	552	2,829	13	16	4,247.88	7.70
西大垣	658	3,161	8	10	4,744.20	7.21
合計	1,210	5,990	21	26	8,992.08	7.43

第 7 章 地名に見る奥の暮らしの多様性

各垣区別、垣長について長・短の比較

垣 区	長短	垣番号	尋 尺	尋	尺	寸	m	垣 主
東一区	長	一	貳拾壱尋	21			31.50	川畑
	短	八九／九〇	五尺五寸		5	5	1.65	栄森屋／仲嶺
東二区	長	一四四	弐弐尋四尺	22	4		34.20	前間
	短	一三六	六尺五寸		6	5	1.95	六ッ又
東三区	長	二三二	拾尋四尺五寸	10	4	5	16.35	栄森屋
	短	二六八	六尺		6		1.80	門口
東四区	長	三一九	拾四尋二尺	14	2		21.60	川之前
	短	三九一	一尺八寸		1	8	0.54	仲ケ
東五区	長	四〇四	弐拾一尋一尺五寸	21	1	5	31.95	徳門
	短	五一一	五尺		5		1.50	前仲ケ
東六区	長	五一八	参拾一尋四尺	31	4		47.70	前門小
	短	五四九	弐尺三寸		2	3	0.69	東リ糸満
西一区	長	八六	弐拾四尋六寸	24		6	36.18	浜門小
	短	五	弐尺		2		0.60	田ン原
西二区	長	二八〇	参拾七尋一尺	37	1		55.80	大首里屋
	短	一六七	五尺		5		1.50	溝畑
西三区	長	四〇三	拾参尋四尺	13	4		20.70	仲前
	短	四二三	四尺		4		1.20	新垣屋
西四区	長	四九七	参拾八尋	38			57.00	翁長小
	短	六五五	弐尺五寸		2	5	0.75	上根仲

垣主別垣数と長さ（大垣）

順位	垣 主	垣数	尋	尺	寸	m
1	翁長小	12	96	4	5	145.35
2	大首里屋	8	92	0	5	138.15
3	川之前	7	85	4	0	128.70
4	仲新屋	17	82	4	0	124.20
5	藏ン根小	12	82	1	7	123.51
6	田ン原	18	78	0	7	117.21
7	上ン根	12	75	0	5	112.65
8	栄口小	9	72	0	3	108.09
9	前間	8	67	4	5	101.85
10	平安名小	11	66	3	3	99.99

267

第2部　暮らし

満たない垣の場所と管理状況についての詳細は不明である。
・管理主別の垣数とその長さ
　一人の垣主が何ヵ所かの垣を管理している場合の、その長さを合計して、順位を比較してみた。その結果、多くの垣を持つ垣主ほど、短い垣を多く持つことが判明した。
　10ヵ所以上に垣を持っている垣主と垣数を比較すると、最も多い17ヵ所の垣を所有している仲新屋の全長は124.20 mで、全体では第3位であり、12ヵ所の垣を所有する翁長小の145.35 mよりも短い。この2人の垣主の垣の割当を比較すると、地形的な難度に応じて垣が分割されていたことが推察される。

イノシシ垣保存と活用について
　奥の**ウーガチ**は、部落が管理した大垣（南北に流れる奥川を東西に分けた東垣4.2 kmと西垣4.7 km）で構築された大垣（**ウーガチ**）と、奥区領域の東海岸沿いに構築された**ウグ**垣（1.5 km）がある。また、奥川中流付近にある**フイジ**領域には、個人が構築・管理した個人垣（**フイジガチ**）二つが**ウーガチ**の外側にうろこ状に連結されている。
　ウーガチと**フイジガチ**を踏査したところ、東垣1区のほとんどが県道70号線の拡幅工事で失われている。もともとこの区間は杭などの生垣であったため遺構はほとんど残ってない。また、西垣2区は復帰前後の農業用地整備のため、約半分が失われている。それ以外は、全体的にはほぼ原形を失わずに残っている。したがって**ウーガチ**と**フイジガチ**を組み合わせればエコツーリズムの適地として充分に活用できるものと考える。
　特にエコツーリズムに適しているのが**フイジ**領域である。**ハチ**（垣）の内側には樹木に覆われた畑跡、小川、生活の場としての畑小屋・山羊小屋・牛小屋跡がある。また、**ハチ**には川垣や落とし穴、森の中には**アミサ**（ヌタバ、イノシシの泥浴び場）などがある（図7-15）。さらに**ハチ**の外には炭焼窯跡、ノグチゲラの営巣跡、イタジイの萌芽樹などが見られ、植林されたスギ、コウヨウザンなどが茂り、時折ノグチゲラのドラミングやヤンバルクイナの囀

図 7-15　アミサ（ヌタバ）

りを聞きながら森林浴が楽しめる。尾根には奥と楚洲の字境の山石（標石）があり、境界線はきれいに切り払われ尾根道としても活用されている。また**フイジ**領域は隣接する他の領域へもつながる場所であり、所用時間 3 時間余で回ることができ、小学生から年配者までの自然観察と癒しの場として最適である。

　集落に設置されている「奥ヤンバルの里」宿泊施設を活用することで、持続的な〝癒しの里〟として、エコツーリズムを活かした村興しが期待されると考える（図 7-16）。

(2) ウプドーにあった奥中学校

　奥部落の西、辺戸部落と宜名真部落の字境界付近に海抜約 200 m、面積にして約 30 ha の台地がある。奥部落ではその台地を**ウプドー**（大堂 = 大きな平坦地）と呼ぶ。

　この節では、奥部落における学校教育の歴史、とりわけ戦後、奥集落の復興とともに集落内に学校が再建されてから、現在に至るまでの歴史を振り返る。とりわけ、中学校が集落内から**ウプドー**に移転して奥中学校となり、そ

第 2 部　暮らし

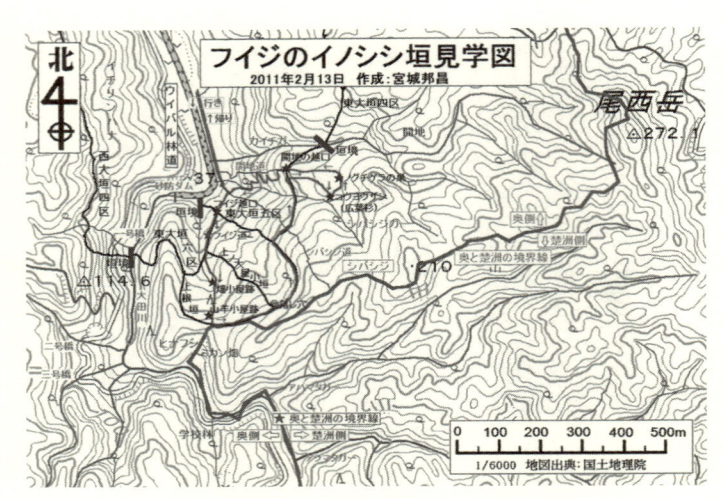

図 7-16　フイジ付近の猪垣図

図 7-17　ウブドー付近図

れが後に再びまた小学校と併置されることになる経緯を中心に述べる。その跡地は琉球大学に寄贈され、研究用野外活動施設および職員学生の福利厚生施設「奥の山荘」として活用され現在に至っている。
　奥における学校教育の歴史は、表 7-2 にまとめた通りである。

第 7 章　地名に見る奥の暮らしの多様性

図 7-18　琉球大学「奥の山荘」風景
北西側から臨む。右側の低い部分が旧校舎部分。

表 7-2　奥における学校教育の主な歴史

1895（明治 28）年 4 月、辺戸尋常小学校奥分校設置。
1910（明治 43）年 4 月、奥尋常小学校として独立。
1918（大正 7）年 4 月、奥尋常高等小学校と改称し、高等科を併置する。
1941（昭和 16）年 4 月、奥国民学校と改称。
1945（昭和 20）年 3 月 21 日、卒業式。
同年 3 月 23 日、大空襲を受け、公共施設や多くの民家を焼失し、1 人が死亡する事態を鑑み、住民の山中での避難生活が始まる。
同年 8 月 3 日、部落民揃って下山し投降し、辺土名をはじめとした収容所へ収容される。
同年 10 月 5 日、収容所から部落民解放され焼け荒れた部落に帰る。
同年 10 月 12 日、焼け跡の公会堂（公民館）敷地に茅葺小屋を建て、学校を開設。
1946（昭和 21）年 4 月、初等学校 8 年、高等学校 4 年の 8・4 制が施行。
1948（昭和 23）年 4 月、学制改革により、初等学校 6 年、中等学校 3 年、高等学校 3 年の 6・3・3 制施行。
同年、山越の県道辺戸-奥線の工事着工。
1950（昭和 25）年 8 月 21 日、奥中等学校大堂原（**ウプドーバル**）へ移転。
1951（昭和 26）年、県道辺戸-奥線開通。
1952（昭和 27）年 2 月、小学校、中学校、高等学校に改称。
1954（昭和 29）年 5 月、奥中学校で区内気象観測開始（琉球気象庁の委託）。
1955（昭和 30）年 12 月 21 日、奥中学校ブロック積校舎 1 棟 4 教室落成。
1964（昭和 39）年 12 月、奥中学校での区内気象観測廃止（琉球気象庁の委託廃止）。
1965（昭和 40）年 4 月 1 日、奥中学校、小学校敷地に移り、小中学校併置校に戻る。
同年 8 月 23 日、**ウプドー**の奥中学校跡地が琉球大学に寄贈される。「奥の山荘」創設。
2004（平成 16）年 3 月 31 日、奥中学校廃校となり、56 年の歴史を終える。同年 4 月から中学校は国頭中学校に統合され、新たな歴史が始まる。

第 2 部　暮らし

戦後教育の開始

　沖縄戦のあと、1946（昭和 21）年 4 月、沖縄中央政府（同年 12 月 1 日、沖縄民政府と改称）が設立され、時を同じくして、新沖縄の教育指針として「初等学校令」と「初等学校施行規則」が公布された。

　「初等学校令」には「初等学校は新沖縄建設の精神を体し、初等普通教育を施し、児童心身の基礎的練成を為すを似て目的とす」と規定され、同施行規則は 10 項より成り、特に第 4 講では「沖縄文化の向上をはかり、東亜および世界の大勢について知らしめ、特に米軍の国情に通じせしめ広大なる理想を与えること」と規定していたのは、往時の政治情勢の一端を物語っているものといえる。

　この「初等学校令」に従い、沖縄地区では、戦後直ちに義務教育年限が 8 年（戦前は 6 年）とされ、1948（昭和 23）年にいわゆる 6・3・3 制の新学制が実施されるまでの 2 ヵ年有余、初等学校 8 年、高等学校 4 年の学制が施行されていた。

　沖縄地区における新学制は本土より 1 年おくれて 1948 年（昭和 23）4 月から実施に移された。従来の 8・4 制はこの年から初等学校（6 年）、中等学校（3 年）、高等学校（3 年）に統合された。1952（昭和 27）年 2 月、これらはそれぞれ小学校、中学校、高等学校と、現在の呼び方に改称された。

ウプドーへの中学校移転経緯

　奥中学校は、1950（昭和 25）年に**ウプドー**に移転することになるが、単に学校敷地が狭いということだけが理由ではなかったようだ。1948（昭和 23）年から工事が始まった山越の県道（辺戸−奥線）の工事が着工したことに加え、遠大な構想があったようである。当時の校長・糸満盛英氏の記述を「奥小中学校創立 90 周年記念誌」（2003 年 2 月発行、69-72 頁）から引用・加筆する。

　　第二次大戦の終結に伴い、出征軍人の復員、本土や外地からの引き揚げによって郷里奥の世帯数は 2 百数十戸、人口千数百人にふくれあがり、戦争中

からの食糧難に加え、人口増によって食糧増産は、ますます急務になり、これまでの耕地だけでは到底食糧の確保はおぼつかないので、山地開発によって、耕地の拡大をはかり、食糧増産をしようとの声が大きく湧きあがり、山地開発の先駆とでも言おうか、**ヤマン'クビー**に2家族、**ウチバル**方面に2家族が入植、開拓に精を出し、将来への展望も開けたので、山地開発による産業振興に寄せる期待は、ますます盛り上がりを見せてきた時、あたかも学制改革によって6・3・3制がしかれ、奥初等学校に中等学校が併置されるようになったが、これまでの学校敷地では中学校まで収容し、校舎建築用地、運動場、実習地等の確保は困難と考え、この際中学校を移転して、山地農業研究のセンター的な学校として、将来の農業振興を図ろうではないかということであった。……

このような経緯で、学校用地の整地、仮校舎の建設も区民総出による奉仕作業により急ピッチで進められ、1950年8月21日には移転作業も終わり、2学期から、新天地開拓の意気込みで、**ウプドー**における奥中学校の第一歩が踏み出されたのである。

ウプドー学校の3年生（1935年生まれ）は33人（男22人、女11人）、2年生（1936年生まれ）は34人（男13人、女21人）、そして1年生（1937年生まれ）は29人（男20人、女9人）、合計97人であった。それぞれ、**ウプドー**学校の第1期生、第2期生、第3期生となった。職員は糸満盛英校長ほか5人であった。また、校舎は茅葺の馬小屋校舎で2教室2棟、職員室1棟、それに畜舎とトイレがそれぞれ1棟建設されていた。

今日のように機械力もない頃のことであるから、生徒は毎日のように運動場の整地や農業用地の開墾に駆り出された。馬小屋校舎は大雨の日には教室内までぬかるみ、冬は冷たい北風が強く吹き込み、寒さに耐えかねる日もあった。このような日には教室の中で焚火をして暖を取りながら授業が行われることもあった。

中学校移転の大きな目的が産業教育にあったため、当然学校教育の重点はそこに置かれた。戦前からあった学校茶園の他に、新たに茶園や果樹園、野菜畑も開墾された。これらの労力はすべて生徒によるものであった。このように運動場の整地や開墾へと毎日のように駆り出されたので、「勉強は二の

第 2 部　暮らし

図 7-19　ウプドー中学校下校風景。1951 年に開通した奥−辺戸県道のサバター（薪）作り場（タンヤキ付近）。奥部落に自家用車で乗り込んだアメリカ人夫妻が、泥に車をはめて立ち往生しているところを、通りかかった奥中学生（1937 年生）が車を押し上げて助けた。その記念にと、旦那さんが、奥さんのハーニーさんと一緒に撮影してくれた写真。部落から半里の坂道を毎日通った通学路である。1952 年。

次だった」と当時の生徒は異口同音に感想をもらしている。

　社会全体がまだ戦後処理の最中にあって、人々もようやく安定を取り戻しつつある頃で、物資も豊かとはいえず、生徒は毎日のようにイモ弁当の入った**パーギ**（手持の竹かご、コラム 4 参照）をひっさげて、2 km 余の道を上ったり下がったりして通学した。

　1955 年、移転から 5 年目にしてようやくコンクリート造りの校舎 1 棟 4 教室が完成し、風雨による不自由さからはのがれることができた。しかし皮肉にもその頃から次第に都市部への流出現象がはじまり、学校の在籍数も年毎に減少の一途をたどり、中学校の運営そのものにも支障を来たすようになった。やがて**ウプドー**における中学校の継続は困難となり、1965 年に再

び元の学校敷地へ移り、小中学校との併置校となった。

　その後も生徒数が減り、2004年3月に、奥中学校はついにその56年の歴史に幕を下ろし、同年4月からは辺土名にある国頭村立国頭中学校に統合された。**ウプドー**における奥中学校の15年間の歴史は、特筆すべきものであった。

　なお、奥中学校跡地は1965年8月に琉球大学に寄贈され、現在は琉球大学「奥の山荘」として利用されている。

ウプドー学校の伝統

　私は1961年4月に**ウプドー**学校に入学したが、その頃は学校の様子も創設当時とはかなり変わってきていた。まず、先輩達の農園開墾の時代は終わり、それらの収穫と維持管理が生徒たちの任務となっていた。週に2時間の農業家庭の授業がそれに当てられた。2年生になると農業家庭が技術家庭へと変わり、授業としての農作業は無くなったが、その維持管理は生徒たちの当番で賄われた。それは3年間変わることがなかった。当番とは、水汲み当番、薪取り当番、家畜当番、連絡当番などが主なものであった。

　水汲み当番は女生徒たちの役割で、毎朝早めに登校し、校庭から約250mの谷川まで下りてバケツに必要量の飲料水を汲み、それを運んで上がってくるのである。その一部は、学校正門前の県道（辺戸-奥線）の交差点にある松の根元におかれ、辺戸・宜名真-奥間約1里半を通行する人々の喉の渇きを癒やすために使われた。その他、女生徒の当番としては、薪取りと豚の餌やりの仕事があった。

　男生徒は、山羊や牛の草刈りが中心であった。春休み、夏休み、冬休みになると、3年生をリーダーに1年生を含めた5人程度で当番が編成されて、上記の役割を遂行していた。長期休み期間の当番は、先輩後輩の絆を強めるとともに開拓精神を伝承するものであった。

第 2 部　暮らし

区内気象観測[3]

　当時、奥中学校では琉球政府気象庁（現沖縄気象台）の委託を受け、区内気象観測（現在のアメダス＝地域気象観測所の前身で、毎日午前 10 時に観測）を実施し、理科教育の一環としていた。観測種目は、気象現象、雲量、風向・風力、気圧、気温（平均、最高、最低）、降水量などであった。平日は、理科の担当教師が観測を担当し、休日は生徒の当番がやっていた。夏休みや冬休みの長い休みには、農園での作業と牛・豚・ヤギなど家畜の世話をしながら観測したものである。

　沖縄気象台に保存されている資料によると、中学校で区内気象観測を開始したのは 1954 年 5 月で、観測場所は奥中学校（国頭村字奥 313 番）とあり、1964 年 12 月の中学校移転まで実施され、その観測値の一部は「沖縄群島の気候表」（琉球気象台：1964 年 1 月）として刊行されている。

　地域気象観測所（アメダス）は、1974 年 11 月に中学校跡地を引継いだ琉球大学「奥の山荘」で「地域雨量観測所」として始まり、1977 年 2 月に現在の神里勇氏所有地（奥の山荘の正門南側）に移転・整備された。1994 年 3 月からはアメダス観測に加わり、津波地震早期検知網観測局が設置され、沖縄県周辺で発生する地震・津波監視の役目を担う重要な観測点となっている。天気予報で「アメダス奥では……」、また地震情報で「沖縄国頭では震度……」を聞く度に、我が故郷にアメダス観測点と地震観測点があることを誇りに思うのである。

(3) 消えた県道（宇座浜―奥を結ぶ海岸沿いの県道）

　沖縄島最北端の辺戸岬を東に廻った所に奥集落は位置する。三方を山に囲まれ、風光明媚な地ではあるが、かつては集落に通ずる陸路がなく、陸の孤島と称されていた。

---

[3]　この項は、「奥小中学校創立 90 周年記念誌」（2003 年 2 月発行、p. 122–124）の一部を引用・加筆したものである。

第7章 地名に見る奥の暮らしの多様性

　ヤンバル船や共同店の船を利用した海上交通を活用し、豊富な林産物を中南部に搬出し、帰路は生活物資を買い入れて、共同店を中心とした村興しによって発展してきたのである。しかし、沖縄特有の北東の季節風が吹く冬場に、その北東向きに開けた海岸に船を着けるのは困難で、早くから陸路の開通が望まれていた。ようやく、1930（昭和5）年の沖縄県復興15ヵ年計画案に辺土名から奥までの県道計画が盛り込まれ、着工したのはいいが、開通間際の1942（昭和17）年に、一部開通のまま予算が打ち切られ、放置されてしまったのである。

　現在のように陸上交通路によって奥集落が外の世界とつながるのは、戦後のことである。その歴史はまた、私の生い立ちとも重なり合っている。

戦争で放置された奥への道（『字誌　奥のあゆみ』p. 228〜229）

　1937（昭和12）年に、ようやく宜名真まで県道が開通した。そして、間もなく「あらかき平尾バス」が運行するようになり、奥もいくらか便利になりつつあった。とは言え、バスを利用するには、宜名真までの一里半（5.9 km）の山道を徒歩で行かなければならなかった。実際に奥まで自動車が通るようになるのは、それから十数年後のことであった。

　近代的道路が国頭村まで延びる可能性が生じたのは、那覇から名護までの国頭街道の改修があってからのことであった。

　国頭街道17里33町（70.4 km）、名護−今帰仁4里（15.7 km）は1908（明治41）年までに県道に編入され、そのうち13里1町（51.2 km）余は車が通行できるようになっていた。そして、1915（大正4）年までに、那覇−名護間が全面開通した。

　1919（大正8）年、サバ崎の大国トンネル[4]の開さくが着手され、翌年完成

---

[4]　大国トンネルは、浜部落内の道路拡張工事に伴い1965年2月8日に屋嘉比橋の架け替えとともに取り壊された。現在の屋嘉比橋は1998（平成10）年11月に竣工されたものである。復帰後は部落の海岸側に国道58号線が整備されたことにより、新たに大国橋（1987（昭和62）年8月竣工）が架設され現在に至る。

し、1921（大正10）年には辺土名まで郡道が開通した。郡道の開通によって自転車が辺土名に現れ、ついで営業目的のリヤカーが出現し、まもなく自動車が運行するようになった。

郡道として出発した国頭街道は、その後県道に編入され、幅員をさらに拡げた。1930（昭和5）年、井野次郎知事による沖縄県振興15ヵ年計画案には、辺土名と奥との間の県道工築が織りこまれ、まもなく実施にかかった。1935（昭和10）年に宇嘉まで通じ、1937（昭和12）年には座津武トンネルが開さくされ、宜名真まで県道が開けた。

「1935（昭和10）年は日華事変が起きた年で、日本はさらに日中戦争の泥沼に脚を突っ込みつつあるときであった。軍事予算は膨張の一途をたどっていたが、15ヶ年計画はなお実行され、宜名真と奥の間の県道工事が進められた。そして1940（昭和15）年に至り、辺戸の宇座浜を経て海岸沿いに奥までの工事が完成した。当時、沖縄は、太平洋戦争の作戦区域に含められる可能性があった。奥までの県道完成は軍事目的も秘められてのことであった。」（『国頭村史』514〜515頁）

『村史』には「奥までの工事が完成した」と記されているが、正確には「完成」とは言えない。たしかに1942（昭和17）年に行われた衆院議員選挙に立候補した漢那憲和がその選挙運動のため、**ユッピ**まで自動車を乗りつけて来た。しかし部落まで車が通れる状態にはまだなっていなかったのである。

戦雲いよいよ急を告げ、県道工事どころではなくなっていた。辺戸−奥を結ぶ県道は、ついに全面開通にいたらず、結局「まぼろしの県道」として戦禍の中でうやむやのうちに消滅してしまったのである。戦後もそれは利用されることなく、放置されたまま荒波にさらわれ、今でもところどころにその形跡をとどめている。

陸上交通時代の幕開け（辺戸−奥を結ぶ県道の開通）

戦後、1949（昭和24）年から、復興予算によって辺戸から旧山道沿いに奥への道路工事が着手され、翌1950（昭和25）年には奥側からも着工されて中

図7-20　消えた辺戸-奥県道海岸線

間にわずかの距離を残すのみとなったが、予算の関係で工事は一時中断された。しかし1952（昭和27）年工事が再開され、ようやく1953（昭和28）年には奥までの道路が開通した。そしてついに奥の部落まで自動車の乗り入れが可能となった。

　道路の開通によって、これまで船舶に頼ってきた奥の輸送手段はトラックに取ってかわることになる。しかし、道路が完成したとはいえ、それは名ばかりのもので、大変な難路であった。坂は険しく幅員が狭い上、雨天ではほとんど道路としての機能を果たさなかった。特に奥側から辺戸への登り坂は勾配が急で、運転手泣かせの悪路であった。林産物の木炭や材木を運送するにも、**ウプドー**まで半荷を積み、いったんそこで積荷を降ろして部落へ戻り、残りを積み込んでまた**ウプドー**まで行き、そこで再び積み込みをして那覇方

面へ輸送した。

　当時、共同店のトラック運送にたずさわっていた玉城恒三（1926（大正 15）年生）は、「その頃は主に角材、木炭、薪、竹材などを運んでいた。木炭の場合、1 回に 220 俵〜230 俵を積んで行った。那覇でそれを仲買人の所に降ろしてまわった。運賃は那覇まで、B 円で 2,000 円[5]だったと覚えている。ある年の旧正月には、豚肉を 200 斤も運んだことがあった。部落から那覇へ出て行った親戚や子どもたちへのお土産である。それを各戸別に配ってまわったが、大変だった」と語っている。

　相当の難路に違いはなかったが、長年陸路を閉ざされていた奥にとっては、それでさえ画期的なできごとであったと言わねばならない。そのような状態の道路であったから、むろんバスの運行などは望むべくもなかった。バスを利用するには宜名真まで徒歩で行くか、たまに車があればそれに便乗していくこともあった。こうして難路と戦いながらも、奥の「陸上交通」時代が幕を開けたのである（『字誌　奥のあゆみ』229〜230 頁）。

琉球政府道 1 号線から国道 58 号線へ：路線バスの開通

　1959（昭和 34）年頃から、これまでのコースを変え、部落の南まわり、いわゆる**チヌプク**経由の工事が行われた。こうしてようやく道路らしい道路が完成し、1962（昭和 37）年 1 月にはついに路線バスの運行が実現した。バスの開通式には、時の高等弁務官キャラウェイ中将もヘリコプターで奥まで乗りつけ、開通を祝った。バスの開通は、「陸の孤島」から、名実ともに奥が解放されることでもあった（『字誌　奥のあゆみ』230 頁）（図 7-21、7-22）。

　1962 年 1 月、琉球政府道 1 号線開通とともに、路線バスが開通した。当初、1 日 4 便（奥発 07：30、11：45、14：30、18：00）が運行した。琉球バス 69 番であった。

　1993 年 12 月 28 日から、この 69 番（奥線）は、琉球バス・沖縄バスによ

---

[5]　1 日本円 = 3B 円だったのでこれは当時の 6000 日本円に相当。1 ドル 120B 円、1 ドル 360 日本円の固定相場であった。

第 7 章　地名に見る奥の暮らしの多様性

図 7-21　路線バス開通（奥入口）1962 年 1 月。提供：坂井和夫氏

図 7-22　辺戸−奥バス開通式典（大田政作主席とキャラウェイ高等弁務官夫妻）辺戸砕石所付近、1962 年 1 月。提供：宮城ナツ氏

第 2 部　暮らし

り共同運行されていたが、乗客減により、2002 年 7 月からは国庫からの補助金により何とか運行が継続されていた。しかしやがて乗車密度が低いために国庫補助金も打ち切りとなった。そのため、2004 年 10 月 1 日からは、村営バス奥線として 3 便（奥発 07：40、13：30、16：00）の運行が開始され、現在に至っている。

消えた県道にまつわる思い出

・初めて見た自動車

　私が小学校 4 年生（1942（昭和 17）年）の時であった。辺戸・**ウザバマ**経由の県道ができ、奥まで自動車が来るとのことである。ところが県道は完全に奥まで開通してないため、**ユッピ**までしか車は通れなかった。

　小学生は自動車見学のために**ユッピ**まで出かけた。自動車とは当時衆院議員の漢那憲和が遊説のために奥へ乗り入れたものである。県出身国会議員が奥へ来るとのことで、部落中が盛り上がっていた。

　初めて見る自動車より印象に残っているのは、漢那憲和を車から降ろすために**ニンブー**（こも、**ユンヌ**（与論島）から伝わった藁で編んだ蓆）を敷いたことである。

　私は大人になり往時を思い起こすことが時々あるが、今考えると**ニンブー**ではなく絨毯（じゅうたん）を敷いたのだと思いなおした。

（上原イネ（1932（昭和 7）年生、談）

・ユッパの砂丘

　私が小学校 4 年生の遠足は辺戸岬であった。学校から西に歩き出し**フパダチ**（普波立）、**ユッピ**と戦前の県道跡の道は農道として残っていた。しかし、**ユッピザチ**（世皮崎）の付け根にある**ユッピ**の暗渠 4（図 7-20）を過ぎた所から道は消え、岩の上を歩く厳しい路程であった。今考えると、1942（昭和 17）年に完成せずに放置され、15 年余の歳月に台風や季節風などの大波で崩壊した県道である（図 7-23、7-24）。

　途中に護岸や側溝、電信柱跡が残っていることから、確かに道があったと思いつつ西へ西へと歩むのであった。難儀しながらも途中の景色に感動したものである。特に**ユッピザチ**を曲がり、西側の展望が開け、眼中に辺戸岬が見たときの感動は今でも脳裏に焼き付いている。

第 7 章　地名に見る奥の暮らしの多様性

図 7-23　ユッパの暗渠 5
1942 年に一部開通したといわれる海岸線沿いの県道跡に残る。

図 7-24　ユッパバマ付近

　ユッパバマ（吉波浜）（図 7-24）は、見慣れた**フパダチバマ**や**ユッピバマ**と違い、砂浜が広く、勾配のある砂場があるのに感動した。辺戸岬までの路程の中間点にあることから、この砂場でしばらく休むことにしたが、みんなで傾斜面を滑り降りたり転がったりして遊んでいた。その時腰に巻き付けていた風呂敷包みがほぐれて弁当箱が砂に落ちたのである。すぐに拾い上げたが残念ながら蓋が開いて弁当の**メー**（ご飯）と**アンダミス**（油味噌、味噌を油で炒めた

283

もの)の表面が砂でまぶされたのである。それでも蓋をしめて辺戸岬に辿りついたが、弁当は砂が付きすぎて食べることができずひもじい思いをした。帰りは山越の県道を経て帰宅したが、今でも粟飯のような砂をまぶした弁当が脳裏から離れない。

(4) 奥郵便局と電話

　私が物心ついたころに、**シヌグモー**(奥の伝統行事であるシヌグやビーンクイクイを行う広場、あづま橋南に位置する)に奥郵便局があった。郵便局を中心にして北側に「あづま橋」、南に「共同店」の通りは、奥部落の中心大通りであり、子どもを始めとした住民の情報交換の場であった。特に青年団にとつては、天気のいい夕暮時に、「あづま橋」の欄干(らんかん)に腰を下ろし、ユンタク談義で盛り上がる憩いの場であった。
　ここでは、奥・やんばるにおける郵便・通信の発達を振り返りながら、奥の住民と外の世界をつなぐのに重要な役割を果たした奥郵便局の歴史について紹介したい。

奥郵便取扱所の開設

　沖縄県では、1882(明治15)年9月28日に、中頭・国頭郡と伊平屋・久米島・宮古・八重山の四島に対して郵便局や郵便切手売下場の設置の旨(第31号)が告示された。同時に、公文逓送仮規則を10月1日から廃止することが、各役所に示達された。
　1884(明治17)年4月からは、那覇局で郵便為替および貯金事務も開始された。国頭地区では、1887(明治20)年9月14日に、通信省から「来ル11月1日ヨリ琉球国名護郵便局ニ於テ郵便為替及貯金事務ヲ取扱ハシム」との告示があり、まず名護局でこれらの業務が開始された。また同年、国頭郵便取扱所に代って、郵便係が国頭間切番所一番座の一隅に設置された。それは塩屋にあった大宜味郵便局下にあった。それが国頭局として独立したのは1904(明治37)年で、初代局長は奥間の太田栄作氏(以下敬称略)であった。

図 7-25　共同店前広場
1955 年 9 月。提供：キーストンスタジオ

小橋川幸良がその後を継いだ。1912（明治 45）年 2 月、国頭局は、奥間から西平馬場通りに移転した。当時の局長は金城松正であった。

　一方、奥には、1898（明治 31）年に郵便取扱所が開設された。奥と与論の間には長い交流の歴史があったため（(5) 外からの来訪者の項を参照）、1880（明治 13）年の駅逓局の許可を継承して、奥と与論島の間では、週 2 回船便の往還が行われた。沖縄–与論島間では、この他、那覇局での発着があった[6]。

　1898（明治 31）年奥に開設されたこの郵便取扱所は**アシャギマー**（阿舎木場、旧公民館広場、奥の伝統行事などを行う広場）の一隅にあり、初代の所長をつとめたのは奥間出身の太田栄仲であった。後に上原直吉（藏ン根小、1881（明治 14）年生、奥 171 番地、現教員宿舎）が取扱者となり、自宅を利用して取扱事務を行っていた（宮城親徳：六ツ又、1906（明治 39）年生、談）。

---

[6]　上原信夫「随想録」（2000 年 2 月）によれば、それ以来 1943（昭和 18）年まで、永井という方が、週 1～2 回の割合で、小さなポンポン船（焼玉船）で郵便物を受け取りにきていた。永井**ヤカ**（オヤジ）とか郵便**ヤカ**と呼ばれて、親しまれていたという。

第2部　暮らし

奥郵便局時代

　1913（大正2）年、奥の郵便取扱所は郵便局に昇格し、初代局長には金城親昌（上ン根、1882（明治15）年生）が就任して局舎も上根の屋敷（奥32番地）に移ることになった。

　1915（大正4）年における国頭・奥両局の郵便事務は、通常郵便物・小包郵便物・内国為替・郵便貯金・為替貯金にわたっていた。このほか、国頭局では国庫金の受け入れと払い渡し・外国為替の振り出しと払い渡し事務を行った。国頭局は浜―宇嘉間と安波を担当区域とし、他を奥局が担当した。1937（昭和12）年、安田に無集配局が開設されたが、1945（昭和20）年、太平洋戦争の終了とともに廃止された（『国頭村史』465頁）。

　次に通信であるが、国頭方面では1902（明治35）年2月1日から名護局で、また1908（明治41）年1月に羽地局で事務が開始された。電話線が辺土名まで架設され、国頭郵便局で通信事務が開始されたのは、1931（昭和6）年であった。奥局ではさらに遅れて、1940（昭和15）年から開始された。

　沖縄の電話は電信よりも早く、1886（明治19）年12月23日に開始している。それはもっぱら警察電話であった。それが民間電話としての交換業務が那覇郵便局で開始されたのは、1910（明治43）年2月11日である。特設電話交換業務局が与那原局と今帰仁局に設置されることになったが、特に国頭地方や先島の電話事業が振るわなかったため、名護局で業務を開始したのは、1930（昭和5）年になってからであった。国頭局では翌1931（昭和6）年に電話および電話交換業務が開始された。

　電話の架設について、宮城親昌（川之前、1901（明治34）年生）はその著書『人生・80年の歩み』（1984）の中で次のように記している。

> 「昭和初期の奥の部落は、まさに「陸の孤島」という言葉のとおり、交通の不便なところであった。唯一の交通機関は海上のヤンバル船や共同店の持ち船のみであった。陸路も発達してなかったし、外界の情報を伝達するためには、何としても通信施設が緊要な課題であった。当時の区長（直帯氏）を先頭に奥郵便局への電話の架設を実現すべく、関係方面へ積極的な陳情を行なった。そしてようやく昭和15年に電話の架設が実現したのである。このことは当時

の奥部落にとっては大きな出来事であり、大げさに言えば文明開化に等しいものであった。」

また当時郵便局の職員であった糸満盛栄（糸満小、1902（明治35）年生）は、開通当日の様子を次のように述懐している。

「電話が開通するというので当日は部落の有志が郵便局で待機していた。電話の初めのベルが鳴ると同時に郵便局長が受話器にとびついた。応対に出た局長は顔も見えない相手に何回となく頭を下げてお礼のおじぎをくり返した。そばで見ている人々は、そのかっこうのおかしさに、ついに大声で笑い出したものだ。」

局長の感激ぶりが目に見えるようである。

戦後の奥郵便局

沖縄の通信施設は戦争によってほとんど壊滅状態にあった。1952（昭和27）年5月、奥局まで電話線が復旧し、奥局の電話、電信業務、交換業務が再開された。さらに1954（昭和29）年には奥―安波間に電話が開通し、陸の孤島であった安田・安波・楚洲も文明の恩恵を受けるようになった。

戦後の奥郵便局の業務取扱い区域は、西は宇嘉から辺戸の3部落、東は奥から安波までの4部落であった。各部落に設置された共同店に電話が設置され、その識別音（信号）は、奥共同店1点（チリン）、楚洲共同店2点（チリン、チリン）、安田共同店3点（チリン、チリン、チリン）、安波共同店4点（チリン、チリン、チリン、チリン）で、西側の辺戸共同店2点（チリン、チリン）、宜名真共同店3点（チリン、チリン、チリン）、宇嘉共同店4点（チリン、チリン、チリン、チリン）を繰り返して呼び出し音としていた。また、奥郵便局では電話業務開設とともに電報取扱い業務も行われていた。

1970（昭和45）年には、自動交換局が宮里屋屋敷（奥101番地、現奥幼稚園跡地）に設置され、郵便局における交換業務、電報取扱い業務は終了した。それまで交換業務は人手に頼っていたが、自動交換局の設置により、回線数が急激に増加したので、奥局内の電話加入も著しく伸び、ほとんどの家庭に

第 2 部　暮らし

電話がつくようになった。

　1975（昭和 50）年、自動交換局は一心道沿いの敷地（奥 284 番地）に移転し、機能も一段と拡充され電話需要に対応できるようになった。現在の固定電話契約台数は約 70 台であるが、有線通信回線を利用してのインターネットの普及と、無線を利用した携帯電話の普及による、新たな通信事業の時代を迎えている。

　奥郵便局は、終戦まで上根にあったが、戦後の 1948（昭和 23）年頃、**シヌグモー**敷地（奥 146 番地）に木造瓦葺きの局舎（図 7-25）が建築され、そこへ移転した。さらに 1970（昭和 45）年にはコンクリート建ての局舎に改築。2000（平成 12）年には、奥部落入口の 58 号線沿い（字奥 49 番地）（図 7-26）に新築移転し、近代的な郵便局へと整備され現在にいたる。

　このように、奥郵便局は、奥郵便取扱所から奥郵便局へと、2015（平成 27）年現在 117 年の歴史を刻み、初代所長太田宗仲、初代局長金城親昌から、現在の 13 代局長我那覇均まで、沖縄島北端の辺境の地とされた村々の生活と文化を支える多くの役割を果たしてきたのである。

(5) 外からの来訪者

　ここでは、外の世界からの来訪者と奥の住民との交渉を物語る地名、特に、奥周辺で起きた二つの遭難事件、および奥とユンヌ（与論）との交流が刻印されている地名の歴史を取り上げる。

イギリス商船ベナレス号遭難とウナンダハナグ（オランダ錨）

　陸路のない海上交通が行われていた頃、奥港は奄美群島や周辺離島、沖縄島南部からの船着き場として、賑わい知られていた。しかし、北に向いた港であることから冬場に北東の季節風、夏場に台風の影響を受け、船を係留するのに難渋していた。

　1875（明治 8）年に、国頭間切（現在の国頭村）の地頭代（現在の村長）に 52 歳で就任した奥出身の宮城親良（川之前の**ウンメー**）は、その打開策として、

第7章 地名に見る奥の暮らしの多様性

図7-26 旧奥郵便局（左）と現在の奥郵便局（右）

図7-27 奥郵便局敷地変遷図（出典『字誌　奥のあゆみ』）

「宜名真に遭難したオランダ船の大錨がある。この錨を奥の港に持って来たら宝になる」と話した。宜名真沖で台風に遭遇し沈没したオランダ船とは、

289

第2部　暮らし

　イギリス商船ベナレス号（822トン、ジェームス・アンダーソン船長、乗組員18人）で、香港からサンフランシスコへ向かう途中に台風に遭遇し、1872（明治5）年10月8日に、宜名真沖で損壊し沈没した気帆船のことである[7]。奥の部落の有志で相談の上、上仲門の栄盛ウンメーを責任者として、クリ舟8隻を2本の丸太で組み合わせて宜名真沖に出かけた。上新屋小のオジーが海底にもぐり錨を確認しロープをかけ引き揚げ、奥港に運び移設したとのことである。上新屋小のオジーは、その時の後遺症で聴力を失ったと言われている。

　この**ウナンダハナグ**を設置してから船の係留が楽になり、奥では大変重宝がられていたが、1932（昭和7）年頃錨の留め金が悪くなったので、東六ツ又の鍛冶屋に修理を頼んだ。鋳物のため修理ができないとのことで、錨の向きをかえ留め金付きの胴体をコンクリートで固めて津口近くの浅瀬に固定したのである。

　奥共同店が創設されたのは1906（明治39）年で、宜名真でのオランダ船の遭難事故から34年後である。陸路のない海上交通の時代に奥部落が発展したのは共同店のおかげであるが、この**ウナンダハナグ**が果たした役割も、決して小さくはなかった。

　1951（昭和26）年に旧道（辺土―奥を結ぶ県道、「(3)消えた県道」の項を参照）が開通し、海上交通から陸上交通へと時代は変わり、**ウナンダハナグ**は奥湾に放置されていた。1980（昭和55）年、奥港構築の際、支障を来たすことから引き揚げられ、現在は**メーバマ**（前浜）入口の台座に移設・展示されている。

かくれい丸遭難とユッピグチ

　私が小学生になった夏の事である。隣近所の先輩達と一緒に**クサビ**（ベラ類）釣りに、部落の西側にある**フパダチバマ**から**ユッピバマ**まで、'ピシ（干

---

[7]　乗組員のうち、5人が生還し、9人は行方不明、4人は死亡した。宜名真部落南側の墓地には「オランダ墓」（国頭村指定文化財、1981年3月建立）があり、死亡した4人は丁重に葬られている。

第 7 章　地名に見る奥の暮らしの多様性

図7-28　ウナンダハナグ（オランダ錨）
メーバマ入口、2008 年 6 月 28 日執筆者撮影

瀬、リーフ）沿いに釣りあるいた。**ユッピバマ**で、大きく割れ目となって水路のように切り取られている所を見た。

クサビは 2、3 匹しか釣れなかったが、初めて釣った魚であるので喜んで、父親に自慢しながら、**ユッピバマ**で大きな割れ目を見たことを話した。父（浜吉、1916（大正 5）年生）は、この割れ目は**ユッピグチ**であると言い、昔与論の船が台風で打ち上げられたため奥の住民が総動員して救出した所であると説明を付け加えたが、その後私の記憶からは消え去っていた。

2008 年に気象台を定年退職し、奥部落で島田隆久と再会した時、**ユッピバマ**へかくれい丸救出現場を見に行こうと言われて、忘れかけていた記憶が甦るとともに、遭難事故の詳細を知って驚いた。

『字誌　奥のあゆみ』に、かくれい丸遭難について、下のような記載がある。

　　時は大正 10 年 8 月の真夏、鹿児島、大島諸島通いの 600 トン程の鉄船「かくれい丸」が大島紬女工及び船客約 2・30 人と食糧品並に日用雑貨を積んで、与論島の茶花港に着いた。けれども風波が強く、船客、荷物の陸揚げができず、錨を下して停泊していた。当時、与論島は桟橋がなく、大きな船は沖よりボートに乗って上陸、荷揚げをしていた。

291

船客は船室にこもり、風波の静まるのを待っていたが、だんだん風雨がひどくなり、いつの間にか一寸先も見えない程の暴風雨となった。船は夜とともに沖へ沖へと吹き流され、木の葉のようにほんろうされて人々は生きた気持もせず船中で抱き合っていた。

　そのうち満潮時の大波と共に、船は奥のユッピ（地名）の岩礁を乗りこえ内海（イノー）のサンゴ礁の中に流れ着いた。夜明けとともに干潮となり、波も静かになったので船客は上陸して命びろいをした。

　600トンもの鉄船を横倒しもせず、ユッピの岩礁を乗りこえたのは、その時の波がいかに大きな波であったか想像もつかない程である。1人が負傷したのみで、全員無事であった。

　上陸後、辺戸岬に向い、ユッパまで行ったら辺戸の人に会った。その人は辺戸より奥の方が近くて安全だからと、その人の案内で奥へ行くことになった。奥には昼前に着き、部落の人々の世話により、大きい家に分宿して落ちつくことができた。

　区民は暴風雨で家ごもりしていたが、非常鐘が打ち鳴らされたので何事かと家をとび出してみると船が遭難して多数の人々が部落に上陸しているのをみて大騒ぎとなった。部落の人々は現場の情況を見て、よくもこんな大きな船が破損もせずにあの岩礁を乗りこえて来たものだとびっくりした。

　風波も静まり、船員の案内で初めて船の見物をしたら、積み荷の米が水浸しになっているのをもらい、それを乾かして味噌の材料に利用したという。

　数日後、救助船の黒潮丸が来て、ユッピ口までの脱出路作りの作業がはじまった。

　サンゴ礁を火薬で爆破し、それをかたづける人夫として部落の若い男女が、干潮時には夜も昼も働いて金儲けをした。

　火薬による爆破作業、大きな鉄船の船内見物で老人子どもにいたるまで、毎日ユッピ浜に遊びに行った。

　爆破作業も終り、脱出路も完成したので、ユッピとフパダチの大岩にワイヤーを巻き付け、満潮時を利用して自力でワイヤーを巻き上げて脱出をはかったが岩が割れて失敗した。第2回目に成功し、ユッピ口まで来たので、今度は沖に待機していた救助船黒潮丸の力により、沖合に無事脱出することができた。

　また、『与論町誌』(755頁)に、「大正5年(1916)ころまで鹿児島と大島各

島間に、鶴嶺丸・日高丸・白川丸・仁寿丸（いずれも700トンぐらい）が就航した」とあることから、かくれい丸が大島汽船株式会社の所属の船舶であったことは判明したが、詳細は不明である。1947年以降の遭難記録は掲載されているがかくれい丸遭難事件に関する項目は見当たらない。大正10年8月の風水害に関する記述はあり、多額の御救恤金が下賜されていると記されていることから、甚大な被害があったものと推察されるが、詳しい記録が残されていない。

一方、琉球政府気象庁「琉球気象調査20号 沖縄の台風資料（1895～1966年）」を見ると、1921（大正10）年8月11日の項に、「大東島から沖縄を通過西進す。沖縄における最低気圧960.6ミリバール、最大風速北西31.4m（11日10時頃）、25m以上11日6～10時、降水量242.9ミリ（10～13日）」と記録されている。また、中央気象台「天気図第17337号 大正10年（1921）8月11日6時」では、台風が沖縄島に接近し通過間近である事を表示している（図7-29）。

かくれい丸の与論島で投錨した海岸について、『字誌 奥のあゆみ』では北西側にある茶花港としているが、台風の位置と風向きなどから、南西側に開いた供利海岸と推察される。漂着座礁した国頭村奥の**ユッピバマ**は、供利海岸から直線距離にして南南西方向約6里（24 km）の位置にある（図7-28）。また、救助船黒潮丸が沖の方から引っ張ったが救出できなかったので、奥の住民が総動員で掘割（幅約8 m、長さ約140 m）を開き、南東方向約395 mにある**タチ**（立岩、**クルイシ**＝頁岩）にワイヤーを掛けて、ウインチで捲込み、南東方向約140 m先にある**ユッピグチ**まで移動した所を、待機していた救助船黒潮丸が沖に引っ張り、無事救出に成功したと言われている（図7-30、7-31）。

この事件は、奥の人々に大きな英知と勇気を与えた。救出作業を通して他県の人々と交わり、本土の事情も知るようになって、外の社会に目を開かせるきっかけとなった。先に引用した『字誌 奥のあゆみ』の記述の最後には、「この事件は、奥の夜明けと言われる程の大事件であったのである」と記されている。

第 2 部　暮らし

ユンヌヤマと与論島

　奥の地名図と解説資料を作成している中で、一つの疑問が生じた。図7-32の尾西岳南側にある、「県53林班」についてである。そこに**ユンヌヤマ**と呼ばれる地名が記されている。**ユンヌヤマ**は、国頭村北部の東側脊梁山脈の尾根道が林班境界を形成しているが、なぜか「県53林班」は奥領域ではなく、楚洲領域となっている。尾根から南西側に傾斜をなし、**ウイバル林道**（現奥与那林道）沿いに南北に流れる奥川が奥領域との境界となっている。その領域は周囲約5.7 km、面積にして約140 haの広い範囲である。

　奥の領域内の国頭村管理の林班は部落の小字名「奥山」内にあり、北西側の「54林班」から始まり、南に順次つながり、西銘岳東側で奥部落領域南端の「58林班」・「59林班」となる。そこから北に「60林班」とつながるべきであるが、「県53林班」が尾西岳南側に抜けるように配置され、その北側に「60林班」が配置されているのである。奥部落の小字名「奥山」も「県53林班」を跨いで飛び地となっている。奥領域と接する楚洲領域に、「県49林班」「県50林班」「県51林班」「県52林班」が、**ユグスク**（世城）から尾西岳を南北に結ぶ脊梁山脈の東側に位置しているため、「県53林班」の存在がいびつに見えたのである。

　奥の古老から**ユンヌヤマ**の地名について伝承されていることをうかがった。「**ウイバル林道の四号橋付近東側の奥川の支流である**アハマタガー、**ア****ラマタガー**を含む東一帯が**ユンヌヤマ**で、隣部落・楚洲の領域内にある「県53林班」である」と伝承されているのである（図7-34）。証言された古老とは澤岻親八郎（1891（明治24）年生）で、元宮山夫として作業経験者だった平安基光（1919（大正8）年生、2013（平成25）年死去）から伝え聞いている。私は生前に、平安基光から、**ユンヌヤマ**が存在することを、直接うかがう機会があった。この地名は、口承で伝わってはいるが、古文書などには記されていない。

　また、『与論町誌』（1988年発行、163頁）の大道那太（ウフドウナタ）という民話の中に、**ユンヌヤマ**に関する興味深い記述がある。

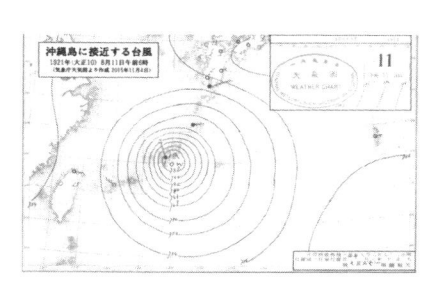

第 7 章　地名に見る奥の暮らしの多様性

図 7-29　1921 年（大正 10）8 月 11 日午前 6 時の天気図

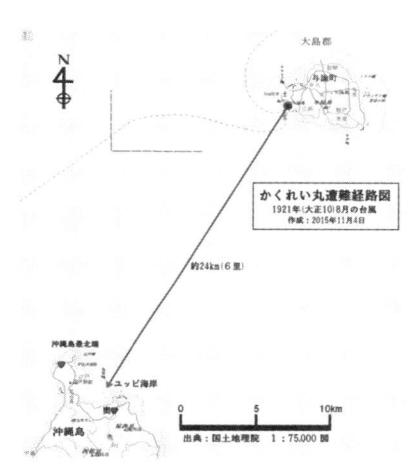

図 7-30　かくれい丸遭難経路図

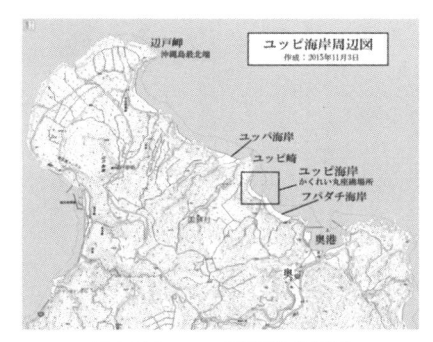

図 7-31　ユッピ海岸付近図

図 7-32　かくれい丸救出作業図

　　応永 23（1416）年……琉球近海に異国船が出没し、世の中が大変不安になって国王が那太の武名を聞いて援助を求めた。彼の放った矢の威力に敵は恐れをなし、その礼として王女を妻に娶ったという。しかも山原の奥に山野を貰ったといわれ、今でも**ユンヌヤマ**というのがある。

与論島にはウフドウナタの住居跡があり、高倉とともに文化財指定され、ウ

295

第 2 部　暮らし

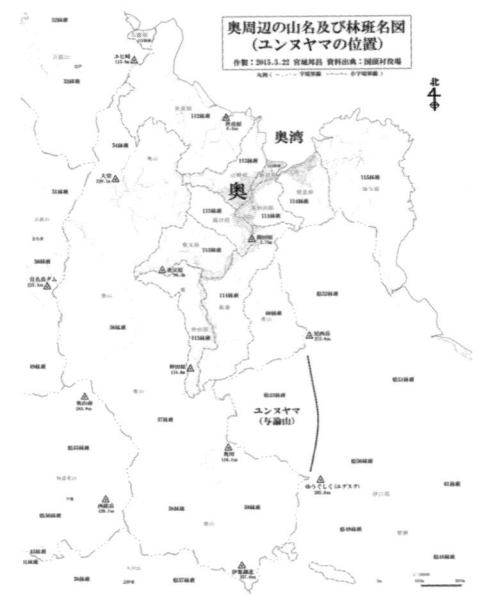

図 7-33　奥周辺の山名および林班名図　　　　図 7-34　ユンヌ山付近図

フドウナタの墓とされるクンザンバカ（国頭墓）も存在している。

　奥の起源はさだかではないが、『球陽』や『国頭村史』などの文献によると、1416（応永 23）年、尚巴志によって、北山の王の攀安知（ハンアンヂ）が滅ぼされた。与論島と沖永良部島が北山（今帰仁城）の領土であったことから、奥と与論島や沖永良部との間に係わりがあったことがうかがえる。

　その後、1422（応永 29）年に徳之島、1447（文安 4）年に奄美大島、1466（文政 1）年に喜界島が制圧され、琉球王府の領土となった。奄美群島では、1466（文政 1）年に泊地頭が置かれ、群島各地から年貢の納付が強要された。天久寺（那覇市）には、そのための、大島御蔵と呼ばれる蔵が設けられた。1537（天文 6）年、尚清王が属島支配を強化したため、地方役人の往来、貢献品の運搬、交易船の往復など、沖縄・大島間の交通が頻繁とり、国頭間切奥村からは、大島諸島に向かう人や船もあった。そのため琉球王府は、1539

第 7 章　地名に見る奥の暮らしの多様性

図 7-35　大道那太屋敷の高倉（与論島）

図 7-36　大道那太の墓（与論島）

（天文 8）年、毛見彩（保栄茂親雲上盛実）を首里在勤として、「奥渡りより上の扱理」（国頭より与論・沖永良部島に至る事を掌る）という役職を置いている。奥の古老によると、当時は貿易も盛んで、与論からは、牛、豚、山羊など家畜類の他、砂糖や酒など、奥からはほとんど林産物を交易していた。また、与論からは漁師も来て漁をしていた。

　このように、奥と与論島や沖永良部島の間では、600 年以上前から交流が続いていたものと考えられる。奥独自のコトバや生活文化の多様性は、沖縄

第 2 部　暮らし

島よりも、与論島や沖永良部島との交流に強い影響を受けていたものと推察される。上の『与論町誌』に記載されている**ユンヌヤマ**をめぐる事件も、こうした歴史の中で起きたことである

　奥と与論や沖永良部との交流が中断したのは、1951 年に締結され 1952 年 4 月 28 日施行された「安保条約」で沖縄と奄美が分断されたことによる。奄美群島は 1952 年 12 月に本土復帰したが、国頭村奥は米軍の支配が強まる中、まさに国境の村、県境の村として戦後 70 年歩んできた。その間、交通機関は船から陸、さらに航空の時代へと移り変わったにもかかわらず、わずか 7 里（27 km）の水平線上の島は、遥か彼方の島となり、人的交流も疎遠となっている。

　くしくも本年（2016 年）は、『与論町誌』に記述された事件から 600 年目を迎えることになる。この歴史的な出来事を記録に残し、これからの奥と与論の交流の発展に、役立てたいとの思いである。

7-4 ｜ 地名語彙の多様性 ── その地域差と歴史的変遷

　「奥の地名」語彙の音声録音のため、當山奈那とともに、9 月 2 日、9 月 22 日、10 月 3 日の 3 回にわたり奥部落を訪れた。島田隆久（1937（昭和 12）年生）を窓口に、宮城ナツ（1929（昭和 4）年生）、中真貞子（1934（昭和 9）年生）、比嘉ツヤ子（1934（昭和 9）年生）、宮城ハツエ（1933（昭和 8）年生）、新里恵仁（1937（昭和 12）年生）、糸満盛辰（1940（昭和 15）年生）の 6 人が協力した。その結果、身の回りの生きもの、景観、暮らしのあり方などに深く関わる、地名語彙の多様性についての認識を深めるとともに、その地域差や歴史的変化について、いくつか大変興味あることが判明したので、その一部を紹介する。

（1）地域による違い

　部落の海に面した北側（ミージマ［新島］）と、山側に当たる南側（ムトジマ

［元島］）とで、語彙によって発音に違いがあるようである。**シガイマガイ**については本章 7-2（2）の「地形に関わる地名」の項で述べたが、その発音が、この二つの地域で異なりを見せる。

  部落の南側（ムトジマ）：シガイマガイ
  部落の北側（ミージマ）：シガンマガイ

奥という小さな集落の中で、なぜこのような違いがあるのか、また他の語彙で同様の違いが現れるのかどうか、はっきりしたことはわからない。部落の南側は古くから住みついている住民によって形成されており、それに対し北側は、外からの住民によって形成された比較的新しい集落であることが関係しているのかもしれない。これは今後に残された研究課題である。

(2) 歴史的変遷

1. 世代による発音の違い

 宜名真沖で台風で難破し沈没したイギリス商船の錨（本章 7-3 節（5）参照）を、かつて奥では**ウナンダハナグ**と呼んでいたが、年代によって発音が変化している。

  1875（大正 8）年以前に生まれた人々の発音：**ウナンダハナグ**
  1875（大正 8）年以降、1945（昭和 20）年頃までに生まれた人々の発音：**ウナンダハニグ**
  1945（昭和 20）年以降に生まれた人々の発音：**オランダハニグ**

ウナンダがもともとの古い発音であり、**オランダ**が標準語化した新しい発音であることは理解できるが、**ハナグ**が**ハニグ**に変わった理由については不明である。

2. 暮らしの変化の結果忘れられた地名

 下に挙げる地名は、先輩たちによって地名語彙として書き残されてはいる

が、田・畑や海・山・川など生活との関わりが薄れた結果、その由来もわからず、もはや現存の区民には、どこを指す地名かも認識されなくなっている。

クニカブラ、クニガチシヤ、クニンダフシジ、ヒサヌナンタルグチ、ウイヌナンタルグチ、ゴーミチ、タミチグムイワハリ、ハカマハイヤキ、シシタ

3. 社会的変化の結果由来が忘れられてきている地名

　1906（明治36）年に奥区行政の補佐団体として結成された「成人会」が、住民生活の弊害となっていた迷信の打破のために実施した「迷信打破運動」の結果、奥区民は易者（ユタ）を信じなくなった。そのため、その当時まで、ユタの拝所として使われていた地名語彙は残るが、その地名の場所との関わりが忘れられている。**アマングスク**（天の城）は、奥領域の北西端に位置する小さな岩山の名称であり、頂上にはかつて**ウコール**（香炉）があり、南側の**タチガミ**（立神）は**タンカー**（遙拝）する場所であったと伝え聞くが、現在は祠跡も確認できず地名のみが残っている。**タチガミ**（立神）は、**ユッピバマ**の南側丘陵地にある琉球石灰岩のカルスト地形の円錐峰（標高124 m）の名前である（コラム「**アブントー**の大蛇伝説」参照）。また、奥部落の北西側に、古くは**シヌグシク**（シヌ城）と呼ばれていた円錐峰が聳える。ここもその頂上に拝所があるらしいが、地元の人はもはや遙拝には行かず、**スグラムイ**（スグラ森）と別の名で呼ぶようになっている。

　この他、戦後の伝統行事簡素化の運動、いわゆる「合理化と生活改善」運動で伝統行事が消滅したのに伴い、由来が忘れられた地名も多い。

4. 伝統行事の復活の結果甦った地名

　3とは逆に、伝統的行事が復活したために甦った地名もある。

　伝統行事としての**シヌグ**行事のうち、3日目の**ビーンクイクイ**が戦後しばらく廃止されていたが、1983（昭和58）年に復活した（「新奥案内書」参照）。その行事のために、部落内の悪霊を祓う神木である**シバヒ**（イヌガシ）を山に取りに行く儀式が行われるようになり、**シバシジ、シバギヤマ**などが重要

性を増し、意味ある地名として復活した。

5. 新たに発掘された地名
　調査の過程で、偶然の発見により、記録にはなかったが新たに発掘された下のような地名もある。これらは、巻頭の「奥の地名図」には記されないが、ウェブ上の「奥の地名リスト」に追加する。
　トーンヤンメー（トー［唐］＋ン［の］＋ヤンメー［庭］）は、墓の前の広場を指す。昔の人は、死ぬことを、ウクムニーで、「**トータビ**（唐旅）に行く」と言った。そのため、墓の前の広場を**トーンヤンメー**（墓の庭）と表現した。

> **トーンヤンメー**（墓の庭）、**トーンヤンメーバル**（墓前の畑）、**ゴンゴンアナ**（ゴンゴン穴）/**ゴンゴンナイ**（ゴンゴン鳴）、**ハンナイグムイ**（雷淵）、**マンクイムイ**（迎森）、**ハラミヌウクインドーマ**（見送り場）

7-5 地名調査を終えて

　島田隆久を中心に奥の地名収集を始めて、20余年が経過し、協力した多くの先輩達が逝ってしまった。その関係で、今回の調査に協力してくれたのは、皆、昭和生まれの先輩達である。この先輩たちも、1960年頃までは生活のため山野を歩き回っていたので、地名になじみがあるものと期待していたが、その後55年余の間に生活様式がすっかり変わり、山への関わりが薄れ、地名を忘れかけている。音声録音の際も、何回か繰り返すと思い出して発音するが、語彙のつづりを数回読み返しても思い出せないことが多々あった。無理に発音させずに収録をやめた。音声録音に関しては、今回が最後の機会と言える。
　山での調査、地図作成、音声録音など、長い道のりであった。この間協力してくれた多くの方々に、お礼申し上げる。

第 2 部　暮らし

関連資料

宮城邦昌「奥の地名リスト」(PDF)
http://www.kyoto-up.or.jp/qrlink/201603/yanbaru/05.html

引用文献

上原信夫（2000）『上原信夫　随想録』自費出版.
奥のあゆみ刊行委員会（編）（1986）『字誌　奥のあゆみ』国頭村奥区事務所.
球陽研究会（編）（1974）『球陽　読み下し編』角川書店.
国頭村（編）（1967）『国頭村史』国頭村役場.
田村浩（1927）『琉球共産集落之研究』岡書院.
与論町誌編集委員会（1988）『与論町誌』与論町教育委員会.

● コラム 5 ●

アブントーの大蛇の話

宮城邦昌

『字誌 奥のあゆみ』(329 頁) に、アブントーにまつわる次のような話が掲載されている。

　昔、**アブントー**山にあった話です。
　松下（マシタ）のオジーさんが**アブントー**山へ材木を取りに行き、適当な木をさがしてあちこち巡っていた。ようやくいい木を見つけたので、これをオノで倒した。
　木の下でバタバタ動いているものがあるのでよく見たら子牛のようである。「これは大変だ、人の子牛を殺してしまった」とびっくりして、またよくたしかめてみると胴まわりが小牛程もある大蛇であった。
　松下のオジーは、あまり大きい蛇に腰をぬかしてしまい、材木も取らずに逃げ帰ったという。
　この大蛇を見たという人は、外に 2、3 人いたそうだが、今では見たという人は一人もいない。昔は牛に目印をつけて放し飼いして田植えの季節になると自分の牛をつれ帰り、2、3 頭づつ角を結び組牛して田に水を入れて牛をぐるぐる回し、田植え準備をしていた。
　牛は放し飼い中に野山で子を生むこともあったので松下のオジーは、この子牛をとっさに大蛇と勘違いしたのだろう。

　現在の奥部落では忘れかけられているが、私が小学校低学年の頃には、よく聞かされた。畏敬の念と、見たいと思う好奇心・冒険心をそそる話であった。いつか探検して確認したいと心に秘めていた。
　そのチャンスが来たのは中学 2 年生の秋である。当時の奥中学校は部落から西に約半里の**ウプドー**（7-3 節 (2)「ウプドーにあった奥中学校」参照）

第 2 部　暮らし

にあった。2 学期から、3 年生は高校受験のための補習授業が始まるので、学校のすべての仕事の責任は 2 年生に委ねられ、1、2 年生でグループを編成し、放課後や土日の休みの日も交替で農園の手入れ、ヤギと豚の餌やり、水汲み、薪取りなど行うのである。

　中学 1 年に入学した頃、**アブントー**の牧場に乳牛が放牧されたとの話を聞いていたので、幼い頃から秘めていた**アブントー**を探検し、大蛇を発見したいとの思いが高揚していたのである。**アブントー**についてのもう一つの奥の伝承は、「洞窟があり、その中に川が流れていて、そこに木の椀を落としたら**ユッピグチ**に浮き上がっていた」というものであり、この話も、私の興味をますますかきたてた。

　中学 2 年の秋、当番を終えたグループで**アブントー**を探検したいと話しあい、ハブの心配をしないように、**タヒンネー**[1]の頃にギマ食べに行きながら探検することが決まり、ある日実行したのである。

---

[1] **タヒンネー**（芋折目、11 月の行事）：奥では米の収穫が終わると、二期作として、干田に**タードーシ**（田倒）にして畝を造り芋を植える。その芋が収穫され始める頃が**タヒンネー**の季節である。

　「吉日を選んで芋の御願を行うのである。この日は各家庭で収穫した芋を煮てつぶし、それに粟や砂糖を混ぜ合わせ**ウムニー**（芋練）を作って仏壇に供え、豊作の報告をして、ご馳走するのである。そして、各家庭からは一番大きな芋を 1 個づつ**アシャギマー**（阿舎木場、旧公民館広場）に持って行き、大きさを競う。それが終わったら、その芋を**ヌンドゥルチ**（祝女殿内、部落内の拝所）に持って行き御願してもらう。御願が終わった芋は神人が全員でわけてもらって行く。その日に仕事をするとカラスや他の動物が芋を食い荒らすといわれているので、すべての仕事が禁止されていた。また、子どもたちは近くの野原に登って行って、ギマの実を食べるならわしであった。」（『奥のあゆみ』376 頁）

　ウムニー（芋練）とは、芋の皮をむき水煮して汁を抜き、それに豆や里芋、澱粉、粟などを入れてシャモジで練つぶし餅状にしたもの。主に夕食に作った。多めに作り、翌日も食べたが、冷えると余計おいしかった。また、**ジューグヤー**（十五夜、旧 8 月 15 日）や**タヒンネー**（旧 11 月）の豊年祭などの節目にも、ジューグヤーウムニー、タヒンネーウムニーを作り豊作を祈願した。**タードーシウム**で作るのが一番うまかった。

コラム5　アブントーの大蛇の話

　その後50年余を経た今日まで、私は数十回も**アブントー**に踏み込んだ。その結果わかったことは、次のとおりである。
　アブントーの名前は**アブ**（穴、石灰岩地帯ではドリーネ）のある平坦地であることに因む。地形図で見ると**ユッピバマ**（世皮浜）から**タチガミガー**（立神川）を遡上すると海抜100 mラインがあり、その西側にある小丘陵部（海抜124 m）が**タチガミ**（図1、2）である。地形図では**タチガミ**から西側には小さなピークが二つある。最初のピークは**タチガミ**から305度方向約160 mで海抜120 m、2番目は**タチガミ**から316度方向約290 mで海抜110 mである。
　タチガミは隆起した琉球石灰岩で構成されていて、風雨にさらされ鋭く浸食し、見事なカルスト地形独特の円錐地形を形成している（図1、3）。海抜100 m線には離水ノッチがあり、その線をうまく猪垣に利用している。ノッチ部分には洞窟もあり、現在は枯れているが、1962～63年頃には、洞窟の奥から音をたてて水が流れ**サナジジガー**（サナヂ川）の源流となっていた。また、洞窟の奥の方へ流れる水量もあり、その水は洞窟の東側を流れる**タチガミガー**に続いているものと推察される。その流れにのまれたお椀が**ユッピ**の海岸に打ち上げられても不思議ではない。
　そこで、奥の民話と伝説を振り返ると、子牛は大蛇が飲み込んだのではなく、ドリーネに落ち込み死んだのだと理解できる。ドリーネを大蛇に置き換え、穴に落ちたら大変だとする危険性を警告し、「**アブントーの大蛇**」と「**ユッピグチ**に流れ着いたお椀」の伝説を作り上げたと推察する。奥の先人たちの知恵の奥深さに感銘する。
　琉球石灰岩帯で猪垣に活用されている部分は、海抜100 m線沿いに**タチガミガー**から西側の**イシビガー**（石樋川）までの間に存在し、約670 mもある。奥の**ウーガチ**（大垣）の一部、西大垣第1区（**ユッピザチ**（世皮崎）～**タチガミガー**まで）は長さ約1,172 mを有するが（図4、7-3（1）イノシシ垣参照）、その半分強を占めている。

第2部 暮らし

図1　タチガミ遠望（ユッピザチから）

図2　アブントー付近図

コラム5　アブントーの大蛇の話

図3　アブントーの琉球石灰岩

図4　アブントー（西大垣第一区）

第3部
コトバ

扉絵：'トゥイン'クヮー（'トゥイは「鳥」、'トゥイン'クヮーは「小鳥」の意。）
縦と横に小鳥を象った、伝統的な芭蕉布の図案。

第 8 章　琉球方言の言語地理学と動的系統樹
―― 琉球方言研究の現代的意義と可能性

かりまたしげひさ

ウクムニー（奥コトバ）調査メンバー。
奥の協力者：前列左より
玉那覇タカ子（コーディネーター）、島田隆久、比嘉ゴゼイ、宮城静、崎原栄昌、崎原栄秀。
琉球語学研究室メンバー：中列左より
かりまたしげひさ、田代竜也、福島千秋、當間菜月、中野遥楓
上列左より
ハイス・ファン＝デル＝ルベ、崎山拓真、目差尚太、平良尚人、佐久本佳奈、友利夏美

第 3 部　コトバ

8-1　フィールドワーク

　私の琉球方言研究は、琉球大学に入学して仲宗根政善[1]（1907 年〜1995 年）先生に出会ったことにはじまる。仲宗根は故郷今帰仁方言の研究にこだわり、『沖縄今帰仁方言辞典』（1983 年）を刊行した。仲宗根は、琉球大学で多くの琉球方言研究者を育てたが、学生に自分の出身地の方言の研究を勧めていた。私の最初の関心も両親の生まれ育った宮古島の方言にあった。宮古島に行って母方の祖母から聞き取り調査を行って、卒業論文にまとめた。

　卒業後、琉球列島の各地をたずね、たくさんの方言を調査する機会にめぐまれた。方言研究は、フィールドワークで得られた資料に基づいて研究が成立する。フィールドワークは、言語学などの人文科学の専売特許ではない。動物や植物などあらゆる生きものを研究する生態学も、自然地理学や地質学などもフィールドワークを行う。自然科学と違って、言語学のフィールドワークは、人が相手であり、人の使用するコトバが対象だ。言語は、ヒト以外の動物からヒトを区別する最も重要な指標であり、人の根源にかかわり、人を人たらしめるものである。

　話者とのあいだの良好な関係がなければ調査ができない。そうなると、研究資料が得られず、研究そのものが成立しない。方言研究の困難さの一つは、人を相手にするところにあるが、方言研究の魅力もまた人を相手にするところにある。よい話者にめぐりあえたとき、研究が半分以上終わったような気になる。あとはこちらがいかに取り組むかにかかっている。

　話者たちは、自分たちのコトバに関心をもってやってくる若者を歓迎して

---

[1]　仲宗根は、先の沖縄戦で師範女子部と県立第一高等女学校の生徒を引率し、米軍に追い詰められ自決しようとする生徒たちを押しとどめ、生徒たちと投降し生き残る。自らの手記と生徒の手記をまとめ、『沖縄の悲劇 ── 姫百合の塔をめぐる人々の手記』（1951）を出版。終生平和を訴え続けたことで知られている。仲宗根は長年の琉球方言研究が認められ『沖縄今帰仁方言辞典』を刊行した翌 1984 年日本学士院賞を受賞した。

くれる。方言調査をかさねていくと、話者たちが、以前から知っていた近所のおじいさんやおばあさんのような、とおい親戚のような存在になり、うちとけた雰囲気で調査が進んでいく。話者たちの話は、調査内容以外のことにひろがっていく。幼いころの思い出、若い頃に食べたもの、夫婦の出会い、苦労した子育て、沖縄戦のこと等々、たくさんの人生に触れる機会を得るのもまたフィールドワークの魅力である。

8-2 琉球方言の多様性

　琉球方言は、沖縄県の八重山諸島、宮古諸島、沖縄諸島に、鹿児島県の奄美諸島を加えた琉球列島で話されてきた諸方言の総称である。日本本土の人たちが琉球方言を聞いてもまったく理解できないことから、琉球方言を日本語とは別の言語だと思っている方もいる。しかし、琉球方言は、日本本土の諸方言と共通の祖先（日本祖語）から分岐したことが言語学的に証明された日本語の地域的な変種である。（第11章11-2節参照。）
　琉球列島の面積は、日本全体の約1%弱に過ぎないが、琉球列島の北端の喜界島から南西端の与那国島までの距離は、900 km弱ある。北端の喜界島を宮城県仙台市あたりに位置させると、奄美大島が山形県の西あたりに位置し、沖縄島は長野県、宮古島が京都と大阪の境界付近に位置し、最西端の与那国島は岡山県と広島県の県境に位置する（図8-1）。この広い海域に散在する47の有人の島々で話される琉球方言内の言語差は非常に大きい。北端の喜界島と南西端の与那国島の住民同士はもちろん、奄美大島と沖縄島、宮古島と沖縄島、与那国島と石垣島のあいだでも標準語を使用しなければ会話が成立しない。
　琉球方言の多様性、下位方言の変異の大きさを、音韻の面からみてみよう。
　最西端の与那国島方言は、原則として、母音の長短を区別せず、しかもa、i、uの3個しか存在しない。与那国島方言は日本語の中で最も母音の数の

第3部　コトバ

図8-1　琉球列島と本州を重ねてみると

少ない方言である。

> hai（蠅）、ai（藍）、nai（地震）、mai（稲）、mumu（腿）、dumi（嫁）、udi（腕）、sudi（袖）、tagi（竹）、sagi（酒）、su（竿）、bu（棒）、tubu（豆腐）

　最も母音の数の多いのは、長短18個の母音を有する、奄美大島最北端の笠利町佐仁集落の方言である。佐仁方言には、本土方言と同じ5個の母音 i、e、a、o、u のほかに、2個の中舌母音 ï、ë がある。この7個の短母音と音色を同じくする7個の長母音 i:、e:、a:、o:、u:、ï:、ë: があって、長短の区別がある。中舌母音 ï、ï: は、i の口構えで u を発することによって生じる、iとuの中間の母音である。ë、ë: はeの口構えでoを発する感じの、eとoの中間の母音である。佐仁方言には、さらに、ĩ、ẽ、ã、õ の4個の鼻母音がある。鼻母音は、母音を発するとき、呼気を鼻に通して鼻腔で共鳴させながら発する母音である。なお、中舌母音 ï、ë は奄美大島と徳之島の諸方言にみられる。八重山竹富島方言にも鼻母音の ã、õ が存在するし、沖縄島首里方言にもかつて鼻母音の õ、ĩ が存在していた。

> so:（竿）、bo:（棒）、në:（地震）、t'arë（盥）、më:（米）、p'ë:（蠅）、p'aã（浜）、jaã（山）、k'oõ（雲）、moõ（腿）、haĩ（亀）、maĩ（豆）、mẽẽdza（ミミズ）

　宮古諸島の大神島の方言は、日本中で最も子音の数の少ない方言で、子音が p、t、k、f、v、s、r、m、n、j の10個しか存在しない。ガ行、ダ行、バ行の濁音がなく、清音になっていて、有声破裂音 b、d、g が存在しない。大神島方言の破裂音には有声/無声の対立がないのである。また、大神島方言には原則としてキャ、キュ、キョ、ビャ、ミョなどの拗音節がない。
　沖縄伊江島方言は、標準語と同じ p、b、t、d、k、g、ts、dz、s、h、m、n、r、w、j、N、Q の17個の子音のほかに、標準語にはない喉頭音化した11個の子音 ʔ、k'、t'、p'、ts'、ʔm、ʔn、ʔr、ʔj、ʔw、ʔN がある。28個の子音を有する伊江島方言は日本語で最も子音の数の多い方言である。伊江島方言にはキャ、ビャ、テャ、テュ、デャ、デュなどの拗音も、クヮ、グヮなどの合

第3部　コトバ

拗音もある。

　喉頭音化した子音は、喉頭や声門の緊張や閉鎖を伴って発せられる子音で、伊江島方言には k'u:（黒）、t'ai（二人）、p'u:ka（風船）、ts'a:（草）、ʔma:（馬）、ʔnju:tʃi（命）、ʔra:（あなた）、ʔju:（魚）、ʔwa:（豚）等の単語がある。

　宮古島方言には、母音のように機能する s がある。宮古島出身のシンガーソングライターの下地勇は宮古島方言の歌を歌う。その歌詞カードに「ピｽトゥ」（人）、「キｽム」（肝）のように、「ピ」「キ」に小さく添えて書かれる「ｽ」がある。その「ｽ」が母音のような s である。かれはそれを「ピ」と「ス」、あるいは「キ」と「ス」を同時に発音するような音と説明する。「ピｽ」「キｽ」は ps, ks のように表記することができる。宮古方言には、タビｽ（旅）、ムギｽ（麦）のように「ビｽ」「ギｽ」と書かれる発音もあり、bz, gz と表記できる。bz、gz の z も、s と同じく母音のように機能する子音である。

　宮古伊良部島の佐和田集落の方言には、上方に軽く反らせた舌先を上歯茎に付けて発する反り舌の側面音 l がある。この反り舌の l は、blbl:gassa（クワズイモ）、ml:na（韮）、pl:ma（昼間）等の単語の中で b、m、p などの子音と結合して母音のように機能している。母音の前後に配置されて音節副音として機能する p、k、g、b などの通常の子音に対して、宮古方言の s、z は、摩擦音としての子音の特徴をもちながら、a、i、u などの母音と同じく子音 p、k、g、b をしたがえて音節主音として機能する。このような音節主音的な子音を成節的な子音 syllabic consonant という。佐和田方言の l も成節的な子音であり、ml:na（韮）はミﾙーナ、pl:ma（昼間）はピﾙーマとカナ書きできる。

　本土方言にはみられない多様な言語現象が琉球方言にあり、本土方言と大きく異なる。それにもかかわらず、両者が共通の祖先である日本祖語から分岐したものであるといえるのは、本土方言と琉球方言との間に音韻法則と呼ばれる規則的な対応がみられるからである。与那国島方言の tagi（竹）、sagi（酒）にみられるように、子音 t に t が、子音 s に s が、子音 k に g が対応している。また、母音 a に a が対応し、e には i が対応している。dumi（嫁）では、子音 j に d が対応し、子音 m に m が対応し、母音 o に u が対応している。佐仁方言の中舌母音の ï は e が変化したもので、ë は二重母音の ai、ae が変

316

化したものである。鼻母音のã、õ、ĩ、ẽはma、mo、meのmが脱落するとき、子音mの鼻音性が後続の母音に付与されてできたものである。伊江島方言の喉頭音化した子音は、kuro（黒）のr、hutari（二人）のhu、kusa（草）、のku、uma（馬）のu、inotʃi（命）のiなどが脱落してできたものである。宮古方言の成節的な子音s、zも佐和田方言のlも母音のiが変化したものである。

　与那国方言の3個の母音も佐仁方言の18個の母音も、大神島方言の10個の子音も伊江島方言の28個の子音も、宮古方言の成節的な子音s、z、lも、祖語から分岐して琉球列島の島々に拡散し、個々の方言ごとに独自に変化して生成されたものである。

　琉球方言は、祖語から分岐して変化しただけでなく、本土方言では失われた古い特徴を保持している場合がある。やんばる方言、宮古方言や八重山方言などでは「花」をpana、「船」をpuniといい、現代日本語のハ行子音hに対応してpがあらわれる。

　現代日本語の「花」、「舟」はそれぞれhana、huneと発音されるが、上田万年（1898）は、万葉集の万葉仮名表記について古代の中国原音を記した『韻鏡』をもとに調べあげて、上代ではそれぞれpana、puneと発音されていたことを発見した。すなわち、奈良時代以前まで遡る**日本祖語**の両唇破裂音pが現代日本語で声門摩擦音hに変化しているのである。やんばる方言、宮古方言、八重山方言のpは、**日本祖語**の*pを現代に保持しているのである。

　琉球方言は、日本語の変種とはいっても、本土方言とは一線を画し、日本語の枠を超えている。琉球方言の変異の大きさと多様性は、音声にとどまるものではない。文法においても単語の意味においても同様の多様性をみせる。その一方で、大きく隔たって無関係にみえる現象をつなぐ中間的な変種、微細な違いの変種をもった下位方言を見出すことができるので、それぞれの地域でおきた言語変化を解明する手がかりを得ることができる。このように体系的で網羅的な琉球方言の研究は、言語がいかに変化していくかを解明するための材料を提供する。

　長い時間をかけて南アメリカ大陸から離れていったガラパゴス諸島のダーウィンフィンチやゾウガメなどの多くの動物は、大陸からの影響を受けず、

島ごとの進化をとげた。ダーウィンはそれをみて進化論の正しさを確信した。琉球方言の多様性は、琉球方言研究の大きな魅力であり、琉球列島は、進化論にとってのガラパゴス諸島にも似て、緻密で詳細な研究に必要な、豊富な材料を提供してくれる言語研究の沃野である。

8-3 琉球方言の言語地理学的研究

　伝統的な琉球方言を第一言語にする人が減少する一方で、伝統方言をまったく理解できない若い世代が増えている。長期にわたる日本語との接触によって、琉球方言の変容と衰退は誰の目にも明らかで、危機的な状況は深刻さを増している。魅力にみちた琉球方言も、世界中のマイノリティの言語と同じく、遠くない未来に消滅してしまうのではないかと危惧されている。
　琉球列島の貴重な諸方言を後世に残す仕事は時間との勝負である。
　沖縄言語研究センター（初代代表：仲宗根政善）は、1979年4月から10年計画の「琉球列島の言語の研究」を開始した。沖縄言語研究センターは琉球列島の言語地理学的な調査研究を行う目的を「琉球列島言語調査（10年計画）について」の中で次のように述べている[2]。

　　　この列島にすむ人びとのながい歴史を記録にとどめるためにも、奄美から与那国にいたるすべての島じまの琉球方言がかけがえのない資料であることはつとに言語学者、方言学者のみとめるところとなっています。しかしそれにもかかわらず、島じまの方言はじゅうぶんに記録されないまま、最近数十年のあいだにおおきく変容し、かつ衰退の一途をたどっています。もし、わたしたちがいまこれを組織的に調査し、記録にとどめなければ、現在高齢であられるかたがたの他界とともに、この貴重な資料のおおくが、永久にうしなわれてしまうでしょう。島じまのながい、そしてしばしばまずしいくるし

---

[2]　沖縄言語研究センター（1981）『沖縄言語研究センター会報2』の「研究活動経過報告」、および、OCLS言語地理学定例研究会（1979）「琉球列島の言語の研究（10年計画）について」沖縄言語研究センター資料No. 17を参照。

第 8 章　琉球方言の言語地理学と動的系統樹

い歴史のなかでかたりつがれてきて、いまかろうじて高齢のかたがたによってたもたれている方言を、組織的に、正確に記録することは、わたしたち沖縄にすむ、あるいは沖縄出身の、言語学、方言学の研究者にとってもっとも大切な義務だとかんがえないわけにはいきません。

　当初の計画では、5 冊の調査票を作成して 1000 前後の項目を琉球列島の 100 内外の地点で臨地調査を行って記録に残すことが目的だったが、1983 年度に計画全体をみなおして、琉球列島全域の全ての伝統的な集落約 818 を対象に 1990 年までに 200 項目の言語地理学的な調査を行うこととした。私も初めは調査員として、後に沖縄言語研究センターの研究員として多くの地点を調査した。

　沖縄言語研究センターは、琉球方言の言語地理学的な調査を行うために『琉球列島の言語の研究　全集落調査票』(以下、『全集落』)を作成した。『全集落』は、「各地域の村落において、その村落の方言の構造的な根幹をなす部分、すなわち、音韻体系の大要、最も基本的な、あるいは日常的な語彙、そして動詞、形容詞の活用のタイプのおおよそが察知できることを目的[3]」として語彙が選定されている。項目数は 200 だが、1 項目に複数の質問事項があり、全てを調査すると 350 語 (活用語の文法的な形を含む) が得られるものである。

　アクセント体系の概略を知るための項目として『国語アクセント類別対応表』の 1 音節名詞 1 類 4 語、2 類 3 語、3 類 9 語、2 音節名詞 1 類 20 語、2 類 6 語、3 類 16 語、4 類 12 語、5 類 13 語、3 音節名詞「形」類 2 語、「小豆」類 5 語、「頭」類 2 語、「命」類 1 語、「兎」類 2 語、「兜」類 3 語が含まれている。動詞も 1 音節、2 音節、3 音節の各類の語が含まれている。

　8 世紀奈良時代の音韻との対応を知るための項目として、甲乙の対立をもつ音節を含む単語が含まれている。その数などは以下の通りである。

---

[3]　OCLS (1992)『沖縄言語研究センター会報 12・13・13 号』の「「琉球列島の言語の研究」進捗状況」による。

第3部　コトバ

> キ甲類6語・乙類3語、ギ乙類1語、ヒ甲類6語・乙類2語、ビ甲類3語、ミ甲類12語・乙類2語、ケ甲類1語・乙類4語、ヘ甲類2語・乙類3語、ベ乙類1語、メ甲類2語・乙類6語、エ甲類1語・乙類2語、コ甲類3語・乙類6語、ソ甲類2語・乙類2語、ゾ乙類1語、ト甲類2語・乙類7語、ノ甲類1語・乙類2語、モ甲類3語・乙類1語、ヨ甲類1語・乙類1語、ロ甲類3語・乙類2語、その他にワ行のヱ2語、ヲ11語、ア行のオ8語。

　動詞項目としては、強変化動詞と弱変化動詞の語幹末子音に *k、*g、*s、*t、*dz、*n、*p、*b、*m、*r、*w 等を含む規則変化動詞と、「有る」「居る」「来る」「する」「ない」の不規則変化動詞がはいっている。動詞の項目数は37である。そして、それぞれの動詞の活用のタイプを特定できるように代表形（スル）、否定形（シナイ）、過去形（シタ）、中止形（シテ）のよっつの文法的な形が質問項目にあがっている。形容詞は、ク活用とシク活用の違いの有無がわかるように選定された11語である。
　これらの語彙を調査することによって当該方言のおおよその言語的な特徴がわかるだけでなく、方言間、地域間の相互比較が可能になる。
　言語地理学的な研究は、各調査地点の語形や言語現象を記号化して言語地図に描き、その地理的分布状況を手がかりに、言語変化とその要因を探るものである。言語地理学は、地図を一枚ずつ作成して分析するだけでなく、複数の言語地図をかさねて分析することもできるし、小体系を記号化して構造的言語地図として作成することもできる。
　語彙項目ごとに地図化することによって、言語の変異の地理的分布状況を確認し、言語変化を言語内的な要因とともに、河川や海や山などの地理学的な条件、過去の国境や県境などの政治社会的な条件の中で探ることも可能となる。

(1) やんばる方言の言語地図とやんばる方言の多様性

　沖縄言語研究センターのやんばる地域の調査結果が名護市編さん委員会編 (2006)『名護市史言語編』として刊行されている。名護市編さん委員会編 (2006) には、名護市 5 地区のほか周辺 12 町村の全集落の 136 地点の言語地図 144 枚が掲載されている。言語地図の他にやんばる方言全体の音声・音韻、語彙、文法の全般にわたる概説、市町村ごとの方言概説も掲載されている。言語地図は、一般的な言語地図に用いる○や△などの無機的な記号は使用せず、方言語形を直感的に連想させるカタカナやひらがな、ローマ字等パソコンで使用できる豊富なフォントをカラー化して使い分けている。自治体発行の書籍なので一般読者にも読みやすいような平易な記述が心掛けられている。

　やんばる方言の多様性を示すものとして、親族名称の〈兄〉の言語地図を紹介する（図 8-2）。〈兄〉の方言語形は、祖形の異なる、ヤク系、ヤンミー系、ミー系、アッピー系、その他の 5 系統が分布している。さらにヤク系が 5 個の形式（長短の違いを含めれば 7 個）、ヤンミー系が 4 個（同 6 個）、ミー系が 5 個（同 7 個）、アッピー系が 4 個（同 5 個）、その他 2 個の計 20 個（同 27 個）の語形がある。ヤク系が伊平屋島、伊是名島、名護市屋部地区、名護市久志地区の南側、宜野座村、金武町に分布している。ヤンミー系が大宜味村、国頭村に分布し、ミー系が今帰仁村、本部町北側、伊江島に分布し、アッピー系が本部町南側と名護市久志地区北側と恩納村に分布している。その他の語形は首里士族の語形であり、移住等によってやんばる地域にもたらされたもので、各地に点在している。大きくは上に述べた分布になっているが、飛び地的に分布している集落、入り組んだ分布をなす語形もある。1 単語の 136 地点の分布からもやんばる方言の多様性は読み取れる。

(2) 語形の多様性から変化を探る

　やんばる地域の方言が日本祖語の *p を保持していることについては先に

第3部　コトバ

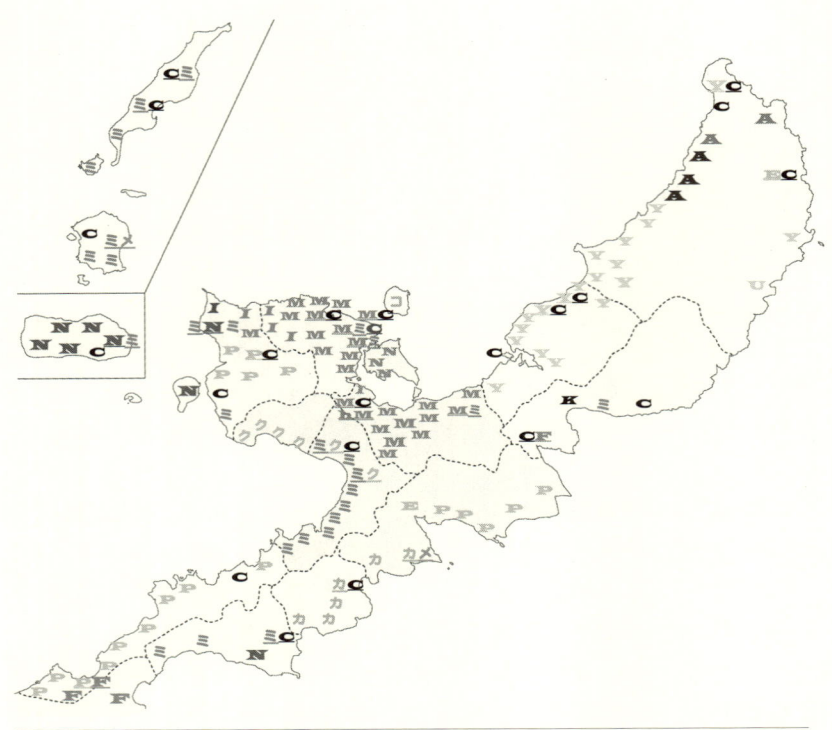

ヤク系
- ミ　ヤクミ、ヤクミー
- メ　ヤクメー
- カ　ヤカー、ヤーカー
- コ　ヤコー
- ク　クーミー

ヤンミー系
- Y　ヤンミー
- U　ヤンムイ
- A　アンメ、アンメー
- A　アンミ、アンミー

ミー系
- M　ミーミ、ミーミー
- I　ミー
- N　ミンミー
- I　インミー
- N　ンミー、シーミ

アッピー系
- P　アッピ、アッピー
- E　アッペー
- F　アフィー
- h　アヒー

その他
- C　ヤッチー
- K　ヤッキー

図8-2　〈兄〉の語形にみるやんばる方言の多様性

第 8 章　琉球方言の言語地理学と動的系統樹

P　パー　　ᵖP　ᵖファー　　F　ファー　　h　ハー

図 8-3　〈歯〉の語形分布が示す摩擦変化の過程

述べたが、やんばる方言全体で p を保持しているわけではない。名護市編さん委員会編 (2006) の〈歯〉の言語地図 (図 8-3) をみると、p を保持する pa: が名護市名護地区、屋部地区、羽地地区、屋我地地区、今帰仁村、本部町、伊江島の方言にみられるが、国頭村、大宜味村、東村、伊是名島、伊江島の方言では ɸa: である。恩納村、金武町、宜野座村の方言では ha: である。ちなみに県都の那覇市を含む沖縄島中南部地域の多くの方言も ha: である。国頭村宇嘉・比地、大宜味村田港の方言の ᵖɸa: は、注意深く観察しないと ɸa:

323

第 3 部　コトバ

と聞き違えるほどで、その子音の ᵖϕ は両唇がわずかに接触する程度の破裂音だが、話者たちの意識は p である。

　p は、上下の唇を閉じて呼気の出口をふさぎ、その閉じられた唇を急に開いて作る両唇破裂音である。ϕa: の ϕ は、ファ、フェ、フォなどの子音で、接近した上下の唇の間で摩擦が生じるので両唇摩擦音という。

　p を発音するときの閉じられた唇の緊張がゆるみ、漏れ出た呼気の摩擦音が優勢になると ᵖϕ になる。ᵖϕ は、p から ϕ に変化する直前の音である。さらに両唇の緊張が緩んで閉鎖がなくなると ϕ になる。ϕ の両唇の接近と唇の丸みがなくなったのが h である。p ＞ ᵖϕ ＞ ϕ ＞ h の変化は、話し手自身にも気づかれないほど微細な変化が長い時間をかけて進行したものだが、沖縄北部のかぎられた地域の方言を鳥瞰することで、その変化のさまをみることができる。

　〈舟〉の語形の現れ方は、〈歯〉とは異なる（図 8-4）。puni、puni: の語が名護市名護地区、屋部地区、羽地地区、屋我地地区、今帰仁村、本部町の北側の地区にみられ、ϕuni、ϕuni: が宜野座村、金武町、恩納村と、伊平屋島、伊是名島にみられる。〈歯〉にみられた p と h の対立が、ここでは p と ϕ の対立として現れている。

　伊江島方言の語形は kuni である。伊江島方言では kuda（札）、kukunjuN（含む）のように、他の方言で pu と発音される音が ku で表れる。pu の ku への変化は、伊江島方言だけにみられる珍しい変化である。これは、pu を発音するときの口のかまえ＝声道の形と ku を発音するときの声道の形が似ていることによっておこった変化である。すなわち、p は両唇が閉鎖されているが奥舌母音 u の発音のために奥舌が軟口蓋に持ち上がっている。k は奥舌と軟口蓋で閉鎖を作るが u の発音のために唇が丸くすぼまっている。

　大宜味村と国頭村には puni、ϕuni とも kuni とも大きく違う hini、hinni、hiN、hinnu の語形がみられる。hini、hinni、hiN、hinnu の語形をもつ方言では p が摩擦音化して ϕ になり、そのあとさらに、ϕu が hi に変化するという現象が起きていると考えられたが、琉球方言では類例のない珍しい変化で、どのような過程を経たのか不明であった。名護市編さん委員会編（2006）の

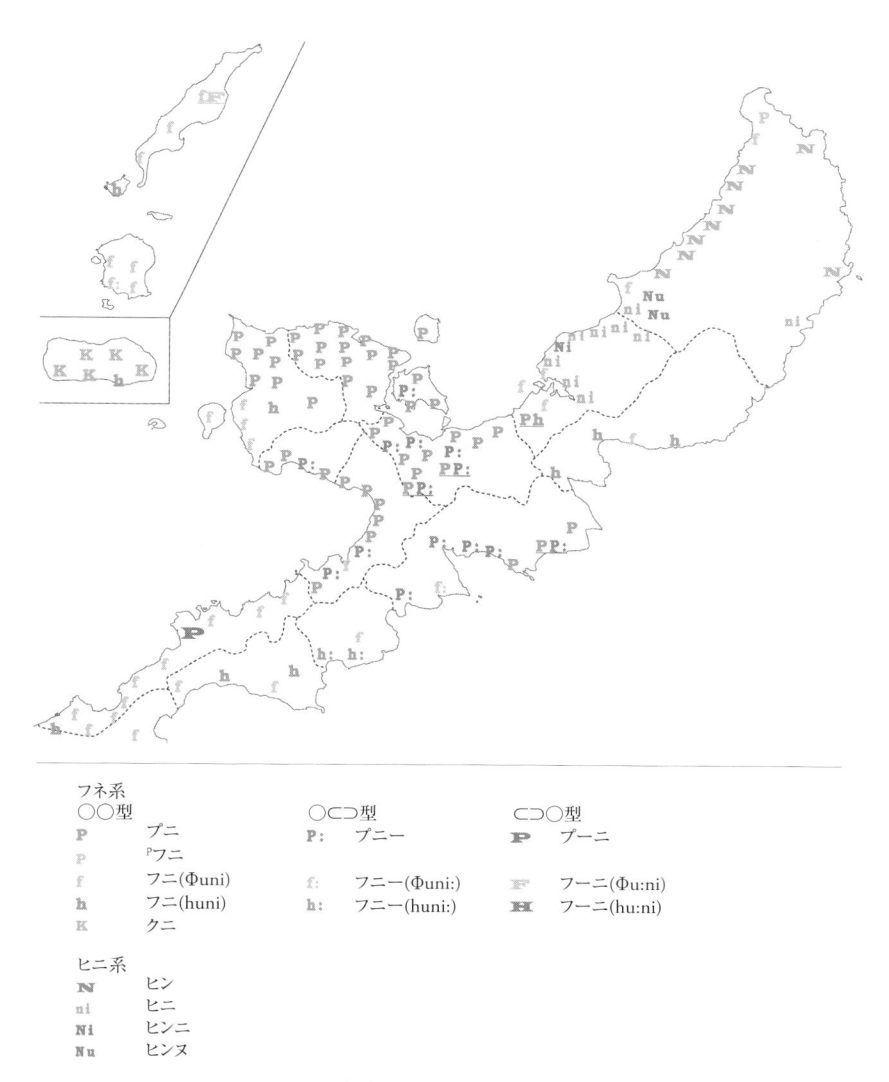

第 8 章　琉球方言の言語地理学と動的系統樹

フネ系
○○型
P　プニ
ᵖ　ᵖフニ
f　フニ(Φuni)
h　フニ(huni)
K　クニ

○⊂⊃型
P:　プニー
f:　フニー(Φuni:)
h:　フニー(huni:)

⊂⊃○型
P　プーニ
F　フーニ(Φu:ni)
H　フーニ(hu:ni)

ヒニ系
N　ヒン
ni　ヒニ
Ni　ヒンニ
Nu　ヒンヌ

図 8-4　〈舟〉の語形に見る個性的な変化

執筆中に、以前に調査した粟国島方言の舟の語形が n̥ni であったことを思い出した。n̥ni は、ɸuni と hini、hinni、hiN、hinnu の間に起きた、歴史的変化の過程をつなぐ語形である。

n の下に小さな丸を付けた粟国島方言の n̥ は、n（ン）を発音する口がまえのまま、鼻から呼気をだして発音する。無声化しているので、鼻腔の中の摩擦音が聞こえる。それは無声音化した鼻音である。鼻腔での摩擦音は、h と n を重ね、hnと書きたくなるような音である。

語頭の無声摩擦音 ɸ の影響で母音が無声音化して ɸu̥ になると同時に、後続の鼻音 n の影響によって鼻音化したのが粟国島方言の n̥ni である。n̥ を発するときの口がまえは、末尾の i の準備のために i に近い形をしている。無声音化した鼻音 n̥ は呼気を浪費する不安定な発音である。呼気の流出を制御するため、呼気が鼻腔に流れなくなると同時に、語末の母音 i の影響で i が挿入されて hini、hinni の語形になり、さらに語末の母音が脱落して hiN の語形になったのである。

やんばる方言の〈歯〉の言語地図は、古い語形の p ＞ ᵖɸ ＞ ɸ ＞ h という p の変化する過程を地図上に見せる。〈舟〉の言語地図も古い語形の puni と摩擦音化した ɸuni を見せるが、puni ＞ kuni、ɸuni ＞ hini、hinni、hiN、hinnu という変化の要因も変化過程もまったく異なる二つの個性的な変化も見せてくれる。

このように名護市編さん委員会編（2006）の 144 枚の言語地図は、この地域でおきた言語変化の過程や要因を探る材料を提供してくれる。

(3) 分布にみる地域の歴史

やんばる方言では p が h にならず古形の p を保っていたり、h に変化する前の ɸ で現れたりする一方で、〈毛〉と〈皮〉の言語地図に見るように語頭の k が h に変化することが知られている。k ＞ h の変化は、結合する母音が広母音 a、半広母音 e、o のときにおこるが、狭母音 i、u では起きない。軟口蓋に向かってもちあげられた奥舌面と軟口蓋で形成された閉鎖の緊張が緩ん

第 8 章　琉球方言の言語地理学と動的系統樹

図 8-5　〈毛〉の語形分布にみる地域区分

h ヒー　　　K キー

で、奥舌と軟口蓋の摩擦音 x に変化し、さらに声門の摩擦音 h に変化したのである。

　〈毛〉の言語地図（図 8-5）は、ki: と hi: の分布がはっきりしている。名護市羽地地区と大宜味村の境界の北側に位置する津波集落は ki: で、その北にhi: が分布する。1623 年に国頭間切の南側の集落と羽地間切の津波集落を合わせて大宜味間切を新設した。ki: と hi: の境界線は 1623 年以前の間切（現在の市町村に相当する行政単位）の境界線である。

第 3 部　コトバ

図 8-6　〈皮〉の語形分布にみる地域区分

h　ハー　　K　カー

　〈皮〉の言語地図（図 8-6）も、ka: と ha: の分布がはっきりしているが、境界が大きく南に動いている。西側の境界は名護市喜瀬と恩納村名嘉眞の間にあり、この境界は名護間切と金武間切の境界である。東側の境界は名護市の辺野古と大浦の間にあり、この境界も名護間切と金武間切の境界である。なお、名護市以北で ki: と ka: の語形のあらわれるのは、移住者によって開拓された集落、あるいは移住者の多い集落である。
　〈手〉の言語地図（図 8-7）をみると、国頭村宇嘉、辺野喜、謝敷の 3 集落

第 8 章　琉球方言の言語地理学と動的系統樹

```
  T  ティー              S  シー
その他の語形
     K  ケーナ、ケーナー      h  ヘンナ、ヘンナー
```

図 8-7　〈手〉の語形分布が示す個性的な方言

にだけ ʃiː の語形があり、それ以外の地域では tiː である。この三方言は、saː（田）suʃi（年）のように、広母音 a、半広母音 e、o と結合した語頭の破裂音 t が摩擦音 s に変化する。t＞s の摩擦音化は沖縄方言では他に例をみない珍しい変化である。国頭村宇嘉、辺野喜、謝敷の三方言は、p＞ɸ、k＞h、t＞s という破裂音の摩擦音化が起きていて、沖縄方言の中で摩擦音化が最も進行した方言でもある。そしてこの三方言では、gwara（藁）、agwa（粟）のよ

329

うに他の方言で w で表れる単語が gw になる珍しい変化もある。
　南のほうに目を向けると、恩納村恩納集落の方言は、paː（歯）、puːni（骨）の語形にみるように、古い日本語の p を保持し、k を h に変化させていない方言である。恩納集落の方言はやんばる方言だけでなく、琉球方言全体の中でも最も破裂音を摩擦音化させていない方言で、恩納村の方言の中で孤立した特徴をもつ。国頭村の中では、奥、安田も paː で、辺戸は paː、puni である。
　〈歯〉、〈舟〉、〈毛〉、〈皮〉の言語地図をみると、(1) 国頭村、大宜味村、東村の方言、(2) 名護市、今帰仁村、本部町の方言、(3) 恩納村、宜野座村、金武町の方言、(4) 伊江島方言、(5) 伊平屋島、伊是名島の方言に大きく区分できる。他の言語地図にも同じ区分を確認できる。名護市と大宜味村の境界にはズレがあるし、名護市と宜野座村の境界にもズレがある。このズレた境界は、歴史的に最も古い 1673 年以前の政治的な境界に重なるものであることは先に述べた。
　paː〈歯〉、ɸaː〈歯〉の語形が分布する名護市以北の地域に haː が散在したり、haː〈皮〉、hiː〈毛〉の語形が分布する中に ka〈皮〉、ki〈毛〉が散在したりしている。同じことが他の単語でもみられる。paː、ɸaː、haː、hiː の語形が分布する地域の中にみられる haː、ka、ki の語形をもつ集落は首里や那覇などからの移住者による開拓集落、あるいは移住者の多い集落である。言語分布と地域の歴史を重ねることで、言語分布の持つ意味を深く理解できる。また逆に、言語分布が地域の歴史を可視化させることもできる。
　八重山諸島の調査結果は、西岡敏編 (2010)『琉球八重山方言の言語地理学的な研究』平成 20～22 年度基盤研究 (B) 成果報告書として刊行されている。今後、やんばる地域、八重山地域以外での言語地図の作成、琉球列島の全集落の言語地図の作成とそれに基づいた研究を進める計画である。
　言語地図は、対象となる地域の範囲によって「広域言語地図」と「狭域言語地図」とにわけられる。グロータース (1970) は、限られた地域の「全集落の網羅的調査に基づく言語地図」を「微細言語地図」と呼び、地点がまばらな「狭域言語地図」から区別している。また、『日本言語地図』のように全国を対象とする言語地図を「鳥瞰的広域言語地図」と呼んでいる。沖縄言

語研究センターが意図した、琉球列島の全集落の言語分布を作図した言語地図は、この微細地図と鳥瞰的広域地図の、両方の機能を兼ね備えている。広大な地域に点在する諸方言の大量の方言資料を使って、そこにあらわれる多様な言語現象を包括的な言語地図に描くことで、琉球方言の生成と変容を詳細かつ緻密に分析し、明らかにしていくことが可能である。今後、琉球方言の言語地理学的な研究は、多くの成果をもたらすだろう。

8–4 琉球方言の系統樹研究

　現在の琉球方言の多様性は、日本祖語から分岐した琉球祖方言が琉球列島の島々に伝播し、個々の地域で独自の発展を遂げた結果であるが、分岐後も九州との交流は続いた。琉球列島内の地域も孤立していたわけではなく、地域間交流があった。
　交流の波も一度きりのものではない。遠くの地域まで影響を及ぼす長い波もあれば短い波もあったはずである。言語変化の速度に地域ごとの差がある。当該言語内の要素ごとの変化の速度にも差がある。激しい変化をとげた要素もあれば、古形を残す要素もある。したがって、言語変異の境界線は1本の太い線ではなく要素ごとに入り組み、まだらの言語分布が幾層にも重なっている。
　言語地理学的な調査で得られた全ての語形を言語地図に描くことはできる。言語現象の要素ごとに言語地図を描くこともできる。母音体系や子音の小体系を記号化して構造的言語地図を描くこともできる。語形の地理的分布から言語変化のさまざまな歴史を読み取ることもできる。言語地理学的研究から得られるものは大きい。しかし、言語地図は平面図である。複数の方言グループ間、あるいは、集落間の歴史的系統関係を総合的に分析するには限界がある。複数地域の言語現象の系統関係を把握するのも容易ではない。
　2013年の夏、大西正幸さんの地球研プロジェクトの研究会が沖縄県名護市にある名桜大学総合研究所で開催された。私はそこで名護市編さん委員会

編 (2006) の言語地図を使ってやんばる方言の多様性とそこから読み取れる言語変化の研究の可能性について報告した。研究会に参加した津村宏臣（同志社大学）さんが名護市史言語編の言語地図をもとにやんばる方言の系統樹を作成することになった。翌 2014 年 5 月に国頭村奥で開催された同プロジェクトの研究会で津村宏臣、湯佐安紀子の共同で「やんばる方言分布に対する空間構造評価」が報告された。そこに植物語彙と道具語彙の系統樹があった。それは、言語地理学の成果を反映させたものであった。沖縄言語研究センターの言語地理学的な調査で得られた基礎語彙を使って系統樹を作成できれば、琉球祖方言が各地の下位方言に分岐していった状況を可視化できると確信した。

　国際音声記号で記された単語を、遺伝子のように数値化して系統樹を作成できれば、方言間の系統関係や言語現象間の系統関係を詳細に解明することができるかもしれない。言語地理学の成果と組み合わせればさらに大きな成果が期待できるかもしれない。大西さんのプロジェクトは、地球研の本プロジェクトに採択されなかったが、狩俣と津村は、琉球方言系統樹研究を進めることにして、2015 年 6 月と 8 月に研究打ち合わせを行った。琉球大学からは仲間恵子、當山奈那と私の 3 人が参加し、8 月からは白田理人が加わって言語学的な処理を検討している。

(1) 動的言語系統樹

　沖縄言語研究センターの『全集落』は、基礎語彙を中心に収録したものである。基礎語彙は、当該言語の中で、1) 使用される頻度が特に高く、2) 日常生活に深く関わる語彙で、3) 6、7 歳の児童でも所有し、4) 世界のあらゆる言語に存在し、5) 借用語に置き換えにくい語彙である。

　M. Swadesh (1955) は、借用されにくい基礎語彙は、取り換えが起こるとしても一定の比率で起こると仮定し、自ら選定した基礎語彙 200 語を使って言語年代学的研究を進めた。M. Swadesh の提唱した言語年代学的研究を日本語と琉球語の言語年代学的研究に適用する目的で、M. Swadesh の"基礎

語彙"を改編した服部四郎の基礎語彙調査票を参考に作成されたのが、『全集落』である。

共同研究者の仲間恵子の提案で国際音声記号で記入された基礎語彙をexcelに入力し、個々の語形の音素ごとの特徴を数字に置き換える作業を行っている。子音は、調音位置、調音方法、口蓋音化・唇音化の有無、喉頭音化の有無、声門の状態の特徴ごとに数値化する。母音は長短（促音、撥音、二重母音を含む）、口の開口度（舌と口蓋の開き）、舌の前後の位置、唇の状態（円唇性の有無）、音色（無声化と鼻音化の有無）によって数値化する。さらに、8-3節の〈舟〉のkuni、hinniの語形のように、琉球方言において通常は起きない特殊な音韻変化p＞k、hu＞hiを起こした語形は、広くみられる音韻変化p＞ɸ＞h等との差異化を図る重みづけの数値化を行った。特殊さの程度によって2段階の重みづけを行って違いを大きくする。

子音
調音位置
　0音無し／1両唇音／2唇歯音／3歯音／4歯茎音／5後部歯茎音／6そり舌音／7硬口蓋音／8軟口蓋音／9口蓋垂音／10咽頭音／11声門音
調音方法
　0音無し／1破裂音／2破擦音／3摩擦音／4鼻音／5はじき音／6ふるえ音／7接近音
唇音化・口蓋音化の有無
　0両方無／1口蓋音化無／2口蓋音化有／3唇音化無／4唇音化有／両方有
喉頭音化の有無
　0対立無／1非喉頭音化／2喉頭音化
声門の状態（声帯振動の有無）
　0有声音／1無声音
重みづけ1（特殊な変化）

> 0 無し／1 有り
> 重みづけ2（特殊な変化）
> 　0 無し／1 有り
>
> 母音
> 長短（促音、撥音、二重母音を含む）
> 　0 音無し／1 短母音／2 長母音／3 促音／4 撥音／二重母音
> 開口度
> 　0 音無し／1 狭母音／2 半狭母音／3 半広母音／4 広母音／5 半狭半広母音
> 舌の位置
> 　0 音無し／1 前舌／2 中舌／3 奥舌／4 舌先
> 唇の状態
> 　0 音無し／1 非円唇／2 円唇
> 音色
> 　0 音無し／1 無声化／2 鼻音化
> 重みづけ1（特殊な変化）
> 　0 無し／1 有り
> 重みづけ2（特殊な変化）
> 　0 無し／1 有り

　個々の単語の音素ごとにこれらの数字で数値化し、単語のどの要素に変異があらわれるかをあらわす。単語ごとに解析して系統樹を作成することもできるし、数値化した単語を複数個つなげて系統樹を作成することもできる。

> 花
> 　pana　⇒　11121・14210・34122・14210
> 　ɸana　⇒　13121・14210・34122・14210
> 　pana:　⇒　11121・14210・34122・24210

第 8 章　琉球方言の言語地理学と動的系統樹

 paːna ⇒ 11121・24210・34122・24210
 hana ⇒ 113121・14210・34122・14210
舟
 puni ⇒ 1112100・1131000・34122・11110
 huni ⇒ 11312100・1131000・34122・11110
 kʼuni ⇒ 8111111・1131000・34122・11110
 hini ⇒ 11312100・1111011・34122・11110
花 / 舟
 pana / puni ⇒ 11121・14210・34122・14210 / 1112100・1131000・34122・11110
 pʼana / kʼuni ⇒ 11121・14210・34122・14210 / 8111111・1131000・34122・11110
 ɸana / hini ⇒ 13121・14210・34122・14210 / 11312100・1111011・34122・11110
 hana / huni ⇒ 113121・14210・34122・14210 / 11312100・1131000・34122・11110

　基礎語彙の多くは、日本語の標準語と共通の語形である。共通の語形から大きく変わるように見える語形も、8-3 節の〈舟〉の語形にみた kuni、hinni のように音韻変化した結果のものと、〈兄〉の言語地図でみたような祖語形の異なるものとの弁別も可能である。したがって、琉球方言研究の蓄積から蓋然性の高い祖語形を再構できるので、多くの単語で有根の系統樹を作成することができる。〈兄〉の言語地図でみたような祖語形を複数想定しなければならない単語は、複数（〈兄〉の場合は 5 個）の祖語形をつなげ、特定地域の項は欠けた祖語形（〈兄〉の場合は 4 個）の個所の数値にマイナスの数字を与えて処理することで解決を図ることができる。

　1 音節語、2 音節語のような、形式的に統一された語形で系統樹を作成することも、祖形が p で始まる単語群、同じく k で始まる単語群といった、要素ごとに系統樹を作成することもできる。親族名詞、身体名詞、植物、動物

第3部　コトバ

等の意味分野別の系統樹を作成することもできる。動詞や形容詞などの活用形は、語幹と語尾に分け、語幹だけの系統樹や語尾（形態素）だけの系統樹を作成することもできる。名詞に後接する助詞も形態素として系統樹を作成する。複数の文法事項を並べた系統樹を作成することも、文法体系の系統樹を作成することもできる。

　単語は、音韻論的な側面も文法論な側面も語彙論的な側面も併せもっていて、複雑な体系を構成する要素であり、複雑に絡んだparadigmaticなネットワークの中にある。したがって、同じ単語を異なる目的の系統樹作成に使用することができる。同時に、つなげていく単語の個数も可変であり、理論的には辞典に掲載された1万語全てを用いて系統樹を作成することもできる。単語の組み合わせも目的に応じて変えることができる。これらのことは、生物の遺伝子配列とは異なる、言語の特性ゆえのことであり、本稿のタイトルに"動的系統樹"を使用した意図もそこにある。

(2) 動的言語系統樹のピラミッド

　名護市編さん委員会編（2006）で言語地図作成に使用した130の語彙の数値化を行って系統樹を作成することから始めた。やんばる地域を対象にしたのは、130語144枚の言語地図が作成されていることに加え、やんばる方言の言語学的な特徴、言語変化の要因や変化過程の解明が進んでいること、やんばる地域の集落の形成の歴史に関する資料や研究成果があることによって、系統樹解析の結果を検証しながら研究を進められるからである。検証と試作を重ねながら、対象を八重山方言、宮古方言、奄美方言、そして琉球方言全体へと順次拡大していく計画である。対象は、沖縄言語研究センターが予定した調査地点818集落のうち、提出された631集落の下位方言である。これは琉球列島の伝統的集落全体の77パーセントにあたる。

　地域を広げる作業と並行しながら、地域を絞り、単語の数を増やした系統樹作成を進める。それには沖縄言語研究センターが作成した『基本調査票』と名づけた次の5冊の調査票を予定している。

第 8 章　琉球方言の言語地理学と動的系統樹

　　『琉球列島の言語の研究　第 1 調査票その 1』(1979、以下、『その 1』)
　　『琉球列島の言語の研究　第 1 調査票その 2』(1979、以下、『その 2』)
　　『琉球列島の言語の研究　第 2 調査票』(1979、以下、『第 2』)
　　『琉球列島の言語の研究　第 3 調査票』(1980、以下、『第 3』)
　　『琉球列島の言語の研究　第 4 調査票』(1988、以下、『第 4』)

　『その 1』には、『国語アクセント類別対応表』にある 1 音節名詞 11 語、2 音節名詞 20 語、3 音節名詞 7 語、その他 4 語、計 42 項目とそれぞれの助詞付の語形を得るための例文が収録されている。『その 2』には、身体、動物、植物などの名詞 198 項目がはいっている。『第 2』は、道具、自然、天体、時間に関する名詞と数詞を含めた 300 項目からなっている。『第 3』には、親族名称を中心にした人間関係の名詞と代名詞が 197 項目入っている。『第 4』には、形容詞が 135 項目、擬声擬態語が 231 項目入っている。『その 1』〜『第 4』の 5 冊の調査票の項目の合計は 1103 項目になる。これは『全集落』の 3 倍強の項目数になる。
　『基本調査票』の調査地点は、『その 1』が 122 地点、『その 2』が 127 地点、『第 2』が 91 地点、『第 3』が 70 地点、『第 4』が 65 地点である。最も地点数の少ない『第 4』で『全集落』の地点数の 1 割、地点数の多い『その 2』で 2 割の地点数になる。それらの地点を対象に単語を 3 倍に増やした、アクセントに着目した系統樹に加え、身体、動物、植物、道具、自然、天体、時間、親族名称、人間関係、形容詞、擬声擬態語等の意味分野別の詳細な系統樹を作成することができる。琉球列島全域を対象にした「鳥瞰的広域言語地図」を作成した言語地理学的な研究とその成果に基づきながら、より詳細な系統樹を作成することで歴史的な系統研究の新たな局面を切り拓くことができる。
　さらに、琉球方言には、一万語以上を掲載した、次の方言辞典がすでに刊行されている。『奄美方言分類辞典上巻・下巻』(いずれも長田須磨、須山名保子編著、上巻 1977、下巻 1980)、『与論島方言辞典』(菊千代、高橋俊三編著 2004)、『伊是名島方言辞典』(伊是名村教育委員会編 2003)、『沖縄伊江島方言

辞典』（生塩睦子 1999）、『沖縄今帰仁方言辞典』（仲宗根政善 1983）、『沖縄語辞典』（国立国語研究所 1963）、『沖縄語辞典―那覇方言を中心に―』（内間直仁、野原三義編 2006）、『宮古伊良部方言辞典』（富浜定吉 2013）、『石垣方言辞典』（宮城信勇 2003）、『竹富方言辞典』（前新透 2011）、『与那国ことば辞典』（池間苗 1998）。そのうち、『奄美方言分類辞典上巻・下巻』、『沖縄今帰仁方言辞典』、『沖縄語辞典』の3冊はデータベース化してインターネットで公開している。来年2016年からは残りの8冊を5年がかりでデータベース化して公開する計画である。

　これらの方言辞典は、1963年に刊行された『沖縄語辞典』を参照して語彙の収集と編集がなされているため、祖語形を共通にする単語が多い。また、『奄美方言分類辞典上巻・下巻』には、対応する日本古語が参照項目として挙げられている。『沖縄今帰仁方言辞典』は日本古語だけでなく、『おもろさうし』の琉球古語と、祖形を共通にもつ九州方言とが参照項目として挙がっている。『沖縄今帰仁方言辞典』以降に刊行された辞典も日本古語、琉球古語、九州方言を参照項目として挙げている。

　これら辞典を使用したデータベースには、方言語形から検索する琉和辞典だけでなく、標準語形から検索する和琉辞典を充実させるが、その他に、祖語形から方言語形や標準語形を検索できるようにする。この祖語形検索によって音韻変化で語形が大きく変わった単語や、意味変化によって標準語では検索できない単語を探し出すことができるようになる。このデータベースを使用して、音声形式だけなく、意味変化に着目した系統樹を作成する方法を開発することも模索したい。11冊の辞典を使った1万語の系統樹を作成するには解決しなければならない困難な問題も多いが、実現は不可能ではないだろう。

　琉球方言に関する音声学・音韻論、アクセント論、文法論、語彙・意味論などの基礎的な研究分野のこれまでの成果、比較言語学、言語類型論、言語接触論などの応用的な研究分野のこれまでの成果を基礎にして、言語現象の地理的な分布とそれを生じさせた原因を解明するために、人文地理的な、あるいは政治・社会的な要因を考慮しながら、言語の変化と発展を研究するの

が言語地理学である。

　人々が九州から南下して琉球列島に渡来・拡散し、定着していく一方で、九州と琉球列島のあいだで、あるいは、琉球列島の島々のあいだで人的、文化的交流が行われて現在の状況が生み出されている。言語地理学の成果を土台にしながら、言語系統樹研究の成果を総合することができれば、琉球列島の発展の歴史、すなわち、琉球列島の地域社会が形成されてきた歴史を時間と空間の三次元の座標軸で総合的に解明し、パソコンの画面上でそれを立体的に表現することは難しいことではないだろう。

　言語系統樹研究は、多様な言語現象を鳥瞰する視点をあたえ、一枚一枚の言語地図に描いただけでは見通せなかった、歴史的な系統関係を探るための基礎を作り、琉球方言の多様性が生じた歴史を探ることを可能にする。そして、個々の言語現象に関するさまざまな知見を体系化するうえで大きな力となる。琉球方言全体の系統樹を作るだけでなく、個々の言語現象ごとに系統樹を作成し、複数の視点からながめ、琉球方言の言語地理学的研究の成果と組み合わせることができれば、琉球方言研究および日本語研究にとどまらず、一般言語学に大きな成果をもたらすだろう。

8–5 危機に対する意識

　方言研究をはじめた1970年代半ばくらいから80年代にかけてのころは、こんな汚いことばなんか調査しないで、もっときれいなことばを調査したらいいんじゃないかと話者たちから言われた。地方の方言を蔑視する時代がながく続いたせいであろう。しかし、90年代くらいからは、子や孫たちが方言を話せなくなってきたことに不安を感じるようになったのか、よく調査に来てくれた、私たちの方言を記録にでもいいから残してほしいという声に変わってきた。各地の方言が若い世代に継承されなくなっていて、近い将来、消滅してしまうという現実を私たち自身が肌で感じていたことでもあった。

　2000年から始まった科学研究費特定領域研究「環太平洋の消滅に瀕した

第3部　コトバ

言語に関する緊急調査研究」（研究代表者：宮岡伯人）のプロジェクトに参加した。そこで琉球方言の危機的な状況が考えていた以上に深刻であることを痛感させられた。それと同時に、世界には、政治的な、あるいは、地理的な理由などから調査、研究そのものが困難な危機言語があることや、学校その他の公的な機関での教育が保証されて危機的な状況を脱しつつある危機言語のあることなど、世界中の危機的な状況にある諸言語（危機言語）の中に琉球方言を位置付けて理解することもできた。

　琉球方言が危機的な状況にさらされている一方で、琉球方言を母語にする研究者、あるいは、琉球に生まれ育った研究者が複数いること、大学などの研究機関に籍をおいて琉球方言を調査研究する研究者が複数いること、戦前戦後を通して琉球方言研究がなされ、多くの先行研究の蓄積があることなど、世界の危機言語に比較して、琉球方言研究の有利な点もある。首里方言や今帰仁方言や伊江島方言などのように15000語の語彙を収録した辞典をもち、文法研究の蓄積や音声テキストを有する下位方言がある。しかし、琉球列島の47の有人の島に約800の伝統的な集落があり、島ごとに、地域によっては集落ごとに個性的な方言が話されている。下位方言の多くは、辞書も文法書も、満足できる量のテキストもない。研究の蓄積も、記録保存のための資料も、方言の間に大きな差がある。

　存在した証をまったく残すことなく消滅した、あるいは消滅していくかもしれない方言に比べれば、アクセント研究や音韻研究のための特定の分野の少数の語彙しか記録されなかったとしても、ごく概略的な文法記述しか残されなかったとしても、それは僥倖といえるかもしれない。しかし、消滅の危機に瀕する方言の記述研究に"次の機会"がないかもしれないとすれば、今そこにあるコトバをまるごと記録しなければならない。

　記録された方言資料が詳細であればあるほど、体系的であればあるほど、記録された方言の調査点数が多ければ多いほど、研究成果も大きく、言語学に対する寄与も大きい。地域の人々にもたらされる成果も大きい。

　方言辞典には、その土地のコトバを後世に残す役割がある。話しコトバとしてしか存在しない方言は、発した瞬間に消えるはかないものである。した

がって、伝統方言話者の他界とともに失われていく。方言辞典は、消えていくコトバを記録に残して後世に伝えるのに有効な道具である。集落が違えばコトバも違うといわれるほど、個性的な方言が話されてきた。暮らしぶりも地域によって違うのだから、地域ごとに方言辞典が必要である。しかも、これまでの語彙集や辞典のような語義だけを記述したものではなく、事典のような記述ができれば、地域の暮らしと子どもたちを育ててきた親たちの労働と風景をコトバとともに子や孫たちに伝えることができる。

　方言辞書の編纂には語彙論だけでなく音韻論、形態論、連語論、文論など言語学の全領域の知識と解析能力が要求される。そのうえ、話者たちの言語世界を理解するための辞書の編纂には、衣・食・住、農業や漁業、家畜を含む動物、植物など、多くの知識が必要である。

　いま、母校で方言研究を生業(なりわい)にしている。仲宗根政善にみちびかれた私も、学生には自らの両親や祖父母のコトバを卒業論文や修士論文のテーマにするよう勧めている。家族や親せきや地域の人々のあたたかい眼差しの中で調査・研究を続けていると、方言を単なる研究対象としてみるのではなく、自らを地域と結びつけ、地域に対する強い愛着を生み、研究対象と一体となることができる。そして、正確に記録したい、より詳細に記述したい、できうる限り全体を後世に残したいという強い気持ちを育てる。そして、ゆくゆくは学生自身が辞典づくりや文法記述を通して、コトバだけでなく、地域の文化や暮らしを継承する役割をになうようになるかもしれない。それらのことを通して琉球方言研究の魅力の虜になり、研究を続けていってくれるかもしれない。そんなかすかな希望を託しながら若い学生たちに接している。

引用文献

上村幸雄(編)(1996)『琉球方言地図の作成と比較歴史方言学的研究』平成7年度科学研究費研究成果報告書.

エイビス,ジョン・C.(著),西田睦・武藤文人(訳)(2008)『生物系統地理学 —— 種の進化を探る』東京大学出版会.

沖縄言語研究センター(1986)『琉球列島諸方言の基礎語彙の言語地理学的研究 —— 喜界島・奄美大島・与論島に関する言語地理学的調査の報告』沖縄言語研究センター.

第 3 部　コトバ

沖縄言語研究センター (1990)『奄美諸島方言の言語地理学的研究 ── 徳之島・沖永良部島に関する言語地理学的調査の報告』沖縄言語研究センター.
亀井孝・河野六郎・千野栄一 (編著) (1996)『言語学大辞典　第 6 巻　術語編』三省堂.
かりまたしげひさ (2009) 琉球方言・言語地理学研究小史 ──「国頭方言の音韻」から『名護市史編言語』まで.『琉球アジア社会文化研究』12 号, pp. 55-68. 琉球大学琉球アジア文化研究会.
グロータース, W.A. (1970)「鳥瞰的広域言語地図と微細言語地図」『方言研究の問題点』(平山輝男博士還暦記念会編) 明治書院. (グロータース, W.A. (1976)『日本の方言地理学のために』平凡社)
言語地理学定例研究会 (1983) 琉球列島の言語の研究 ── 計画のみなおしとみとおし.『沖縄言語研究センター会報』5 号.
柴田武 (1969)『言語地理学の方法』筑摩書房.
高橋俊三 (編) (2010)『琉球八重山方言の言語地理学的な研究』平成 20 〜 22 年度度基盤研究 (B) 成果報告書.
徳川宗賢 (1993)『方言地理学の展開』ひつじ書房.
名護市史編さん委員会 (編) (2006)『名護市史本編・10　言語 ── やんばるの方言』名護市史編さん室.

第9章 コトバと暮らしのミームを探る
—— 変化する"環"を捕まえる

津村宏臣

奥ヤンバルの里民具資料館で、宮城ナツさんの説明を受ける、
佐久本佳奈さん（琉球語学研究室メンバー）。
宮城さんは、バシャギン（芭蕉着）を加工した服を着ている。

第3部　コトバ

9-1 「風が吹けば桶屋が儲かる」式世界への挑戦

(1) 合理性の波が洗い流すモノ

　私のような、文化的な事象を追いかける人類学者のハシクレにとって、海に囲まれた列島、特に琉球列島のような地域は魅力に満ちあふれている。もちろん、学術的には「島嶼環境」と呼ばれる条件下では、一般生活や日常の物流の不均衡、さまざまな不便、過疎や高齢化などの社会問題、雇用の縮小再生産という大きな問題を内包していることは十分承知している。そうした状況を、人類学者の面白半分な感性で"魅力的"と感じているわけではない。実際に現代社会は、そうした問題を、強靱なロジスティクスの向上とグローバリゼーションの利点を生かして解決しようとしている。だが一方では、本書のように、それらがいずれ引き起こすであろう、「島嶼環境」の大切な社会・文化的なモノを守るための耐波の準備や心得が必要なことも確かなように感じる。
　日常の利便性、どこにいても同じように生活できる物質文化のグローバリゼーションの波は、「島嶼環境」の不便さや問題を、ある意味で洗い流してくれる大波だといえる。しかし、この大波は、同時に物質文化に連なる多くの他のモノまで、根こそぎ洗い流してしまう危険性を孕んでいる。本章で取り上げるコトバやその背後にある暮らしは、暮らしを支える物質文化の変化によって容易に変化してしまう。ある道具は別の便利な道具のおかげで使われなくなる。使われない道具はその名前のみならず、その道具の使い方を説明するコトバを、そしてその道具を使う環境を、その環境に生きる人々の暮らしや社会を、失わせてしまう。失われた道具、暮らし、コトバは、二度と再現できない。
　その危険性は、改めて述べるまでもなく、本書の執筆陣に共通した危機感、意識、通念、教義としてあり、そのことを思う学者にとって、今の琉球列島を核とする島嶼域の姿は"今そこにある危機"として、そこに住む人々と一

緒に耐波の方法を検討しうる余地がある"魅力的"な地域と感じられるのである。では、何をどうすれば、大規模なロジスティクスやグローバリゼーションへの耐波が可能な研究ができるのであろうか。実はその答えは単純ではない。

(2)「風が吹けば桶屋が儲かる」式世界の不可逆性

先に述べたように、ある道具が使われなくなると、最終的に社会が変化してしまう。説明はまるで、「風が吹けば桶屋が儲かる」だが、では、社会を元に戻せば、またその道具やコトバは戻るのかと言えば、そうでないことはなんとなく理解できる。それはなぜだろうか。そこには原因と結果の"因果性"という不思議なルールが隠れていて、その背後に"カオス理論"という、小難しい理論が控えているからなのだ。

「風が吹けば……」の言説は、通常、予測しないような結果が起きるときや、無理矢理原因と結果を結びつけた論理が飛躍する説明に対して使われる慣用句である。元をたどると、『世間学者気質』[1]という江戸時代の浮世草子にその話が出てきている。『大風が吹けば砂埃が舞い、それが人の目に入ると目を患う。目を患った人は三味線弾きになるので、猫の皮がたくさんいる。猫が皮取りのためにたくさん殺されるので鼠が増えて、増えた鼠は箱をかじる。だから、箱屋は儲かるだろう。けれど、私は元手なくて箱屋もできないから、ここでこうしてぼんやりしている』という、仕事をしない店子の大家への言い訳のシーンである。

私たちは、そうした店子の言い訳を"笑い話"として感じる。だが、実は個別の言い訳、現象と現象、原因と結果には、なるほどと思わせる関係があ

---

[1] 無跡散人が初出と言われる、近世江戸時代中期（1768年）の浮世草子。慣用句では桶だが、初出では箱と言われている。なお、原資料は国文学研究資料館の電子資料館データベース（http://base1.nijl.ac.jp/iview/Frame.jsp?DB_ID=G0003917KTM&C_CODE=0026-03106）で確認可能である。

第 3 部　コトバ

る。これが原因と結果の"因果性"である。だが、この話は、納得できる因果性が連なると、納得できない結果が待ち受けているからこその"笑い話"であり、そう考える店子が箱屋をしないで、結局言い訳だけしているという「何も変化していない様」を楽しめる話でもある。

　"カオス理論"は、この原因と結果の"因果性"がどれだけ決定論的でも、初期条件に含まれる微細なぶれ（この場合は「箱屋をして儲かるだろう人」と「言い訳する店子という人」という違い：だが「そもそも双方とも箱屋ではない」という共通性）が、結果に決定的な差異をもたらす（津村 2004）[2]、そういう現象を説明する考え方や理論だといえる。共通項として双方箱屋でもなく、お金もない状態であったにもかかわらず、一方は箱屋になって儲かり、一方は何もしないでただ言い訳をしているのである。箱屋は元の貧乏人には戻らない。かじられた箱は新調されても古い箱には戻らない。増えた鼠は文字通りねずみ算[3]で、猫の増える数[4]とは異なり生態系は戻らない。それに、そもそも目を患った三味線弾きは、治っても元の職業に戻れるだろうか。このように考えると、原因と結果の"因果性"は、強固な不可逆性を保持しているようにも見える。

(3) 風を止めることが、変化を食い止めるのか？

　再度本稿の事例に則して考えてみよう。ある道具が使われなくなると文化や社会は変わる。では、文化や社会を変えないためには、その道具を使い続

---

[2] 詳細は、津村宏臣（2004）「環境史研究と時空間情報科学」『環境史研究の課題　歴史研究の最前線 Vol2』（吉川弘文館）に詳しい。また、津村宏臣（2006）「考古学と時空間情報（3）予知とシミュレーション」『考古学研究』55 巻 3 号では、人文社会研究、歴史研究におけるカオス理論の導入のジレンマについて議論している。

[3] 急激にものの数が増えることを指す慣用句。吉田光由の『塵劫記』（1627 年）が初出とされる。

[4] アーメスのパピルスと呼ばれる古代エジプトの数学パピルスには、鼠 343 に対し猫 49 という増加率の違いも記されている（遠山啓（1960）『数学入門（下）』（岩波書店））。

けることこそが肝要なのだろうか。それはもちろん、その一側面は重視しなければならないが、もう一つ重要なのは、先の店子の態度かもしれない。風が吹いた、箱屋をしたら儲かる、でも、元手がないからそのまんま。現象の原因は、時に意図しないところで意図しない力で発生する。その"因果性"に人間が巻き込まれては、とても文化や社会は保てない。そうなることを恐れるあまり、逆に原因を意図的に取り除くような、ここで言えば道具を意図的に残してしまうことで、社会は計画的に実験され、人類の豊かな感性や経験に裏付けられた真の文化は宿らない。あるのは、世界遺産登録された地域によく見る[5]『人工的あるいは実験的に「残された」保護された文化』だけである。

　最初に私は、不遜な表現を承知で、琉球列島のような地域は魅力に満ちあふれていると述べた。それは、世界を見渡しても稀なほどの劇的な変化、多様な社会や価値観、政治や経済を内包しながら、"ウチナー（ンチュ）"という不変のアイデンティティーを保持し続けている人々への敬意が根源にある。科学至上主義で合理性を美化する現代世界の中で、よい意味での先の店子の存在[6]を、沖縄を訪れるたびに感じている。もちろん、行政などの諸機

---

[5]　筆者はこれまで、チュニジア・エジプトなど北アフリカ、トルコ・シリア・オマーンなど中東、タジキスタン・キルギス・ウズベキスタン・カザフスタン・モンゴルなど中央アジア、インド・モルジブ・スリランカなど南アジア、中国・タイ・カンボジア・ベトナムなど東アジア地域で、世界遺産と関連地域社会の調査研究に従事してきた。特に、ギザやルクソールを抱えるエジプトや、アンコールワットを抱えるカンボジアでは、地域社会景観と異質な伝統文化景観が「モザイク状に」保持されている様子がわかる。その背後には雇用を巡る問題や地域資源の消費サイクルに拍車がかかっていることなど、さまざまな問題があるにも関わらず、これらに真摯に向き合う学術性は、現在のところ顕著とは言いがたい。

[6]　表層的な事例では、「ウチナータイム」がよく知られている。一般書などでは「ゆったり時間が流れている」「テーゲー主義ゆえか大問題に発展しにくい」（都市生活研究プロジェクト「沖縄チーム」（2014）『沖縄ルール―リアル沖縄人になるための49のルール―』KADOKAWA）などと評される。地域の主体特性が誇張された表現で紹介されているが、これも徹底した合理性をよい意味で追求しない"大概"でよいという文化や社会の位相が、第三者的にはそのように見える、ということなのだろう。

第3部　コトバ

関では、風を止めたり、猫の減少を食い止めたり、施策はいろいろ施してはいるが、そこに住む人々の変化は決して"儲かる箱屋"に向かわない。そこには、まるで強固な"因果性"による世界の中で、カオスだが至極人間らしい文化多様性を保持した世界があるようにも感じるのである。それはまるで現代社会にはびこる不可逆で破滅的な合理性という"因果性"に挑戦するかのようにもみえる。

9-2 ｜ 因果性のジレンマとの対峙

(1) 因果性のジレンマと"環"の関係

　現代社会を貫く合理的で強固な"因果性"は、無いように見えていても存在しないわけではない。それは、先の店子の言い訳でもわかるように、原因と結果にはある意味で不可逆な関係が存在していることによる。では、私たちが本書で解説を試みる「コトバ−暮らし−生きもの環」の"環"とは何なのだろうか。そこには、不可逆に見える因果性にある種のジレンマが内包されることが原因となっている。

　一般的に因果性のジレンマを辞書で引くと、よく言われるのは『卵が先か、鶏が先か』というような、循環する結果と原因をもつ現象の"初っ端"はどっちだ、というある種の矛盾した問題を扱っている様子を指すことが多い。そもそも、循環する現象なのだから、状況によりどちらも原因となりうるし、どちらも結果となり得る。つまり、その因果律を探ろうとしてもジレンマに陥ることになる。

　卵無しに鶏が存在しえるか、鶏なしに卵が存在しえるか、どちらも存在しえないなら、"初っ端"から同時に存在したのか、あるいは、そもそも関係が存在しないのか。思考実験としては古典的でまた教義的でもある。本書に即して「Q. あるコトバを使う人がその場所で暮らす」ことの因果性を読む思考実験するならば、人−コトバ−場所の関係は、

① その場所に、人とあるコトバが同時に発生する
② あるコトバを使う人が、後でその場所で発生する
③ あるコトバが存在するその場所に、後で人が発生する
④ 人とあるコトバは、無関係にその場所に発生する

となるだろう。そして、この①〜④いずれも、起こりえない（あるいは起こりにくい、一般的な変化とは異なると考える）、のであれば、そこには"初っ端"を考える余地、つまりジレンマが残されているということになる。

翻って、本書の「コトバ-暮らし-生きもの環」という副題は、それら相互が要素となった"環"であることを明確に意図している。その意味で、本書の執筆陣にとって、その要素の構造は循環する"環"であり、相互に原因と結果という因果性が明確に規定されない、あるいは規定できないことを前提とした眼差しがある、と理解できる。つまり、人もコトバもその場所も、何か要素が欠ければその構造自体が成立しない、という見方である。因果性はないため、ある意味、形而上学的な、⑤その場所に人とコトバが存在する、という定義の問題として扱うことになる。そうした本書の眼差しは、明らかに先ほど説明してきた不可逆の因果性の世界、とは若干異なる。

だが、研究者や観察者として地域に密着し、地域とともに生きる者にとって、それが"環"として理解できるのは至極当然と言うこともできる。彼の持つ研究手法や眼差しが、眼前で反復して出現する現象のパターンを概念化して体系的に評価するエスノグラフィである以上、眼前で反復されない"環が成立する以前"と"環が消失して以後"の世界を知ることはできない。原因と結果は、観察者の経験や知識を与件としたある種の想定や推測の域を出ない記述（①〜④）となり、目の前の世界の客観的記述（⑤）とは異次元の言及となるだろう。

(2) "環"に見えている "環"のようなモノ

しかし一方で、①〜④の思考実験の結果で満足するエスノグラファーなど

いない。人とコトバの関係には、多かれ少なかれ、また地域や時代により、多様な姿で因果性が内在していることは、世界の言語話者自身も、参与するエスノグラファーも、そしてその情報を扱う言語学者や歴史学者も、明らかにそれを知っている。だからこそ、文化や社会におこる不可逆な変化に対して危機的な意識を向けているのである。

　いわば、「風が吹けば……」で見たように、人もコトバも生活も社会も、その因果性の強さによって変化し、不可逆な異次元の別の"環"に変化し続けている。だが、観察者には、それは過去の伝聞と未来の予測という、眼前にある"環"の客観的記述よりも数段も説得力の弱い説明に終始せざるを得ない現実を突きつけられ、その現実を痛感するしかない。人の行動が不可逆な因果性の連関を起こすなら、過去も未来も決定論的予測不可能性に彩られていることを、認めたくなくても認めざるを得ないのである。いわばだからこそ、本書の執筆陣は、逆説的に"環"として世界をみる眼差しの大切さを重視している、と私は考える。ある意味で分析的に世界を捕まえる方法としての⑤、それを経験世界の写像として①〜④を描くという立場なのだろう。

　この見方では、人やコトバやその場所が、"環"の構成要素のどれかが存在しないと存在しえなくなる。いや、"環"のようなモノは存在するが、それ以前の"環"のようなモノには戻れない、不可逆で異質な"環"のようなモノに変化する。経験的に、人とコトバと場所に強い因果性を認めているからこそ、いかにそれらが欠落しない循環する構造、可逆的な"環"を取り戻すか、をそれぞれに強く考えているのであろう。

　このように、本書のスタンスを筆者なりに整理するならば、先の①〜④について、不問に伏すというアプローチは、それこそ形而上学的で教義的な印象を持たれることにもつながるのではないかという懸念がある。客観的な世界の記述として⑤を達成する方法論は、同時に、世界の時空的動態を捕まえる方法としては弱い。ならば因果性のジレンマの実体について、①〜④が具体的にどのような様相を呈すのか、真正面からアプローチする方法も採用してみるのもよいだろう。

(3) 進化論と因果性のジレンマ

　先に述べた『卵が先か、鶏が先か』という因果性のジレンマの解法には、さまざまな分野のアプローチがある。何らかの"因果性"でつながる要素で構成される事象の"初っ端"（世界創世）を探るという意味では、神学や哲学はもちろんだが[7]、それ以外にも、遺伝学や生物学、生化学、経済学などさまざまなアプローチがある。ここでは古典的な進化論の見方と、ユニバーサル・ダーウィニズム[8]と呼ばれる新しい枠組みの因果性のジレンマへの見方を概観する。

　註7にあるように、哲学的なあるいは神学にも近い物理学的アプローチに

---

[7] 宗教（特に一神教）や神学の世界では、多くは世界創世神話などと関連して"初っ端"とそこからの世界創造について語られることが多い。仏教の永劫回帰（輪廻）などのように、逆に"初っ端"を問わない（という形で"初っ端"を考える）宗教もある。また、哲学世界では古代ギリシャのパルメニデスによる世界の"存在論"以降、近現代哲学まで世界の存在に関する議論がなされている。因果との関係で考えれば、例えば、ラッセルの"世界五分前仮説"（「異なる時間に生じた出来事間には、いかなる論理的必然的結びつきもない」（バートランド・ラッセル（1971）（竹尾治一郎：訳（1991））*The Analysis of Mind*『心の分析』勁草書房））のように、因果律そのもののが経験知による「仮定」にすぎず、その論理必然性は不在とする懐疑主義に立脚する世界創世の議論もある。

[8] 生物学におけるダーウィニズム（進化論）が扱う対象や理論を、更に一般事象にまで拡大して多様な進化現象を扱う思想的立場のこと。一般選択（淘汰）理論とも呼ばれる。

第 3 部　コトバ

ついては、それらが可能世界[9]や反事実条件説[10]や量子力学[11]なども含みこんで発達しており、微視的に確率的に起こる物理現象（非因果律）と人間的なスケールでの現象（因果律）との関係の思考も難解で、本稿の現象と比較して考えるのには、筆者の力不足が否めない。かつて筆者は、人類の経済現象の歴史的過程の研究法を整理・論述した中で、特に歴史学的叙述では、眼前にあるリアルと、分析的に描かれるバーチャルという、二つの世界が入り乱れた「研究成果」がジレンマあるいはトリレンマとしてあることを述べた（津村 2009）[12]。歴史事象の時空間動態は、原因と結果の因果性による説明だけでは、起こる結果が実際には決定論的な予測不可能性を間違いなく露呈する。

　だが、先の津村（2009）で明らかになったことは、少なくとも準備される

[9]　ライプニッツが祖と言われる哲学的観点で、クリプキ（ソール・クリプキ（1980）（八木沢敬、野家啓一：訳（1985））*Naming and Necessity*『名指しと必然性—様相の形而上学と心身問題—』産業図書）が現代観点から論じている。ある事象と近い事象（多事実共有事象）の反事実条件文（いわゆる、If〜、Then〜構文）の Then〜が真か否かで、If〜の真偽が決まるという考え方。本稿に即せば、『もし、Aという道具が使われていれば、Bのコトバも確認できる（残る）だろう。』について、Aという道具が使われなくなった"世界"の中で、Bのコトバが確認できない（残らない）"世界"がある（可能世界）と考えられるなら、『もし、Aという道具が使われていれば、Bのコトバが確認できるだろう。』は偽の主張となる。

[10]　註 9 に同じ。科学的に事象を解読する場合の立場で、特に註 7・8 からもわかるような経験知による"因果律"での説明を避ける場合、ある種の反証可能性を担保する意味合いで、反事実条件命題を思考実験する姿勢、またはそれが望ましいとする説のこと。

[11]　『シュレーディンガーの猫』と呼ばれる思考実験でしられる、エルヴィン・シュレーディンガーや、物理事象の波動関数の確率分布論を確立したマックス・ボルンらの諸研究から知ることができる。量子世界で確率的に起こる諸々の物理現象とマクロの物理現象との関係を思考実験する例は著名である。"ある原子世界の事象を「原因」として""毒ガスが排出される""箱に猫を入れる""そのときの箱の中の猫は「結果」どんな猫か"という思考実験の結果、機械論的因果律ではなく、ある確率の重なった状態の現在と未来（生きている猫と死んでいる猫の重ね合わせ）という、註 9 の「可能世界」とも似た"量子論的並行世界"という世界の描像がなされる。

[12]　津村宏臣（2009）「先史・古代経済への接近」『経済からの脱出』春風社。

因果性の内容については、実験的にではあるが取捨選択可能であり、可能世界の検討は少なくともコンピュータ上では可能である[13]、という可能性であった。本書で取り上げる人やコトバやその場所に関して言えば、我々の経験的に察知する①〜④の因果性、そして⑤の実在を考える上では、いくつかの先験的な視点が存在する。ここでは進化生物学の議論での遺伝子（DNA）と意伝子（Meme）の議論を参考にしてみよう。

　例えば、古典的な生物学における進化論では、ある生物種の変化は、突然変異と自然選択によって成立するといわれる。鶏と卵で言えば、この突然変異は、そもそも鶏ではなく卵（ないし受精卵）で起き、初めて変異として発生する。その意味では、卵が先といえる。また、自然選択に関しても、ある鶏の親が、別の環境に位置づくと、その環境で生まれた卵はその環境で選択され生き残り種となる。その意味で、その鶏の親は、旧環境でも選択されえた（交配しえた）個体であり、やはり卵が先といえる。さらに近年の遺伝学でも、異なる種の交配が新種の遺伝子を生じるという結果も認められており、やはり、この点でも卵が先になるといえるようだ。

　これに対し、ユニバーサル・ダーウィニズムやそれに関連する文化研究では、ミーム（Meme）[14]と呼ばれる意伝子の存在がかつてから注目されてきた。概観するには内容が膨大で抽象的でむずかしいが、簡潔にまとめれば、ミームは、習慣や技術という人から人にコピーされる情報の素子（基本単位）で

---

[13] 従来は、ある時期の地球環境変動を「原因」として先史時代人が不適応性を露呈し、「結果」人口減少を起こしたと説明されてきた歴史事象について、可能世界の視座からはそれ以外の多くの可能世界がシミュレーションによって無限に描き出された。検討の結果、社会構造の階層化と移動頻度とシステム転換によっても、とある時代から約1000年後の集落分布は描像"可能"であることが明らかとなった。

[14] リチャード・ドーキンス（Richard Dawkins (1989) *The Selfish Gene.* Oxford University Press.）が提唱した、文化事象の伝達情報単位の考え方の枠組み。ミームによる文化・社会事象研究を総称してミーム学と呼ぶこともある。津村はこの概念を用いて、先史人類学的事象に関する研究を進めたことがある（『考古学情報およびミーム（文化意伝子）による文化系統動態研究』科学研究費2008年度〜2010年度研究課題（挑戦的萌芽研究、課題番号：20652052））。

あると言われる。ミームは文化の遺伝単位で、遺伝子のような働きをすることも指摘されている。とはいえ、具体的に何がミームかを、分析的に捕まえることは困難で、あくまで概念上の単位、というのが現在の状況だろう。だが、このミームという意伝子から因果性を見る場合、鶏から卵へ「コピー」される必要があるため、明確に鶏が先ということがいえるのである。鶏がある文化的特徴（例えば、特徴的な鳴き方、えさの食べ方）をコピーさせれば、卵はそのミームを受け継ぎ、文化をになう生物種[15]となる。

　今、本章で議論しようとする「人−コトバ−場所」の関係について考えるとき、少なくともそれを遺伝子ではなく、意伝子に近い概念で捕まえることに妥当性があるといえるだろう。つまり、今捕まえるべき因果性の"初っ端"は、卵ではなく鶏、方法としては何らかのミームをそこに見いだし、その不可逆の因果性を見つけ出すことにある。ミームの実態を何らかの操作概念としての要素（変数）で析出し、その構造を視覚化することができれば、不可逆な変化を伴う眼前の"環"と、それ以前に存在したはずの"環"、そして今後の"環"のあり方を考える手助けになるのではないだろうか。

(4) 意伝子と系統解析と空間相関

　本節は、「人−コトバ−場所」の構成単位としてのミームの因果性のジレンマに対峙するため、まず、それがどのような観察者の視点から生まれ、眼前の世界をどのように理解しようとするか、その中で、ある場所での人とコト

---

[15]　もちろん、特徴的な鳴き方というミームが即「文化」であるという考え方にはならない。文化を定義する要件は、ヒトを定義する要件（例えばホモ・グラマティクスなど）と同様単純ではなく、同一の行動のシステム化やパターン化、価値判断を付随する伝播など、さまざまな文化の定義を必要とする。動物とヒトとの行動の質的な差異（があるならそれを）を見いだす中で、ミームを分析しうる操作概念として要素化する必要がある。本研究では、対象がヒトのコトバと社会という与件があるが、科学的にアプローチするためにはこの与件にも分析的に踏み込む必要がいずれ生じるだろう。

第 9 章　コトバと暮らしのミームを探る

バの関係を、"環"として、あるいは不可逆な因果性を伴う"環"のようなモノとして捕まえてみたいという問題提起を長々と説明した。その中で、因果性に関するそもそもの哲学的ないし概念的問題にふれ、生物の進化論に関するアプローチ、遺伝子や意伝子といった情報単位が分析の基礎となる可能性を整理した。なぜ、琉球の人々のコトバや暮らしの書物の中で、こんな小難しい理論的な話が必要なのか。それは、島嶼域に広がる多様な文化実態を、記述するだけではなく、それに分析的にアプローチしたい、と考えるためである。こうした分析のためには、因果性を構成する要素、その構造、それらをリアルな実体現象としてモデル化するための新しい研究手法の開拓を本稿で議論したいという筆者の意図がある。

　説明がこのように複雑で冗長になってしまうのは、これから応用しようとする定量的な二つの分析手法が、未だどのように用いられることが正しく、また分析結果をどのように評価するか、その方法論が安定的でないことによる。数学的、ないし定量・統計的な解析手法は、取得され入力される数値やデータは極めて明確であり、結果はある意味で無機質な可視的表現によって示される。だが、ある手法で視覚化された結果を現象にフィードバックしてより正確に読み取るためには、どのようなデータを収集し、そのデータをどのような分析手法で何のために解析したかを示していく必要があるだろう。

　進化論に関する書物や情報のなかで、一般的に最もよく知られているのは、系統樹と呼ばれる樹木のような形の進化のイメージ図（図9-1）[16]である。最も原初的な生物から、現在の我々につながる、幾多にも枝分かれしている生物進化の樹である。

　図9-1のような古典的な系統樹だけでなく、近年では、例えば進化論の解釈や哲学の中で、異なった形態の系統樹が示されたり[17]、分子生物学や生

---

[16]　三中（http://www.nttpub.co.jp/webnttpub/contents/mandara/001.html：2015年11月確認）で紹介されている、系統樹の「絵」的表現の初期にみられるエルンスト・ヘッケルの"人類進化の系統樹"。

[17]　代表的なのは、スティーブン・J・グールドがカンブリア紀の化石の評価から導いた進化系統の考え方がある。これは、ある種は誕生直後に多様性を発揮し、その後

355

第3部　コトバ

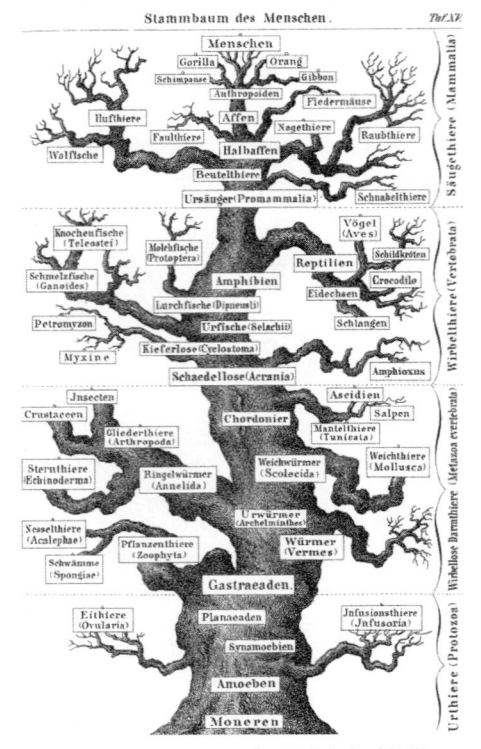

図9-1　ヘッケルの「人類進化」系統樹

化学などの分野からは、生物進化はこうした牧歌的イメージでは語り尽くせないことも明らかとなってきている。より複雑で膨大な遺伝子の塩基配列[18]のようなデータを扱う場合、マクロな生物の形態の類似性（例えば"脊

　　　淘汰により単一性が強くなるという"断続平衡"進化と呼ばれる考え方である。最近の生物種（我々現生人類）で言えば、ホモ・サピエンス・サピエンスだけでなく、出現時にはネアンデルターレンシスやデニソワン、一部にハイデルベルゲンシスなど（亜）種の多様性が出現し、淘汰や混雑の結果、現代のサピエンスの平衡状態となる状況と類似する。
[18]　核酸におけるアデニン・チミン・シトシン・グアニンという各塩基の配列。通常、

第9章　コトバと暮らしのミームを探る

椎の有無"や"目の個数"）で、ざっくりと分類するわけにはいかない。そうなると、そうした恣意的な「判断基準」だけで進化を考えるのではなく、できるだけ多くの基準を重み付けしないで分類しようという分岐分類学[19]で用いられるような分析手法が解決の鍵になってくる。

　本稿で言えば、このマクロな生物の類似性というのが、ある地域のコトバに関する全体的な印象や経験的理解、多少の誤解をおそれずにいえば、歴史言語学や比較言語学、言語類型論などでの"評価"に該当する。それに対し、より多くのミクロな基準による分類というのは、その地域のコトバの語彙レベル、あるいはもっとミクロな Phoneme「音素」や Morpheme「形態素」などを要素とした、意味／音韻／記号／形態／語用／統語など各基礎言語研究分野の情報をミームの情報素子として扱う方法になる。具体的には、対象となるコトバの構成素子を多く準備し、その組み合わせパターン（シーケンス）を統計処理して、ミームの分岐図を作ってみたいのである。生物の場合は、一方で形態学的な特徴、他方で進化遺伝学的な特徴と、重層的な要素が存在し、その要素それぞれで系統分岐図が作成されている。コトバの研究の場合、ミームの分岐図で得られた結果と、その空間的パターンが、この重層構造と対比できるのではないだろうか。

　従来でも、この分岐分類学的手法を、コトバやそのほかの文化、社会的現象に適応する研究は少なからず認められる。だが、それらの多くは定量的

　　　生物の遺伝情報は、このATCGのコーディングによって保持されており、このシーケンシングと自動化によって、多くの生物の遺伝情報の把握が進められるようになっている。
[19]　生物学の形態学のような"視覚的な違い"での分類ではなく、数学的に多くの形質特性を与件無く扱いながら分岐や分類を考える方法。例えば「飛ぶ」と「匍う」や「2本足」と「4本足」は質的に大きな違いに見えるが、これも「鱗」か「角質」か、という違いと同じレベルでの"違い"として、さらにより多くの"違い"を見つけ出しすべてを統計的に等価に扱いながら分岐や分類を考える方法。変数としての"違い"に重み付けがなく、かつ、膨大な"違い"を扱う点で、註18で述べたような塩基配列と同じように、対象を分析的に評価できる点で、科学的かつ再現性のあるモデル形成に重要とされる。

第3部　コトバ

データに単に系統分析を"適用"してみた、という事例紹介的研究が少なくないように感じる。もちろん、矢野（2005）[20]のように、資料の背景やデータ取得にまで細心の注意を払い、解釈の限界まで綿密に議論された事例はある。しかし、多くの研究は分岐系統樹を描いてみた、という適用に終わることが常である。本稿では、なぜこうした分析法を採用するか、採用した分析法が何を意味するのかを検討し、それらが先の"環"のように見えたモノの変化の因果性や背景を物語るために重要な要素となるような応用を試みたいと考える。

9-3 やんばるのコトバ

(1) データ化した暮らしのある場所とコトバ

　本稿では、9-2節で述べたような分析手法の妥当性やその可能性を評価するために、実験的にではあるが、現在言語調査がなされ、かつ人々の暮らしがある場所の、基礎的な言語情報を用いたケーススタディーを行ってみた。対象は、いわゆるやんばると呼ばれる地域で、17地区136集落に対する142語の調査結果[21]を用いている。17地区は、それぞれ国頭／東／久志／宜野座／金武／うるま／恩納／名護／屋部／本部／今帰仁／屋我地／羽地／大宜味／伊平屋／伊是名／伊平の各市町村であり、このうち註21で言語調査を

---

[20] 矢野環（2005）「芸道伝書の発展経過の数理文献学的考察」『情報処理学会研究報告』2005-CH-65 や、矢野環・福田智子（2006）「茶道伝書の文化系統学的処理」『日本計算機統大会論文集』20 などが参考になる。伝書という"遺伝的"要素が明確に背後にある対象への適用であり、具体的知見に富んでいる。

[21] 名護市史編さん委員会・名護市史『言語』専門部会（共編）（2006）『名護市史本編・10 言語 ── やんばるの方言』名護市史編さん室。名護市と沖縄言語研究センターが1982年から取り組んだやんばると島嶼域を含めた網羅的な言語調査の結果集成。本稿では本書から基礎データを析出している。

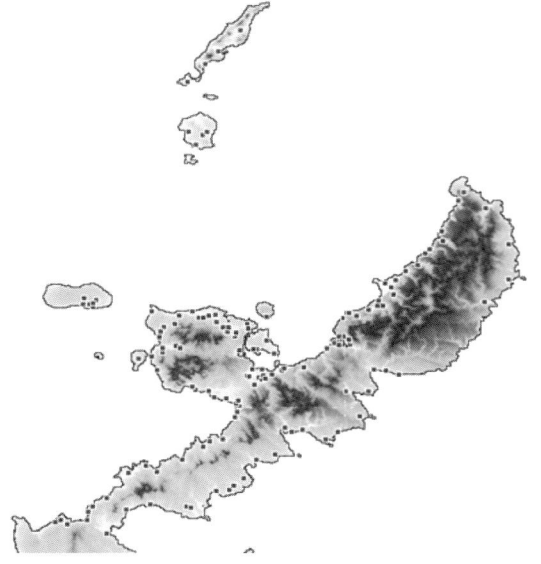

第9章　コトバと暮らしのミームを探る

図 9-2　分析対象の GIS マッピング

された各集落が対象となる（図 9-2）。

　まず、これらの地域の空間的把握を実施するため、各地区の緯度・経度を地区（行政区画）の重心地で抽出し、それらを GIS によってデータベース化した。このデータベースでは、それらの地区に個別の ID が付され、地区ごとに 1a〜17f までの 136 の ID が準備された（表 9-1）。このうち、地理空間的に近接する地域にはできるだけ近い ID を付した。

　GIS 内部のデータベースに格納するデータは、主に註 21 の基礎語彙調査結果の同一性を記号化（数値化）した数値を代入した。その類似度（距離）の計算の概要は次のようになる。ミームを構成する情報の素子として、142 語のそれぞれをどのように呼ぶかに関して、語彙についての語形の同一性と、音素のパターン化をデータとして析出した。

　具体的には、例えば、植物の語彙 6 語で例示すると、奥での、木（ヒー）、葉（パー）、根（ニー）、米（フミ）、藻（モー）、稲（ネー）は、辺土では、木（ヒー）、

359

第3部 コトバ

表9-1 調査地点のID一覧

地区番号	集落名	地区番号	集落名	地区番号	集落名
1a	1_辺戸	8a	8_宮里	13a	13_源河
1b	1_奥	8b	8_大兼久	13b	13_稲嶺
1c	1_楚洲	8c	8_城	13c	13_真喜屋
1d	1_安田	8d	8_東江	13d	13_仲尾次
1e	1_安波	8e	8_世冨慶	13e	13_川上
1f	1_宜名真	8f	8_数久田	13f	13_親川
1g	1_宇嘉	8g	8_許田	13g	13_田井等
1h	1_辺野喜	8h	8_幸喜	13h	13_仲尾
1i	1_佐手	8i	8_喜瀬	13i	13_伊差川
1j	1_謝敷	9a	9_安和	13j	13_振嘉名
1k	1_与那	9b	9_山之端	13k	13_我部祖河
1l	1_伊地	9c	9_屋部	13l	13_古我知
1m	1_辺土名	9d	9_宇茂佐	13m	13_呉我
1n	1_桃原	10a	10_備瀬	14a	14_田嘉里
1o	1_奥間	10b	10_具志堅	14b	14_謝名城
1p	1_比地	10c	10_浦崎	14c	14_大兼久
1q	1_浜	10d	10_謝花	14d	14_大兼久
2a	2_宮城	10e	10_嘉津宇	14e	14_大宜味
2b	2_川田	10f	10_浜元	14f	14_根路銘
2c	2_平良	10g	10_並里	14g	14_塩屋
2d	2_有銘	10h	10_渡久地	14h	14_屋古
3a	3_天仁屋	10i	10_辺名地	14i	14_田港
3b	3_嘉陽	10j	10_伊野波	14j	14_白浜
3c	3_安倍	10k	10_健堅	14k	14_宮城
3d	3_汀間	10l	10_崎本部	14l	14_津波
3e	3_瀬嵩	10m	10_瀬底	15a	15_田名
3f	3_大浦	11a	11_上運天	15b	15_我喜屋
3g	3_辺野古	11b	11_運天	15c	15_島尻
3h	3_久志	11c	11_仲宗根	15d	15_野甫
4a	4_古知屋	11d	11_勢理客	16a	16_諸見
4b	4_宜野座	11e	11_天底	16b	16_仲田
4c	4_惣慶	11f	11_湧川	16c	16_伊是名
4d	4_漢那	11g	11_玉城	16d	16_勢理客
5a	5_並里	11h	11_謝名	17a	17_東江前
5b	5_金武	11i	11_平敷	17b	17_阿良
5c	5_伊芸	11j	11_崎山	17c	17_東江上
5d	5_屋嘉	11k	11_与那嶺	17d	17_川平
6a	6_石川	11l	11_仲尾次	17e	17_西江上
7a	7_名嘉真	11m	11_諸志	17f	17_西江前
7b	7_安富祖	11n	11_兼次		
7c	7_瀬良垣	11o	11_今泊		
7d	7_恩納	11p	11_古宇利		
7e	7_谷茶	12a	12_済井出		
7f	7_冨着	12b	12_我部		
7g	7_前兼久	12c	12_饒平名		
7h	7_沖泊	12d	12_屋我		
7i	7_山田				
7j	7_真栄田				
7k	7_塩屋				

葉（ファー）、根（ニー）、米（フミ）、藻（モー）、稲（メー）、宮里では同様に、木（キー）、葉（パー）、根（ニー）、米（フミー）、藻（モー）、稲（イニー）となる。語形の同一性でいえば、奥と辺土では木・根・米・藻が、奥と宮里では葉・根・藻が、辺土と宮里では根・藻が同一となっている。つまりこの6語彙に関して言えば、奥と辺土は合致率が67％、奥と宮里が50％、辺土と宮里が33％となるのがわかる。これとは別に音の長さの語彙の中での分布でいうと、奥と辺土の合致率は100％、奥と宮里が67％、辺土と宮里が67％という形で定量化できる。これを、136集落で142語について実施すると、基礎言語研究分野情報による言語距離が析出されることになる。この言語距離を、それぞれのパターンから系統樹を描出する基礎データとして利用する。

(2) 各種の系統分析結果の可視化

　各地区の各語彙が同一の語形を持つか否か、また異なる場合に異なる形式的特徴を言語学的な意味に即して重み付けして、各地区の言語距離を析出する。ここでは、より人々の暮らしと関わるような、植物・動物・道具の範疇を代表する語彙を選択し、その距離行列から系統樹を描出してみよう。植物については、木、根、葉、米、藻、稲、さつまいも、さとうきびなどの各語彙が、全体の中でより優位な系統を析出できた。同様に、動物では馬、豚、犬、蝶、とんぼ、かたつむり、道具では鎌、鍬、へら、釜、鍋、湯、魚、みそ、茶、着物、紙、銭、水、包丁、ほうきなどの語彙が系統樹の理解がしやすい要素となっている。

　図9-3は、植物の語彙に関する系統樹とその系統のグルーピング結果である。やんばるでは大きく四つの系統が確認できることがわかる。さらに図9-4はその空間分布である。明確に地理的な傾向を伴っていることが明らかである。図9-5と図9-6は同様に動物の語彙に関する系統樹と空間分布を示すが、やはり大きく分けると四つの系統が、空間的には中心地（名護・羽地・本部）から周縁地（国頭・伊是名・伊平屋・恩納など）へと変化していることがわかる。図9-7と図9-8は道具の語彙に関する系統樹と空間分布で

第3部 コトバ

図 9-3 植物語彙の語形の同一性に基づく無根系統樹

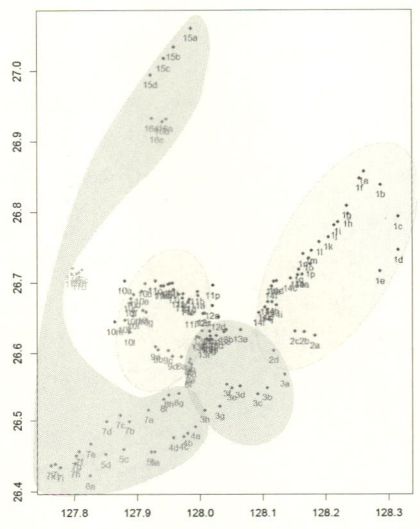

図 9-4 植物語彙の語形の同一性に基づく系統と分布

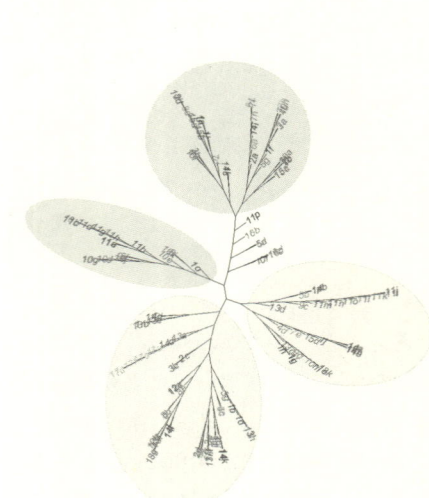

図 9-5 動物語彙の語形の同一性に基づく無根系統樹

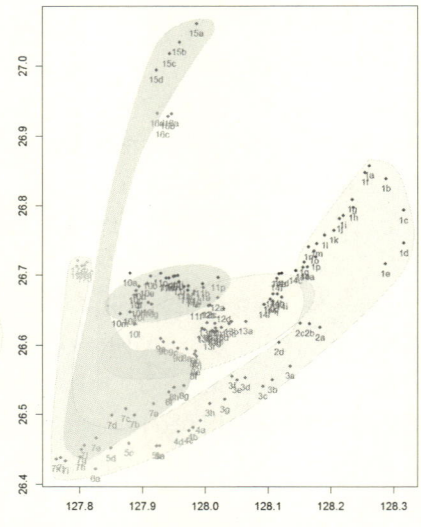

図 9-6 動物語彙の語形の同一性に基づく系統と分布

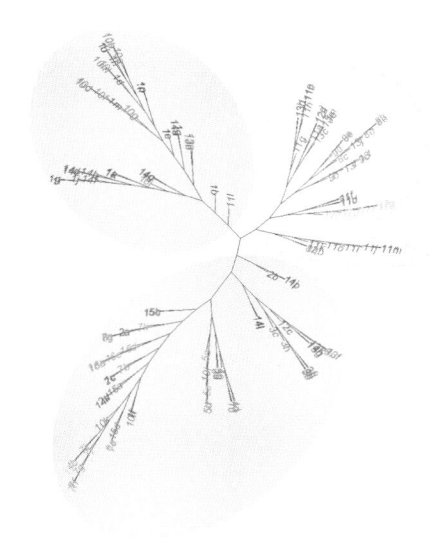

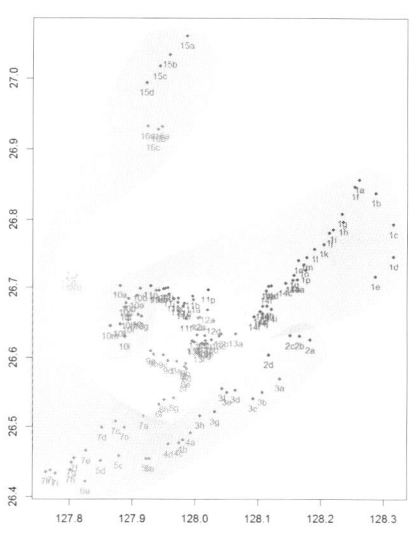

第 9 章　コトバと暮らしのミームを探る

図 9-7　道具語彙の語形の同一性に基づく無根系統樹

図 9-8　道具語彙の語形の同一性に基づく系統と分布

あるが、同様に四つの系統があり、動物よりもより中心地（名護・羽地）への傾向が明確になるようである。

　語形の同一性というレベルで議論を進めるのであれば、植物・動物・道具いずれに関しても、名護や羽地・本部に言語変化の中心があり、そこから周囲へ拡散していく特徴が看取されるだろう。特に距離的には近いはずの国頭地区や本部と伊平屋・伊是名・伊江などは地理的には遠いはずの恩納・うるま・金武・宜野座と共通する傾向が強い。それが何を意味するのかは植物に見える特徴がその他と異なる点に着目しておきたい。植物は図 9-4 を見る限り、やんばるの地形的・環境的特性（山岳・山原域、東海岸・本部半島中心部と先端部、島嶼）により系統が分岐しているのに対し、道具は中心である名護や羽地などからの距離によって、純粋に中心−周縁的な系統の拡散を見せている。

　次に、音節特徴に基づいて作成した、植物の語彙に関する系統樹とその系

363

第3部 コトバ

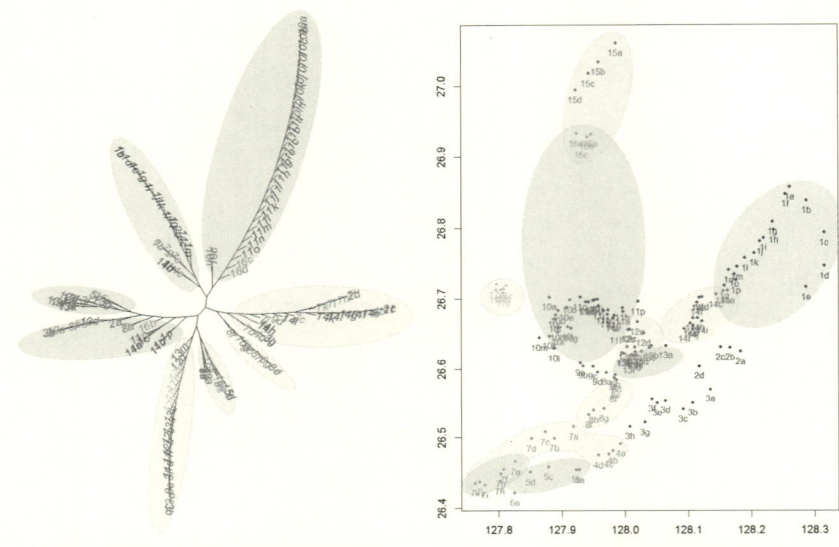

図 9-9 植物語彙の音節特徴に基づく無根系統樹

図 9-10 植物語彙の音節特徴に基づく系統と分布

統のグルーピング、空間分布は図 9-9 と図 9-10 になる。多様な系統が存在するが、語形の同一性よりもより細かく、地域集約的に分布することがわかる。この点でいえば、音節特徴は、語形全体の同一性よりも地域性をより鋭敏に反映する、言い換えればより高い多様性を内包したミーム要素だということができる。このような系統分布の特徴は、動物（図 9-11 と図 9-12）や道具（図 9-13 と図 9-14）についても同様だが、道具の系統と空間分布は、やや語形の同一性によるそれに近く、系統も明確であり、かつ地域的分布も把握しやすい。その意味で言えば、道具に関しては語彙の同一性は、同時に音節の特徴の類似性とも関連した系統の広がりを見せているといえるだろう。

(3) 系統樹と空間分布の傾向から

(2) で述べたような個別の評価を概観すると、各地域の基礎語彙の語形の

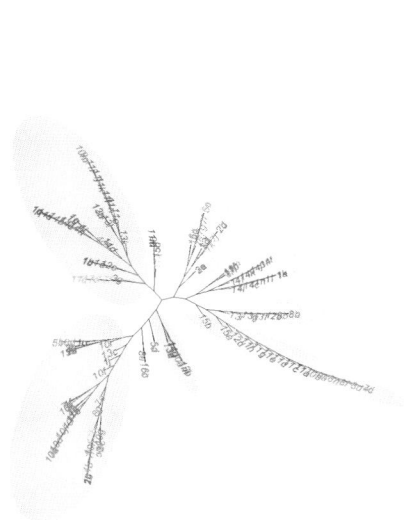

第 9 章　コトバと暮らしのミームを探る

図 9-11　動物語彙の音節特徴に基づく無根系統樹

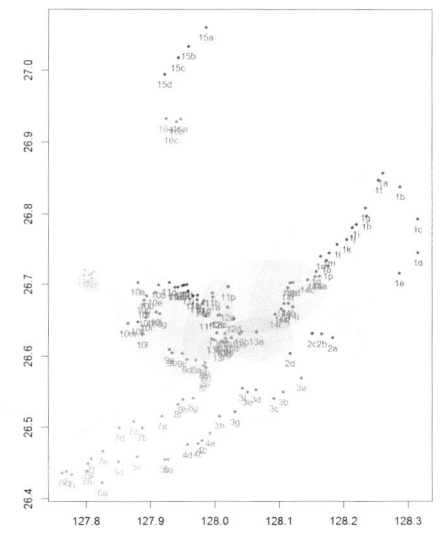

図 9-12　動物語彙の音節特徴に基づく系統と分布

図 9-13　道具語彙の音節特徴に基づく無根系統樹

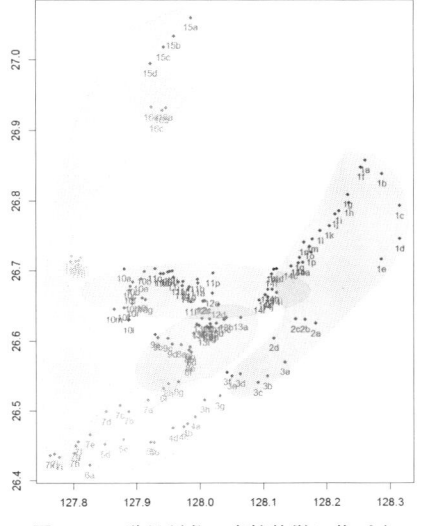

図 9-14　道具語彙の音節特徴に基づく系統と分布

第3部　コトバ

同一性と音節の区切り方の特徴には一定の評価ができることになるだろう。
　植物についていえば、語形レベルでは四つの系統と四つの分布域があり、その背後に地形や環境という要素が関連していた。音節レベルではそれらはさらに小さな系統に分岐し、空間的にはモザイク状を呈す。このことは、人々の生活や暮らしの次元で考えると、コトバは、環境や地形によって系統が拡散していくが、その中で、各地域の伝統的ないし個別的な要因によって音節構造が変化している様相を捕まえることができる。
　動物についていえば、植物と同様ではあるが、その傾向は明らかに弱くなっており、語形レベルの空間的特性が、環境ではなく道具などと同様に地理的距離では計れない別の因子によって影響を受けていると考えられる。そのことは、道具の系統樹およびその空間分布を見ると一目瞭然であり、明らかに道具のそれと植物のそれとのちょうど中間的特徴を呈しているともいえる。
　道具についていえば、語形レベル、音節レベルともに系統も空間分布も名護・羽地といった当該地域の中心地を中心に拡散していることがわかる。これは、方言周圏論的にいえば、最も新しい言語が変化の中心に存在し、周辺には古い言語が残っている中心–周縁モデルの典型的な様相とも考えられる。名護などの都市域において新たな道具の名称が発生し、それが人々の動きに応じて周辺域に系統的に拡散している様相をうまく捕まえているともいえるだろう。
　以上のように、136集落で142語の基礎語彙を系統分析し、その空間分布の傾向をGISによって評価し、さらに大枠を定めた種別ごとの特徴を概観すると、コトバと暮らしとの関係が明確に見えるようになってくる。やんばる地域における「人－コトバ－場所」の構成単位としてのミームの因果性についていえば、まず植物は、明らかに地形や環境・生業と密接に関わり合いながら、その中で地域毎の独自の系統を描く最も基本的特徴を有したミームということができるだろう。その中でも、伊平屋や伊是名・伊江のような離島域は生業と関わり合いながらも船舶航行との関係からか、主に本部半島ではなく、恩納・金武・宜野座などと系統を一にしている。本部半島は同一山塊の周辺沿岸域という特徴を一にし、やはり同一の空間的系統を示す。これに

対し、道具は、名護などの中心都市域での変化の系統は、明らかに周辺域のそれと異なった形で現れている。これは、生業とは別の、その上に展開する社会生活や前近代的な物流などの影響が、系統と分布に表れているように観察できるのである。

9-4 眼前にある"環"の前と後

　9-3 節のようなケーススタディーを通じて、筆者なりにやんばるの「人−コトバ−場所」を考えてみると、眼前にあるその"環"の過去と未来が、観察者である我々の先験的予測ではなく、定量的評価からおぼろげながら見えてくる。今、やんばる地域で"環"に見えている「コトバ−暮らし−生きもの環」に内包されている、因果性の鶏は、明らかに「生きもの」にある。しかも動物よりも植物に関する生きものこそが、やんばるの人々の暮らしに関する因果性のジレンマの"初っ端"なのである。そこで形成される地形や環境に即したコトバは、そこで育まれる動物の名称でより中央−周縁構造に近づき、生活必需品である道具のコトバは、結果として地形や環境とは別の社会因子による系統の拡散として表出しているといえる。言い換えれば、変化は植物→動物→道具という因果性の順序に従っておこる。従って、地形の改変や環境の改変を伴うような"変化"は、必ず、不可逆な"環"の変化の端緒を切り開いてしまうことになるだろう。

　現在、やんばる地域でも、大規模な農地や環境、栽培植物の管理など、自然に関する多様な施策が実施されつつあり、特にロジスティクスや生産体制などへの変革が眼前に迫っているといえる。とすれば、それらは構造的にこの地域のコトバと人々の暮らしを覆してしまう可能性を背後に隠し持っていることになる。なぜなら、動物やあるいは道具などは、すでにそうした人々の移動という社会因子によって伝統的構造の一部を消失してしまっている蓋然性が高いことからもわかる。地域に根ざした知であるべきコトバの変化、特に音節レベルの系統分析によって明らかになったように、その多様性は、

第3部　コトバ

「植物＞動物＞道具」という段階を経て、いずれ多くの知や多様性を押し流してしまうだろう。そのとき私のような"ウチナー（ンチュ）"でない者に、何ができるのであろうか。

　文化多様性の背後にあるのは、間違いなく環境多様性であり、その環境多様性が保持できなければ、文化多様性は保持できないことは、このコトバの分析から明らかである。理念や概念、スローガンレベルでの名義的な話ではなく、現実の調査データとその分析が、眼前にある現象として環境多様性の実質的な重要さを指し示すのである。繰り返しになるが、そのことは、道具という、ある意味で物流によって環境を度外視できる対象のコトバでは、すでに環境多様性とは無関係に、人々の動きという文化・社会因子によって変化が起こっていることからも明らかであろう。

　本書が掲げる副題である「コトバ-暮らし-生きもの環」。その"環"は、"環"ではなく、"環"のように見えている、決定論的予測不可能性を内包した変化の断片だといえる。環境多様性や文化多様性は、質的な議論で等価に重要度がありそれぞれ大事であることを主張することは比較的容易だが、その変化を着実に説明することこそ、現実的な因果性のジレンマの具体的解決策を教えてくれることになる。

　最初に述べたように、ある文化の要素を保持することは、結果的に予測不可能な変化する"環"の中で、いびつに変化しない定点を人工的に作り出す行為に他ならない。それを文化遺産や地域社会を研究する者が、率先して（さらには行政的に）行うことは、ある種の「未来は方程式で予測可能」という学術的欺瞞[22]あるいは科学共同幻想に満ちた施策と言わざるを得ない。哲

---

[22]　現在、こういった"ラプラスの悪魔"のような機械論的未来予測が成り立つと考える研究者は少ないと信じている。しかし、メディアで踊る「ビッグデータ」「データサイエンス」なる用語の趨勢を見ていると、一抹の不安を覚えなくもない。人類は、あたかも量子論発見以降見失いつつあった未来像を求めるかのように、再び19世紀的な"科学"に立ち返ろうとしているかにも見える。確実な未来を見るための道具としての科学なら、それは"宗教"と変わることのない"因果性"（世界創造の物語）への渇望のように思える。

学的に「因果律など"経験"だ」と喝破されること[23]に対する答えを用意するぐらいの広い知見と学際性を自戒も含め保持しなくては、何を守り、何を世界にゆだねるかの判断は、実際のところむずかしいのではないだろうか。

　「ある文化を残すこと」、本稿で言えば、少なくとも「やんばるの文化多様性の保持」のためには、絶対的に、生業と関連する地形や環境の保持、が分析的"因果性"からも明らかな具体的施策であり、単に方言話者や伝統産業を「籠に入れて守る」という施策は、結局、自然の進化（変化）から取り残されたいびつな多様性（動物園に見る生物多様性：世界中の動物がみられる）という、究極的に無念な世界を生み出すことにしかならないだろう。琉球という世界は、長い歴史の中で文化多様性が自然に保持されてきた希有な貴重な世界である。だからこそ、そこに人為的な"枠"をはめることには、慎重でなくてはならないと感じる。

　重要なことは、こうした分析をより精緻に、より綿密に、より多様なミームに関して行うことで、真の生物・環境の多様性と文化多様性との関連を明らかにし、地域地域で最適な施策、アウトリーチが実現されるようにすることである。とはいえ、しつこいようであるが、最初に述べたように、私はその意味でこの琉球という島嶼域に生きる人々に強い関心を持って接していきたい。それは、どれだけこの世界が不可逆の因果性に彩られているとしても、結局、ある部分で、あの大家に言い訳する店子のように、現代社会にはびこる不可逆で破滅的な合理性という"因果性"に挑戦する人々が、まだかなりの主流派としてここにいる、と信じているからである。

　本書はそうした人々の努力と想いが詰まっているからこそ、世界は"環"であると、あえて高らかに掲げ、その"眼前にある環の世界"について、詳細に叙述できているのであると、信じているから。

[23] 註9に同じ。100年後、1000年後の「世界」の予測など不可能であり、5分前以前の世界を見ることもまた"経験"によるという指摘に、我々文化財屋はどう答えるのがよいのか。少なくとも、それらの議論に触れ、自らの仕事を考える、そうした姿勢は「守るべきモノを守る」機能を担う我々が、自らの学問や領域の欺瞞に陥らないためにも必要な態度だといえる。

引用文献

Kripke, S. (1980) Naming and Necessity, Harvard University Press.（クリプキ，ソール（著）八木沢敬・野家啓一（訳）(1985)『名指しと必然性 —— 様相の形而上学と心身問題』産業図書.）

津村宏臣（2004）環境史研究と時空間情報科学.『環境史研究の課題（歴史研究の最前線 Vol.2)』吉川弘文館.

津村宏臣（2006）考古学と時空間情報（3）予知とシミュレーション.『考古学研究』55巻3号，考古学研究会.

津村宏臣（2009）先史・古代経済への接近.『経済からの脱出』（織田竜也，深田淳太郎（共編））春風社.

Dawkins, R. (1989) The Selfish Gene. Oxford University Press.

遠山啓（1960）『数学入門（下）』岩波書店.

都会生活研究プロジェクト「沖縄チーム」（2014）『沖縄ルール —— リアル沖縄人になるための49のルール』KADOKAWA.

名護市史編さん委員会（編）（2006）『名護市史本編・10　言語 —— やんばるの方言』名護市史編さん室.

矢野環（2005）芸道伝書の発展経過の数理文献学的考察.『情報処理学会研究報告』2005-CH-65，情報処理学会.

矢野環・福田智子（2006）茶道伝書の文化系統学的処理.『日本計算機統計学会大会論文集』20，日本計算機統計学会.

Russell, B. (1971) The Analysis of Mind.（ラッセル，バートランド（著）竹尾治一郎（訳）(1991)『心の分析』勁草書房.）

● コラム6 ●

おじぃはなぜ、最期の言葉をウクムニーで語ったのか？

新田義貴

「パッパァ　クジュウシーヤーゲン　クワーシ　ヤッケー　カイトーシガ……」

耳慣れない言葉が、梅雨時の湿った空気を震わせ、親族が集まった部屋に響き渡る。

那覇市にある金城光さんのお宅。聞こえてくるのは、昭和52（1977）年に94歳で亡くなった父、金城親昌さん（明治15（1882）年9月6日生）のお別れ会での言葉。いわば遺言の音声テープだ。いまやお年寄りしか話せなくなったとされる奥のコトバ、ウクムニーで語られている。

親昌さんは奥で生まれ育ち、郵便局長を38年間にわたり務めた。その傍ら村議会議員や共同店の監督も務め、集落の発展に尽くし続けた。晩年は那覇の光さん宅に同居するようになったが、故郷の奥を懐かしみ、しばしばバスで帰省していたという。奥の自然の材料からいろいろな道具を作って皆に配るのが趣味で、中でもシュロの葉から作った蠅打ちは、今の市販品とは比較にならないほど頑丈で、集落でも大好評だった。亡くなる一週間ほど前、3月初めの寒い日にも杖を作るための原木を奥の山に取りに行き、風邪を引いて帰ってきて寝込んでしまった。そして病床に子どもたちを呼び、「この風邪で自分は逝くかもしれないから、早く皆を呼んで送別会をしてくれ。」と懇願したという。

親昌さんの希望通り、子や孫など親族60名ほどが自宅に集まり、急遽送別会が開催された。冒頭の音声テープは、6男の光さんがその時に収録したものである。普段は親族を集めても標準語で話すことが多かった親昌

第3部 コトバ

図1 故・金城親昌氏

図2 遺言テープを聴く親昌さんの親族
右から3人目がかりまたしげひさ教授、4人目が當山奈那さん。

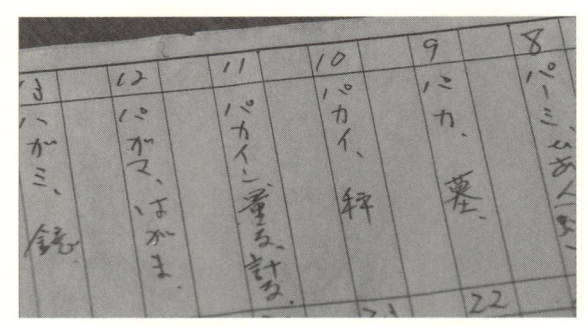

図3 上原信夫さんが作成したウクムニー語彙集

さんだったが、この日ばかりはなぜかウクムニーで語り始めたという。以下はその標準語訳である。

　「私が人勝りの健康を保っているのは、子や孫たちが大切にしてくれたおかげである。実際は最高のカジマヤー（数え年97歳の長寿の祝い）までして別れようと思っているが、今の様子だったら私はいつあの世に行くか分からない。七回忌の法事の諸費用とかそのぐらいの金は残してあるから、もし残るようだったら一銭でも百円でも6人の子ども達に平等に分配してくれ。私は満足してあの世に逝くから今日は愉快にしてもらいたい。それだけだ。」

　親昌さんは、息も途切れ途切れで話し終え、最後は息子の三線を伴奏に歌まで歌い、3時間余の送別会は親族にとって忘れがたいものとなった。そしてその5日後の晩、眠りについたまま安らかに94歳の生涯を閉じたという。

　親昌さんは、なぜ最期の言葉をウクムニーで語ったのだろうか？

　私がこの音声テープの存在を知ったのは、両親が奥出身の友人、糸満盛仁を通してだった。友人はミュージシャンである一方で、那覇の栄町市場で小さな居酒屋「生活の柄」を営んでいた。私は店の常連客のひとりだった。そんな縁で、友人の奥の実家をそれまでも何度も訪れていた。鯉のぼり祭りが開かれる5月の大型連休には、毎年のように実家に泊まり込んでバーベキューをしたり、川で遊んだりした。何度も訪れるうちに、沖縄の中でも独特な奥の自然や暮らし、文化に次第に惹かれていくようになった。シシ垣を歩いたり、旧盆のウークイ（祖先の霊を送る儀式）の提灯行列に参加したり、沖縄最古と言われる共同店の歴史を調べたりもした。2009年には、友人の祖父で奥の最長老だった糸満盛彬さんのカジマヤーをビデオで撮影する貴重な機会も得た。この映像は私の初監督映画で栄町市場の町おこしを描いた「歌えマチグヮー」にも収録されている。

　2014年春、私は沖縄のコトバ、「しまくとぅば」をテーマにテレビドキュメンタリーを企画した。きっかけは、ユネスコが2009年に琉球・奄美列

第3部　コトバ

　島の六つのコトバを新たに「消滅の危機に瀕する言語」に指定し、しかも、これまで日本語の方言とされてきたこれらのコトバを、独立した言語として認めたことだった。日本政府は沖縄のコトバをいまだ日本語の方言としているが、生物文化多様性の尊重を標榜するユネスコが固有の言語と認めてしまったわけだ。これは日本と沖縄の言語学会および、政治的にも波紋を投げかける画期的な出来事であった。なぜなら、固有の言語だとするならば、政府はその地域の人がその言語を学ぶ権利を守らなければならないからである。このことは、ひいては日本本土と沖縄の関係、沖縄における地方自治の考え方そのものに根源的な問いを投げかけることになる可能性を秘めていたのだ。
　こうした関心から取材を始めた私は、集落ごとに異なる800を超えるコトバがあるという、沖縄のしまくとぅばの多様性にまず驚くことになる。そして、この膨大な言語の中からどれか一つ、魅力的な言語とフィールドを特定して取材をしたいと考えた。そんな時、琉球大学の狩俣繁久（かりまたしげひさ）教授の研究室を訪ね、先生が学生たちと一緒にウクムニーを調査していることを知ったのである。友人との縁でたびたび奥を訪れていた私にとっては、まさに運命的な出会いともいえる瞬間であった。私は迷わず、奥のコトバ、ウクムニーを取材の主軸に据えることに決めた。
　奥ではウクムニー辞書編纂のためのお年寄りたちからの聞き取り調査や、50年前に途絶えてしまった奥独特の魚毒漁、ブレーザサの調査にも同行。奥の自然と暮らしが、ウクムニーとどれほど密接に結びついていたのかを描き出していった。
　一方、沖縄全体を見ると、県は9月18日をしまくとぅばの日に制定するなど、しまくとぅば推進運動が始まっていた。普及の一環として、学校教育の現場でも易しいしまくとぅばを使うことを奨励していた。ところがここで、一つの問題が浮かび上がっていた。800のコトバがあるといわれる沖縄で、いったい学校ではどのコトバを教えればいいのか？　現在、那覇市では小中校生向けのしまくとぅばの副読本を作り、那覇の方言うちなーぐちを授業時間外に教えている。しかし都市化が進む那覇では、児童

コラム6　おじぃはなぜ、最期の言葉をウクムニーで語ったのか？

の父親が宮古島、母親が国頭村といったケースもあり得る。いったいその子どもにとって母語とは何なのか？　うちなーぐちを沖縄の共通語に制定しようという主張もあるようだが、一方でそれは他のコトバの消滅を早めることになり多様性を失う結果になると反対する学者もいる。コトバが多様であるがゆえに、コトバの継承が容易ではない沖縄の特異な現状が反映された事例といえる。どのように多様性を残しながら、かつコトバを継承していくのか、言語学者や教育現場、行政担当者などが議論を深めて、よりよい解決法を示してくれることを願いたい。

　ウクムニーの取材を進める中、栄町市場の友人の居酒屋を訪ねたときに、冒頭に書いた遺言テープの存在を知ることとなった。友人の母方の曾祖父の最期の言葉が記録されているという。さっそく、親族が集まって音声テープを聞く機会を作ってもらうこととなった。

　当日、お年寄りから子どもまで、故・金城親昌さんの親族十数名が集まった。お別れ会の席に参加した親族も多い。ウクムニーの理解できるお年寄りは、じっと目をつむり親昌さんの言葉に静かに耳を傾ける。理解できない子どもたちは、すぐに退屈して互いにちょっかいを出し合っている。でもなんだか楽しそうだ。

　親昌さんは、最期の言葉を自分の母語ウクムニーで語った。

　それは、自分たちのルーツである奥の記憶を、先の世代に言葉とともにつなぎたいという思いだったのではないだろうか。たとえ言葉の意味はわからなくとも、子ども達は先祖の生の言葉を音で聞き、その体験こそが奥の記憶と家族のアイデンティティをつないでいくのではないか。

　コトバを失ったとき、人は何を失うのだろうか？

　おそらくそれは、大切な先祖の記憶、

　その延長線上に育まれてきたアイデンティティなのではないだろうか。

参考

NHK　ETV特集「沖縄　島言葉の楽園」2014年10月4日放送
NHK　ETV特集「沖縄の心　共同店物語」2015年12月8日放送

第 10 章　ウクムニー（奥方言）の活力と危機度について

石原昌英

危機言語財団（FEL）第 18 回沖縄大会で発表する執筆者。2014 年 9 月 17 日、沖縄コンベンションセンターにて。FEL は、英国に本部を置く国際的な学術団体で、危機に瀕した言語の状況や復興活動等に関する研究を支援し、毎年開催国を変えて研究大会を開催している。

第3部　コトバ

10-1 ｜ 私とウクムニー

　私は1958年に奥で生まれて14歳まで奥で育ち、1972年の夏に那覇に引っ越しした。14年間の奥での生活で、ウクムニーを使っていたという記憶はあまりないのだが、記憶しているウクムニーの単語とまったく知らなかった単語がある。下記の表10-1に例示した単語は全て知っていた。動物の名称では、キノボリトカゲ（図10-1）が**ウムンダ**、イノシシが**ヤマシ**といわれるのは知っていた。一方で、ヤンバルクイナが**アガチー**、ノグチゲラが**ヒータタチャー**と呼ばれていることは知らなかった。生まれ育った山原の森に生息する鳥（国の天然記念物）の名前を日本語でしか知らなかったのである。ウクムニーでの名称を知ったのは、沖縄のことばの保存継承に関心をもつようになった40代半ばである。それ以前は、1986年に発刊された『字誌　奥のあゆみ』に掲載されたウクムニーに関する記述にも、正直なところあまり興味はわかなかった。個人的なことではあるが、40代半ばまでウクムニーに対して関心がなく、知らない（忘れていた）単語も多かったということは、私のウクムニー継承の態様を現しているだろう。

　また、14歳で那覇に引っ越ししたことも関係しているのだろうが、ウチナーグチの形容詞を発話しようとすると、那覇のコトバが出てくる。例えば、「かわいそう」を意味するウチナーグチとして**ちむぐるさん**と言ってしまうのである。ところが、ウクムニーでは**ちむぐるはん**である。ウクムニーの形容詞は、沖縄島中南部の方言に多い〇〇**さん**ではなく、〇〇**はん**（沖縄島北部の方言に多い）であることを知ったのは5年ほど前のことである。2013年に那覇市で執り行われた故上原信夫氏の法事に参加した時奥在住の高齢の女性たちの語りを聞いていると、**'ぱちこーはぬ**（かゆい）、**ぱごーはぬ**（汚い）、**うれーまーはぬ**（うらやましい）などの形容詞が使われていて、ウクムニーでは、形容詞は〇〇**はん**なんだと再認識した。

　私が編集委員長を務め、奥小学校の創立90周年を記念して2003年に発行された『奥小中学校創立90周年記念誌』には、大正時代・昭和初期に生

378

第 10 章　ウクムニー（奥方言）の活力と危機度について

図 10-1　キノボリトカゲ（「ウムンダ」）

まれた奥出身者（奥区在住者と那覇市在住者）の座談会でのやりとりが 2 編掲載されている。座談会では、下記のようなウクムニーの単語が使われている（地名を除く）。

> **カマジー**（カマス）、**プクター**（ボロ衣）、**'ピル**（ニンニク）、**バヒ**（ざる）、**インドゥ**（小さな用水路）、**アナガー**（井戸）、**'ピー**（とい）、**セー**（小型の川エビ）、**タナガー**（テナガエビ）、**マーランブックイ**（苔）、**マチナバ**（ハツタケ）、**ミミグイ**（キクラゲ）、**バシャギン**（芭蕉布の着物）、**ウサトー**（祈り）、**サパター**（販売用の薪：自分で使うのは**タムン**）、**バーキ**（竹籠）、**ウンパー**（芭蕉の葉）、**タッチドゥゲーラセー**（レスリングに似た遊び）、**ウシスーブ**（牛の品評会）

古老の話によると、家庭に芭蕉の織機があり、芭蕉布の着物は家庭で作られていたようであるので、**バシャギン**は生活に密着したことばであった。ところが、私が生まれたころには、家庭から織機は消えていた。それにともない、自家製の芭蕉布の着物を着ける人も少なくなり、**バシャギン**という単語もあまり使われなくなったのである。私もこの単語を知らなかった。上記の単語で知っていたのは、**'ピル、インドゥ、セー、タナガー、マチナバ、ミミグ**

379

第 3 部　コトバ

表 10-1　首里方言と奥方言

	首里	奥
顔	チラ	チヤ
魚	イユ	イル
米	クミ	フミ
葉	ファー	パー[2]

イで、これらの単語を使っていた記憶がある。現在の子どもたちが、このような単語を耳にする機会はほとんどないであろう[1]。父母が使わないからである。このようなことからも、ウクムニーが消滅の危機に瀕していることがわかる。

　国頭村には 20 の集落があり、各集落で話されている方言は語彙・発音等が微妙に異なっていて、多様性がある（名護市史編さん委員会 2006 およびかりまたしげひさの論考・第 8 章 8-3 節を参照）。奥で話されている奥方言（ウクムニー）について、区の住民は独特なコトバであるとの認識をもっていて、隣区の辺戸の住民との会話でウクムニーがあまり通じないと言う年配の区民もいる。首里方言と比べた場合[2]、音声的な特徴としては、/r/ と /j/、/k/ と /h/、/ɸ/ と /p/ の対応がある。例えば、表 10-1 のような違いがある[3]。私自身も、表 10-1 に挙がっている奥方言（ウクムニー）の単語に関しては、正しく発音していた記憶がある。

　例えば、ヒーンパー（木の葉）はかなりなじみのある表現である。また、日本語とウクムニーを混ぜて使っていた記憶もある。「あそこにイルがいる」とか「チヤがいたい」のような表現である。

[1]　奥区では、ウンザミ（海神祭）とシヌグという祭りが 1 年ごとに執り行われる。シヌグの最終日（三日目）に行われるビーンクイクイでは、芭蕉布の着物を着けている参加者もいるのでバシャギンということばが残っている可能性はある。なお、ビーンクイクイは男性のみが参加する伝統的な祭事である。
[2]　語頭の /p/ はアスピレーションを伴う気息音である。
[3]　チラ /tʃira/ とチヤ /tʃija/、クミ /kumi/ とフミ /humi/、ファー /ɸaa/ とパー /pʰaa/ の対応がある。

第 10 章　ウクムニー (奥方言) の活力と危機度について

　本章では、保存・継承という観点からウクムニーの活力と危機の程度を評価考察する。評価の基準に用いるのは、国際連合教育科学文化機関 (ユネスコ) の危機言語専門部会 (UNESCO Ad Hoc Expert Group on Endangered Languages：以下「UNESCO」とする) が 2003 年に提案した基準 (Linguistic Vitality and Endangerment: LVE) である。なお、本章では、この基準を「言語の活力と危機度」とする[4]。この基準は、九つの項目からなるが、言語の活力、言語意識および記録保存の三つの観点に分けられる。それぞれの項目は、話者人口を除いて、それぞれ 6 段階の評点があり、言語の活力と危機度は、話者人口および 8 項目の評点に基づき総合的に評価される。

　言語がどの程度消滅の危機にあるのかを測る基準は、Fishman (1991)、Krauss (1992)、Grenoble and Whaley (2006) なども提唱している。しかし、これらの基準は総合的な評価のみが示されていて、LVE のように 8 項目の評価と話者人口に基づき、根拠が示された総合的な評価がなされるわけではない。LEV の特徴は、上記のように、話者人口を除く 8 項目が 6 段階に分けられていることである。それぞれの項目毎に、危機の状況を分析し、維持継承につなげるためにはどうすればいいのかのヒントを与えてくれる。例えば、言語の世代間継承について、「深刻な危機」は評点が「2」で、その定義は「主として祖父母世代かその上の世代が当該言語を使う」となっている。言語継承のためには評点を上げないといけない。その為には、「親世代」が使うようになり (評点 3)、「子どもたちが使う」(評点 4) ようになるための方策を検討する必要があるのである。LVE は、言語の活力や危機度は測る基準ではあるが、使用領域、教材等の各項目の評点を上げることが、活力を上げ、危機度を下げることにつながるので、言語復興 (保存・継承) の目標設定としても活用できる。

　LVE 基準を用いて、ウクムニーの活力と危機の程度を評価するのには、次の理由がある。まず、Moseley (2010) の『世界危機言語地図』で示された 6

---

[4] LVE 基準を示した表 10-2～表 10-9 に記した日本語訳については、石原 (2010))、木部・山田 (2011) を参考にした。

段階の危機の度合いがLVEの「言語の世代間継承」の「危機度」「評点」および「話者集団」の記述と一致する[5]。次に、日本国内の消滅の危機の瀕した言語・方言の活力と危機度がLVEの基準を用いて分析されている（石原2010；Ishihara 2014；木部暢・山田真・下地 2011；新永・石原・西岡 2014）。しかしながら、これらの先行研究は一集落の言語の活力や危機の程度を分析したものではない。LVEの基準に基づいたウクムニーの分析を提示することは、琉球列島における消滅危機言語の最下位の方言、言い換えると、最小のスピーチコミュニティといえる集落で話されている方言の分析を示すことになる。このことを通じて、このような小さな言語・方言の保存・継承に関する研究の重要性を示すことができると考える。

10-2 ウクムニーの活力

　2006年3月の沖縄県議会での決定に基づいて、9月18日を「しまくとぅばの日」と定める条例が制定された。「しまくとぅばの日」制定を記念したシンポジウムで、沖縄芝居の女優である北島角子は、「コトバは使われてこそコトバで、使われなければコトバではない。しまくとぅばは難しいとか考える前にとにかく使いましょう」という旨の発言をした。言語の活力とは、一言で表すと「言語が使われている」ということである。誰が、どのような場面で使用しているのかを分析することにより、活力を測ることができる。例えば、ほぼ全ての国民があらゆる場面で標準日本語を話し、学校教育やマスコミ等でも使われているので、活力は高いといえる。逆に言うと、危機の度合いは低い。一方で、先に挙げた石原 (2010) 木部・山田・下地 (2011) などに示されている通り、話者も少なく、使われる領域（場面）も限定され、学校教育でもマスコミでも使われていない地域方言は多い。そのような方言は、活力が低い。逆に言うと、危機の度合いは高い。言語の活力が高いとそ

---

[5]　具体的な文言は完全に一致してはいないが、内容は同じである。

第 10 章　ウクムニー（奥方言）の活力と危機度について

の言語が維持継承される可能性は高い。一方で、言語の活力が低いとその言語が維持継承される可能性は低い。言語の活力を測ることで、現状を把握し、維持継承していくために、何が必要とされているのかを分析することができる。

　LVE の言語の活力と危機度の基準 9 項目のうち、6 項目は言語の活力を測るものである。「言語の世代間継承（項目 1）、話者人口（項目 2）、総人口に占める話者数の割合（項目 3）、言語使用領域（項目 4）、新しい領域での言語使用（項目 5）、言語教材（項目 6）がそれに当たる。

(1) 言語の世代間継承

　子どもが母語として継承し、生活言語として使用している言語は活力が高い。換言すると、言語が親の世代から子どもの世代に継承されないと、その言語は危機に陥り、結局は消滅してしまう可能性が高いのである。LVE の基準では、言語が次の世代に継承されているのか、どの世代が話しているのかの観点から、言語の危機度を評価する。表 10-2 に示したように、この項目には六段階の危機の程度がある（UNESCO 2003: 8）。

　私の奥区での調査（本節 (2) 参照）によると、ウクムニーは祖父母世代（80歳以上が多い）によって使われ、親世代および子ども世代では使われていない。40 代・50 代の親世代は、ウクムニーを聞くことはできるが、話すことはあまり得意ではない。また、子どもに使うことはほとんどないようである。したがって、子ども世代がウクムニーに接する機会はほとんどないといえる。この状況から判断すると、項目 1（言語の世代間継承）の基準から見た危機度は「深刻な危機」（評点 2：主として祖父母世代かその上の世代が当該言語を使う）にあるといえる。

　80 代以上の祖父母世代のみがクムニーを使っているのが現状であるが、

表 10-2　言語の世代間継承から見た危機度（UNESCO 2003: 8 筆者訳）

危機度	評点	話者集団
安泰	5	子どもを含めて全ての世代が当該言語を使う。
不安泰	4	一部の子どもが全ての領域で当該言語を使う。全ての子どもが限られた領域で当該言語を使う。
明確な危機	3	主として親世代かその上の世代が当該言語を使う。
深刻な危機	2	主として祖父母世代かその上の世代が当該言語を使う。
極めて深刻な危機	1	主として曾祖父母世代のごく一部の者が当該言語を使う。
消滅	0	だれも当該言語を使わない。

　この理由としてはいわゆる「標準語（共通語）励行運動[6]」が大きく影響したと考えられる。国頭村役所が1967年に発行した『国頭村史』によると、奥では明治37年10月に奥青年夜学校が設立され、学科目には「普通語」が含まれていた。区の青年に当時普通語と呼ばれていた日本語が教えられたので、学校以外でのウクムニー使用に対する締め付けが始まったのはこの時期であったと推測できる。また、1940年にはいわゆる「方言論争」が起こった。当時の沖縄県学務部の標準語励行運動が結果として土着の言語の消滅につながるという主張をめぐる、柳宗悦を団長とする日本民芸協会と沖縄県学務部との間の、新聞紙上等での論争である[7]。『奥小中学校創立90周年記念誌』に掲載された座談会で、金城壯氏は次のように述べている。

　　最近、シマクトゥバ（沖縄方言）を大事にする傾向が強くなっているが、当時は部落全体標準語励行の指導があった。新聞紙上で見ると学校で標準語励行の運動が展開されたのは昭和10年ごろとされ、その是非をめぐって昭和15

---

[6]　外間（1981）は、沖縄県における言語（日本語）教育の歴史を次のように区分している。東京の言葉時代（1879〜1897年頃）、普通語時代（1897年頃〜1935年頃）、標準語時代（1935年頃〜1955年頃）、共通語時代（1955年頃〜現在）。この区分が示すように、日本語（国語）を奨励する運動は、1940年頃は「標準語励行運動」として知られ、私が小学校に通った1960年代は「共通語励行運動」として知られていた。

[7]　1970年発行の『那覇市史』（資料編第2巻中3）と谷川（1970）に詳細が記されている。

年ごろ柳宗悦氏らが新聞で論争されているが、部落の**ウペー**（小使い）が村からの伝達事項を標準語で行うようにと督励されたのは昭和17年からであったと思う。何故ならば、当時私は**ウペー**で区長の宮城（上原）直帯氏から各家庭を廻るときには標準語を使うように注意された。（173頁）

金城氏の証言は、日常生活においてもコトバを「監視」することが行われていたことを示している。

　米国統治下の沖縄に於いては、1950年代、60年代の祖国復帰運動と連動するような形で、共通語励行運動が展開された。児童生徒は共通語を使うことが奨励され、土着言語を使わないようになった。ラジオ・テレビの普及、都市地区への人口流入、核家族など要因は複雑に絡み合っていたと考えられるが、学校での共通語励行運動がウクムニー衰退の大きな要因であったことは間違いないだろう。

　ここで私自身が1969年（当時小学校5年生）に経験したことを述べたい。ある日のこと、帰り支度を済ませて、そばにいた友人に**ディカ　ケーラ**（さあ　帰ろう）と言った。私たちの後ろに校長先生（奥区出身）が立っていた。私はウクムニーを使ったという理由で、**メーゴーサー**（げんこつ）をもらって、二人は校長室に連れて行かれた。そこで、跪き（正座）をさせられて、校長から30分程度「君たちは日本人なのだから、共通語を使いなさい」と説教された記憶がある（時間の記憶は曖昧であるが）。ウクムニーは、「日本人」となるためには、使ってはいけないものだったのである。当時の私は、自分が日本人であるのか、沖縄人であるのか、意識したことはまったくなかった（小学校5年生が、自分の国籍を意識することのほうが希有だろう）。ところが、校長は、児童生徒が日本人であることを自明視し、その証としての共通語を強制したのである。1950年代から1960代の沖縄では、このような意識教育と言語教育は普通に行われていた。

　ここで一つ確認しておきたいことがある。私は、共通語奨励運動を完全に否定するつもりはない。なぜなら、教科書を含め、印刷物はほぼ全てが日本語で書かれ、ラジオ・テレビもごく一部の番組を除いて日本語で放送されていたので、当時の社会状況で、日本語を習得しないということは非現実的で

あったといえるからである。問題は、共通語奨励と方言撲滅が一体化し、方言が劣位のことばとして貶められ、話してはいけないコトバとして禁止されたことである。それが、子どもたちの劣等感を生み出したといわれている（沖縄教職員会 1957；小熊 1998）。

　ところで、私たちに共通語を使うように指導した校長は、ウクムニーを使うことはなかったのだろうか。当時の沖縄の言語状況を見ると、校長が親・兄弟姉妹や友人などとの会話に常に共通語を使用していたとは考え難いのである。日本人となるために共通語を奨励していた教員が、家庭や地域では、共通語ではなく土着のコトバを使うことがあった可能性はある。ここに奥（を含めた沖縄社会）の言語教育の矛盾があるといえるだろう。

　2014 年 10 月 17 日に奥における共通語（日本語・標準語）励行について、奥区出身で、現在奥区に住んでいる島田隆久氏（70 代）、宮城正志氏（60 代）、新城春男氏（50 代）の三氏にインタビューをした。ちなみに新城氏は私より一つ年上で幼なじみである。三氏とも、共通語励行のことは記憶していて、宮城氏と新城氏は、週の努力目標として共通語を使うことが黒板の隅に書かれていたと覚えている（私もこの記憶はある）。島田氏、宮城氏によると、方言札のような罰札はなかったが、授業終了後のホームルームで担任にだれがウクムニーを使ったのかを報告することが奨励されていた。使った生徒は、便所の掃除や運動場の石ころ拾いなどの罰を課されたようである。島田氏、宮城氏は、この「報告」で生徒間の仲が悪くなったとは語らなかったが、多少なりとも不信感があったことは推察できる。三氏とも学校内でも学校外でも同級生等と話をするときにウクムニーを使うことは少なかったと記憶している。これは、私の記憶とも一致する。このインタビュー内容から、1950 年代、60 年代に奥小学校・奥中学校で学んだ者は、ウクムニーを使うことはなく、若年層での土着言語の衰退がかなり進行していたことがわかる。ウクムニーが話せる者は 80 代以上であるという危機的状況はこの時代の共通語励行運動に起因するのである。

　このような歴史・現状は、沖縄県全般的に言えることで、奥が特別ということではない。特に、現状については、琉球新報（2012）、沖縄県文化振興課

(2013)、石原 (2014) によると、若者世代でシマクトゥバ[8]の話者人口が激減している。現在、沖縄県でのシマクトゥバの状況は、だいたい次のようである。すなわち、シマクトゥバを話すのはせいぜい祖父母かその上の世代までで、親世代は、理解できたとしても、子どもたちにシマクトゥバで話しかけることはしないし、同世代の人ともシマクトゥバで話をする機会が少ない。

(2) 話者人口と総人口に占める話者人口の割合

　言語の活力と危機度の基準との関連で、UNESCO (2003) は、危機にあるとみられている言語の話者数と、その数が地域の総人口に占める割合を重視している。前者が項目 2 で後者が項目 3 である。私の奥区の調査では、区民全員の言語能力を調べてはいないので、何名が話すのかは不明である。しかし、言語運用能力に関する調査と人口統計に基づいて、より実体に近い数値を推測することは可能である。私は、2014 年 5 月に、島田隆久氏にインタビューして、何歳以上の区民がウクムニーを話せるのか質問した。それに対して、同氏は「ちゃんとしたウクムニーを話すのは 80 歳以上である」と回答した。同氏は区長を務めたことがあり、奥区のことについてはかなり詳しいので、同氏の回答は信頼性が高いと判断できる。人口統計ラボは 2010 年 10 月の国勢調査に基づいて、詳細な人口統計資料を WEB 上で発表している (http://toukei-labo.com/)。同ラボの「沖縄県国頭郡国頭村字奥―年齢別 (5 歳階級、4 区分)、男女別人口」によると、奥区の 2010 年 10 月時点の 75 歳以上の人口は 45 人である。同時点の 75 歳以上は、4 年後の 2014 年には、ほとんどが 80 歳以上であると想定すると、ウクムニーの話者は 45 人であると推計される。

　表 10-3 は UNESCO (2003: 9) に示された基準である。この基準を当てはめると、2010 年の奥区の人口 175 人に占める話者人口 45 人の割合は約

---

[8] 沖縄県において、土着の言語は「シマクトゥバ (島のことば)」と呼ばれている (かりまたしげひさの論考・第 11 章 11-2 節を参照)。

表10-3 総人口に占める話者の割合から見た危機度（UNESCO 2003: 9 筆者訳）

危機度	評点	総人口に占める話者数の割合
安泰	5	全ての住民が当該言語を話す。
不安泰	4	ほぼ全ての住民が当該言語を話す。
明確な危機	3	大多数の住民が当該言語を話す。
深刻な危機	2	少数の住民が当該言語を話す。
極めて深刻な危機	1	当該言語を話す住民はほとんどいない。
消滅	0	当該言語を話す住民はいない。

26％であるので、項目3から見たウクムニーの危機度は「深刻な危険」（程度2：少数の住民が当該言語を話す）である。現在の話者数の割合は26％であるが、縮小することは予測されている。80歳以上が話者であるので、彼・彼女たちより若い区民がウクムニーを話せるようにならないと、20年後には100歳以上が話すということになる。20年後に、100歳以上で、生存している区民の数は非常に少ないと予測できるので、コミュニティ全体に占める話者の割合はごく近い将来において急激に縮小し、危機度は「極めて深刻な危機」（評点1：当該言語を話す住民はほとんどいない）となるであろう。

(3) 言語の使用領域

　言語がどのような領域で使われているのかは、その言語の活力や維持継承に深く関わっている。特定の領域、例えば伝統的な祭祀でのみ使われている言語は、生活言語として使用されていないので、活力が低く、維持継承される可能性は低い。一方で、家庭や職場でも使われている言語は、生活言語として使用されているので、活力は高く、維持継承される可能性が高い。言語がどのような領域で使用され、それがどのように変化しているのか、という側面から言語の活力と危機度を評価することができる。この項目が示す危機の程度および領域と機能は表10-4に示した通りである。UNESCO（2003: 9）は、「ある言語が何処で、誰と、どのような話題で使われるのかということは、その言語が次世代に継承されるか否かに直接的な影響を与える」と述べている。言い換えると、言語の保存とは、言語が使用されるコンテキスト（場面）

第 10 章　ウクムニー（奥方言）の活力と危機度について

表 10-4　既存の言語領域における言語使用の傾向（UNESCO 2003: 9 筆者訳）

危　機　度	評点	領域と機能
一般的な使用	5	当該言語は、全ての領域および全ての機能で使用される。
複数言語の同等な使用	4	ほとんどの社会的領域、ほとんどの機能について二つまたはそれ以上の言語が使用される。
縮小した領域	3	当該言語が家庭で使用され、多くの機能に使用されるが、支配言語が家庭においても使用され始めている。
限定的または形式的な領域	2	当該言語は、限定的な社会領域においていくつかの機能に使用される。
高度に限定された領域	1	当該言語は、高度に限定された領域においてごく少数の機能に使用される。
消滅	0	当該言語が使われる領域および機能はない。

を保存することを意味するのである。

　私の調査によると、ウクムニーは、個人的（家族、親戚、友人）な領域で使われている。また、上に述べたように、親や祖父母が修学年齢の子どもたちとウクムニーで会話をするということはない。このことから、ウクムニーは限られた場面で使用されていることになるので、項目 4 から見た危機度は「限定的または形式的な領域」（評点 2：当該言語は、限定的な社会領域においていくつかの機能に使用される）である。なお、ウクムニーの危機度は固定的なものではなく、変化するものであり、現時点では悪化することが予測されている。家族・親戚・友人という個人的な領域でウクムニーを話している祖父母やその上の世代の人たちが亡くなると、全世代において、個人的な領域においてもウクムニーは使われなくなることが予測されるのである。

　2014 年夏に、那覇在住の奥出身者の家庭で法事があり、そこに奥から 3 名の高齢女性が来ていた。彼女たちは、ウクムニーで会話をしていた。私はそのほとんどを聞き取ることができたが、日本語でしか話すことができなかった。そこでの会話で、私自身がパーソナルな場面に使われるウクムニーが理解できても、話すことができない受動的母語話者（passive native speaker）であることが痛感させられた[9]。私が、ウクムニーを話すことができなくて

---

[9]　UNESCO の「言語の活力と危機度」には、聞けるが話せない受動的母語話者につ

第3部　コトバ

も聞いて理解できるということは、奥に住んでいた14年間に、また那覇市に引っ越した後で、何らかの形でウクムニーに接していたことの証となるであろう。言い換えると、インプットはあったのである。しかしながら、上記の共通語励行運動にみられたように、シマクトゥバの一つであるウクムニーは話してはいけない言語であると禁止されたので、アウトプットがなかったのである。この機会がなかったことが、私がウクムニーを習得できなかったことにつながったといえるであろう。沖縄県では、40代・50代を中心に、シマクトゥバを聞けるが話せないという受動的母語話者が多い。このような人たちは、私も含めて、インプットはされているので、アウトプットの機会を作ることで、少しずつ話せるようになるのではないだろうか。

(4) 新しい領域およびメディアでの言語使用

　言語が使用される領域は不変ではなく、社会の変化により、従来使われていなかった領域で使われるようになることがある。また、科学技術の発達により、新たな言語使用領域が生まれることもある。新たな言語使用領域でどの言語が使われるのかを分析することにより、言語の活力を測ることができる。LVEも、この点に注目し、新たな言語使用領域やメディアとの関連で言語の活力と危機度を測定する。表10-5に示した通り、この項目は、「5」から「0」の6段階で評価される。

いては、言及されていない。発話という形で表に現れてこないこの能力は、危機言語の復興にとり重要な要素となるであろう。このような話者は「母語」である危機言語については、インプットがされているので、機会を作ることにより、アウトプットできるようになる可能性が高いのである。また、このような話者の多くが、「母語」は話してはいけない言語、劣った言語であると教えられ、それを信じている可能性が高いので、自らの母語に誇りを取り戻すことが必要であろう。また、私は、ここ何年かで、ウチナーグチを書いて表現できるようになったが、話す能力はまだ追いついていない。危機言語が文字という表現方法をもっている場合、書く能力があるかどうかも「言語の活力と危機度」の一つの基準として考えることができるだろう。

第 10 章　ウクムニー（奥方言）の活力と危機度について

表 10-5　新しい領域およびメディアに対する反応（筆者訳）

危　機　度	評点	危機言語により受容された新しい領域とメディア
ダイナミック	5	当該言語は全ての新しい領域で使用されている。
強力で活発	4	当該言語はほとんどの新しい領域で使用されている。
受容的	3	当該言語は多くの新しい領域で使用されている。
対処的	2	当該言語はいくつかの新しい領域で使用されている。
最小限度	1	当該言語が使用される新しい領域は非常に少ない。
不活発	0	当該言語が使用される新しい領域は存在しない。

　沖縄県においては、子どもたちが学校で課外活動などを通してシマクトゥバを学ぶ機会を与えられるようになってきた。このことから学校において地域の言語を学ぶことは新しい領域としてとらえることができる。私は、2014年10月17日に奥小学校の新田宗則校長にインタビューし、同校におけるウクムニー教育について訊いた。校長によると、2014年の在籍児童数は15名で、全てが奥区に住んでいる。校長によると、生徒は、家庭や学校および地域でウクムニーを使うことはなく（地域の大人も使わない）、日本語が日常言語である。高学年には聞いてわかる生徒がいるかも知れないが、校長は生徒がウクムニーを話しているのは聞いたことがないそうである。学校では、総合学習の時間に、奥区の地図について学ぶので、地図にウクムニーで記された地名を学ぶことはあるが、言語学習としては学んでいない。ただし、環境教育に力を入れていて、高学年の子どもたちは地域の自然を学ぶことを通して、地域に生息する動植物のウクムニー名を覚えることはあるようである。

　校長は、学校で奥区の文化やコトバを教え、子どもたちが日常生活で、挨拶だけでなく、ウクムニーを使えるようにしたいとは考えているが、カリキュラムの制約上、現状では難しいと述べていた。例えば、国語の時間は単元毎の時間が決まっており、その中に地域の言語の教育を組み入れることは困難である[10]。また、教員は、校長をはじめ、全て奥区以外の出身で、ウクムニー

---

[10]　運動会では「シマクトゥバ・ラジオ体操」に合わせてラジオ体操をしているが、ウクムニーではない。また、国頭村民生委員児童委員協議会が 2013 年に作成した「くんじゃんかるた」（国頭カルタ）を寄贈されたので、子どもたちが遊べるようにはし

をわかる者がいない。したがって、学校でウクムニーを教えたくても、教えることができないのがもう一つの課題であると述べた。熱心な先生がいて、自らウクムニーを学び、それを子どもたちに教えることができたとしても、その先生がいなくなるとまた教えられなくなり、継続性の問題もあるとも述べた。言い換えると、教員個人の関心や熱意に任されているような現状では、地域言語（と地域文化）の教育は成り立たないのである。校長は、沖縄県教育委員会や国頭村教育委員会などの教育行政機関が主導して、そのような教育を実施するようにすれば、学校としても継続性のある教育ができると述べた。そうなると、地域を巻き込んで、授業時間だけでなく、学習発表会やお話大会などでも、子どもたちにウクムニーを教える機会が増えるだろう。

　私は、校長に学校以外で子どもたちが奥区の言語や文化に触れる機会があるのか訊いた。校長によると、子どもたちは地域の祭祀であるシヌグに参加するので、そこで使われるコトバには接している。また毎年5月のゴールデンウィーク期間中に開催される奥鯉のぼり祭でも沖縄県の郷土芸能であるエイサーを演舞するので、関連したコトバに接することもある。しかしながら、エイサーは元々奥区で継承されてきた文化行事ではないので、使われていることばはウクムニーではない。校長は、伝統祭事で使われるコトバは、その場だけで使用される特殊なコトバで、「生きたことば」として日常会話に使われることはないのではないかという趣旨の疑問を述べた。

　近年の沖縄県における、シマクトゥバ復興に関する新しい展開として、ラジオ・テレビ・新聞等のマスコミおよびインターネット（ブログやFacebookなどのSNS）でのシマクトゥバの使用がある。また、沖縄文学でも、目取真俊の『眼の奥の森』（2009年）、大城立裕の『真北風（まにし）が吹けば』（2011年）、宜志政信訳の『吾んねー猫どぅやる（わんねーまやーどぅやる）』（夏目漱石の『吾輩は猫である』の翻訳）などのシマクトゥバの記述を取り入れた作品

ているが、授業で使うことはないようである。なお、国頭村には20の集落があり、集落によりコトバが微妙に違う。このカルタを奥区独自の言語教材として活用するのなら、ウクムニー版を作成することが必要である。

が出版されている。過疎化が進む地域は、このような展開から取り残されているといえるが、奥も例外ではない。私が調べた範囲では、現在のところウクムニーがマスコミ、インターネットおよび文学作品に使われていることはないようである。

　以上のことを勘案すると、項目5からみたウクムニーの危機度は「最小限度」（評点1：当該言語が使用される新しい領域は非常に少ない）である。現状としては、学校教育との関わりで少しだけ使われているようなので、「0」ではなく「1」であると評価した。

(5) 言語教材

　家庭において危機言語が母語として継承される可能性が低くなってきている現状にかんがみ、家庭以外の場で、危機言語を第二言語として継承する機会を与えることは重要である。LVEは、学校教育で教えられているか、行政や教育で使われているか、正書法が確立され、その正書法を用いた文書等の記録がなされているかの観点から言語の活力を測る。この項目では、表10-6に示したように、危機言語基準には危機の程度に関する用語（例えば「深刻な危機」）は設定されず、単に「5」から「0」の評点を設けているだけである。

　那覇市教育委員会は、2013年に『使って遊ぼうシマクトゥバ —— ちかてぃあしばなシマクトゥバ』というタイトルの小冊子（低学年向けと高学年向け）を2冊発行し、市立小中学校全校の生徒に配付した。併せて、教師用に手引きとデジタル版教材も製作された。この事業には大きな意味がある。この冊子を受け取った子どもたちは、それをサンプルとして、家庭において、父母や祖父母とシマクトゥバを使って会話をすることを奨励されたのである。ウクムニーの継承についてもこのような教材が必要となるであろう。しかし、上記のように学校で教えられていないので、教科書・ガイドブック的な教材は皆無である。また、この種の教材を作るとすれば、国頭村教育委員会が監修しなければならないであろう。しかし、国頭村内の小学校の生徒数が少な

第3部　コトバ

表 10-6　言語教育教材とリテラシー（UNESCO 2003: 12 筆者訳）

評点	当該言語で記述された資料の利用可能性
5	正書法が確立され、フィクション、ノンフィクションおよび日々の（活字）メディアが構築されている。当該言語は行政および教育で使用されている。
4	当該言語で記述された資料が存在し、学校は子どもたちの当該言語のリテラシーを養成している。当該言語による行政文書等の記述は行われない。
3	当該言語で記述された資料が存在し、子どもたちは学校においてそのような資料に触れることがある。活字メディアは言語リテラシーを養成しない。
2	当該言語で記述された資料は存在するが、コミュニティの一部の人たちにだけ有益である。他の人たちにとっては、象徴的な意義でしかない。教育カリキュラムは当該言語の教育を含まない。
1	コミュニティでは実用的な正書法が知られ、いくつかの資料が当該言語で書かれている。
0	当該言語の正書法は存在しない

いことや、集落によりコトバが異なることから、同種の小冊子の発行には困難が予想される。

　私の調査した範囲では、教材として使われる可能性がある出版物が一つだけある。1986年に出版された『字誌　奥のあゆみ』の第10章では「奥の方言」について記述されている。文の用例と簡単な辞典（日本語引き）が載っている。しかしながら、これが言語教材として活用されているかどうかは不明である。少なくとも、奥小学校では使われていない。

　ここまで述べたことを基にすると、項目6からみたウクムニーの活力の評点は「1」（コミュニティでは実用的な正書法が知られ、いくつかの資料が当該言語で書かれている）である。その根拠は次の通りである。ウクムニーの記述がある出版物は一つだけで、『字誌』の中での記述であるので、子ども向けではない。また、子どもたちは、学校教育でウクムニーのリテラシー教育を受けていないので、ウクムニーで書かれた記述を読むことは難しいだろう。

　言語教材については、あたらしい教材開発が進行中である。琉球大学の狩俣繁久教授の研究室では、奥区での言語調査を実施していて、調査協力者（80歳代の話者）と連携して『ペーハナレー』という音声教材を作成中である（當山奈那の論考・第12章を参照）。これは、文字を使わないで音声（日本語とウクムニー）のみを使って、ウクムニーを覚えることを目的とした教材である。

第 10 章　ウクムニー（奥方言）の活力と危機度について

CD に録音された文（対応する日本語の文の後にウクムニーの文が発音される）をまねることによって、日常会話で使えるような表現を習得できることを目指しているので、奥小学校での方言教育に取り入れることができるのではないだろうか。新田校長もこの教材のことは知っていて、完成すれば授業に活用したいと述べていた。

10-3　ウクムニーに関する言語意識

　言語の活力と危機度の基準の二番目の観点は、言語意識である。言語選択は言語意識に影響されるので、言語の危機の程度や活力を測定するうえで、言語意識は重要な観点である。UNESCO (2003) はこの観点に関して、二つの項目を設定している。すなわち行政機関の言語意識と地域住民の言語意識である。

(1) 行政機関等の言語意識と政策

　言語活力の保持または向上のためには、言語コミュニティでその言語が使用されること、子どもたちがその言語を母語または第 2 言語として継承することが重要である。そのようなコミュニティの言語活動が可能であるためには、行政機関の言語政策・計画がその活動を保障することが重要である。LVE では、言語の維持継承に対する行政機関の支援との関連で、言語の活力と危機度を測定する。表 10-7 に示したように、この項目の評点は行政機関から使用を保障されているか、あるいは使用を禁止されているか、に基づいている。使用が保障されている言語は、活力が高く、維持継承の可能性が高い。一方で、使用が禁止されている言語は、話されなくなるので、活力が低くなり、維持継承の可能性が低くなる。

　奥区が属する地方自治体は国頭村であるが、2013・2014 年の同村の広報紙『くにがみ』には、国頭村における方言教育に関する記述は見当たない

表 10-7　公的機関の危機言語への支援（UNESCO 2003: 14 筆者訳）

支援の程度	評点	公的機関の言語意識
同等な支援	5	全ての言語が保障されている。
区別化された支援	4	非支配言語は主として個人的言語使用領域の言語として保障されている。非支配言語の使用は名誉である。
受動的同化	3	少数言語に関する明確な政策はなく、公的言語使用領域では支配言語が優勢である。
積極的同化	2	政府は支配言語への同化を奨励し、少数言語は保障されていない。
強制的同化	1	支配言語が唯一絶対の公用語で、非支配言語は承認も保障もされない。
禁止	0	少数言語は禁止されている。

（文化行事や文化財の保護に関する記述はある）。また、奥小学校校長へのインタビューから、国頭村教育委員会が方言教育に関して何らかの方針を示してはいないことが推察される。以上のことから、項目 7 からみたウクムニーの支援の程度は「受動的同化」（評点 3：少数言語に関する明確な政策はなく、公的言語使用領域では支配言語が優勢である。）であると判定される。すなわち、少数言語（である国頭村各地区のシマクトゥバ）に関する明示的な政策がなく、公的な言語使用領域では支配言語（日本語）が優勢である（普及している）、というのが現状なのである。

(2) 地域住民の言語意識

　消滅の危機にある言語が維持継承されるためには、その言語が話されている地域の住民が、どのような言語意識をもっているのかが重要な要素となる。地域住民は、残そうと思っていない言語を使用することはないであろうし、無くなってもかまわないと考えている言語を子どもたちに継承させることもしないであろう。言い換えると、地域住民が自分たちに言語を残し、子どもたちに継承させたいと思わない限り、言語復興に向けた取組（言語の活力を高める取組）は起こりえないのである。LVE は、危機言語に対する住民の言語意識に関して、特別な用語を定めないで、表 10-8 に示したように、「5」

第 10 章　ウクムニー（奥方言）の活力と危機度について

表 10-8　地域住民の言語意識（UNESCO 2003: 14 筆者訳）

評点	地域住民の言語意識
5	全ての住民が当該言語の価値を認め、普及が促進されることを望んでいる。
4	ほとんどの住民が当該言語の維持を支持している。
3	多くの住民が当該言語の維持を支持するが、他の住民は当該言語の維持に無関心で消滅を支持している。
2	一部の住民が当該言語の維持を支持するが、他の住民は当該言語の維持に無関心で消滅を支持している。
1	ごく少数の住民が当該言語の維持を支持するが、他の住民は当該言語の維持に無関心で消滅を支持している。
0	住民は当該言語の消滅に関心はなく、支配言語を使用することを好む。

から「0」の 6 段階の評点とその定義を示している。

　本調査では、奥区の住民を対象に意識調査をしてはいないが、島田隆久氏へのインタビューの結果から、推測することは可能である。島田氏によると、区民がウクムニーを継承するための取組は行われていない。同氏は、区長を務めていた 1996 年にウクムニーの調査を行った千葉大学（当時）の内間直仁教授に依頼して、奥区民を対象に 2 週間程度のウクムニー講座を開催した。その後も沖縄県内外の大学の研究者が調査をしているが、話者たちは積極的に調査に協力している。現在（2014 年）は琉球大学の狩俣繁久教授の調査に協力している。島田氏によると、子どもの数が少ないので継承は困難であるが、ウクムニーが話せる区民は何らかの形で保存したいと考えている。この考えは、区民の言語意識を示しているといえる。80 歳代の話者は保存活動に協力するが、話せない世代は維持・保存にはあまり関心はなさそうである。しかし、後者は消滅を支持しているということではない。以上のことから、項目 8 から見たウクムニーの危機の程度の評点は「2.5」が適切であろう。評点「3」（多くの住民が当該言語の維持を支持するが、他の住民は当該言語の維持に無関心で消滅を支持している。）と評点「2」（一部の住民が当該言語の維持を支持するが、他の住民は当該言語の維持に無関心で消滅を支持している。）の中間の評点である。

第 3 部　コトバ

10-4 ｜ウクムニーの記録保存

　言語の活力と危機度の基準にかんする 3 番目の観点は、言語記録の量と質である。言語記録は、言語維持と言語復興にとり重要である。なぜなら、既存の言語記録は、文法書などの教材開発や、録音、ビデオ撮影等を通しての新たな言語記録の基盤となるからである。辞典・辞書もまた言語記録に基づいて編纂される。近い将来に、ある言語が消滅することが予測されていたとしても、その言語を記録保存することは重要である。ウクムニーは話者が 80 才以上であることは上記の通りである。奥区は子どもの数が少なく、子どもたちはウクムニーを継承してはいない。このことから、近い将来に消滅することは予測される。このような言語の記録保存について、UNESCO (2003: 7) は次のように述べている（筆者訳）。

　　そのような言語を記録保存することは下記の理由で重要である。
　　1) 人間の知識体系をより豊かなものにする。
　　2) 現在の知識にはないような文化的なものの見方をもたらすかも知れない。
　　3) 消滅の危機に瀕している言語を記録保存する活動を通して、当事者である話者が言語的、文化的な知識を復活させるかも知れない。

　項目 9 には、表 10-9 に示したように「5」から「0」の 6 段階の評点がある。ウクムニーの記録保存については、ごくわずかな語彙資料があるのみである。私が調べた範囲では、文法書と辞典はない。ウクムニーの記録としては、上述の『字誌　奥のあゆみ』の第 10 章に語彙や会話表現がある。また、名護市史「言語編」専門部会が 2006 年に発行した『名護市史本編・10　言語』には、沖縄本島北部（やんばる）の各地区で話されているコトバが品詞（名詞、形容詞、動詞、代名詞等）・アクセントごとにまとめられて、一単語・一地図の言語地図に掲載されている。その中に、ウクムニーも含まれている。この言語地図をみると国頭村を含めてやんばるの言語が多様性に富んでいることがわかる。2014 年に亡くなった上原信夫氏は、長い間那覇市に住んでいたが、

第 10 章　ウクムニー（奥方言）の活力と危機度について

表 10-9　言語記録保存（UNESCO 2003: 16 筆者訳）

記録保存の状態	評点	言語記録保存
最高の記録保存	5	総合的な文法書および辞典、広範囲な教科書が整備され、言語資料がコンスタントに流通している。高品質のオーディオ・ビデオによる注釈付きの記録保存が豊富にある。
良好な記録保存	4	一つの優れた文法書と複数の適切な文法書、辞典、教科書、文芸作品、時折更新される日常メディアがある。高品質のオーディオ・ビデオによる記録保存が適当にある。
適切な記録保存	3	一つの適切な文法書または十分な数の文法書、辞書、教科書はあるが、日常メディアはない。さまざまな品質のオーディオ・ビデオによる記録保存は存在するが、注釈の程度も多様である
断片的な記録保存	2	限定的な言語研究に役立つ複数の概略的な文法書、語彙目録、教科書があるが、範囲が不適切である。さまざまな品質のオーディオ・ビデオによる記録保存は存在するが、注釈付きと注釈無しがある。
不十分な記録保存	1	少数の概略的な文法書、短い語彙目録、断片的な教科書しか存在しない。オーディオ・ビデオによる記録保存は存在しないか、あっても使用不可能か、注釈無しである。
記録保存無し	0	言語資料は存在しない。

出身地の奥のコトバを記録保存する地道な作業を一人で行っていた。琉球大学の狩俣繁久教授がその作業を引き継ぎ、研究室の学生と奥でのフィールドワークを実施しながら、上原氏が残した記録の確認作業を行っている。この作業が完了すれば、かなり詳細なウクムニー辞典が完成するだろう。狩俣氏は、少なくともあと 3～4 年はかかるであろうと見通しを立てている（かりまたしげひさの論考・第 11 章を参照）。上原氏の記録には、音声・映像の記録が伴っていなかったが、現在進行中のフィールドワークではオーディオ・ビデオによる記録保存も行っている。なお上記のウクムニー速習ソフト「ペーハナレー」はこのフィールドワークの成果から派生したものである

　以上のことから、項目 9 からみたウクムニーの危機の程度の評点は「1」（不十分な記録保存：少数の概略的な文法書、短い語彙目録、断片的な教科書しか存在しない。オーディオ・ビデオによる記録保存は存在しないか、あっても使用不可能か、注釈無しである。）と判断した。

第3部　コトバ

10-5 ｜ ウクムニーを残していくために

　10-2節から10-4節で述べたように、ウクムニーは極めて危機的な状況にあるといえる。極端な少子高齢化地域である過疎の村落で話されるウクムニーは、消失にむけた流れを止めるための手立てが講じられない限り、近い将来確実に消滅するだろう。人口（2010年現在）は175人で、その中75歳以上の高齢者が45人である。一方で、小学校に通う子どもたちはわずかに15人で、学校でウクムニーを学ぶことはない。子どもたちは、小学校を卒業すると、国頭村辺土名の国頭中学校に通うことになる。そこでは、村内の他地域の小学校出身者と学ぶことになるので、ウクムニーを話す機会はかなり少なくなるだろう（もし話せたとしても）。新田校長によると、奥小学校と同じく、国頭中学校では、生徒たちの使用言語は日本語である。このような状況からすると、奥の子どもたちがウクムニーを継承することはほとんど不可能であろう。

　維持・継承が難しいとしたら、何らかの形で記録保存されることが望ましい。上記の琉球大学の狩俣繁久教授とゼミの学生が実施している記録保存の作業が完了すれば、国頭村の言語多様性の記録を保存するうえで重要な成果となる。

引用文献

石原昌英（2010）琉球語の存続性と危機度.『東アジアにおける言語復興』（ハインリヒ，パトリック・松尾慎（編著））三元社，pp.111-150.
石原昌英ほか（2013）『文化庁委託事業報告書　危機的な状況にある言語・方言の保存・継承に係る取組等に実態に関する調査研究事業（奄美方言・宮古方言・与那国方言）』琉球大学国際沖縄研究所.
石原昌英ほか（2014）『文化庁委託事業報告書　危機的な状況にある言語・方言の実態に関する調査研究（八丈方言・国頭方言・沖縄方言・八重山方言）』琉球大学国際沖縄研究所.
Ishihara, M. (2014) Language vitality and endangerment in the Ryukyus.In Mark Anderson and Patrick Heinrich eds. *Language Crisis in the Ryukyus*.pp. 140-168. Cambridge University Press.
大城立裕（2011）『真北風（まにし）が吹けば ── 琉球組踊続十番』K&Kプレス.

沖縄教職員会（1957）『第三次教研中央集会研究集録』
奥小中学校創立九十周年記念事業期成会記念誌編集委員会（2003）『奥小中学校創立九十周年記念誌』国頭村立奥小中学校.
奥のあゆみ刊行委員会（1986）『字誌　奥のあゆみ』国頭村奥区事務所.
小熊英二（1998）『＜日本人＞の境界 ── 沖縄・アイヌ・台湾・朝鮮植民地支配から復帰運動まで』新曜社.
木部暢子・山田真寛・下地賀代子（2011）6.5 危機の度合いの判定.『文化庁委託事業　危機的な状況にある言語・方言の実態に関する調査研究事業報告書』pp.77-90. 大学共同利用機関法人人間文化研究機構国立国語研究所.
木部暢子ほか（2015）『文化庁委託事業報告書　危機的な状況にある言語・方言の保存・継承に係る取組等に実態に関する調査研究（八丈方言・国頭方言・沖縄方言・八重山方言）』大学共同利用機関法人人間文化研究機構国立国語研究所.
宜志政信（2001）『吾んねー猫どぅやる』新報出版社.（夏目漱石の『吾輩は猫である』のシマクトゥバ訳）
国頭村（編）（1967）『国頭村史』国頭村役場.
Krauss, M. (1992) The World's Languages in Crisis. In *Language*, 68(1): 4-10.
Grenoble, L.A. & Whaley, L.J. (2006)*Saving Languages An introduction to language revitalization*. Cambridge University Press.
谷川健一（編）（1970）『わが沖縄 ── 方言論争』木耳社.
名護市史編さん委員会（編）（2006）『名護市史本編・10　言語 ── やんばるの方言』名護市史編さん室.
那覇市教育委員会（2013）『使って遊ぼうシマクトゥバ ── ちかてぃあしばなシマクトゥバ』時事出版.
那覇市総務部市史編集室（1970）『那覇市史　資料編　第 2 巻中の 3』那覇市役所.
新永悠人・石原昌英・西岡敏（2014）北琉球諸語（奄美語・国頭語・沖縄語）の存続力と危機度.『琉球諸語の保持を目指して　消滅危機言語をめぐる議論と取り組み』（下地理則・ハインリヒ，パトリック（編））ココ出版. pp.96-142.
外間守善（1981）『沖縄の言葉　日本語の世界 9』中央公論社.
Fishman, Joshua (1991) *Reversing Language Shift; Theoretical and Empirical Foundations of Assistance to Threatened Languages*.Multilingual Matters Ltd.
目取真俊（2009）『眼の奥の森』影書房.
Moseley, C. (ed.)(2010)*Atlas of the World's Languages in Danger*, 3rd edition. Paris, UNESCO Publishing. Online version: http://www.unesco.org/culture/en/endangeredlanguages/atlas
UNESCO Ad Hoc Expert Group on Endangered Languages (2003)Language Vitality and Endangerment. Online available at: http://www.unesco.org/culture/ich/doc/src/00120-EN.pdf (accessed on 3 May 2014).
琉球新報（2012）『2011 沖縄県民意識調査』琉球新報社.

● コラム 7 ●

『いそーはるまかびばなし(面白い嘘話)』

宮城邦昌・當山奈那

上原信夫著『いそーはるまかびばなし』について

　国頭村奥区は沖縄本島の最北端に位置し、西銘岳を背に、太平洋に開く奥湾は与論島を臨む、山と海に囲まれた山間の小さな集落である。部落の確かな成り立ちはさだかでないが、おおよそ500年前に始まっただろうと言われている。

　部落には多くの門中があり、首里や那覇、その他の地域からの移住者で構成されている。こうした各地からの移住者も移住当時のコトバは異なっていただろうが、長い歴史の中で外部からの影響などもあり必要に応じて淘汰され、育まれながら、村落共同体的に定型化されていった。

　ウクムニー（奥コトバ）の特色は、パピプペポなどのＰ音である。花（ぱな）・骨（ぷに）・足（ぴさ）・恥（ぱじ）・人（とぅ）などと五十音記号で表記しても、実際の発音はとても表せない。これらの単語は、周辺部落では、はな・ふに・ひさ・はじ・つぅに近い音で発音されることが多いが、これもなかなか五十音記号では表せない。このように、国頭村内の二十の字のコトバは、どれも全く同じ所はない。それでも、抑揚や発音などが異なってはいても、そのまま丸出しで話してだいたいは通用する。ところが、**ウクムニー**だけは、そのままでは何処でも通用しない。

　どうしてこのように独特な**ウクムニー**（奥コトバ）が生まれたのか、その原因の究明は言語学の専門家に任せるとして、ここでは、奥の人々が、娯楽のない時代に、その独特のコトバを駆使して多くの嘘話（**マカビバナシ**）を編みだし、伝承してきたことを記しておきたい。上原信夫はそのような**マカビバナシ**を収集して、小冊子『いそーはるまかびばなし（面白い

嘘話)』(2013 年) にまとめたのである。

　私が幼い頃、夕方になると、中学生達が**シヌグモー**の郵便局前の広場に集まり、後輩の小学生を集めて幽霊話や体験談を色々と聞かせていたことがあった。奥の先人達は、それぞれの特技を生活の中で生かした達人であり、山・海・畑仕事の合間に音楽や武道を嗜み、自然を読み取る観天望気に長けた人や、詩人的な気質の人も多くいたのである。なかには、言葉巧みに子供たちの想像力をかきたて、木の葉が小枝を離れ地面に落下するまでのわずかな時間、その心を虜にすることのできる話術の持ち主もいた。山間の小さな共同体で生き抜く間に、その生活の多様性を巧みな話術で語り継いできたことも、奥部落の魅力ある歴史の一コマと言える。それら奥に伝わる話を収集しはじめたのが上原信夫であった。

　信夫は 2014 年 3 月に享年 87 歳で逝去された。その 1 年前、病に伏しながら、**グソーヌマカビバナシスデー**（後生（あの世）の嘘話大会）をひそかに企画していた。場所は**トーンヤンメー**（墓の前の広場）、話し上手であった大先輩達を**グソー**（後生（あの世））から呼び寄せ、審判は**ナビウンチュー**（宮城親徳（1906-1993 年）、奥の地名を書き留めた「親徳図」の作者）、見物人は**トーンヤンメーガニ**（オキナワアナジャコ）、**スッタ**（トビハゼ）、**アマーム**（ヤドカリ）など、奥の墓地近くの湿地帯に生息していた動物たちを招待して開催するとしていた。この広場も現在は県道 70 号線が整備され失われてしまった。信夫は私達にこの大会を披露することなく、自ら**トウタビ**（後生旅）したのである。

　『いそーはるまかびばなし（面白い嘘話）』は、全部で九篇からなっている。ここでは、紙面の都合で、第六話「豚ん睾丸切やーぬ話」と第八話「砂糖泥棒ぬ話」の二篇を紹介したい。

まかび話の音声録音について（當山奈那）

　奥出身で那覇在住の米吉正子さん（1942（昭和 17）年生）に、2016 年 1 月 19 日と 2 月 2 日に琉球大学の研究室でまかび話 2 話を朗読していただき、音声録音を行った。

コラム7 『いそーはるまかびばなし（面白い嘘話）』

図1 「まかびばなし」音声収録の風景。琉球大学研究室内にて。左から、米吉正子（話り手）、宮城邦昌、當山奈那。

　上原さんによる元の小冊子に載っているテキストは、上段が「ウクムニー（奥方言）」、下段が「大和言葉」（対応する日本語標準語訳）の、漢字かな混じりの縦書き二段構成になっているので、次ページ上段のウクムニーの朗読の表記もこの方式に従った。ただし、漢字には全てかな文字でルビを付すことで、できるだけ音声に忠実な表記にした。表記は、「ウクムニー表記表」（序章 p.25）に従っている。カナ表記をかな表記にかえたのみである。ただし、喉頭化音の『'（ちょん）』を示すことはしなかった。'トゥ（人）や'ピル（大蒜）のように喉頭化音がはっきり聞こえる例もあるが、判別できない場合が多かったためである。たとえば、「豚ぬ睾丸切やいぬ話」にでてくるタヘー（二回）、タイ（二人）の、最初の「タ」は、もっと年配の話者に単独で発音していただくと喉頭化音がはっきり聞こえるが、この朗読の中では判別が難しい。また、同じ語彙でも、発音の変異が見られる例がある。「小父さん」はウンチュー［untʃuː］〜ウンツー［untsuː］、「甕」はカミ［kami］〜カビ［kaβi］、「睾丸」はプグイ［pʰugui］〜フグイ［ɸugui］等だが、よりフォーマルな発音である前者の表記に統一した。

405

第 3 部　コトバ

録音音声（wav）
http://www.kyoto-up.or.jp/
qrlink/201603/yanbaru/06.html

豚の去勢をする人たち

コラム7 『いそーはるまかびばなし(面白い嘘話)』

(奥ムニー)

豚ぬ睾丸切やーぬ話

昔山原ねーてぃや、動物ぬ医者ちゃうらんふとぅ、年に二回、三回、大宜味はら、幸行ウンチューじ云る人ぬもーち、「豚ぬ睾丸切らびやー」ち部落中廻てぃ、睾丸切ーる豚ぬういば、豚小屋から引出ち、後足縛っち、一人や頭押さーち、幸行ウンチューや豚ぬ睾丸ペー糸しー強くくっち、麻酔ん射たんふとぅやし「アワエーアワエー」しー泣き暴りーる豚ぬ睾丸唐剃刀しー切り取てぃ後や、消毒薬ぬかわい熱灰る擦りくわすっとぅ、余計痒やち痛じ、死に泣きしー暴りーる豚ぬ耳とぅ尻尾二人しー摘じ、「一、二の三ぷじりよー」じ云ち、豚小屋んかい投ぎ入りーたん。今ぬ時代やいりば「動物虐待」ち「動物愛護団体」はら訴ひやりたるぱじーじ思いん。

(大和コトバ)

豚の睾丸を切る人の話

昔山原では、獣医というのはいなかったので、年に二、三回大宜味から幸行小父さんという人がいらっしゃって、「豚の睾丸を切りましょう」と部落中を廻って、睾丸を切る豚がいれば、豚小屋から引っぱり出して後足を縛って、一人は頭を押さえ幸行小父さんは豚の睾丸の根元を紐で強く縛って、麻酔も射たないので「アワエーアワエー」と泣き暴れる豚の睾丸を西洋剃刀で切り取った後は、消毒薬のかわりに熱い木灰を擦り込むので、余計にヒリヒリして泣いて暴れる豚の耳と尻尾を二人で掴み、「一、二の三大きくなれよ」と言って豚小屋に投げ入れた。今の時代だったら「動物虐待」と「動物愛護団体」から訴えられただろうと思う。

407

第3部　コトバ

或る人ぬ学校はら帰てぃっちー、砂糖盗むんじち納屋んかい入っち、甕んかい手入っとーるばーに丁度ふんばー母ん親ぬ畑はら帰てぃったっとぅ、納屋はら出じーるくとぅんならん、甕んかい手入りーま、寝入っち見ひっかいやたんじ。また臭しーすぐわはいるむんぬ、甕ねー漬きてぃ納屋んかいうってーるピル（大蒜）ん盗じ食むたん。
今ぬ子供んさーぬや、見向きんしゃんぱじやしが、あん時代やるばらん食物やたん。

録音音声（wav）
http://www.kyoto-up.or.jp/qrlink/201603/yanbaru/07.html

ある人が学校から帰って来て、砂糖を盗むといって納屋に入り、甕に手を入れていると、その時母親が畑から帰って来たので、納屋から出ることもできず、甕に手を入れたまゝ、寝入って、見つけられてしまったって。
また臭いですぐばれるのに、甕に漬けて納屋に置いてある大蒜も盗んで食べた。
今の子供達は見向きもしないだろうが、当時は及びもつかない食べ物だった。

コラム7 『いそーはるまかびばなし（面白い嘘話）』

（奥ムニー）
砂糖泥棒ぬ話

昔や、黒砂糖ん容易にや食むるくとぅんならんたん。部落ねーてぃん牛車し一廻する砂糖工場ぬ今ぬ製茶工場辺いねあいたしが、自家用ねーんふとぅ与論はら、与論砂糖買ーてぃ、ありふりぬ行事や節日用じち、甕とぅか一斗空缶かい入りてぃ、主に納屋んかい保管すたん。

昔や店んかい砂糖ぬ菓子んアミんあいたしが、容易にや買ーてぃ食みぶーする時代やあらんてーふとぅ、時々家ぬ砂糖盗じ食むたん。

親ん甕ぬ砂糖さとー減なとーしやわはち、場所変ていつぎや一斗缶かい入りてぃ、天井んかい隠すしが直ぐ見付きやたん。親ん分とーしがやし、どぅく叱ったん。若者達や「砂糖ヌーチー」じ云ち、四、五人し一金ぬさーち一斤か二斤ぬ砂糖買ーてい食どーたん。

（大和コトバ）
砂糖泥棒の話

昔は、黒砂糖も容易には食べることができなかった。部落にも牛車で廻す製糖工場が、今の製茶工場辺りにあったが、自家用がないので与論から「与論砂糖」を買っていろいろな行事や節日用にと、甕や一斗缶の空缶に入れて、主に納屋に保管した。

昔は店に菓子もアメもあったが、容易には買って食べられる時代ではないので、時々家の砂糖を盗って食べた。

親も甕の砂糖が減っているのに気付き、場所を変えて、今度は一斗缶に入れて、天井裏にかくすがすぐに見付けられた。親もわかっているが、あまり叱らなかった。若者達は「砂糖ヌーチー」（金を出し合って砂糖を食べること）といって、四、五人で金を出し合って、一斤か二斤の砂糖を買って食べていた。

409

第 11 章　消滅危機方言における辞典の役割

かりまたしげひさ

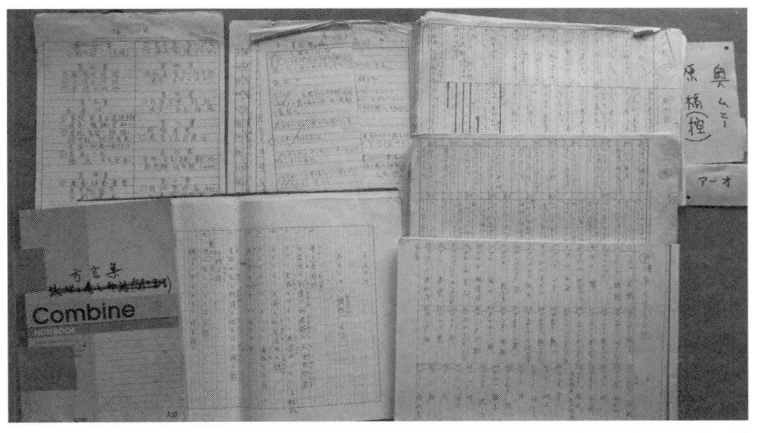

「ウクムニー語彙集」と「いそーはるまかびばなし（面白い嘘話）」草稿。上原信夫さんの手書きによる。

第3部　コトバ

11–1　二つの方言辞典草稿との出会い

　1999年の秋、『名護市史本編・10　言語――やんばるの方言』（名護市史編さん室編）の方言地図作成の打ち合わせで名護市史編さん室にいった。そこに名護市幸喜集落の大城政人さんがB5サイズのぶあついバインダーに綴られた幸喜方言辞典（仮称）の草稿をもってたずねてきた。草稿は、宮城萬勇（1916～1985）さんが税務職員を定年退職した後に幸喜集落のために何か貢献したいと考えて書き溜めたものだった。1頁を縦に三つにわけ、かな表記された1万6千の単語が五十音順にならんでいる。532ページのノートの方言語彙の量の多さとていねいな仕事ぶりにおどろいた。大城さんから幸喜方言辞典を刊行するための協力を依頼された。

　2000年4月から音声と意味記述の確認がはじまった。萬勇さんのかな表記にみられた不統一を実際の音声で確認して手直しすれば出版できると考えた。話者は、萬勇さんの未亡人の宮城文子（1920年生）さん、いとこの宮城百合子（1916年生）さん。2015年から大城エイ（1915年生）に変わった。毎週火曜日の午前中、片道1時間以上をかけて名護市幸喜に通い、2時間の確認調査を行っている。初日の調査から非常勤講師の仲間恵子さんに助けてもらっている。折々に在籍する学生も同行した。

　音声の確認を進めていると、草稿には記されていなかった幸喜集落の生活や労働の様子が文子さん、百合子さん、エイさんのお話の中にでてくる。これも記録したいと考えたために、1回に確認できる単語の数が減った。植物名とその利用方法、集落内の屋号や小地名などの小テーマごとの確認を行った。擬声擬態語や形容詞や動詞の意味記述が弱かったので、順次その確認調査を行っている。2015年8月29日で540回をかぞえ、なお進行中である。

　2013年の秋ごろ、大学の同僚で社会言語学を専門にする石原昌英さんの研究室をたずねたとき、石原さんから国頭村奥方言の語彙集の草稿をみせてもらった。奥出身で那覇市在住の上原信夫さんが意味分野ごとに分類してならべられた6500項目がエクセルに入力されていて、そのまま印刷にまわす

こともできそうだった。予算を工面し出版可能かもしれないと、まるごとをあずかった。

翌年、大西正幸さんが地球研で奥を対象にしたプロジェクトを企画した。私は、この草稿の確認調査を提案した。自己流のかな表記とローマ字表記で記載された方言語形と、簡単な標準語の対応語形があるだけだったので、この機会に整理しようと考えたのである。

沖縄島最北端の奥には片道3時間近くかかるので、1回の調査が1日がかりだ。幸喜通いと並行して行うのは難しいので、琉球方言学野外実習という講義の調査地にして、学生との共同作業で行うことにした。10人前後の学生が聞き取りの訓練を兼ね、意味記述の仕方を学んでいる。毎回奥のお年寄り4人と学生が2班に分かれて調査を行う。

奥方言は、無声破裂音に喉頭音化したp、k、tと喉頭音化しないp、t、kの対立があって、意味の弁別に重要な役割を果たしているが、上原さんは、その違いを表記しわけていなかった。那覇での生活の長い上原さんの草稿には、那覇方言の語形が少なからず含まれていることもわかった。奥方言の姿が誤って継承されないよう、収録された単語の音声を確認し、那覇方言の語形を抜き取って奥方言の語形へ置き換える作業を優先させることにした。

幸喜の宮城萬勇さん、奥の上原信夫さんの、故郷のコトバを後世に残したいという強い思いが多くの人を結びつけ、故郷のコトバを未来へとつなげていく。私も学生たちもその流れの中にある。

11-2 消えゆく故郷のコトバ

琉球列島の各地域では、土地のコトバ＝方言をシマクトゥバ、シマフトゥバ、シマグチ、スマフツ、スマムニなどと呼んでいる。語形はさまざまだが、どれもシマ、スマを含む。シマ、スマは、「島」という意味のほかに「集落」、「故郷」の意味も持つ多義語である。方言語彙としてのシマクトゥバ、スマフツなどはいずれも「故郷のコトバ」という意味をもつ。

第 3 部　コトバ

　琉球列島で話されてきたコトバは一般に「琉球方言」とよばれる。近年、琉球語とよぶ人が増えてきた。本土の諸方言との言語差が大きいこと、この地域が1897年（明治12年）に日本国に組み込まれるまでの350年間独立の国家であったこと等の理由による。沖縄県は日本国から独立すべきだと主張する政治的な主張をする人ほど琉球語を使用する傾向がある。方言とはある言語の地域的な変種をいい、本来差別意識は含まない。琉球語とよぼうと琉球方言とよぼうと、固有の体系をもった言語であることにかわりはない。
　南大東島と北大東島の最初の開拓民は八丈島からの移住者であり、その人々のシマクトゥバは八丈方言である。琉球方言も琉球語もその外延から八丈方言をはじきだしてしまうが、シマクトゥバは南大東島と北大東島の八丈方言をも包括する。シマクトゥバの外延は絶妙に開かれている。
　シマクトゥバは、若い世代への継承がなされず、老人の他界とともに話者が減少し、今世紀末までに消滅するのではないかと危惧されている。シマクトゥバの危機は、それだけではない。日本語標準語との接触が長期にわたり、シマクトゥバそのものが標準語の圧倒的な影響をうけて大きく変容しつつあるうえに、弱小のシマクトゥバは、那覇市などの都市部の中央方言の影響をうけて固有の特徴を失おうとしている。
　琉球列島には、その存在の痕跡さえも残さずに消えてしまったシマクトゥバ、わずかな記録だけを残して消えたシマクトゥバがある。いまはまだ母語話者はいるものの、わずかな記録を残して消えていこうとするシマクトゥバがある。
　高齢化と過疎化が進行する離島や周辺地域の伝統集落では、共同体そのものの維持さえ難しく、シマクトゥバを継承すべき若い人そのものが少ない状況がある。年寄りだけでシマクトゥバを継承するのもままならない。
　周辺の小さなシマクトゥバほど危機的だとすれば、故郷を離れ、都市に暮らす人が故郷の文化やコトバを継承するために行動することが大きな力になる。母国の文化やコトバに誇りをもって子や孫に伝える在日、在沖の外国人がいるように、故郷をはなれた人が故郷と故郷のコトバに誇りをもち、積極的に子や孫に伝えていくことでしか、故郷の文化やコトバの永続的な継承は

第 11 章 消滅危機方言における辞典の役割

できないかもしれない。

　シマクトゥバを話したり聞いたり、シマクトゥバで書いたり、シマクトゥバで書かれたものを読んだりするうえで、コトバの意味や用法を確認するとき、シマクトゥバの辞典は、大きな役割をはたす。シマクトゥバの辞典は、知的文化財としてのシマクトゥバの全体を後世に残す役割をはたし、シマの文化やコトバや歴史を知るための手がかりをあたえる道具としての役割ももつ。若い人々は、地域のことを知ることによってシマに対するゆるぎない誇りと自信を獲得し、シマクトゥバを継承していく活動を支える。

　沖縄風丸ドーナツを私の周囲では**サーターティンプラ**（砂糖天ぷら）という。国頭村奥では**タマグティンプラ**（卵天ぷら）だ。名護市幸喜では**マイパアギー**だ。店で売っているのは**サーターアンダアギー**（砂糖油揚げ）だ。単に語形が違うだけではない。材料の卵を重視して"天ぷら"に分類したのが**タマグティンプラ**で、砂糖に着目して"揚げ物"に分類したのが**サーターアンダアギー**だ。**マイパアギー**は、**マイパ**（フクギの実）に似た形状からの名づけだ。周囲の物とのかかわり方や認識の違いが語形の違いに現れる。こうした語形の一つ一つがシマの風景や自然や暮らしと結びついている。

　琉球列島には47の有人島があり、約800の伝統的集落がある。シマ（集落）が違えばコトバも違うといわれるほど、シマごとに個性的なシマクトゥバが話されてきた。統一的で近似的なシマクトゥバが話されている沖縄島の中南部地域でさえ、「兄さん」を意味する単語に**アイー、アイヤー、アイヨー、アイヒャー、アッピー、アフィー、アヒー、アビー、ヤカー、ヤクミー、ヤッチー**など、シマごとに多様な表現が存在する。

　シマごとにシマクトゥバの違いがあり、シマによって暮らしぶりも違う。そうであるなら、シマごとの辞典が必要である。

第3部　コトバ

11-3 ｜ シマクトゥバと地域文化

　コミュニケーションは、コトバの重要な機能ではあるが、それ以外にもコトバには、重要な機能がある。コトバは現実認識の道具であり、コトバには、われわれが自らをとりまく現実をどう認識したかが反映されているし、われわれの世界認識は、そのコトバによって制約されているのだ。
　幸喜方言の動詞の過去形は二つの形がある。例えば、「飲んだ」には、**ヌダン**と**ヌムタン**があり、「割った」には**ワタン**と**ワイタン**がある。

標準語	
割る	割った
幸喜方言	
ワイン（割ル）	ワタン（割ッタ） ワイタン（割ッタ）

　ヌムタン、**ワイタン**などの過去形は、自分が目撃した過去のできごとを伝えるもので、自分が見ていないことや自分のしたことをいうことはできない。後者の場合は**ヌダン**、**ワタン**を使う。標準語で「太郎が　ガラスを　割った」というところを、幸喜方言の話者は「太郎ガ　ガラス　割タン」というか「太郎ガ　ガラス　割イタン」というかを無意識に選択し、聞き手も話し手が目撃したことかそうでないかを瞬時に判断する。
　「ワヌニヤ　クーハネラ　マンナ　クラチュヌ　**イチクヌ**　ウン（私には幼い頃から一緒に暮らしている<u>いとこがいる</u>）」という文がある。さて、「**イチク**（いとこ）」は、男でもいいし、女でもいい。「私」より年上でも年下でもかまわない。一人でもいいし二人以上でもいい。「**チャーチャー**（父）、**アンマー**（母）」「**プープ**（祖母）、**ハーパ**（祖父）」は男女の区別をする。「**ヤクミ**（兄）、**マーマー**（姉）」は男女の区別も年齢の上下も区別する。しかし、「**イチク**」はそのいずれの区別もしない。話し手にはその「**イチク**」が従兄弟姉妹、従兄弟、従姉妹、従兄姉、従兄妹、従姉弟、従弟妹、従兄、従姉、従弟、従妹のいずれであるのかは、わかりきったことなのに、コトバでそれを表し分け

第 11 章 消滅危機方言における辞典の役割

ないし、聞き手もその違いを気にしない。なお、多くのシマクトゥバでは、姪と甥を区別せず、ミーックヮという。現実世界の認識と、認識した結果を伝達するコトバとは不可分の関係にある。

　沖縄では、**マブイ**（魂）はほんのちょっとした拍子にも抜け落ちると考えられ、子どもに元気がないとき、様子がおかしいとき、簡単な儀式とともに「**マブヤー、マブヤー、アンマー　フチュクル　タックヮリヨー**（魂、魂、お母さんの懐に付きなさい）。」という「**マブイグミ**（魂込め）」のまじないのコトバを唱える。暗くなって小さな子どもを連れてでかけるとき、おばあちゃんが「**アンマー　クトゥー　ターガン　ンーダンドー**」と呪文を唱えながら孫の額に鍋墨をつけた指先で額をさわった。暗いところを歩くとき、悪霊などの**ヤナムン**（悪霊など）が子どもにとりつかないようにという願いがその呪文には込められていた。くしゃみをしたとき、隣にいる人が間髪をいれずに**クスクェー**（糞喰え[1]）といって、**ヤナムン**が寄り憑かないようまじないを唱える。名護市幸喜集落では、**ミーギヌー**（新しい着物）を子どもに着せるとき、そのまえに、その着物を柱にこすりつけながら「**キヌヤ　ヨーク、ヌチヤ　チューク**（着物は弱く、命は強く）」と唱えた。このシマクトゥバにも新しい着物に精気をうばわれることなく、子どもが健康で健やかに育つようにという親の願いがこめられている。伝統的な精神文化の多くがコトバとともにある。

　コトバは、特定の社会集団に共有され、世代的に継承される複雑な構造物であり、その特徴は、文化と同じである。この文化とは、人間が自らその一部である超自然を含む自然、社会などの環境全体をどのように認識し、その環境にどのように適応をしていくかを特徴づける集団固有の様式である。認識と生態的適応はべつものではなく、そこにコトバが深くかかわっている。

　地域固有のコトバによって表現される地域文化もあるが、コトバに反映さ

---

[1]　地域によっては**クスタックェー**というところもある。人がくしゃみをするのは、**ヤナムン**が近くにいて、それがいたずらをしていると考え、その**ヤナムン**を追い払うために**クスクェー**というとのこと。

第 3 部　コトバ

れる地域文化もある。コトバと地域文化は密接不可分の関係にあり、コトバは地域文化の伝達と継承にとって最も重要な役割を果たす。コトバに深く刻み込まれた地域文化は、コトバを通して理解され、コトバによって時間を越えて伝えられ、蓄積されてきた。コトバはかけがえのない無形の文化財である。芸能や民具などの文化の一部がのこったとしても、ある地域文化の中核をなす固有のコトバが失われていると文化全体の有機的なつながりはすでに失われているといわざるをえないだろう。

　地域の文化財としてのシマクトゥバの価値と大切さに疑義をはさむものはいないだろう。しかし、話しコトバとしてのシマクトゥバは、発した瞬間に消えるはかないものである。したがって、故郷のコトバは、伝統方言話者の他界とともに失われていく。遠くない未来に母語話者はいなくなり、通常の環境で若い人たちがシマクトゥバを習得することはできなくなるだろう。

　琉球列島各地で伝統方言の継承活動が行われている。いろいろなしかたの継承活動があるが、50 年後も、あるいは、100 年後もシマクトゥバが使われ続けるために、最も必要なのは、語学学習に不可欠な辞典と文法書とテキストである。シマクトゥバの辞典は、消えていく故郷のコトバを記録に残し、知的文化財としてのシマクトゥバを後世に伝える重要な道具である。

　コトバの置き換えは、単なるコミュニケーションツールの置き換えではない。コトバにはそれが話された土地の文化や歴史が反映されている。とりまく自然環境への適応の仕方が刻みこまれている。そうであるなら、シマクトゥバの交代は、受け継がれてきた言語文化と歴史の断絶を意味する。シマクトゥバの断絶は、シマで暮らし、子どもたちを育ててきた親たちの経験と知識の断絶であり、連綿と続いてきた地域の精神文化の断絶だ。

　かつては、24 時間 365 日、シマクトゥバだけが話されている環境に身を置きながら、いろいろな経験を積む中でシマクトゥバを身につけることができた。しかし、週何回かの方言講座や、限られた環境で行う母語話者との会話だけでそのコトバの高い運用能力を育てることはできない。世界のどんな出来事も、どんなに複雑な考えも、あるいは微妙で繊細な感情さえも表現できるような言語能力を身につけさせることは不可能である。シマクトゥバの

世界のまるごとを与えることはできない。

　批判を恐れずにいうなら、精密な辞典と文法書と多量の音声資料を残すことのできたシマクトゥバは、100年後も使われる可能性がある。逆に、辞典や文法書を残さなかったシマクトゥバは、それが存在したわずかな痕跡を残して消えていくか、有力なコトバに吸収され、それがどんな特徴をもち、どんな世界を表現していたかまったく忘れ去られてしまう可能性すらある。

11-4 シマの百科事典

　地域のシマクトゥバだけでなく、地域文化も大きく変容したり、失われたりしている。そうであるなら、消滅危機方言の辞典には、コトバの意味や用法だけでなく、コトバのさしあらわす事柄について解説した百科事典的な性格をあわせもつ辞典が必要である。

　既刊の辞典や語彙集は、対応語形や簡単な意味を記述しただけのものが多く、それを参照しただけではシマジマの暮らしは見えにくかった。社会の近代化にともなって暮らしや労働の在り方が大きく変容した現代にあって、既刊の語彙集や辞典のように簡単な語義の記述だけでは不十分で、どうしても事典のような記述が必要になる。

　奄美大島の大和村大和浜の方言を分野別に編さんした『奄美方言分類辞典上巻・下巻』(長田須磨・須山名保子・藤井美佐子編著)は、事典としての記述が最もすぐれている。例えば、**ミス**(味噌)は、次のように記録されている[2]。

> **ミス【名詞】**みそ(味噌)味噌。味噌汁、ブタ肉料理の味つけ、各種味の味噌漬、茶請けなど用途が広く、大島の食生活になくてはならないもの。**タティ**(主原料)と**ヌキ**(副原料)とを合わせ、**ミスツィ**

---

[2]　ここでの表記は、わかりやすくするために、一部あらためてある。

第3部　コトバ

キ《味噌造り》を行う。タティに何を使うかによって**クムィミス**《米味噌》、**ムギミス**《麦味噌》、**ナリミス**《ソテツの実の味噌》などの名がある。味噌そのものを賞味する**ナムィミス**（茶請けにするので**チャオケミス**とも）には、そのまま**ナマミス**の他、合わせる材料によって種々の名がある。

ヌキ【名詞】ぬき（緯）。味噌造りの副原料。ヌキの原料の主なものは、もち米、サツマイモなどで、**タティ**にダイズ、塩とともに**ヌキ**を加える。もち米を使うときは、固めの粥に煮て入れるが、これは最上の味噌となる。**タティ**にソテツの実を使うときは**ヌキ**にサツマイモを入れることがほとんどである。サツマイモを煮て握り飯のようにまとめて加える。味はよくなるが、腐りやすいので長くおく味噌には向かない。

ナムィミス【名詞】なめみそ（嘗め味噌）。茶請けなどに使う味噌。味噌そのものを食べて賞味する。**タティ、ヌキ**ともに最上のものを使った**クムィミス**《米味噌》にいろいろなものを入れて変化をもたせる。**チャオケミス**ともいう。ショーガミス《生姜味噌》、アブラミス《油味噌》、シンジミス《煎じ味噌》、カツブシミス《鰹節味噌》、ゆーミス《魚味噌》、サタミス《砂糖味噌》、ブタミス《豚味噌》、トホミス《蛸味噌》、ゴマミス《胡麻味噌》、トゥリミス《鶏味噌》、イキャミス《烏賊味噌》、コボシュムィミス《モンゴウイカ味噌》、ジマムィミス《ナンキンマメ味噌》など。

ショーガミス【名詞】しょうがみそ（生姜味噌）。**ナムィミス**《嘗め味噌》の一つ。**クムィミス**《米味噌》にショウガを入れて、まるめて焼いたもの。［例］カゼヒキ　シショルン　トゥキンナー　ジューヤー　ショーガミストゥ　カイ　ミショルティ。（風邪ひきなさるときには　お父さんは　ショウガ味噌と　粥を　召し上がっていらっしゃった）。

味噌を利用した食文化の豊かさをうかがい知ることができる。『奄美方言

分類辞典』の編著者の長田須磨氏（1902（明治35）年〜1998（平成10）年は、『奄美女性誌』、『奄美の生活とむかし話』などを著したほどの方で、戦前の奄美をよく知る方であった。方言辞典の詳細な記述には圧倒されるものがある。そこまで詳細でなくても、シマクトゥバの辞典には、いまできる限りの記述が望まれる。

奥方言辞典刊行のための仕事はまだ始まったばかりなので、ここでは、すでにまとまった記述のある幸喜方言をとりあげて、やんばるのシマクトゥバの世界をみてみよう。

(1) 栽培植物の記述

琉球方言にはサツマイモの品種名や、栽培に関する語彙、表現が数多くみられる。しかし、近年の農業技術の革新、栽培品種の改良、新種の導入などで、これらの方言語彙は日常語以上に急速に忘れられようとしている。その記録が急がれる。

400年ちかいサツマイモの栽培の歴史は、関連する方言を多数残している。品種名だけでなく、サツマイモの形態、栽培方法にいたるまで、方言語彙、または方言での表現が多数みられる。沖縄の農耕の中で、サツマイモに関する語彙、表現は、特に豊富である。しかし、現在は主食が米となり、基幹作物もサトウキビが中心となって、栽培されてきたサツマイモの各品種とともに、その方言語彙、表現も忘れられようとしている。ササニシキ、コシヒカリなど日本全国に有名な米の品種があるように、**ヒャクゴー、トゥマイクルー**というような収穫量が多く、風味の良い有名なサツマイモの品種があった。人々が食するサツマイモもあれば、飼料として栽培されるサツマイモもある。また、品種ごとに植える季節で味も異なったという。人々の生活とかかわりが深いからこそサツマイモに関する方言語彙があった。それら全てを記録しておくことも方言辞典の重要な役割である。

ハンダー【名詞】(1) 蔓。カズラ。つる草の総称。(2) サツマイモの

第3部　コトバ

> 地上部分。沖縄では、**ハンダ**、あるいは、**ハンダバー**といえば、特にサツマイモの地上部分をいう。**ハンダバー**（葉）、**ハンダバーヌ　グーキー**（イモの葉柄）、**ハンダブニ**（蔓の茎全体）からなる。ジューシー（雑炊）やみそ汁にいれて食べる。山羊や豚の飼料にもなる。
>
> **ハンダバー**【名詞】サツマイモのカズラの葉の部分。品種によって葉の形が異なる。味噌汁に入れたり、ジューシーに入れたりして食べた。
>
> **プニ**【名詞】(1) 骨。脊椎動物の骨格。(2) 傘や凧などの形を作って支えるもの。(3) 茎。[例] **ハンダヌ　プニヤ　グマハン**（カズラの茎は細い）。
>
> **ハンダブニ**【名詞】［蔓骨］(1) 蔓の茎。(2) サツマイモの葉の葉柄。**ハンダヌ　プニ**（カズラの骨）、**ハンダヌ　イー**（カズラの柄）ともいう。また、単に**プニ**（骨）、あるいは、**プニグワー**（骨）ともいう。**ハンダブニ**は固いので、ゆでてから炒めものなどの材料にして食べた。
>
> **ニーグイ**【名詞】根。根もと。サツマイモのカズラの根に近い部分にもいう。茎が太く固いので家畜の餌にもならない。枯らして乾燥させ、燃やして灰にして、畑にまいて肥料にした。

ハンダーは、「(1) 蔓。カズラ。つる草の総称。」という基本的な意味のほかに、「(2) サツマイモの地上部分」の意味も表す。プニは、「(1) 骨。脊椎動物の骨格。」という基本的な意味のほかに、「(2) 傘や凧などの形を作って支えるもの。」の意味も表すし、「(3) 茎。」などの意味を表す。このように、二つ以上の意味をもっている単語を「多義語」という。ハンダー（蔓）、プニ（骨）のような基礎語彙は、多義語が多い。多義のあらわれ方に地域差があらわれるので、基礎語彙の意味を記述するときは、多義的な意味を派生させていないか、丹念に確認する必要がある。

　ハンダブニは、ハンダ（蔓）とプニ（骨）の二つの単語を組み合わせて作ら

れた単語である。**ハンダバー**は、**ハンダ**（蔓）と**パー**（葉）の二つの単語を組み合わせて作られた単語である。このように、二つ以上の単語を組み合わせて作った単語を「複合語」という。複合語の作りかた、すなわち、複合語生成の動機に地域の特性があらわれる。

> **イールウム**【名詞】細長い芋。形が細長いサツマイモの総称。**イールー**（細紐）のように細長い芋の意。単に**イールグヮー**ということもある。
>
> **フープカー**【名詞】粉吹き芋。煮るとホクホクとしておいしいサツマイモ。**フープカー**（粉吹き芋）を食べるとき、汁やお茶など飲む物がないと、飲み込みづらかった。
>
> **クガリウムー**【名詞】畑をたくさんもっている家やサツマイモがたくさん収穫できたとき、倉などに保存しておくと、サツマイモに芽がでてくる。芽がでたサツマイモを**ミーウムー**（芽芋）という。**ミーウムー**（芽芋）は、煮ると柔らかくておいしかった。そうやって芋を保存することを**クガラスン**という。サツマイモがそういう状態になることを**クガリーン**という。
>
> **ミーウムー**【名詞】芽芋。芽が出たサツマイモ。倉などに長く保存したサツマイモや畑に掘り残したサツマイモから芽が出てきたもの。煮ると柔らかくておいしかった。［例］**ヤナ　ハジシ　ミーウーイジトゥン**（下手に掘って芽芋が出ている）。
>
> **ヤクウムー**【名詞】［厄芋］お化け芋。あまり大きいサツマイモができたときにこういった。家によくないことがあるともいわれたが、特に厄払いのようなことはしないで食べた。
>
> **タードーシウム**【名詞】［田倒し芋］イネを刈り取ったあとの田の水を引かせて、そこを畑にして植えたサツマイモ。畑の水気が多く、施肥などよく管理された田の土で育てられるので、やわらかなおいしいサツマイモができる。
>
> **ハラウム**【名詞】［空芋］。食事などの際に、副食のおかずや汁など

第 3 部　コトバ

> を用意できず、サツマイモだけを食べること。[例] **シル　ネーヌ　ハラウムル　カダル**（汁が無くて、空芋を食べた（サツマイモだけを食べた）。）

　サツマイモは植え付けてから約半年ほどで収穫できる。沖縄の気候であれば、ほぼ年中栽培できるが、どの品種も 3 月から 10 月が主な植付け期間である。3 月に植え付けるサツマイモを**サングヮチャー**といい、以降**シングヮチャー**、**グングヮチャー**という。どの時期に植えても味の変わらないサツマイモもあったが、品種によっては植え付ける時期がよくないと収穫量がへったり、サツマイモの中に筋が多く入ってしまう。こういうサツマイモは**シチヌクヌー**（季節好み）という。

　サングヮチャー、**シングヮチャー**、**グングヮチャー**は、それぞれ、**サングヮチ**（3 月）、**シングヮチ**（4 月）、**グングヮチ**（5 月）に接尾辞-アーを後接させた派生語である。**イールグヮー**は**イール**（紐）に接尾辞（指小辞）の**グヮー**を後接させた派生語で、**フープカー**の**プカー**は、動詞**プクン**（吹く）からの転成名詞**プキ**（吹き）に接尾辞-アーを後接させた派生語である。さらに**フー**（粉）との複合語が**フープカー**である。派生語の作り方に地域差があらわれる。

　サツマイモは品種の特性が変わりやすく、特性が変わること（突然変異）を**タニガワイ**（種変わり）、あるいは、**サニガワイ**（種変わり）といい、そうやってできたサツマイモを**タニガワイウム**（種変わり芋）、あるいは、**サニガワイウム**（種変わり芋）という。

> **ヒャクゴーウム**【名詞】[百号芋] サツマイモの品種の一つ。正式の品種名は「沖縄百号」。単に**ヒャクゴー**ということが多い。昭和になってできた品種で最も長く食された。戦争の時の奨励種。皮は赤。中は黄色。**フープカー**でおいしく、保存がきく。澱粉も多く、栄養価がたかかった。収量も多い。**イージャハン**（よくサツマイモができる）。あまりにも**フープカー**（粉吹き）なので、お茶など飲み

424

第 11 章 消滅危機方言における辞典の役割

物がないと、飲み込みづらかった。**グングヮチャー**（五月植え）がいい。

ベニウム【名詞】［紅芋］サツマイモの品種の一つ。皮は赤、中はところどころ白かった。現在、紅芋と呼ばれるものではない。表面にでこぼこが多く、形はあまりよくないが、**フープカー**でおいしい。地中でよく、**ヒンギジルー**（逃げ蔓）をする。

タイワンウムー【名詞】［台湾芋］サツマイモの品種の一つ。単に、**タイワヌー**ともいう。大きく、たくさんできた。甘みがすくなく、おいしくない。炊くと、柔らかく、すぐに煮崩れる。昔のカボチャにちかい風味。3 月〜10 月のあいだ植えられるが、飼料のため畑ごとに時期をずらし、年中収穫できるようにした。人の頭ぐらいの大きさになっているのを見たことがある。表面にでこぼこが多い。［例］**タイワンウムヤ　ピックイマックイ　シー　アライゴロホン**。（台湾芋はでこぼこして洗いにくい。）

クラガーウム【名詞】［暗川芋］サツマイモの品種の一つ。単に、**クラガー**ともいう。皮はうす赤く（ピンク）、中身は白。おいしい。読谷から馬車に積んで持ってきた。米と交換して食べた。

イーナヨー【名詞】［言うなよ］サツマイモの品種の一つ。とてもおいしい。**フープカー**（粉吹き）で皮は紫色で中は薄黄色。丸っこくならず、**イールグヮー**（細長い芋）になる。比較的最近の品種。あまりにもおいしいので「誰にも言うなよ」ということからこの名前がある。

ジロハンダ【名詞】［治郎蔓］サツマイモの品種の一つ。宮城治郎さんが埼玉県からカズラを箱にいれて送ってきたもの。それを分けて幸喜で植えた。埼玉県から送られてきたので、**サイタマハンダ**［埼玉蔓］ともいう。

サツマイモ以外にも、米、麦などの穀類や豆類、いろいろな野菜を栽培していた。いまでは栽培されていない品種もあるし、忘れられてしまった栽培

第3部　コトバ

方法もある。
　植物も和名や学名だけでなく、先人たちのさまざまな植物に対する知識や利用方法を学び、後世に伝えることができる。用途や遊びなど、その植物にまつわる内容を書くと若い人の興味をひくだろう。子どものころは、甘くておいしいと思ったが、ていねいに育てられて店頭に並べられた果物と比べるべくもない。しかし、食料の乏しかった時代、子どもたちは先を競って採ったものである。
　植物にも魚にも海岸の小動物にも方言名があり、それにまつわる経験や知識があった。それらは、地域の人々が取り巻く自然とどのように接してきたか、限りある資源をどのように利用したかを知るための重要な手がかりである。

(2) シマの生産活動と生活

　豚は沖縄社会ではいまでも大切なタンパク源である。たいていの家で飼育し、お正月のまえに屠殺して複数家庭で分け合ったり**マースジキー**（塩漬け）などの保存食にして折々に食べた。かつては各戸で屠殺したので、個人での屠殺が法律で禁止された今でも、年寄りたちは豚肉の内臓や細かな部位につけられた方言名をよく記憶している。

> **ウワー【名詞】**ブタ。肉は食用。正月前（旧暦12月20日ごろ）に、各家で屠殺し、保存食用の**マースジキー**（塩漬け）を作った。多くの家庭で飼育し、大きくなるまで飼育して売った。夜遅く帰宅した時、あるいは、葬式から帰った時、すぐに家には入らず、豚小屋に立ち寄って、魔除けのためにブタの鳴き声を聞いてから家に入った。
>
> **カライワーキ【名詞】**お金がなく、子豚を買えない家庭に子豚を買ってやって飼育させ、それを売った利益を分け合う相互扶助的な制度。家畜資金または家畜を甲が乙にやって乙が飼育し、甲乙間で

利益を分け合うこと。**カレーワーキ**、あるいは、**シカナイワーキ**ともいう。

ウヮーアンダ【名詞】豚あぶら。ラード。年の暮れにお正月用の豚を屠殺し、保存用のラードをとった。ラードは専用の甕に入れて、料理に使った。冷めてかたまったラードの中に**アンダカシ**（ラードを取った残りの肉粕）を入れて保存食とした。ラードは冷めると白く固まり、**アンダカシ**が外気に触れず腐りにくかった。

アンダカシ【名詞】豚肉の白身の部位から**ワーアンダ**（ラード）を取った残りの肉粕。鍋に白身をいれて熱して、ラードを取った残りの肉粕。ラードの中に入れた甕に一緒に入れて保存食とした。**アンダカシ**は野菜などと炒めて食べた。

アンダガーキ【名詞】〈脂渇き〉。脂を含んだ肉類など、栄養価の高い食物に飢えること。**マースジキー**（塩漬け）の豚肉や**アンダカシ**（肉粕）などの入った料理を作って食べた。

ウムガレー【名詞】さつまいもの皮や食べ残り、あるいは小さい芋を練った家畜飼料。ぬかをまぜたりすることもあった。

ボージシ【名詞】ロース。豚や牛などの背にある上等の肉。脂身が少ない。

グーヤ【名詞】腕肉。足のつけねの赤肉。

ウチナガニ【名詞】背中の肉。フィレ。

パラガー【名詞】三枚肉。バラ肉。豚の横腹の部分で、脂身と赤肉が層をなしている。

クイガー【名詞】豚の首の部分の肉。脂身が少ない。

クンチャマジシ【名詞】豚の肩近くの肉。その肉は白いけれども脂肪分が少ない。

チラガー【名詞】豚の顔の皮。柔らかく煮て食べる。

ミミガー【名詞】豚の耳。茹でてスライスし、酢味噌和えにして食べる。柔らかく煮て食べることもある。

第3部　コトバ

　シマクトゥバとともにシマの暮らしと労働の記憶も消えていく。農村には農村を、山村には山村を、漁村には漁村を特徴づけつつ、独特の語感をともなって使用される単語がある。それらの単語を記録すれば、そこで暮らし、子どもたちを育ててきた親たちの労働の記録になる。やんばる地域でも**タンヤカー**（炭焼き）が盛んに行われたが、今では炭焼き窯の跡をわずかに見るだけだ。**タンヤカー**のことを記憶する人が健在なうちに記録しておく必要がある。

> **タンガシラー【名詞】**炭がしら。いぶり炭。炭化の不十分な炭。炭焼き窯に立てて入れた木の下の方は火のあたり方が弱く、炭化の不十分な**タンガシラー**ができた。**タンガシラー**は商品にならなかったので、炭化の不十分な部分を割り、炭の部分を出荷した。**タンガシラー**の部分は家庭での煮炊きに使用した。火力が強く重宝したので近所の人たちが物々交換にやってきた。

　やんばる地域では、豊かな植物資源を利用して暮らしただけでなく、中南部地域に燃料の薪を出荷して生活の糧を得た。**シラチャグ**（ホルトノキ）は軽くて切り出しやすかったが**ピーダムキ**（火持ち）がなく、**タカチ**（シャリンバイ）は、火持ちがよく**ウキリ**（熾火）にして翌朝の種火にし、**シタマギ**（エゴノキ）は加工しやすく柄杓などを作った。このような山林に生育する樹木に関するさまざまな知識を現代に生かすのも記録することから始まる。豊かな植物資源を利用して暮らしただけでなく、商品化して生活の糧を得た。

> **タカチ【名詞】**シャリンバイ。バラ科の常緑低木。大きな木を切ってきて薪にした。重い材質で火持ちがよく、**ウキリ**（熾火）を残して灰をかけて、翌朝の種火にした。また、皮をはいで石灰をいれ、鍋で煮て染料にした。黄色に染まる。熟した実はやや甘味があり、子どもたちが草刈りや焚き木採りに行った時などに食べた。葉はヤギのえさにした。
> **クーガー【名詞】**シマサルナシ。マタタビ科のツル植物。キーウィー

第 11 章　消滅危機方言における辞典の役割

> フルーツに似た甘酸っぱい小粒の実がなる。旧盆の頃に実がなるので、とってきて仏壇に供えた。
> **メーシギ【名詞】**ハクサンボク。スイカズラ科の常緑低木。幹や枝がほそく、横枝も少なく、まっすぐにすらっとしていたので、**メーシ**（箸）を作ることがあったところから、**メーシギ**（箸・木）の名がついている。
> **ムッチャンギ【名詞】**モチノキ。モチノキ科の常緑小高木。樹皮を剥ぎ、叩いて粘質液を抽出して適当に固めて餅状にして**エンムチ**（鳥もち）を作った。竹や棒の先につけて小鳥や昆虫を捕った。**ムッチャムッチャ**（べとべと）とした粘質の性質から**ムッチャンギ**（餅の木）とよばれた。
> **イジュ【名詞】**ヒメツバキ。沖縄ではイジュという。ツバキ科の常緑高木。梅雨のはじめごろ白い花を咲かせる。硬質の木。薪炭に利用した。また樹皮の毒を利用して川のエビ、ウナギなどを取る。樹皮を臼などで細かく砕いて川に投げ入れ浮いてきた魚を捕る。

　サータンギ（ネズミモチ）を確認していたときのこと。植物図鑑をみると、モクセイ科の常緑低木とある。なぜ**サータンギ**なのかときくと「砂糖のように甘い」という。「砂糖の木（サータンギ）」だ。ほんとうに砂糖の味がするのか、いぶかるわたしたちに話者が家の庭から一枝折ってきた。葉を一枚ちぎって口に含むが、青臭く、少しも甘くない。**サータンギ**の葉の汁は口内炎に効くという。実際の効能は確認できないが、幼い子をなだめて口にいれさせるために「砂糖の木（サータンギ）」と名づけたのだろう。

　方言名に人々と植物とのかかわり方が反映している。話者たちは、かつての生活を思い出しながら、誇らしげに教えてくれる。私を含め若い人たちは自分も一緒に体験したかのような気になる。

　いまではあまり見かけないが、年配の方が自家用の**ウムー**（甘藷）を収穫するとき、**ウムー**（甘藷）を**クェー**（鍬）で一度に掘り返して収穫するのではなく、成長した大きな芋を選んで**ピラ**（耕作用へら）や櫛状の金属の棒に柄を

つけた**アサンガニビラ**を使って食べる分だけを収穫する方法を**アサイウムー**という。かつては、畑が小さかったり家族が少なかったりするときにも行われた。小さな甘藷はそのままにしておいて大きくなってから掘って食べた。かつての農法には**アサイウムー**のように無駄を出さないエコな方法があった。

> **アサイウムー【名詞】**
> あさり芋。畑の**ウムー**（甘藷）を**クェー**（鍬）などで掘り返して一度に収穫しないで、**ピラ**（耕作用へら）や**アサンガニビラ**（芋ほり用へら）を使って触感で確認しながら、大きなサツマイモをていねいに掘り取ること。また、そうやって掘り取ったサツマイモ。畑の少ない家や家族の少ない世帯などで行うことがあった。

　シマジマの小規模生産の収穫物は、大規模で集約的な農水産品に押されて姿を消し、その生産方法も忘れられようとしている。しかし、一つずつていねいに収穫された果樹や野菜などが高価で取引されるなか、持続的で再生可能な地方の農法が見直されている。方言辞典は、かつての農林漁業を記録に残すだけでなく、それぞれの土地に適合する個性的な農水産品とその生産方法に関する知識と経験を次代の人々に伝え、再創造の材料を提供するものでもある。

(3) 形容詞はおもしろい

　形容詞は、人や物の特徴や状態を表す単語で、その意味の中に人々の感覚や感情が刻印されている。形容詞の表す意味は標準語とシマクトゥバで大きく違うものがある。例えば、名護市幸喜方言の**アヤハン**は、形のうえでは「あやしい」からきているが、危ない、危なっかしいの意味を表し「あやしい」とは意味が異なる。**ハタハン**は、形の上では「固い、硬い」に対応するが、石、木などの個体の強度が高いことを表さず、糊状の液体の濃度が高いことや密度の高いこと、色や味の濃いことなどを表す。石、木などの個体の強度が高

いことを表すのは、**フパハン**という別の語形である。なお、**フパハン**は、形の上では「こわい」に対応する。この「こわい」は、「怖い」ではなく、「強飯（こわめし）」「お強」などの複合語に残る「強い」である。

> **アヤハン**【形容詞】(1) 危ない。危険だ。［例］**マンザモーヌ　パンタヤ　アヤハトゥ　キー　シキリヨー**（万座毛の崖は危ないから気を付けろよ）。(2) 危なっかしい。見るからに危なげである。［例］**ワライヌ　ポーチャ　シカイスヤ　アヤハン**（子どもが包丁を使うのは危なっかしい）。
>
> **ハタハン**【形容詞】(1) 濃い。色や味の濃さについていう。［例］**チャーヌ　ハタハン**（茶が濃い）。［例］**ウヌ　シームヌ　アジヤ　ウスハスガ　イルヤ　ハタハン**（その吸い物、味は薄いが色は濃い）。［例］**ウヌ　ショーユヤ　ハタハヌ　イミラーハン**（その醤油は濃くて、使い出がある）。［例］**アジヌ　ハタハヌ　カミゴロホン**（味が濃くて食べにくい）。(2) 密である。間隔が狭い。**メーヌ　ハタハン**（稲が密である）。**クーハン**ともいう。(3) 固い。堅い。**フパハン**を多く使う。
>
> **イチャハン**【形容詞】(1) 惜しい。失うのが惜しい。愛惜の情を感ずるさま。［例］**アングトゥ　スグリングワ　シナチ　イチャハヌヤー**（あんなにすぐれた子を死なせて惜しいねえ）。［例］**ユーチラネーンムヌ　ホーティ　ジニル　イチャハル**（役にたたないものを買って金が惜しい）。(2) 痛々しい。また苦しい。［例］**アヌ　クワーイヌヤ　ウヤガ　シジュス　ワカラン、チー　ヌムンチ　スースガ　イチャハヌヤー**（あの子犬は親が死んでいるのもわからず、乳を飲もうとしているが痛々しいねえ）。

標準語の「尻軽な」は、(1) 動作が身軽で機敏なことと、(2) 落ち着きがなく軽々しいこと、(3) 女性の浮気っぽいこと、をあらわす多義語で、(3)の意味が多く用いられる。しかし、沖縄方言の**チビガッサン**は、主として(1)の意味で使用され、(2)(3)の意味をもたない。したがって、「尻が軽い」な

第3部　コトバ

どと直訳すると誤解を招く。

　標準語は、漢語、外来語にナをくっつけて形成したナ形容詞をたくさん持つため、語彙が豊富なので、詳細な使い分けができる。一方、シマクトゥバにナ形容詞はごく少数しかない。そのかわりシマクトゥバでは一つの形容詞を多義的に使用する。同じ形容詞でも物の特性を表すときと人の特性を表すときとでは意味が異なる。

> アパハン【形容詞】(1) 味が薄い。薄味の。[例] クーヌ　ミスジル　ヤ　アパハヌ　ヌマラン（今日の味噌汁は薄くて飲めない）。(2)（話などの内容が）単調な。空疎な。[例] アヌ　チューヌ　パナシヤ　アパハヌ　ウソク　ネン（あの人の話は単調でおもしろくない）。(3) 人の性格が控えめな。淡白な。あっさりした。[例] アリヤ　ムヌーヤーヌ　アパハヌ　チュー　エン（彼は物を言わず、控えめな人だ）。
> フパハン【形容詞】(1) 固い。堅い。硬い。石、金属など硬質で変形しにくいもののさま。(2) 強（こわ）い。水分が少なくごわごわしているさま。[例] クーヌ　メーヤ　サラミカチ　フパハン（今日のご飯はぼそっとして固い）。(3) 不仲である。兄弟や夫婦や仲間の中での人間関係がうまくいっていないさま。[例] アヌ　ミートゥンバヤ　フパハヌ　オーエンカ　スン（あの夫婦は不仲で、喧嘩ばかりしている）。
> パゴホン【形容詞】(1) 汚い。汚れていて不潔なさま。[例] ピサドルブッタ　ナティ　パゴホタン（泥だらけになって足が汚かった）。(2) くすぐったい。[例] ワーキンチャ　グチュマリネヤ　パゴホン（脇の下をくすぐられると、くすぐったい）。

　慣用句も例文付きで意味や使い方を説明する必要がある。パー　パゴホンは、直訳すると、歯が汚い、あるいは歯が痒いだが、ワライヌ　スースヤ　パー　パゴホヌ　マーラン（子どものするのはもどかしくて見ていられない）の文では、もどかしい、じれったいの意味を表す慣用句だ。ピサ　パゴホンも直訳すると足が痒いとなるが、マーヤ　パウ　ウイギサヌ　ピサ　パゴホン（そ

第 11 章 消滅危機方言における辞典の役割

こはハブが居そうで二の足を踏む)の文では草むらなどにハブがいそうで二の足を踏む、あるいは、足を踏み出すのに躊躇する、などを意味する慣用句だ。毒蛇ハブの生息する沖縄の人々とハブとのかかわり方がよくわかる、いかにもシマクトゥバらしい慣用句である。

　シマクトゥバの形容詞には、形のうえでも意味的にもそれに対応する形容詞が標準語に見出せないものがある。

> ハジョホン【形容詞】風が強い。大風という程ではないが、室内で紙が飛んで障子をしめなければならない程度の風。[例]ハジョホヌ　ヤードゥ　ガタミカスタン（風が強くて、戸がたがたした）。
> パシコーホン【形容詞】(1) ちくちくする。稲・麦などを取扱った後のちくちくして体がかゆいさま。[例]ギーメー　ハタトゥ　ドゥーブル　パシコーホン（芒の長い稲を刈ったので体中ちくちくする）。(2)（服などが）ごわごわしている。しなやかでない。肌ざわりが悪い。[例]バーサギヌヤ　パシコーホン（芭蕉衣はごわごわしている）。(3)（人の言葉や振る舞いに）角がある。（人の言行が）なめらかでない。[例]アヌ　チューヤ　パシコーホン（あの人は角がある）。
> ウィーラーハン【形容詞】
> (1) 老けている。大人びている。年寄りじみる。[例]トゥシトゥ　ウージティヤ　ウィーラーハン（年齢に応じて年をとっている）。[例]アヌ　チューヤ　トゥシヤコン　ウィーラーク　マーイン（あの人は年齢よりも老けて見える）。[例]ウヌ　クヮーヤ　チュー　ガクセイル　エスガ　ウティシチ　ウィーラーク　マーイン（その子は中学生だが、落ち着いて大人びて見える）。(2) とうのたった。[例]ウヌ　ナーベーラーヤ　ウィーラーク　ナティ　カマラン（そのヘチマはとうがたって食べられない）。野菜などの収穫時期がすぎた状態にいう。
> イミラーハン【形容詞】

433

第3部　コトバ

> （1）使いでがある。[例]**ハタハヌ　ショーユヤ　イミラーハヌ　ピナラン**（濃い醬油は使いでがあって減らない）。（2）長もちな。[例]**フミサンヤ　フメキラハヌ　ジニ　イミラーハン**（フミさんは質素で金が長持ちだ（減らない））。（3）手堅い。倹約家である。金や物の消費についていう。[例]**フミサンヤ　イミラーハヌ　ジニン　ムヌン　ナゲー　アイン**（フミさんは手堅くて、金も物も長くもつ）。
> **シチュラーハン**【形容詞】幼児の体重が重いさま。[例]**トゥナイヌ　クヮーヤ　シチュラーハヌ　ウジラーハン**（隣の子は（よく育って）重くて、かわいらしい）。

　シマクトゥバの形容詞はそれを生み出し、使用してきた地域の人々が自らをとりまく自然との関係の中で、とりまく自然をどのように感じ、捉えたかが反映されている。

(4) 例文の充実

　方言辞典や語彙集の例文は、あってもなくてもよいものではなく、単語の意味の理解を助ける重要な要素だ。例文をいれると、具体的で興味深い内容になるだけなく、例文が意味の記述を補うし、使い方を学ぶ資料にもなるので、一石二鳥以上の効果がえられる。適切な例文が多いほどシマの暮らしも見えてくる。昔の人の知恵や工夫に学ぶことも多い

> **ピーダマー**【名詞】（1）火玉。火の塊。鉄などを高温で熱したときの赤い塊。[例]**カンジャーヤ　ピーダマー　ナイヤカ　ヤクン**（鍛冶屋は火玉になるまで焼く）。（2）赤葉。植物の葉が枯れたり紅葉したりして赤くなること。[例]**パジギヌ　ピーダマー　ナトゥン**（ハゼノキが赤くなっている）。（3）火の玉。鬼火。夜燃えるように空中を浮遊する光の塊。[例]**ピーダマヌ　アガイネ　クァジ　イジン**（火玉があがると火事になる）。

ナーイグミー【名詞】砕米(さいまい)。砕け米(まい)。籾を臼で摺って玄米にしたり，玄米を精げて精白するときにでる砕けた米。**クダキグミー**ともいう。[例]**ウスチ　シラギネヤ　ナーイグミ　イジン**(臼で精げると，砕米が出る)。[例]**ナーイグミチ　ウケメ　ニチ　カダン**(砕米でお粥を炊いて食べた)。

ウキリ【名詞】熾火。薪が燃えて炭火のように赤くなったもの。赤く燃えている炭火。[例]**メー　ニーヌ　バー　シル　ピナイネ　ピー　カーチ　ウキリチ　ウブシネ　マーハン**(飯を炊くとき，汁が減ったら火を消して，熾火で蒸したらおいしい)。[例]**ウキリ　ペーチ　ウスイネ　ナーチャマディ　ピー　イッチュトゥ　ピー　ウクハイン**(熾火を灰で覆ったら，翌日まで火が生きているから，火をおこすことができる)。

例文をみていると思いがけない発見がある。先に挙げた例文の**ニーン**(煮る)が**メー**(飯)や**ウケメー**(お粥)の煮炊きにいうことがわかるし、標準語の「炊く」に対応する語のないこともわかる。湯を沸かすことを表すには**フカスン**と**ワハースン**を使い、野菜などを鍋で煮ることを表すには**ワハースン**を使う。天ぷら等を揚げることを表すのにも**ヤチュン**(焼く)を使う。

ピガイマーイ(時計回り)は、目的地に向かって話し手の左手の方から回っていくことを表す。用例をいろいろ聞いていくと、標準語にはない、多義的な意味のあることに気づく。

ピガイマーイ【名詞】(1)目的地に向かって話し手の左手の側から回っていくこと。時計回り。[例]**クーヤ　ピガイマーイ　サヤー**(今日は時計廻りしようね。左側から回っていこうね)。(2)遠回り。回り道をすること。[例]**マーラ　イキネヤ　ピガイマーイドヤ**(そこから行ったら遠回りだよ)。(3)回り遠いこと。手間取ること。[例]**シーカター　ワハラヌ　ピガイマーイ　ナタン**(やり方がわからず手間どった)。

第 3 部　コトバ

　ところで、標準語の「時計回り」を国語辞典等で確認すると、「時計の針のように左から右に回ること。右回り」とある。標準語の時計回りは「右回り」と同義なのだ。したがって、**ピガイマーイ**を語源（ピガイ＝左、マガイ＝曲がり）の表す意味に沿って「左回り」と直訳すると、誤解が生じることになる。語源や対応語形を標準語の意味のように記述すると、方言本来の意味が伝わらない可能性があるのだ。
　消滅危機方言の方言辞典にはコトバを記録に残し後世に伝える役割がある。単語を集めて記録しながら、方言辞典を作ることで、自らの出自や故郷を再確認することができる。コトバを思い出して記録する作業は、親や祖父母との暮らしを思い出させてくれるし、忘れかけていたシマの風景を思い出させてくれる。シマの暮らしと風景をコトバとともに子や孫たちに伝えるのが方言辞典なのである。
　このように、方言の単語を集めて、その意味や用法を詳しく説明するのが方言辞典本来の役割だが、もちろん単語を並べるだけでは当該方言を話せるようになったとはいえない。話すという活動は、文を作りだして声にして発する行為だ。文を作りだすためには文法が必要だ。文づくりを解説するのは文法書の役割だが、方言辞典は単語の用法と用例を記述することで文法書をサポートする。
　方言のもつ豊かな世界を漏れなく次代に継承させるには、1万語内外の単語の意味と用法、多義語や類義語の使い分けを記載した方言辞典が必要である。さらに衰退し変容していく方言の継承のためには、方言を知らない若い人でもその意味と使い方がわかるような適切な例文をつけるなどの工夫が必要だ。
　名護市幸喜方言辞典の刊行をいそがなけらばならない。国頭村奥方言の辞典づくりはまだ始まったばかりだ。理想的な方言辞典をめざしたいが、そのためには多くの時間を割かなければならない。消滅危機方言の辞典作成は、時間との勝負でもある。

第12章 「ウクムニー」習得のための音声教材試作版の作成

當山奈那

「ウクムニー・ペーハナレー」録音風景。
左から、宮城ナツ、比嘉ツヤ子、中真貞子、島田隆久、崎山拓真。

第3部　コトバ

12-1 ｜ 出会い

　2013年5月、奥集落出身で那覇市在住の上原信夫さんが作られた貴重な資料であるウクムニー（奥方言）語彙集の整理・出版をお手伝いすることになり、私たち琉球大学生は調査のために初めて奥をたずねることになった（第11章参照）。大学から車で片道約3時間の距離。飛行機でなら東京は那覇から2時間半で着く。海外の台湾や韓国でも奥よりははやく着く。当時の私たちにとって、国頭村奥集落はそれほど遠い場所だった。

　琉球大学法文学部には「琉球方言学野外実習」という講義があり、これまで久米島や沖縄島の中部、東海岸に位置する平安座島、宮城島などで方言のフィールドワークを行ってきた。上記の語彙集がきっかけで、その年の実習はフィールド調査を行うことになった。受講生の多くは、琉球語学研究室の学生か、そこで将来勉強することを希望している学生で、方言をテーマに卒業論文を書くことを考えている。彼らは県内の出身者であっても県外の出身者であっても、そのほとんどが自分の祖父や祖母、あるいは親戚から方言を習って、自分の「故郷(シマ)」のコトバについて卒業論文を書く。この講義では、フィールド調査の方法からデータのまとめ方までの手順が研究室の先輩達から伝授される。講義での経験を基に、私たちは卒業論文で自分の祖父母のコトバを聞き取り、記録する。私も学部時代から博士論文が完成するまで祖父からずっと方言を教えてもらった。祖父が亡くなった今、調査の際に録音した音声とデータは私の宝物になっている。

　自分の祖父母のコトバをなるべくあるがままに記録するということは、とても難しいことだが、方言を教えてもらう話者が自分の祖父母である私たちにとっては、一番大切なことだ。学術的な立場から（学術的な立場ゆえの困難も多くあるが）、そのための理論や方法を探し、勉強し、この重大な課題に挑戦している。

　私たちにウクムニー（奥方言）を教えてくださる話者の方々の頭の中には、奥集落内だけにとどまらないやんばるの広大な山と海の地図が存在し、その

場所のひとつひとつ、そこに住む動植物のひとつひとつに名前がついている。このような環境を背景に話者の方は奥という共同体の中でコミュニケーションの手段としてのコトバを利用しながら暮らしている。山も海も人も静的な存在ではなく、戦前と戦後、復帰前と復帰後、あるいは一人一人が生きてきた歴史の中で動的に存在している。方言の聞き取り調査の中で、話者の方々は、私たちの目には一見混沌としているようにみえる日々の暮らしの一場面を至極自然な形で私たちの前に差し出す。

奥の先輩方（年輩の方のことを、奥の方々はよくこのように呼ぶので、私もそれに倣うことにする）は、本書のテーマである「コトバ−暮らし−生きもの環」の実践者だ。同時に、いつも私たちにたくさんの大切なことを教えて下さる先輩方でもある。私たちは、その声を、ただそのまま記録するだけではなく、その声を受け取り、次の世代につないでいく継承者にならなくてはいけない。私たちもこの「環」の構成物であるからだ。

上原信夫さんの故郷のコトバに対する想いが、私たちと奥の先輩方とを結びつけてくれた。このようなご縁を通してはじめて、本章で取り上げる「ウクムニーペーハナレー（奥方言早習い）」が生まれることになった。この音声教材は、こうしていつも熱心に私たちに方言を教えて下さる先輩方の声を、なるべくあるがまま、そのままの形で残したい、次の世代につないでいきたい、という私たちの気持ちが、自然に形を取ったものなのだと思う。

12-2 ウクムニーペーハナレー（奥方言早習い）の企画と開発

言語習得のための教材と言うとき最初に私たちが思い浮かべるのは、さまざまな場面の会話文のテキストがあって、それに即した文法事項の説明と関連語彙のリストからなる印刷物だろう。教材にはたいてい CD が付属しており、CD には教材に沿った実際の音声が収録されている。これは、英語や日本語、中国語のような大言語であっても、琉球方言のような少数言語であっても同じである。少数言語の教材も、大言語の良い教材を参考にしながら作

第3部　コトバ

られるからだ。
　しかし、奥方言のような少数言語の教材を日本語で作ろうとすると、「日本語の文字では表現できないその言語特有の音声をどのように書き表すか」ということが必ず問題になる。その音声をかな文字（カナ文字）で代用して表したり、あるいは、その音声を表現するための独自の文字を作ったりする必要が生じる。このような文字表記の問題が起こってくるのは、奥方言のような少数言語の多くが書きコトバをもたない「話しコトバ」の言語だからである。むしろ、英語や日本語のように公式の書きコトバをもっている言語のほうが地球規模で考えると稀といえる。
　奥方言のような言語では、「読み書き」ができることよりも「聞いて話す」ことができるほうが重要である。ところが、従来の教材は、「文字」が主であり「音声」はあくまでも文字で書かれた教材にとっての副次的、付属的な存在だった。このような方式では、学習者は「聞いて話す」訓練を十分に受けることができない。英語のような大きな言語であれば、それでも、アメリカやイギリスに留学してネイティブ・スピーカーと接したり、あるいは単に英語の堪能な人と会話練習をすることで、このような教材の欠陥を学習者自身で補うことができる。しかし、奥方言のような小言語ではそうはいかない。奥集落に住んでいたとしても、方言に接する機会はあまりないし、現状のままでは今後ますます少なくなっていくだろう。
　では、私たちや奥集落のこどもたちが「奥方言で会話ができるようになりたい」と思ったときに、どのような教材があればその手助けとなるだろうか。私たちは、このような学習者の需要を念頭に、「聞いて話す」訓練に重点をおいた「音声」主体の教材である、「ウクムニーペーハナレー（奥方言早習い）」を企画・作成した。奥方言にとって大切なのは話しコトバ、すなわち、音声である。音声を主体にすることで、奥方言の実態によりふさわしい形の教材を開発することになると考えた。あとで詳述するが、もちろん、奥方言の仕組みについて、言語学的に体系的に説明することも大切だ。このためには、音声主体で組み立てられている教材を、文字に置き換えて体系的に整理する作業が必要になる。つまり、文字は音声に付属することになるのだ。

第 12 章 「ウクムニー」習得のための音声教材試作版の作成

　この取り組みは、琉球大学の琉球語学研究室で行われた。私たちは奥方言をはじめ、琉球列島のさまざまな方言の保存や継承のためにはどのような音声教材が必要かについて、実際にそのような教材を作成する過程で何度も議論をした。

　作業はまだ途中の段階であるため、ここでは、試作版として作成した奥方言の教材の一部を紹介し、少数言語の学習のための音声を主体とした教材の可能性について述べるという程度にとどめる。

　これまでの言語教材が、一般に、「文字」を主、「音声」を従として扱う傾向があったのに対し、本章では、「音声」を主、「文字」を従とする言語教材の必要性と可能性を提案する。そして、このような発想が、奥方言はもちろん、他の琉球列島の方言、あるいは、他の少数言語・危機言語の記録や保存、継承においてもこれから大切になってくるのではないかということを述べる。

12-3　沖縄県の「方言ラーニング」商品について

　琉球方言の音声教材として、『宮古島方言スピードラーニング初級編・中級編・上級編』(総合衣料雑貨卸・販売会社「さぽ」(豊永靖久代表)が作成した自主制作 CD) と『うちな〜ぐちラーニング初級編・中級編・上級編』(八木政男)、『お笑いうちなーぐちラーニングじゅん選手バージョン編』(じゅん選手、八木政男、澤井毎里子)がこれまで発売されている。

　最も早くに発売された『宮古島方言スピードラーニング (以下、宮古島 SL)』は、「観光客向け」に「聞いて楽しむ」ことを目的に作られたものであり、内容も娯楽的だ。しかし、これまで英語のような大言語習得のための教材であった「スピードラーニング」を危機言語において採用したのはおそらくこの CD が初めてである。『ウクムニーペーハナレー』も『宮古島 SL』の発想をうけている。

　『宮古島 SL』に影響を受けて作られた『うちな〜ぐちラーニング』シリー

第3部　コトバ

ズは、「『聞き流し覚えるだけ』の沖縄方言教材」と銘打たれているように学習を目的としたものである。例えば、初級編は単語のみ140単語が収録されている。単語をみてみると、名詞、動詞、形容詞、副詞のうちの使用頻度が高そうなものを集めている。女性の声で現代日本語の単語が発音された後、「うちな〜ぐち」の発音が1回ずつ聞ける。スタジオで録音らしく録音状態がよく発音もはっきりしていて聞き取りやすい。

　しかし、『宮古島SL』と違い、方言学習を目的としているが、その学習効果については疑問が残る。『うちな〜ぐちラーニング』は方言のさまざまな使用場面が想定されたシーン重視の構成がなされている。よく用いられる単語や、挨拶表現のアクセント・イントネーションが重視されているのである。しかし、会話文の単語のレベルや文法のレベルに対する配慮がないという問題点があげられる。学習者が別に単語や文法を習得済みでない限り、文のくみたて方の規則をこの教材から学ぶことは困難だろう。また、『うちな〜ぐちラーニング』の「うちな〜ぐち」とは、作成者（八木氏）自身が述べているように「芝居ぐち[1]」のことであり、特定の集落で話されている地域方言ではないという問題もある。

　各地の地域方言が対象になっている教材であり、かつ、文法形式や使用する単語を効果的に習得できる構成になっている音声教材を作ることが望ましい。

12-4　琉球大学琉球語学研究室の取り組み

　冒頭で述べたように私たちの研究室では、講義「琉球方言学野外実習」の中で国頭村奥方言の語彙調査を2013年から行っている。この調査の合間に音声教材製作のための取り組みを行ってきた。これまでに、試作版として、

---

[1]　「「うちな〜ぐち」とは、「共通語的存在」である「芝居ぐち」を基本にした言葉（沖縄タイムス2013年6月20日掲載）」と紙面上で述べている。

「チッチ（第一課）」〜「ミーチ（第三課）」を収録した音声教材を実際に作成した。音声教材を開発するにあたって次のような観点を重視した。
 (1) 地域方言を習得するための教材を作る。
 (2) 基本的に、音声のみで学習できる構成をたてる。
 (3) これまでの記述文法研究の成果を盛り込み、琉球方言の体系に基づいた学習内容にする。
以下、それぞれの観点から本取り組みをみなおしていく。さらに、取り組みを通してわかった今後の課題として、
 (4) 音声教材に付き従った文字テキストの可能性
以上4点について述べる。

(1) 地域方言を習得するための教材：方言多様性教育のために

 琉球方言を含む危機言語にとって、「聞きながら言語を習得できる」ような音声教材を作成することは、今後必要性を増していくと思われる。例えば、その方言の話者がいなくなってしまった場合、言語習得に不可欠といわれている「辞書」「文法書」「テキスト」がそろっていたとしても、ネイティブスピーカーから「言葉のシャワーを浴びる」という機会がまったくなくなってしまうからである。12-2でも述べたが、日本語や英語や中国語のような大言語は、その土地に留学すれば、「言葉のシャワーを浴びる」ことができるが、危機言語はそうはいかない。危機言語にこそ「言葉のシャワー」の役割を果たしうる音声教材が必要になってくる。

 「ウクムニーペーハナレー」は、奥方言のネイティブスピーカーによる実際の発話を聞くことができ、学習者が彼らとの間で実際に会話ができるような仕組みにした。話者がいなくなってしまった後も、奥集落出身の方や奥小学校の子どもたちが奥方言を、あたかも実際の話者から口伝えで学べるような教材を作りたいと考えた。

 なお、近年、琉球方言の保存と継承活動が盛んになったため、沖縄県も県をあげてさまざまな取り組みを行っている。琉球列島は、約800の集落ご

とに独自の方言をもつといわれるほど多様性が高い。このような多様性を残すため、各地域方言の保存・継承を行おうとしても、そのための効果的な手立てが未だにないという重大な問題がある。

　この問題の具体的かつ効果的な解決方法としても、私たちは、ウクムニーペーハナレーのような教材を提案する。例えば、文字で書かれた教材と違って音声教材では、その地域の出身ではない学校教師でも、特別な勉強や知識を必要とせずに、教材を利用して地域方言の学習を授業の中に取り入れることが可能だ。小学校低学年やそれ以下の年齢の子ども達を対象にする場合は、付録の「童謡ウクムニーバージョン」を使用することもできる。

(2) 音声教材の構成

　本教材は、ウクムニー（奥方言）に触れたことのない人々を学習対象者とし、車内や学校現場のような使用場面を想定している。沖縄県民の多くが通学・通勤に車を利用しているので、車内で流して聞きながら学習できる、また、学校現場においてもマニュアルに従えば簡単に授業に利用できるような内容にする必要がある。そのため、文章を見なくても、音声のみで奥方言を習得できる構成になるよう工夫した。

　また、言語は実際に発話する機会がないと習得することは難しい。ネイティブスピーカーがいなくても「話す」相手がその場にいるような内容、つまり、「聞き流す」のみの内容にするのではなく、「聞く」「話す」のどちらも訓練できる内容にしたほうがいい。

　さらに、各課の構成を考える際、前の課で扱った内容の復習ができるとともに、ステップアップになるような内容を後の課にもってくるのが望ましい。

　ここでは、本教材の構成上の工夫について次の観点からみていく。

（Ⅰ）トラック構成
（Ⅱ）学習者側の発話タイミングの設定と調整
（Ⅲ）よく知られている童謡を奥方言にして歌う
（Ⅳ）課ごとの関連—言語学の知見に基づく体系的な構成—

（Ⅰ）トラック構成

　第一課から第三課までのトラック構成は、基本的に「a. モデル会話」「b. 回答練習」「c. 質問練習」の3つの項目からなっている。【資料1】に第一課の構成をあげる（全体構成の細目は【資料8】を参照）。

【資料1】　第一課「これはなに？」のトラック構成

```
第一課「これはなに？」
トラック1（モデル会話・標準語と方言）標準語A→奥方言A→標準語B→奥方言B
トラック2（モデル会話・方言のみ）奥方言A→奥方言B
トラック3（モデル会話・続けて練習）奥方言A→（　　）→奥方言B→（　　）
トラック4（回答練習1・聞き流し・標準語と方言）標準語A→奥方言A→標準語B→奥方言B
トラック5（回答練習1・聞き流し・方言のみ）奥方言A→奥方言B
トラック6（回答練習1・続けて練習）奥方言A→（　　）→奥方言B→（　　）
トラック7（回答練習1・応用）奥方言質問A→（　　）→奥方言質問B→（　　）
トラック8（質問練習・聞き流し・標準語と方言）標準語A→奥方言A→標準語B→奥方言B
トラック9（質問練習・聞き流し・方言のみ）奥方言A→奥方言B
トラック10（質問練習・続けて練習）奥方言A→（　　）→奥方言B→（　　）
トラック11（質問練習・応用）ナレーションA（問題）→（　　）→ナレーション（問題）B→（　　）
（略）
トラック16（モデル会話・方言のみ）トラック2と同じ

　　　　　※空白の（　　）は、学習者の発話ターンを示している。
```

それぞれの項目には、次の4つの学習パターンがある。

① 標準語の後に奥方言が流れる「標準語と方言」聞き流し（トラック1、4、8）
② 奥方言のみが流れる「方言のみ」聞き流し（トラック2、5、9）
③ 奥方言のみがながれ、SE（効果音）の後に続けて発音練習をする「続け

第3部　コトバ

　　て練習」(トラック3、6、10)
④　ナレーションによって指定された標準語と対応する奥方言の単語を使って文を作り、発音する「応用」(トラック7、11)

　①と②では音声を聞き流してウクムニー(奥方言)を「聞く」練習をすることができる。③と④では学習者が方言を発音できるように間をもたせて「話す」練習をすることができる。また、④の「応用」は、問題が一通り終わったあとに、解答として話者の音声が流れる。もう一度話者の音声を聞くことで、正誤確認や自分の発音およびイントネーションを話者とくらべることができるので、ウクムニー(奥方言)がより身に付きやすい。

(Ⅰa) モデル会話
　課の最初では、モデル会話を用いて学ぶ内容を示している。
　内容は登場人物2人の会話をベースにしている。学習者が実際に習得した方言を日常で使用することを想定して、会話文を中心に作成した。また、音声教材に収録されている会話文は基本的に"たずね文→つたえる文"で構成されている。

【資料2】　第一課の[モデル会話・標準語と方言(トラック01)]

ナレーション　1:「チッチ(第一課)これはなに？聞き流し。」
　　「奥の生き物たちについて、ナツコさんがツヤコさんにたずねています。
　　　標準語のあとに、対応するウクムニーが流れます。聞いてみましょう」

ナ2「これはなに？」	ナツ「フリヤ　ヌー　ヤンガ？」
ナ3「これはカマキリだよ。」	ツヤ「フリヤ　サールーゲー　ダンドー。」
ナ2「あれはブタ？」	ナツ「アリヤ　ワー　ダンナー？」
ナ3「ちがうよ。あれはイノシシだよ。」	ツヤ「アランドー。アリャー　ヤマシ　ダンドー。」

第 12 章 「ウクムニー」習得のための音声教材試作版の作成

　最初に、ナレーションで場面設定を行うことで、学習者が会話内容を想像できるようにした。第一課の学習項目は、次の通りである。
1) 名詞述語のつたえる文：これは N（名詞）だよ。（トラック 4〜7）
2) 名詞述語のつたえる文：ちがうよ。あれは N だよ。（トラック 12〜15）
3) 疑問詞「なに」を使った名詞述語の疑問詞たずね文：これはなに？（トラック 8〜11）
4) 名詞述語の Yes / No たずね文：あれは N ？（トラック 12〜15）
5) 生き物をあらわす単語（名詞）
6) 指示代名詞

　(1) から (4) は第一課で習得することができる文法形式である。活用の複雑な動詞述語文、形容詞述語文は避け、比較的シンプルな非過去形の名詞述語文から始めるのが適切であると考えた。第一課では、つたえる文 (1)(2) とたずね文 (3)(4) とを学習する。これらの文法形式を学習していくのとあわせて生き物に関する語彙や指示代名詞の使い方を習得できるような構成にした。つたえる文の習得についてを、次の（Ｉb）、たずね文の習得についてを（Ｉc）の項目でみていく。

（Ｉb）回答練習（質問にウクムニーを使って答える練習）
　「回答練習 1（トラック 4〜7）」では、奥方言で質問されたことに対して、奥方言で回答する練習を行うことができる。【資料3】の「聞き流し・標準語と方言（トラック 4）」では、「フリヤ　ヌー　ヤンガ？（これはなに？）」と奥方言で次々とたずね、「フリヤ　ヤマシ　ダンドー。（これはいのししだよ。）」「フリヤ　'ピーダー　ダンドー。（これはやぎだよ。）」と答えていくのを学習者は聞くことができる。述語の名詞のみを入れ替えることによって、つたえる文の述語形式を身につけるだけではなく、単語練習を行い語彙を増やすこともできる。

第3部　コトバ

【資料3】　第一課の [回答練習1・聞き流し・標準語と方言（トラック4）]

> ナレ：「チッチ、これはなに？回答練習その1。」
> 「これはなに？」とウクムニーで次々に質問をします。質問に対して、「ねこ」「いのしし」「やぎ」などに対応するウクムニーの単語をつかって、文にして答えていきます。標準語の後にウクムニーが流れます。聞いてみましょう。」
> ナレ2「これはなに？」　　　　　ナツコ「フリヤ　ヌー　ヤンガ？」
> ナレ3「これはネコだよ。」　　　ツヤコ「フリヤ　マーウタ　ダンドー。」
> ナレ2「これはなに？」　　　　　ナツコ「フリヤ　ヌー　ヤンガ？」
> ナレ3「これはイノシシだよ。」　ツヤコ「フリヤ　ヤマシ　ダンドー。」
> ナレ2「これはなに？」　　　　　ナツコ「フリヤ　ヌー　ヤンガ？」
> ナレ3「これはヤギだよ。」　　　ツヤコ「フリヤ　ピーダー　ダンドー。」
> ナレ2「これはなに？」　　　　　ナツコ「フリヤ　ヌー　ヤンガ？」
> ナレ3「これはカマキリだよ。」　ツヤコ「フリヤ　サールーゲー　ダンドー。」
> ナレ2「これはなに？」　　　　　ナツコ「フリヤ　ヌー　ヤンガ？」
> ナレ3「これはゴキブリだよ。」　ツヤコ「フリヤ　トービーヤー　ダンドー。」

　また、「応用」のトラックは、ナレーションが指定した標準語と対応する奥方言の単語を使って文を作り、発音練習をすることによって、学習事項上の文法形式や新出の単語が定着することを目的に設定した。

　【資料4】のように、応用では、話者が「フリヤ　ヌー　ヤンガ？（これはなに？）」と奥方言でたずねたあと、ナレーションが「ネコ」のように、たずねられたことに対する回答の内容（ネコ、イノシシ、ヤギ）を標準語で指示する。学習者は、「フリヤ　ヌー　ヤンガ？（これはなに？）」とたずねられたことに対して、ナレーションから与えられる指示「ネコ」を奥方言「マーウタ」にした上で、この単語をつかって「フリヤ　マーウタ　ダンドー。（これはネコだよ）」という文を自分で作って答えなければならない。

【資料4】 第一課の［回答練習1・応用（トラック7）］

ナレ：「チッチ、これはなに？回答練習その1・応用」
「質問に回答する練習をしましょう。「これはなに？」と、ウクムニーで質問します。（効果音2・SE2）のチャイムの後に「ねこ」「いのしし」「やぎ」のように、標準語で指示しますので、（効果音・SE）のチャイムの後に、指示した標準語と対応するウクムニーの単語を使って回答しましょう。」

ナツコ「フリヤ　ヌー　ヤンガ？」 　　　（SE2） ナレ「ねこ」 　　　（SE） ナツコ「フリヤ　ヌー　ヤンガ？」 　　　（SE2） ナレ「いのしし」 　　　（SE） ナツコ「フリヤ　ヌー　ヤンガ？」 　　　（SE2） ナレ「やぎ」 　　　（SE） ナツコ「フリヤ　ヌー　ヤンガ？」 　　　（SE2） ナレ「かまきり」 　　　（SE） ナツコ「フリヤ　ヌー　ヤンガ？」 　　　（SE2） ナレ「ごきぶり」 　　　（SE）	ナレ「こたえあわせです。こたえあわせをしながら、もう一度イントネーションに気をつけて（効果音・SE）の後につづけて発音しましょう。」 ナレ3「これはねこだよ。」 ナツコ「フリヤ　マーウタ　ダンドー。」 　　　（SE） ナレ3「これはいのししだよ。」 ナツコ「フリヤ　ヤマシ　ダンドー。」 　　　（SE） ナレ3「これはかまきりだよ。」 ナツコ「フリヤ　サールーゲー　ダンドー。」 　　　（SE） ナレ3「これはごきぶりだよ。」 ナツコ「フリヤ　トービーヤー　ダンドー。」 　　　（SE）

　同じ質問に対し、回答の単語をひとつだけ変えて文を作らせるという反復練習によって「フリヤ　N　ダンドー。」という名詞述語文をより効果的に習得するねらいもあるが、関連する語彙（イノシシ、ヤギ）をふやすという構成上のねらいもある。「応用」のトラックができるようになれば、「マーウタ（ネコ）」「ヤマシ（イノシシ）」「ピーダー（ヤギ）」「サールーゲー（カマキリ）」「トービーヤー（ゴキブリ）」の奥集落の身近な生き物たちの名前を一緒に覚

えることになる。

　なお、「応用」のトラックについては、問題がひととおり終わったあとに、問題の解答である奥方言が流れるようにした。そこでは、奥方言が流れた後に学習者が奥方言で続ける時間的な間をもたせることで、再度自分の発音を確認できるように工夫した。奥集落の方たちは、奥方言の特徴のひとつとして独特なイントネーションをあげており、これを習得するのは出身者以外の人間にとっては困難だと指摘している。学習者が自分で実際に発音した後に、奥方言のネイティブスピーカーの方の実際の発話を確認しながらもう一度発音することで、このイントネーションが身につきやすくなるようにした。

（Ⅰc）　質問練習（うくむにーで「質問する」練習）

　これまで述べたのは、奥方言で質問されたことに対して「回答する」練習だったが、「質問する」練習をすることもできる。トラック8〜11収録の「質問練習」は、YesNoたずね文の習得を目的に設定した（【資料5】）。なお、第三課では、「どこで」や「いつ」のようなWH疑問文の練習ができるようになっている。

【資料5】　第一課「これはなに？」の［質問練習・聞き流し・標準語と方言（トラック8）］

> ナレ：「チッチ、これはなに？質問練習・聞き流し。」
> YesNoたずね文の練習をします。「あれはねこか？」「あれはいのししか？」のようなYesかNoかで答える質問をします。標準語のあとにウクムニーが流れます。聞いてみましょう。」
> ナレ2「あれはネコ？」　　　　ナツコ「アリヤ　マーウタ　ダンナー？」
> ナレ2「あれはカマキリ？」　　ナツコ「アリヤ　サールーゲー　ダンナー？」
> ナレ2「あれはイノシシ？」　　ナツコ「アリヤ　ヤマシ　ダンナー？」
> ナレ2「あれはゴキブリ？」　　ナツコ「アリヤ　トービーヤー　ダンナー？」
> ナレ2「あれはヤギ？」　　　　ナツコ「アリヤ　'ピーダー　ダンナー？」

第 12 章 「ウクムニー」習得のための音声教材試作版の作成

(Ⅱ) 学習者側の発話タイミングの設定と調整
　「話す」訓練と関連して、「続けて練習」や「応用」では、学習者のターンを知らせる効果音（SE）と時間的な空白を適宜挿入している。学習者が実際に発話をする部分には、時間的な間をとっている。この間は、短すぎると学習者がついていけなくなってしまうし、長すぎても集中をとぎれさせることになってしまう。学習をテンポよくすすめるために最適な、時間的な間を設定する必要がある。
　今回、作成した音声教材は、作った私たちのような、大学の学部生にとって最適なタイミングで設定を行った。しかし、これは、中学生以下が複数名で使用するには短い。小学生低学年の子供が使ったり、学校の教師が授業で使うような場合どのような工夫が必要か検討しなければならない。

(Ⅲ) よく知られている童謡を奥方言にして歌う
　「ウクムニーペーハナレー」では、最後のトラックに付録として、童謡「ななつのこ」のウクムニー（奥方言）訳「ナナチヌ'クヮー」をつけた。方言学習に際して、伝統的な民謡や歌謡を盛り込んだ学習方法はこれまでも試みられているが、若い人にとってはなじみがないことが多く、興味をもたせにくいという問題がある。流行歌の場合、曲のリズムに合わせた方言訳を作るのは難しいし、著作権上の問題もある。
　そこで、「ウクムニーペーハナレー」では、子ども達から年輩の方までなじみがある、誰でも歌えるような童謡をウクムニー（奥方言）に訳することにした。童謡であれば、翻訳作業も比較的簡単に行える。著作権が切れた童謡を使えば、広くたくさんの人に自由に利用してもらうことも可能になる。
　今回は、調査の合間に、話者の方に童謡「ななつのこ」の訳をつけるのを手伝っていただいた。この歌は歌詞が易しいので、翻訳の作業に時間はかからなかった。作業のなかで私たちも話者もすぐに歌えるようになったので、学習効果が期待できそうである。
　童謡の方言訳は、小学生以下の児童に対する方言教育に役立つ教材を提供する。例えば、奥小学校の生徒たちがこの歌を口ずさむことによって、ウク

第3部　コトバ

ムニー（奥方言）にふれさせることができる。歌を覚えた後、歌詞の単語や文法を解説することもできる。また、方言教育の導入に使うこともできる。

【資料6】　童謡　ななつのこ・ウクムニーバージョン「ナナチヌ'クヮー」

ガラシ　ヌーガシ　ナクル	（からすなぜなくの）
ガラシヤ　ヤマネー	（からすはやまに）
ハナハル　ナナチヌ	（かわいいななつの）
'クヮーヌ　ウイフトゥドー	（こがあるからよ）
ハナハン　ハナハンチル　ガラシヤ　ナクル	（かわいいかわいいとからすはなくの）
ハナハン　ハナハンチル　ナクンドヤー	（かわいいかわいいとなくんだよ）
ヤマヌ　シーカイ　イジミチミッチンミー	（やまのふるすへいってみてごらん）
マルミー　ソール　ヒー'クヮードー	（まるいめをしたいいこだよ）

(Ⅳ)　課ごとの関連―言語学の知見に基づく体系的な構成―

「ウクムニーペーハナレー」が、従来の音声教材ともっとも異なっているのは、これまでの琉球方言研究の成果に基づいた、体系的な教材を目指している点である。言語習得のための文字教材の理想は、学習者がそこに掲載されているテキストを覚えれば、対象言語の体系を一通り把握することができる、というようなものだろう。それに対し、私たちが作成しようとしている音声による方言教材は、学習者が音声を通して繰り返し練習することによって、その方言で日常会話をすることができるようになる、といった実践的な目標を置いている。しかしそのような目標は、単に場面毎の会話文を並べるだけでは、達成できない。そのためには、シンプルかつ最小限の構成でありながらも、複雑な言語体系をおさえられるような内容を練らなければいけない。これが最も重要で、最も難しい点である。

初級・中級・上級といった階層を設定するのでなく、課を進める毎に、学んだことが少しずつ自然に構造化されていく、といった作りにする必要があ

る。(Ⅰb) で述べたように、学習者が、ウクムニー (奥方言) の単語を入れ替えて文を組み立てる練習をすることを通して、使える語彙が少しずつ増えていくようにする。「命令文」「勧誘文」のような言語学の用語を使って説明することも、学習に役立つだろう。実際に、試作版では例を出した後で、こうした用語でまとめ、ウクムニー (奥方言) についての言語学的な理解も助けるような構成にした。このような理解は、ウクムニー (奥方言) 以外の琉球方言や、日本語、英語など、いろいろな言語を学習する際に、それらの言語のしくみを理解する上で役立つ。現代では、多言語教育が推進されている。他の言語や日本語のしくみを理解することにもつながる内容であれば、方言教育の意義はよりいっそう強まるだろう。

このような見通しのもとに、「ウクムニーペーハナレー」では、文法構造の面も十分考慮した上で、第一課から第三課までの内容を組み立てた。

第一課では、指示代名詞、「これはなに？」のような疑問詞疑問文、それに答える名詞述語、名詞が述語になる場合の肯否疑問文が習得できるようになっている。述語になる名詞をとりかえさせることで、動物に関する名詞の語彙を増やしたり、名詞述語文をつくる練習もすることができる。

第二課では、いくつかのタイプの疑問詞疑問文の習得と、さそいかける文の練習を行うことができる。さそいかける文は、人称が限定されており、よく用いられるため、この課の学習にふさわしいと考えたが、奥方言では、「行こう」のような動詞の勧誘形は実際にはあまり用いられず、「行かないか？」のような肯否たずね形の否定形がさそいかける文の述語として使われるという傾向があることがわかった。文字テキストであれば、この課にはふさわしくないかもしれないが、音声教材なら、「さそいかける文」の述語に用いられる形式として教えることができる。勧誘形も否定形も基本語幹からなる動詞という点で共通しており、さしだす動詞の活用のタイプの違いに注意すればさほど難しくはない。

このことは、文字テキストの構成がそのまま音声教材に当てはまるといえないことを示している。「音声教材」にふさわしい構成として、どのようなことを先に教えるほうが良いのかは今後も検討する必要がある。第二課では、

第3部　コトバ

他に親族名詞や、場所名詞、もの名詞を覚えることができる。動詞の活用形については、基本語幹でm語幹、b語幹の動詞に限定し、発音しながら活用の規則性について気づけるようにした。

　第三課では、疑問詞疑問文、動詞が述語になる肯否たずね文、動詞の過去形、断定形、肯否たずね形の否定形について学習することができる。動詞の活用形については、意図的に第二課と同じ動詞に限定した。親族名称、もの名詞の語彙をふやすこともできる。

　今後は、形容詞述語文やさまざまの複雑な動詞活用形を扱う必要がある。動詞には、継続形や、受動形、使役形のような文法的な形式もある。また、複文もある。このようなことをどの順序で、どこに導入するかといったことも考えなければならない。

　しかし、もしウクムニー（奥方言）について、このような音声教材を完成することができれば、今後、他の琉球方言の音声教材を作るときの、モデルにもなりうる。このことはとても大きな意義があると思う。

(3) 副次的な存在としての文字テキストの可能性

　本取り組みは、「音声媒体だけで奥方言を習得できる教材」の作成を目指したものだが、教材としての音声には音声という特徴ゆえの欠点があることもわかった。文字テキストは目で追って戻ることができるが、音声は戻ることができない。そのため、補足的な説明を加えたり、語彙のバリエーションを思うように増やしたりといったことができない。

　このようなことを音声教材で行うと、逆にわかりにくくなったり、説明部分が冗長になったりする恐れがある。例えば、第一課では、肯否質問文に対する「はい」に対応する応答は全て「いー」だが、自分より年輩の方には「おー」を使わなければならない。音声教材上では、すべて「いー」で統一せざるを得なかったが、年輩の方には「おー」を用いるということをどこで説明するかという問題がある。後の課でとりあげる、という方法のほかに、この課の補足的な説明として文字テキストを利用するという方法がある。

学習は、音声教材だけでも可能であるが、音声教材に沿った課毎の文法説明や関連語彙の補足のために文字テキストは必要だと思う。音声を聞いてなんとなくつかんだ概要を、表などで整理して体系的に捉え直すことができるのは、文字テキストの強みである。ただ、「ウクムニーペーハナレー」は、あくまでも音声教材が主なので、文字テキストの役割は副次的なものである。この点、文字テキストを主とした一般の言語教材とは、主従関係が逆である。

この副次的な文字テキストの可能性について、今回のプロジェクトでは十分検討する余裕がなかったが、今後考えていかなければならない課題である。

12-5 他の方言の「ペーハナレー」

私たちは、「ウクムニーペーハナレー」という奥方言習得のための音声教材を作成する作業を進める過程で、他の琉球方言ではどのような音声教材が必要かということも、つねに考えていた。琉球方言は800もの地域・変種をもち、時に「外国語のようだ」と例えられるほど日本語標準語とは異なっている。それでも、日本語と英語、日本語と中国語ほどの言語差はない。むしろ、音韻的にも文法的にも日本語とは明らかな対応関係をもっており、日本語話者であれば、外国語と比べるとはるかに容易に習得できるはずだ。琉球方言内では、その言語差はより小さくなる。「ウクムニーペーハナレー」が完成すれば、それをモデルにして、他の琉球方言でも音声教材を作成できるはずだ。今回は、試作版として第三課までのみの報告となってしまったが、今後もそのような琉球方言の教材のモデルを作ることを目指した構成をたて、内容を練り、作成していきたい。

「ウクムニーペーハナレー」が完成すれば、他の危機言語の習得や、調査・研究に関して次のような効果も期待できる。音声教材は、一定の録音機器とある程度のパソコン環境が整っていればフリーソフトのみで誰にでも作ることが可能だ。そこで、例えば、大学の実習授業で、フィールド調査の取っ掛かりとして、学生が、本教材の作成に用いた脚本をもとに対象地域の方言に

第3部　コトバ

即した脚本を作成する、といったことも可能である。
　上述のような、言語学的知見に基づく体系的なモデルであれば、それに沿って収録した音声データは、学生が初めてのフィールドで作成したものであっても、そのまま卒論や修論のデータとして分析・記述にも用いることができるはずである。
　また、研究者が言語調査を進めるに際しては、このモデルを利用して、地域の方に成果としてすぐに報告できるというメリットもある。脚本をもとに作成し、CDに焼きつければ、地域の方にすぐに聞いていただくことができる。音韻やアクセント、文法の調査では、成果をまとめるのに時間がかかって心苦しい思いをすることが多い。記述研究を目的とした調査と音声教材作成は、今回の報告のように同時並行で行うことができる。
　また、音声教材作成は、話者の方にとっては語彙調査や文法調査よりも負担が軽いことがわかった。私たち調査側の意図もわかりやすく、会話の脚本に流れがあるので方言に訳しやすいとおおむね好評だった。また、今回、試作版を実際に聞いてもらって、話者の方や地域の方からご意見をいただけたなど、文法などの専門的な調査と違い、地域側の要望を反映しやすいというメリットもあった。

12-6　奥の先輩方のコトバを話そう

　上に述べたように、作成途中で石原先生（第11章参照）を含め、奥出身の先輩方に試作版を聞いていただく機会が何度かあった。話者のお名前をいわなくても「これはNさんだね」とすぐにおっしゃったので驚いた。私たちがやっていることは、「奥という集落に住んでいる誰かのコトバ」ではなく、「Nさんが話す（奥の集落の）コトバ」をまとめることだったと、その時にやっと気づいた。
　実際には、話者のみなさんが日頃使っているコトバのごく一部を切り取ってきたに過ぎないが、編集をしていても、聞けば聞くほどその方の特徴がみ

えてくる。最初にNさんの発音の後に続けて自分で発音してみた時には、私のイントネーションがかなり違っているのがはっきりとわかった。何度か繰り返していくうちに、まったく同じではないが、少しずつNさんの発音やイントネーションに近くなっていく。その感覚がとても不思議だった。それがどういうことなのか、今の私にはうまく表現することができない。しかし、この不思議な体験をした瞬間から、訓練を受けたアナウンサーや話の専門家の声でなく、「奥の先輩方」の声でウクムニー（奥方言）を学べるということが、私にとっては何よりも大切になった。

　個人的な目標を述べるなら、「お世話になった奥の先輩方が話すコトバを話す私の奥コトバ」が実現できるような「ウクムニーペーハナレー」を作りたいと思う。

　なお、試作版を作るにあたって使用した調査票や編集に関する情報を最後にまとめた。ご参考になれば幸いである。

関連資料

「ウクムニーペーハナレー」試作版
http://www.kyoto-up.or.jp/qrlink/201603/yanbaru/08.html

参考文献

内間直仁、新垣公弥子（2000）「奥方言の音韻」『沖縄北部・南部の記述的研究』風間書房　pp.1～35.
小川晋史（2015）『琉球のことばの書き方――琉球諸語統一的表記法』くろしお出版.
かりまたしげひさ（2013）「琉球方言とその記録，再生の試み――学校教育における宮古方言教育の可能性」『琉球列島の言語と文化――その記録と継承』くろしお出版．pp. 21-44.
琉球方言研究クラブ（1999）『琉大方言第14号　国頭村字楚洲方言の音韻体系および奥方言のアクセント的構造について』琉球方言研究クラブ

第3部　コトバ

調査、音声編集の概要について

　標準語で音声教材全体の脚本を作成し、それを元に標準語で書いた調査票を作成した。調査票を用いて話者の方々と面接調査を行い、会話の場面や状況を詳しく説明して、それぞれの場面にあった奥方言に訳していただいた。この調査で得られた方言訳をもとに、脚本と調査票に加筆修正を加え、調査票を奥方言に直した上で、「奥ヤンバルの里（国頭村奥）」で、一時間半程度の時間をかけて、音声収録を行った。
　その後、奥方言の収録音声にあわせて標準語ナレーションのテキストを修正し、大学構内でその音声を収録した。
　音声編集には、フリーソフトAudacityを使用している。話者の収録音声自体の加工は行っていないが聞きやすさを優先させて一部の不自然な間を削除したり、発話の間のノイズをとる処理を行っている。

【資料7】　使用した調査票

第一課	「これはなに？」	
1-n1	○	それはなに？
1-c1	▲	これはトマトだよ。
1-n2	○	あれはニガナ？
1-c2	▲	ちがうよ。あれはヨモギだよ。
1-n3	○	それは　なに？
1-c3	▲	これは　ねこだよ。
1-n4	○	それは　なに？
1-c4	▲	これは　いのししだよ。

第12章 「ウクムニー」習得のための音声教材試作版の作成

1-n5	○	それは　なに？
1-c5	▲	これは　やぎだよ。
1-n6	○	それは　なに？
1-c6	▲	これは　鳥だよ。
1-n7	○	それは　なに？
1-c7	▲	これは　パパイヤだよ。
1-n8	○	あれは　ねこ？
1-c8	▲	うん。あれは　ねこだよ。
1-n9	○	あれは　ねこ？
1-c9	▲	ちがうよ。あれは　いのししだよ。
1-n10	○	あれは　鳥？
1-c10	▲	うん。あれは　鳥だよ。
1-n11	○	あれは　犬？
1-c11	▲	うん。あれは　犬だよ。
1-n12	○	あれは　ねこ？
1-c12	▲	ちがうよ。あれは　やぎだよ。
1-n13	○	あれは　いのしし？
1-c13	▲	ちがうよ。あれは　犬だよ。
第二課	「どこに行くの？」	
2-n1	○	ねえ！　どこに行くの？
2-c1	▲	食堂に行くよ。
2-n2	○	何しに行くの？
2-c2	▲	お昼を食べに行くよ。
2-n3	○	誰と行くの？
2-c3	▲	一人で行くよ。

第3部　コトバ

| 2-n4 | ○ | じゃあ、一緒に行こうよ。 |
| 2-c4 | ▲ | うん。そうしよう。 |

| 2-n5 | ○ | どこに　行くの？ |
| 2-c5 | ▲ | 川に　行くよ。 |

| 2-n6 | ○ | どこに　行くの？ |
| 2-c6 | ▲ | 山に　行くよ。 |

| 2-n7 | ○ | どこに　行くの？ |
| 2-c7 | ▲ | 海に　行くよ。 |

| 2-n8 | ○ | どこに　行くの？ |
| 2-c8 | ▲ | お店に　行くよ。 |

| 2-n9 | ○ | どこに　行くの？ |
| 2-c9 | ▲ | トイレに　行くよ。 |

| 2-n10 | ○ | なにを　しに　行くの？ |
| 2-c10 | ▲ | 遊びに　行くよ。 |

| 2-n11 | ○ | なにを　しに　行くの？ |
| 2-c11 | ▲ | 買い物を　しに　行くよ。 |

| 2-n12 | ○ | なにを　しに　行くの？ |
| 2-c12 | ▲ | ごはんを　食べに　行くよ。 |

| 2-n13 | ○ | なにを　しに　行くの？ |
| 2-c13 | ▲ | 泳ぎに　行くよ。 |

| 2-n14 | ○ | だれと　行くの？ |
| 2-c14 | ▲ | お父さんと　行くよ。 |

| 2-n15 | ○ | だれと　行くの？ |
| 2-c15 | ▲ | お母さんと　行くよ。 |

2-n16	○	だれと　行くの？	
2-c16	▲	おばあちゃんと　行くよ。	
2-n17	○	だれと　行くの？	
2-c17	▲	おじいちゃんと　行くよ。	
2-n18	○	だれと　行くの？	
2-c18	▲	おにいちゃんと　行くよ。	
2-n19	○	一緒にごはんを食べよう。	
2-c19	▲	いいよ。	
2-n20	○	一緒に本を読もう。	
2-c20	▲	いやだ。	
2-n21	○	一緒に水を飲もう。	
2-c21	▲	いいね。	

第三課　「どうやって行くの？」
3-c1	▲	ねえ！　今からどこに行くの？
3-n1	○	那覇に行くよ。
3-c2	▲	どうやって行くの？
3-n2	○	車で行くよ。
3-c3	▲	お母さんと行くの？
3-n3	○	ううん。お父さんと一緒に行くよ。
3-c4	▲	そうなんだ。気をつけて行ってきてね。
3-c5	▲	どうやって　行くの？
3-n5	○	車で　行くよ。
3-c6	▲	どうやって　行くの？
3-n6	○	船で　行くよ。
3-c7	▲	どうやって　行くの？
3-n7	○	汽車で　行くよ。

第3部　コトバ

3-c8	▲	どうやって　行くの？
3-n8	○	飛行機で　行くよ。
3-c9	▲	お母さんと　一緒に　行くの？
3-n9	○	うん。お母さんと　一緒に　行くよ。
3-c10	▲	お母さんと　一緒に　行くの？
3-n10	○	ちがうよ。おばあちゃんと　一緒に　行くよ。
3-c11	▲	お父さんと　一緒に　行くの？
3-n11	○	うん。お父さんと　一緒に　行くよ。
3-c12	▲	お父さんと　一緒に　行くの？
3-n12	○	ちがうよ。おにいちゃんと　一緒に　行くよ。
3-c13	▲	おばあちゃんと　一緒に　行くの？
3-n13	○	ちがうよ。おじいちゃんと　一緒に　行くよ。

【資料8】　ウクムニペーハナレー試作版の構成

第一課（チッチ）「これはなに？」		第三課（ミーチ）「どうやっていくの？」	
1	モデル会話・聞き流し・標準語と方言	37	モデル会話・聞き流し・標準語と方言
2	モデル会話・聞き流し・方言のみ	38	モデル会話・聞き流し・方言のみ
3	モデル会話・続けて練習	39	モデル会話・続けて練習
4	回答練習1・聞き流し・標準語と方言	40	回答練習1・聞き流し・標準語と方言
5	回答練習1・聞き流し・方言のみ	41	回答練習1・聞き流し・方言のみ
6	回答練習1・続けて練習	42	回答練習1・続けて練習
7	回答練習1・応用	43	回答練習1・応用
8	質問練習・聞き流し・標準語と方言	44	質問練習1・聞き流し・標準語と方言
9	質問練習・聞き流し・方言のみ	45	質問練習1・聞き流し・方言のみ
10	質問練習・続けて練習	46	質問練習1・続けて練習
11	質問練習・応用	47	質問練習1・応用

第 12 章 「ウクムニー」習得のための音声教材試作版の作成

12	回答練習 2・聞き流し・標準語と方言	48	回答練習 2・聞き流し・標準語と方言
13	回答練習 2・聞き流し・方言のみ	49	回答練習 2・聞き流し・方言のみ
14	回答練習 2・続けて練習	50	回答練習 2・続けて練習
15	回答練習 2・応用	51	回答練習 2・応用
16	モデル会話・聞き流し・方言のみ	52	質問練習 2・聞き流し・標準語と方言
		53	質問練習 2・聞き流し・方言のみ
第二課 (᾿ターチ)「どこにいくの？」		54	質問練習 2・続けて練習
17	モデル会話・聞き流し・標準語と方言	55	質問練習 2・応用
18	モデル会話・聞き流し・方言のみ	56	つたえる文・聞き流し・標準語と方言
19	モデル会話・続けて練習	57	つたえる文・聞き流し・方言のみ
20	回答練習 1・聞き流し・標準語と方言	58	つたえる文・続けて練習
21	回答練習 1・聞き流し・方言のみ	59	つたえる文・応用
22	回答練習 1・続けて練習	60	質問練習 3・聞き流し・標準語と方言
23	回答練習 1・応用	61	質問練習 3・聞き流し・方言のみ
24	回答練習 2・聞き流し・標準語と方言	62	質問練習 3・続けて練習
25	回答練習 2・聞き流し・方言のみ	63	質問練習 3・応用
26	回答練習 2・続けて練習	64	回答練習 3・聞き流し・標準語と方言
27	回答練習 2・応用	65	回答練習 3・聞き流し・方言のみ
28	回答練習 3・聞き流し・標準語と方言	66	回答練習 3・続けて練習
29	回答練習 3・聞き流し・方言のみ	67	回答練習 3・応用
30	回答練習 3・続けて練習	68	モデル会話・聞き流し・方言のみ
31	回答練習 3・応用		
32	さそいかける文・聞き流し・標準語と方言	69	付録・童謡「ななつのこ」ウクムニーバージョン「ナナチヌ᾿クヮー」
33	さそいかける文・聞き流し・方言のみ		
34	さそいかける文・続けて練習		
35	さそいかける文・応用		
36	モデル会話・聞き流し・方言のみ		

第 3 部　コトバ

ウクムニーペーハナレー試作版
〈担当者〉
企画　　　　　　琉球大学法文学部　琉球語学研究室
調査　　　　　　當山奈那、目差尚太、平良尚人
脚本・音声編集　當山奈那
編集協力　　　　目差尚太、平良尚人、崎山拓真
ナレーション　　渡久山海理、中野遙楓、源河優香
〈調査協力者（敬称略、五十音順）〉
調査協力者　　　島田隆久、金城篤、宮城幸子、宮城ナツ、宮城百合、比嘉ツヤ子、米吉正子
協力機関　　　　奥ヤンバルの里（国頭村奥）
サウンドエフェクト　小森平（http://taira-komori.jpn.org/）フリー素材

終　章
「コトバ‒暮らし‒生きもの環」の未来
── 奥・やんばるモデルを共有する ──

大西正幸 / 石川隆二 / ネイサン・バデノック

　序章では、本書の構成と、私たち「生物文化多様性」プロジェクトの目的・取り組みについて、簡単に紹介した。その最後に述べたように、世界各地の地域共同体が維持してきた「コトバ‒暮らし‒生きもの環」は、地域の自然・生活環境を破壊する大規模開発や、地場産業の存立を脅かすグローバル市場の介入といった圧力にさらされて、いまや崩壊の危機に瀕している。このような状況に抗しながら地域の資源を生かして自律的・持続的未来を切り開いていこうとしている、アジア・太平洋地域の、「奥・やんばる」を含むいくつかの共同体とともに、私たちは、過去2年間、プロジェクトを進めてきた。

　この終章では、私たちが進めてきた取り組みをより広く具体的に取り上げながら、これらの地域共同体の自律的・持続的未来を築いていくにはどうしたらいいか、そのような試みに研究者がどのように貢献できるかを、考えていきたい。

1　次世代継承をめぐって ── 与論高校生との対話

(1) 与論島と奥・やんばる

　2014年1月に、石川隆二さんを中心とするシークヮーサー研究グループが、奥から海を隔てて北北東20kmあまりに位置する、与論島を訪れた（序章図

1参照)。第1章にあるように、シークヮーサーは、鹿児島県に属する奄美諸島を北限に、沖縄諸島・先島諸島を経て、台湾北部にまで分布していることが知られている。石川さんは、奄美諸島の最南端で沖縄島に最も近い与論島にも、シークヮーサーが自生しているとの情報を得て、そのサンプルを収集するためにこの島を訪問した。

　与論島と、奥を北端にもつ沖縄島は、今日、海上にある県境によって鹿児島県と沖縄県に分かたれている。しかし与論と奥は、山原船と呼ばれた帆船による交易や非常時の避難船受け入れなどを通して、江戸時代から密接な交流を続けてきた。宮城邦昌さん(第7章7-3節(5))によれば、奥の南部に「ゆんぬ山」という地名が伝わっている。この地名の由来に関する『与論町誌』(1988)に記載された伝承に従えば、奥と与論の交渉は600年以上前まで遡ることになる。また、上原信夫さんの噓話「砂糖泥棒ぬ話」(コラム7)を見ても、このような交易を通して、奥には与論の砂糖が日常的にもたらされていたことがわかる。

(2) 与論高校生との対話

　私たちのプロジェクトでは、この石川隆二さん、宮城邦昌さん、2人の弘前大学学生からなるシークヮーサー研究グループの調査に合わせて、かりまたしげひささん、當山奈那さん、長田俊樹さんからなるコトバ研究グループも与論を訪れた。そして、与論高校の先生方のご好意で、与論高校2年生たちを対象に、それぞれのグループが授業を行う機会を与えていただいた。琉球列島の「コトバ-暮らし-生きもの環」について、生きものとコトバの側面に焦点を当てた二つの授業を並行して行い、そのあと、授業に参加した数人の有志学生たちと交流することになった。コトバ研究グループの授業には、地元でユンヌフトゥバ(与論コトバ)と文化の普及に中心的な役割を果たしている、与論民俗村の菊秀史さんにも加わっていただいた。

　私たちは、この時の高校生たちとの対話を通して、与論の若い世代が、生まれ育ったシマの共同体や自然環境に対してどのような意識を持っているか

終章 「コトバー暮らし-生きもの環」の未来：奥・やんばるモデルを共有する

図1 与論高校生たちとともに
中央に立つのが石川隆二、右の2人は弘前大学生。手前は与論高校の倉津浩丞先生。

を、親しく知ることができた。磯遊びなどを通して慣れ親しんだ身の回りの生きもの、シマの共同体の暮らし、故郷のコトバの響き。幼い頃から自然に身につけた、沖縄島ともまた微妙に違う、与論島独自の伝統に対する彼らの愛着が、ひしひしと伝わってきた[1]。

自然の中での「遊び」：夜の潮干狩り

　高校生たちにとって、島のいたるところにある島ミカン・キンカン・イラブー・イシカタはただのミカンであり、これら琉球列島特有の在来種の識別はできなかったものの、彼らは海の生きものについてはたいへん豊富な知識を持っていた。この知識は、夜の干潮時にイノー（礁池）に出て家族総出で行う、潮干狩りの慣習に由来するようだ。

　高橋そよ・渡久地健さん（第2章）によれば、奥や与論には、大潮の干潮時に干上がる、いわゆる'**ピシ**（干瀬）の中に、なお海水をたたえている**ウン**

---

[1] この対話全体の書き起こしは、章末に記載のリンクで閲覧することができる。

ドゥムイと呼ばれる独特の地形があるという。高校生たちにとって、ここでタコや魚を捕って遊ぶ家族行事の印象は、きわめて強いものだった。

石　川：浜遊びとかで何か獲ったりしますか？
生徒Ｂ：貝とかも獲ります、岩にくっついてるやつ。丸いやつ。
生徒Ａ：マガイ？
生徒Ｅ：カタツムリみたいなやつ。
生徒Ｃ：とんがって丸いの。
石　川：サザエとか、ヤドカリとかそういう感じじゃないの？
生徒Ａ：都会のサザエでないから、とげとげが無いんだよね。チョウセンサザエだから。いつも獲っているのとは違うから普通のサザエが売っているとおかしく感じる。
石　川：青森ならツブという貝があるけどね。形はカタツムリの殻に似ているのかもしれないですね。
生徒Ａ：小さいのもいるよね。サザエじゃなくて、小さいやつ。
生徒Ｂ：ティダラ？
生徒Ａ：丸いやつ。
生徒Ｂ：あれは、好きだ。自分たちで獲って食べたりする？
生徒Ａ：夜とか潮が引いた時に。
生徒Ｂ：「イザリ」って言うんです。
生徒Ｅ：夜、すごく（潮が）引くんですよ。
生徒Ａ：夜、真夜中の１時、２時ごろに引いたり。冬は夜に引いて、夏は明け方、いや昼に引くんです。そのときに行くんですよ。
石　川：そういうときって家族で行ったりするのかな？
生徒たち：はい、行きます。
生徒Ｅ：タコだよね、やっぱ。
生徒たち：そうそう！
生徒Ｅ：逃げ切れないタコを取るのが良い。
生徒Ａ：イザリならタコを獲って食べるのが好き。
生徒Ｂ：そうそう、逃げ遅れたのは穴にいるからそれを獲るの。
生徒Ａ：夜とかは魚が寝てるから、動かないでそこにへばりついてたりするので面白いです。
石　川：そういうときって同級生とかいるのかな？

生徒A：そうそう、あっちそういう家庭だよなって思うときがあって。声が聞こえる。
皆で獲って来るけど、暗いので、隣から「おかあさん、タコ獲ったよ」なんて言うのが。
生徒B：「あ、あっち収穫したんだ」って、やられた、と思う。
生徒A：テスト期間にやるからね。テスト期間に（潮が）退いたりするからな～。

　このように、共同体のメンバーと自然の中で「遊ぶ」習慣が、地域の生きもの・暮らしとの間に子どもたちが親密な関係を築いていく、大きな要因であったに違いない。盛口さん（第3章）も、沖縄各地で、子どもたちが、家族や共同体のメンバーと、さまざまな形態の魚毒漁を楽しみながら成長していく様子を記述している。第7章や、「沖縄島奥の動植物方名語彙」、「奥地名リスト」の記述を見ると、宮城邦昌さんをはじめとする奥の人々の頭の中には、生きものや景観との関係が、幼少の頃の遊びの記憶とともに深く刻まれている様子がよくうかがえる。

ユンヌフトゥバ（与論コトバ）と与論アイデンティティ

　高校生たちたちが、幼少の頃から地域文化への愛着を育ててきたもう一つの大きな要因に、ユンヌフトゥバとの親密な触れ合いがある。与論は、学校教育の中に積極的に方言教育を取り入れるなど、方言継承に熱心なことで知られているが、このような島をあげての取り組みが、高校生の中にも故郷のコトバに対する愛着を育んでいることが、次のやりとりからもうかがえる。

石　川：何か小学校とか、中学のときに方言のことを勉強する機会はありましたか？
生徒B：菊（秀史）さんが来た時とかに勉強したね。
生徒E：小学校の時はずっと。小学校の時の発表って何かと方言じゃなかった？「わなや」とか。
生徒B：わかる！　いただきますと、ごちそうさまと帰りの挨拶。
生徒E：校歌が方言だもんね。
石　川：校歌が方言なんだ

生徒Ｅ：なんかラップ口調で入ってるんですよ。
石　川：君たちは方言を使う機会ってあんまり無いの？　おじいちゃんと話すときとか方言で話すと喜ばれたりとかするのかな。
生徒Ａ：食べたとき「まさい」って言っていたらすっごく喜ばれた。5歳くらいのとき「みったんまささんど」って言ったらすっごい喜ばれた。
石　川：お店をでるときに何か、声かけられたんだけどそれが「まさい」だったのかな？
　　　　何か、お店を出るときにかける言葉ってあるかな？
生徒Ｅ：それ、トートゥガナシ。
生徒Ｂ：みんなトー"ト"っていうけど、二つめは"トゥ"だからね。トゥは英語の"to"だからね。
石　川：「ありがとう」って意味なんだね。そんなときはなんて言って返すのかな？
生徒Ａ：「がんちがでぃ」ですね。がんちがでぃ。「ディ」。
石　川：言われたらそう言うの？
生徒Ａ：社交辞令的には言うかな。
生徒Ｅ：「さーびたーん」は普通に言うかな。「さーびたーん」「はーいー」みたいな感じで。
　　　　店に入るときや家にはいるときに普通に「さーびたーん」いうかな。「失礼します」っていう意味だよ。
生徒Ａ：驚いたときは、「わい」とか「うばや」「あばや」とか言うね。
生徒Ｂ：「あばや」は言うよね。
生徒Ｅ：「わいたん」や「わいたんで」でも言うかな。
生徒Ａ：水がかかったら「あばや」。
生徒Ｂ：忘れものしたら、「あっしぇー」かな。
石　川：「しまった！」っていう意味？
生徒たち：感情を込めたびっくりマークかな。
生徒Ａ：日本語では言い表せないね。
生徒Ｂ：「可哀想に」と言うときも「あっしぇー」って言うもんね。
生徒Ｅ：くしゃみしたときも「うんくすばらや」って言うよね。
生徒Ｂ：言うー！
生徒Ｅ：くしゃみ出たときのまじないか何かわかんないですけど、ずっと唱えていますね。魂が出るからかな、何回も言うね。

終章　「コトバ−暮らし−生きもの環」の未来：奥・やんばるモデルを共有する

　方言文化は身近な島文化であり、ご飯を食べるとき、人の家を訪ねる時などに何気なく使われる方言を媒体とした人間関係は、島で生きることの心地よさを感じさせる。ユンヌフトゥバ特有の響きに、幼少の頃から自然に親しんできたことが、与論の自然や暮らしに対して高校生たちが抱く誇りにもつながっているのだろう。

　ただ、こうしたコトバを使う機会は、実際には、学校でたまに行われる方言授業や、挨拶、簡単な感情表現などに限られていることも、上の会話からうかがえる。奥に比べると、与論は、優れた辞書やコトバの教材に恵まれ、しかも高校まで同じ言語圏の中で育つので、言語継承に向けての取り組みはよりやりやすいはずだが、それでも、子どもたちが日常的にユンヌフトゥバで会話を交わすまでには至っていないようである。

　　石　川：その与論の方言と他の島の方言と似ているところは有るのかな？
　　生徒Ａ：与論孤立してたからかな。なんか前、一覧表の中で与論だけぶっつりと違った。沖縄とも違った。
　　生徒Ｂ：何かで聞いたけど与論だけ別なんだよね。
　　（一同、壁に貼ってある「方言マップ」に視線を移す。）
　　石　川：方言マップかな。沖縄の、奥という地域で60年くらい前には、炭を売りに他の地区にでかけて、その時に買ったものを与論まで持ってきたりしていたようですね。
　　　　　　そういう交流をしてたっていうから少し方言が似ているのかなっていう気もするんだけど。
　　生徒Ａ：なんか全然違う気がする……。
　　生徒Ｅ：沖縄の方言はなんかゆったりな気がする。
　　生徒Ａ：沖縄には「さ〜」をつける感じがあるけど与論にはない。

　琉球列島の各地で、強固な「コトバ−暮らし−生きもの環」がいまだに若い世代にも受け継がれ、彼らのアイデンティティを支えている。その一端を、今回の高校生との交流を通してうかがうことができた。彼らとの対話は、本州最北の弘前から初めて与論を訪れてこの対話に加わった２人の大学生にも、深い印象を残したようだった。

2 | アジア大陸域・太平洋島嶼域の「コトバ-暮らし-生きもの環」

　ところで、私たちプロジェクトメンバーは、奥・やんばるだけでなく、太平洋島嶼とアジア大陸のいくつかの地域を対象に選び、それぞれの共同体の人々とともに調査・研究を進めてきた。アジア大陸部では、ラオスやミャンマーを含む東南アジア山岳地帯、インド東部のシッキム州とジャールカンド州の少数民族居住地帯。また太平洋島嶼部では、沖縄を含む琉球列島に加え、ブーゲンビル島を中心としたパプアニューギニアの一部である。これらの地域を、生物多様性と言語多様性の分布を示す地図に重ね合わせてみた（図2）。

　図2の背景部分は、植物の種の多様性と固有言語の分布の両方を示している。色の濃い部分が植物種の多様性が高い地域である。また、黒い点は固有言語の分布を示している。その上に、アジア大陸域と太平洋島嶼域の研究対象地域を、それぞれ二つずつ、楕円で示した。（巻頭の口絵には、この地図が色分けして示されている。）ご覧の通り、私たちの研究対象地域は、いずれも、植物種の多様性が高く固有言語が集中する、いわゆる多様性ホットスポットと呼ばれている地域である。

　以下のセクションでは、アジア大陸と太平洋島嶼の調査地域をそれぞれ代表して、ラオス北部山岳地帯と、ブーゲンビル島（パプアニューギニア）南部の例を取り上げてみたい。

(1) ラオス山岳地帯

少数民族の伝統的生活と森林開発

　ラオス、タイ、ミャンマーにまたがる東南アジアの山岳地帯では、今、ゴム林の植林による伝統的な森林の破壊が、急速に進んでいる。ここでは、プロジェクトメンバーのネイサン・バデノックさんが中心となって進めている、中国国境に近いラオス北部山岳地帯、ルアン・ナムターとその周辺に分布する少数民族共同体の人々との取り組みを取り上げる。

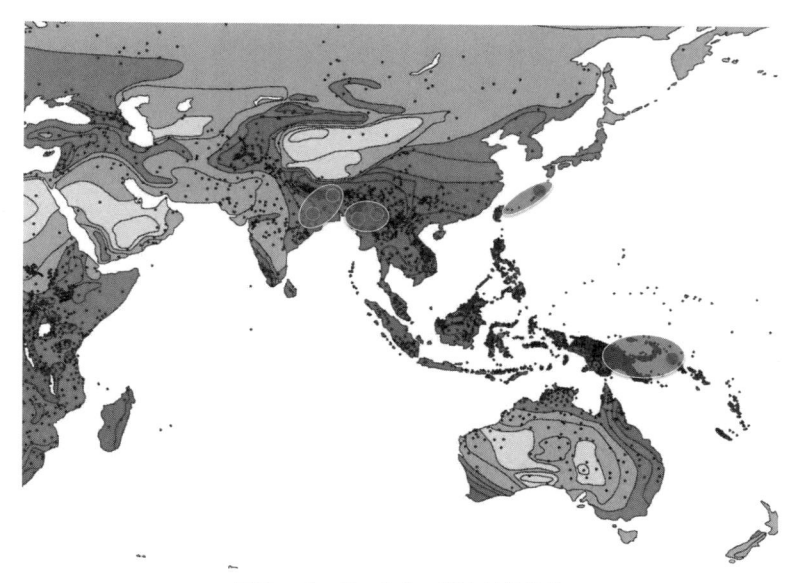

終章 「コトバ−暮らし−生きもの環」の未来:奥・やんばるモデルを共有する

図2 プロジェクトの研究対象地域
植物の種多様性と固有言語の分布地図(Stepp et al. 2004)を背景に。(巻頭のカラー口絵参照)

　ルアン・ナムターとその周辺の山岳地帯には深い森林が広がり、そこにはさまざまな言語を話す異なった民族の小集団が分散して住みつき、焼き畑農業と狩猟採集に依存する伝統的な生活を送ってきた。
　近年になり、ラオス政府の施策で、この地域の森林を一掃してゴムノキを植林する事業が急速に進んでいる。図3は、植林が広範囲にわたる地域を濃い色で示している。このうち、ミャンマー、タイ、カンボジア、ベトナムの平野部の濃い色で示された地域では、過去にすでに植林が終わっている。現在急速に植林が広がっているのは、黒の太線で囲まれたいわゆる「東南アジア山岳地帯」(MMSEA, Montane Mainland South East Asia)の、中核を占める地域である。

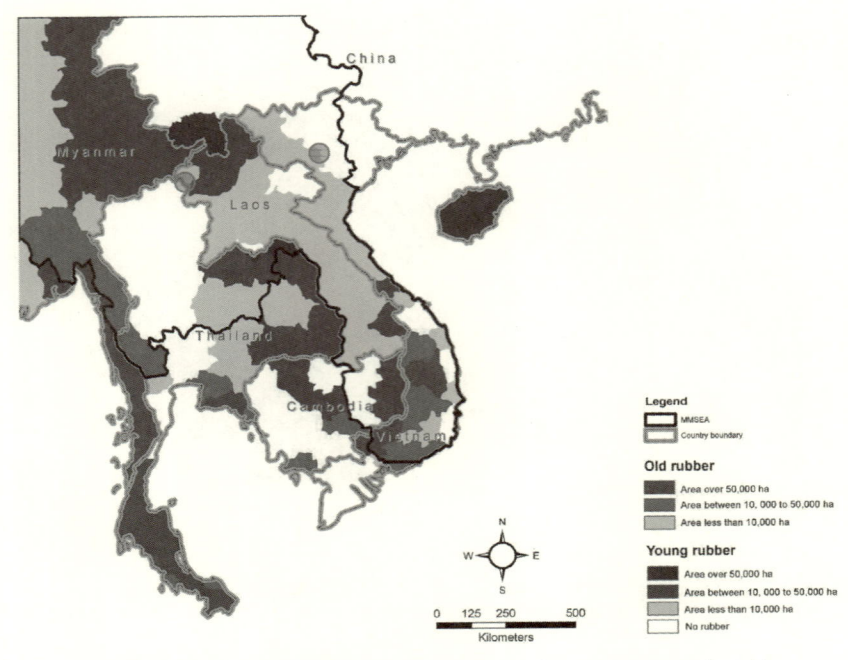

図3　東南アジア大陸部のゴム植林の広がり（Fox et al. 2011 に基づく）

　このような植林の結果、図4にみられるような均質化された森林景観が形成され、伝統的な森から得られる資源を失った多くの民族集団が、ゴム林での労働に従事するために故郷の村を捨てて幹線道路沿いに移住し始めた。図5にあるように、このような移住者たちからなる新しい村落が、幹線道路沿いに形成されている。
　ラオスの山岳部は、もともとは小さい村が点在し、村ごとに民族が違うのが一般的であった。もちろん、異民族間のネットワークも強いため多少の通婚や混住はあったが、ゴム栽培が広がって幹線道路沿いに移動するようになってから、民族分布のパターンが大いに変わってきた。道沿いの村には今、複数の民族の人たちが一緒に住むようになり、まったく新しい経済状況下で新たな社会関係を築くことになった。

終章 「コトバ−暮らし−生きもの環」の未来:奥・やんばるモデルを共有する

図 4 ラオス北部 — ゴム植林によって均質化された景観(衛星写真(Hurni 2008))

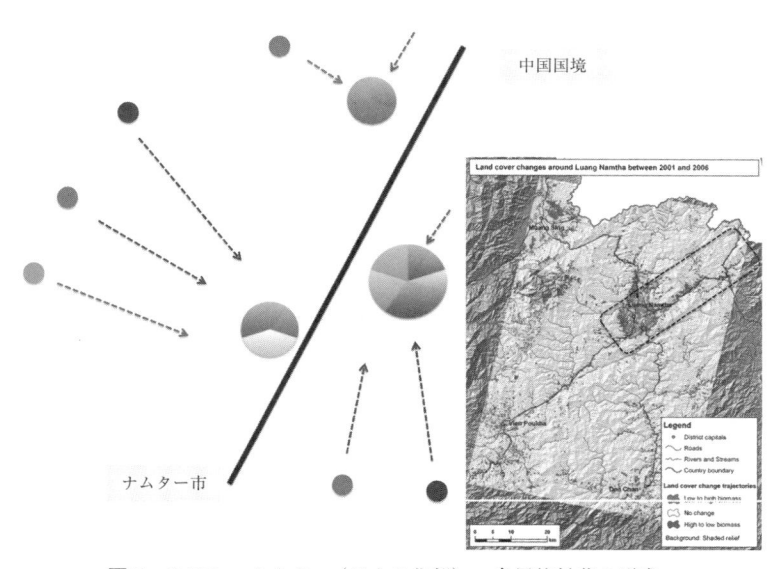

図 5 ルアン・ナムター(ラオス北部) — 多民族村落の形成
左:街道沿いに少数民族が集まり多民族集落を形成する。
右:ルアン・ナムター周辺。枠線の中の地域では、街道沿いに急速に多民族集落の形成
　　が進んでいる。

475

ラオス政府がゴムノキの植林を推進する、二つの大きな理由がある。一つは、国際市場、特に近隣の中国の自動車産業等に用いられる天然ゴムの需要である。もう一つは、国連が主導するREDD（森林減少・劣化からの温室効果ガス排出削減）プログラムによって、ラオスのような開発途上国に、多額の開発援助金が下りるようになったことである（Fox et al. 2011）。伝統的な森林管理が焼き畑農業による定期的な火入れを伴うのに対し、新たな植林は、そのような森林消失を伴わないため、開発援助金を得ることが可能になるのだ。

　しかし、この植林によって、もともとの森林を暮らしの場としてきたさまざまな民族の「コトバ−暮らし−生きもの環」が、壊滅的な影響を被ることは言うに俟たない。本来の居住地である森林を奪われ、幹線道路沿いの人為的な環境に住むことを余儀なくされた結果、森林から得られていた衣食住に不可欠な資源が、それに伴う伝統的な知識とともに失われていく。また、学校教育が国家語のラオ語によってなされるため、それぞれの民族集団の次世代を担う子どもたちは、自分たちの「コトバ−暮らし−生きもの環」を継承する機会を奪われることになる。

　一方、このような犠牲を払って従事するゴム栽培が、安定した収入を保証するわけでもない。ゴムの価格は時々の国際市場の需要によって上下する。現実に、植林が進むにつれゴムの価格は下落を続け、最近では、多くの住民は、ゴム林での労働による収入だけでは生活が成り立たなくなっているのだ。

コトバ多様性を維持する条件

　このような厳しい状況の中で、少数民族の人々が持続的・自律的な生活を送れるようにするためには、どのような方策が考えられるだろうか？

　ネイサンさんたちは、二つの道筋を通しての取り組みを進めている。

　まず第一に、それぞれの共同体の若い世代の人々とともに研究調査を進め、年配のメンバーが継承してきた伝統的な知恵を、再発見し、記録していくことである。そのことによって、自分たちの言語文化への自信を取り戻すとともに、新たなアイデンティティを獲得する道が開けてくる。

　第二に、政府に影響力のある、世界銀行やアジア開発銀行のような国際的

終章　「コトバ−暮らし−生きもの環」の未来：奥・やんばるモデルを共有する

なドナー団体に働きかけ、トップダウンによる開発一辺倒の政策とは異なったオプションがあり得ることを、具体的に示していくことである。

　ところで、こうした伝統的な知恵の再発見、新たなアイデンティティの獲得には、その共同体が自分たちのコトバを維持していることが、大きな鍵になる。それは、どのような条件下で可能なのだろうか？

　多民族の混成からなる新しい村落での言語使用には、次の三つのパターンがみられる。

1. 国家語のラオ語に均一化される
2. ラオ語と地域共通語の二つが残る
3. ラオ語と地域共通語に加え、各共同体で使われている現地語を含む多言語が共存している

　この最後の3のパターンを示す集落では、意外なことに、人口が少なく政治経済的力が弱い、社会的にきわめて地位の低い言語が残っている。

　例えば、このような混成村落の一つに、中国国境近くに位置する、450人ほどの人口からなるボーピアットという名の村がある。ここでは、全員が、パナ語というチベット＝ビルマ語族の伝統言語とそれに基づく文化を継承していて、そこに入ってくる人もみな、すぐにパナ語を話すようになる。

　ボーピアットの村民たちは、第二次世界大戦前に病気で絶滅しかけたことがあり、その後、二度も強制移住を強いられた。人口維持のため、近隣のクム語（この地域の共通語）を話す女性との婚姻が進み、現在、家庭ではラオ語を含む三つのコトバが使われるのが普通である。さらに、漢人の男性と結婚する例も多いため、漢語も使われる。村の公共の場ではこれらのコトバのどれもが聞かれ、それぞれの民族慣習に基づく儀礼も継承されている。

　「うちの村はいろいろな言語を使うのが普通だ。みんな、それが好き。そういうおつきあいの方が、いろいろな人がいても、自分のいる場所がちゃんとある、と感じるから。パナ族なんか、今時、純粋なやつはない。三つのコトバを同時に話すことこそが、パナ族だ。
　みんなが自分のコトバを安心して話せるような社会じゃないと、パナ語は

聞かれなくなってしまう —— 祖父さんたちは、そう考えたんだ。」

　ボーピアット村の住民たち自身の言葉である。ここには、「コトバ-暮らし-生きもの環」の密接なつながり、中でもそのつながりの要となるコトバの重要性を理解して、他の文化・コトバをもつ人々ともに、それぞれの異なった価値観や慣習を共有しながら継承していこうとする深い知恵がみられる。

　一方、こうした村落に比べると、1または2のパターンで言語の均一化が進んでいる村落は、一般に、異なった民族の混成による村の成長が早すぎ、激変する社会経済環境下で、お互いのコトバを覚えながら新しい人間関係を築いていく余裕がない。土地をはじめ、在来の自然資源を奪いあうことを強いられた、コトバや伝統がまったく異なる人々同士が、短い期間で信頼関係を築くことは困難であり、多くの場合、急いで共通語を取り入れようとする結果になる。こうなると、話者の少ない言語は一つの村の中だけでは伝承が難しくなり、他の村に住む話者とのネットワークによって辛うじて支えられるかどうか、という状況に追いつめられる。

　急激な社会変化、それに伴って深刻化する土地問題。そうした状況の中では、多様な言語は、人々の暮らしをつなぐものではなく、それを分断する壁のように見えてくる。このような認識はコトバの継承にとって致命的で、それが結果的には、それぞれの共同体の「コトバ-暮らし-生きもの環」の崩壊を引き起こす、大きな要因のひとつとなるのである。

(2) ブーゲンビルの内戦と復興

内戦

　ブーゲンビル島、および800mの海峡を挟んでその北西に位置するブカ島は、パプアニューギニア最東端の島で、沖縄島の約7倍の面積と25万人ほどの人口を擁している。熱帯雨林、無数の河川、サンゴ礁とマングローブ林などの多様な自然景観をもち（図6左参照）、20を超える固有言語と独自の文化をもつ、主に母系制に基づく親族関係で結ばれた多様な集団が住んでい

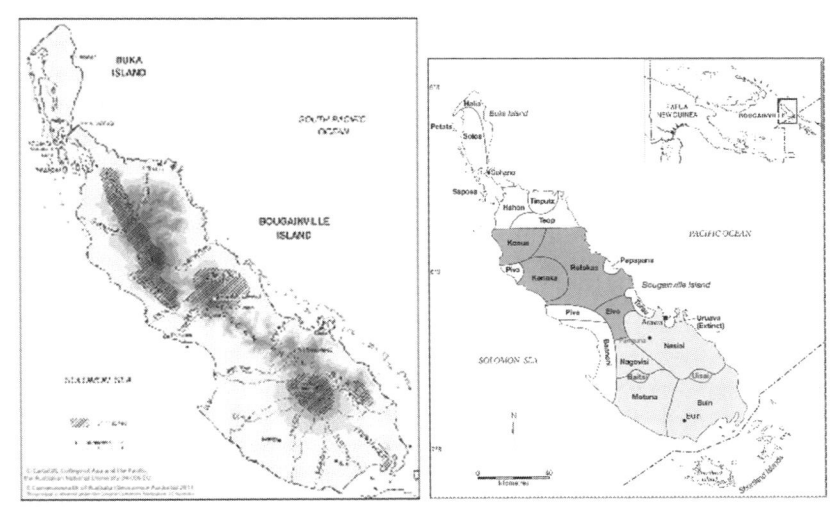

終章 「コトバ-暮らし-生きもの環」の未来:奥・やんばるモデルを共有する

図6 左:ブーゲンビル島とブカ島の地形図。(Blake and Miezitis 1967 より)
　　右:ブーゲンビル島とブカ島の言語分布図。色塗りの地域はパプア系、白い地域はオーストロネシア語族の言語地域。色塗りの地域のうち、濃い色は北ブーゲンビル諸語、薄い色は南ブーゲンビル諸語を示す。(Evans 2010 を大西が加筆修正)

る(図6右参照)。

　パプアニューギニア政府との内戦(1988-1997)のあとの和平交渉で、このブーゲンビル島、ブカ島およびその周辺の島々は、「ブーゲンビル自治州」として大幅な自治権が認められることになった。この自治州は、2005年に独自の憲法と大統領制に基づく行政組織を確立、2020年6月までに施行される住民投票によって、独立国としての道を歩み出すであろうことが確実視されている(大西(2014)参照)。

　この内戦の発端となったのは、ブーゲンビル島南部のパングナ地域に発見された、巨大鉱山の開発であった。

　パングナ鉱山(図7)は、1960年代に、膨大な銅と金の埋蔵量をもつことが発見され、オーストラリアに本拠を置く多国籍企業によって、1972年から採掘が開始された。その当時、南太平洋で最大規模の鉱山だった。しかし、

479

図7　左：パングナ鉱山の採掘跡
　　　 右：1988年11月に焼き打ちされ閉鎖された鉱山事務所。現在は、パングナ地域の独立を主張する「メッエカムイ」グループの事務所として使われている。

　この鉱山開発は、地域の広大な森林や河川を鉱毒によって汚染し、伝統的な生活環境に致命的な影響をもたらしただけでなく、外部からの労働者の流入、貨幣経済の侵入によって、その伝統的な社会秩序に大きな亀裂を生んだ。その一方、鉱山開発からあがる莫大な収益は、1975年にオーストラリアからの独立を達成したパプアニューギニアの国家財政を支える重要な財源になったが、1976年に「北ソロモン州」[2]として併合されたブーゲンビルにその利益が還元されることはほとんどなかった。

　こうした問題に業を煮やしたパングナ地域の伝統的な土地権者たちは、ついに1988年11月に実力で鉱山を封鎖した。そして彼らによって組織された「ブーゲンビル革命軍」(BRI)はブーゲンビルの独立を宣言し、「パプアニューギニア防衛軍」(PNGDF)との間で10年近いゲリラ戦を続けることになった。内戦の期間中、ブーゲンビルは経済封鎖され、特にブーゲンビル島

---

[2]　ブーゲンビルおよび周辺の島々は、パプアニューギニア独立に先んじて、オーストラリアからの独立を宣言した。その後、1年間交渉を続けたあと、一定の自治権を担保に「北ソロモン州」の名前でパプアニューギニアに併合されることに合意した。この名称は、ブーゲンビルが、パプアニューギニア本島よりも、そのすぐ東に位置するソロモン諸島との間により強い民族的・文化的な絆を持っていることを示唆する。

終章 「コトバ-暮らし-生きもの環」の未来：奥・やんばるモデルを共有する

南部では外からの物資が一切入らず、多くの人々は、森の中での自給自足の生活を強いられた。また、BRI を支持する住民と PNGDF を支持する住民との間に対立が起き、殺し合いが起きるなど、島の内部でも深刻な状況が続いた。

和解に果たした多様性と多重アイデンティティの役割

　しかしこの厳しい内戦のさなかに、内部の対立を乗り越えて和解への道を切り開き、パプアニューギニア政府との和平交渉を進めたのもまた、BRI を含む地域住民自身だった。この和解プロセス推進の中心的存在で、和平協定締結後、第二代大統領を務めたジェイムズ・タニスさんは、内戦に耐え和解を可能にしたのは、ブーゲンビルの自然と伝統的な言語文化の多様性、異なった伝統的クラン・言語・宗教に基づく多様なアイデンティティ（多重アイデンティティ）のおかげだった、と次のように述べている。[3]

> 　多様性と多重アイデンティティの力は、より大きく強力な近隣の国々からの圧力をはね返すことができます。それは植民地化、近代化の圧力に耐えました。例えば、現在、ブーゲンビルの公用語は英語であり、トク・ピシン語が地域共通語として使われています。しかしながら、ブーゲンビルの人々は、日常生活では自分たちのコトバである地域語を話します。ブーゲンビルでは、英語もトク・ピシン語も、伝統的なコトバに取って替わることは決してありませんでした。
> 　内戦はたしかにブーゲンビルの人々を、対立し合う政治党派、異なる戦闘グループへと分断しましたが、それでも人々は、彼らのクランのトーテムを通して、敵対する党派に属するグループとも、共通のアイデンティティを保持することができました。同様に、たとえ相手が自分とは無関係のトーテムを持っていても、話す言語が同じであれば、自分たちの「仲間（ワントーク-「一つのコトバ」の意）」として扱うことができます。ですから、内戦によって生じた政治的な分裂は、ブーゲンビル社会の中核に深く入り込むことはできなかったのです。

---

[3]　Tanis (2015) の一部を、大西が翻訳引用した。

1990年に、パプアニューギニア政府は経済封鎖を強行し、ブーゲンビルへの、行政サービスを含む重要な基本的サービスの提供を中止しました。その結果、ブーゲンビルは、分裂、無法、混沌の暗黒の時期に投げ入れられました。この体験を通して、人々は、伝統的な多重アイデンティティと、異なるクランが共有する共通の関係に、ますます頼らざるを得なくなったのです。この網の目のような関係の中から、人々は自らを再組織し、戦争の殺戮の中から抜け出す道を見出したのです。それ故、現在進行中の、安定した和平プロセスは、ブーゲンビルの人々が共有する多様性と多重アイデンティティに深く根ざしているのです。

　本節 (1) で述べた北ラオスのボーピアット村のような、伝統言語の継承を伴う多言語使用と、それに基づいて文化の多様性を大切にする価値観が、ブーゲンビルでは島民たちによって保持されていると言える。タニスさんが主張する「多重アイデンティティの共有」の背景にあるのはこのような価値観であり、それはまた、内戦という厳しい試練を通して、ブーゲンビルの和解と独立を支える礎となった。

コトバと文化の継承教育：村の地域語学校（VTPS）とその未来
　私たちは、このタニスさんをコアメンバーに迎え、パングナ地域の山岳地帯にある彼の村を研究のフィールドとして、地域の住民や研究者と連携しながら、伝統的なコトバに刻まれた環境ガバナンスの知恵と、食用や薬用に用いられる多様な植物についての調査を始めた。私たちが特に着目しているのは、バナナやイモ類などの在来種の遺伝的資源や、豊富な薬用植物資源の保全と活用である。

　先に述べたように、内戦の時期、森の中で人々の生活を支えたのは、豊かな自然資源とそれを生かした伝統的な知恵である。今日、地域の人々は、パングナ鉱山のような大規模な環境破壊を伴う開発の道ではなく、地域の社会自然資源を使った持続的・自律的な社会の形成を強く望んでいる[4]。内戦時

---

[4]　オーストラリアのNGO、Jubilee Australiaのパングナ地域住民意識調査（2014）に基づく。

終章　「コトバ−暮らし−生きもの環」の未来：奥・やんばるモデルを共有する

の厳しい体験を通して、人々は、適切な道筋さえ与えられれば自力でそのような未来を切り拓く自信も持っている。

　私たちは、この地域の「コトバ−暮らし−生きもの環」に基づく社会形成の実践が、独立国家ブーゲンビルのモデルとなることを期待している。そして、この実践の中核になると私たちが考えているのが、地域のコトバの継承を確実にするための教育システムの確立である。なぜなら、伝統的なコトバこそが、身の回りの自然資源を活用・管理し日々の暮らしを支える知恵の貯蔵庫であり、人々の多重アイデンティティを支える源泉でもあるからだ。

　タニスさんの言葉にあるように、沖縄と違って、ブーゲンビルではほとんどの地域でまだ地域のコトバが子どもたちに継承されている。しかし、それでも、比較的大きな言語の狭間にある小さな言語や方言が、徐々に衰退していく傾向がみられる。また、ほとんどの話者が地域共通語としてのトク・ピシン語とのバイリンガルであり、この言語の強い影響下で地域のコトバが大きな変貌を遂げつつある。今のうちに伝統的な語彙や文法が継承できるような教育システムを確立しないと、近い将来、これらの言語とトク・ピシン語の言語取り替えが起きる可能性が高い。

　このことを視野に入れて、私たちは今、初等教育における地域語の識字教育、地域語による実践的な教材を用いての社会人教育に向けて、教材作成や教員養成プログラムの準備を進めている。内戦による10年以上の教育の空白によって生じたロストジェネレーションの社会人教育や、将来公用語となるであろう英語の教育も重要な課題であるが、ここでは、初等教育に焦点を当てて論じることにしたい。

　ブーゲンビルは、実は内戦前から、それぞれの地域の伝統的なコトバと文化を次世代に継承させるための、VTPS（Viles Tok Ples Skul）（村の地域語学校）と呼ばれる独自の教育システムを持っていた。パングナ鉱山開発がブーゲンビル社会にもたらした激変によって、世代間の価値観のギャップが広がり、地域の伝統的なコトバと文化の継承が途絶えつつあることに危機感を抱いた島民の希望を受けて、1980年に、北ソロモン州政府のイニシアティブで導入された教育システムである。

VTPS は、オーストラリア方式の英語を媒体とした小学校教育（primary education）が始まる前の 2 年間（後には 3 年間）、地域毎で施行された予備教育である。子どもたちはこの 2 年ないし 3 年間、地域共同体に支えられて、それぞれの文化に合った幼児教育を施された。また、自分たちの母語の識字、伝統的な数え方、生活様式、狩猟採集などの伝統技術、口承の物語や神話などを、訓練された教師と共同体の人々の協力のもとで学んだ。小学校教育の準備として、後半には英語や近代的な数え方の基礎も教わった。

　VTPS は、地域共同体の全面的な協力、地域言語の識字を教えることのできる教員の養成と教材の作成、という二つの条件を満たした地域から徐々に導入された。導入も運営も完全なボトムアップ方式であったが、1988 年に内戦が始まるまでにすでに導入されているかあるいは導入の準備が終わっていた地域は、ブーゲンビル全体のほぼ半分に及んでいた。内戦のため、実質わずか 10 年足らずしか続かなかったが、親や子どもたちを含む地域の共同体から高く評価され、専門家もその顕著な教育効果を報告している（Delpit and Kemelfield 1985）。

　のちにパプアニューギニア政府は、この VTPS の成功を受けて、地域語による初等教育（elementary education）を全国的に導入することを決め、1993 年からその実施を開始した。しかしこの教育改革は、トップダウン方式で実施され、各地域の共同体の受け入れ態勢や教師養成に関する十分な配慮を欠いていたため、さまざまな問題を引き起こすことになった。その上、カリキュラム自体にも大きな無理があった。

　表 1 は、内戦前にブーゲンビルで実施されていた VTPS と、後にパプアニューギニア政府が導入した初等教育のカリキュラムを比較したものである。

　VTPS の 3 年間は、地域語や地域の伝統文化に浸ることに費やされ、それに続く小学校教育は英語の初歩から始まる。それに対し、初等教育では、小学校に入るといきなり 3 年次レベルの英語による教育が始まるため、2〜3 年目はいきおい英語教育への橋渡しに多くの時間が費やされる。しかも教師は必ずしもその地域出身とは限らず、地域語が話せないため生徒とのコミュ

終章 「コトバ−暮らし−生きもの環」の未来：奥・やんばるモデルを共有する

表1　VTPSと初等教育のカリキュラムの比較

VTPS	年次カリキュラム	初等教育	年次カリキュラム
VTPS 1	地域語の識字、伝統文化教育	初等準備	地域語の識字、伝統文化教育
VTPS 2	地域語の識字、伝統文化教育	初等1	地域語の識字、伝統文化教育 英語の導入
VTPS 3	地域語の識字、伝統文化教育 小学校教育の準備	初等2	英語による小学校教育の準備
小学1	英語による普通教育	小学3	英語による普通教育

図8　ブーゲンビル南部の小学校の風景

ニケーションに第3の言語であるトク・ピシン語を使う場合も多く、結局、地域語の識字の基礎ができないまま中途半端に英語が導入されるため、生徒は、小学校に入っても、始めから英語に躓く場合が多い。

　ブーゲンビルでは、内戦後、このパプアニューギニア方式の初等教育が導入されたため、教育現場で大きな混乱を生じている。私たちは、内戦前のVTPSのシステムや人材、教材などの教育資源を最大限に生かした、新たな教育制度作りに取り組んでいる。

3 ブーゲンビルと奥 —— 二つの対話

　2節では、大陸域と島嶼域の共同体が直面する課題と、それをめぐる私た

ちの取り組みについて取り上げた。私たちはしかし、このような個々の地域での取り組みだけでは十分でないと考えてきた。異なった地域の共同体のメンバー同士が直接に交流し、お互いの経験やアイデアに学びながら、協力して持続的社会の形成に向かう機会を作る必要がある。

この節では、そのような地域間交流の例として、ブーゲンビルと奥・やんばるの事例を取り上げる。

(1)【対談1】ブーゲンビル戦：戦争体験の共有と和解[5]

タニスさんと玉城深福さんの出会い

2014年10月、私たちのプロジェクトと国際沖縄研究所の「新しい島嶼学の創造」プロジェクトの招聘で、タニスさんの沖縄への招聘が実現した。

タニスさんは、10月3日に琉球大学でブーゲンビルの内戦・独立とアイデンティティをテーマにした講演を行い、翌4日から奥の視察に入る予定だった。ところがこの出張の直前になって、『琉球新報』に、玉城深福さんのアジア太平洋戦争時の体験に関するインタビュー記事が、二回連載で掲載された[6]。玉城さんはやんばるの大宜味村出身で、当時98歳。地元辺土名高校の高校生がその戦争体験をインタビューしたものだが、そのうち二回目の記事は、深福さんが参戦したブーゲンビル戦（1942～45年）の体験をめぐるものだった。

この記事を読んだ私たちは、奥の島田さん・宮城さんを通して玉城さんと連絡を取ってもらい、その甲斐あってタニスさんと玉城さんの対談が実現する運びとなった。

10月4日、私たちは、午前中、摩文仁の丘のブーゲンビル慰霊碑を訪問したあと、夕方から夜にかけて、大宜味村田嘉里の玉城さん宅を訪問した。玉城さんは我々の訪問を待ちかねて、家の外に出て待っていてくださった。

---

[5] この対談全体の書き起こしは、章末に記載のリンクで閲覧することができる。
[6] 『琉球新報』（2014年9月13日・14日）「未来に伝える沖縄戦132、133」。

終章 「コトバ−暮らし−生きもの環」の未来：奥・やんばるモデルを共有する

図9 ブーゲンビルの地図を前に対談するタニスさん（左）と玉城深福さん（左から二人目）。その右は島田隆彦さん、手前は大西。

この時の対談を通して、私たちは、異なる地域の住民の間での相互理解に、「歴史体験」の共有がいかに重要であるかを学ぶことになった。深いレベルでの地域住民間の交流の端緒が、思いがけない形で開けることになったのである。

サゴ椰子と芭蕉布

対談の冒頭に、玉城さんは、戦時中、ブーゲンビルの地域住民が大切にしていた「サゴ椰子」を日本兵が勝手に切ったことに対し、深い陳謝の念を表明された。

タニス：［ここに来てあなたにお会いできて、たいへんうれしいです。］
玉　城：向こうで4ヶ年、勤務してました、、、いろんな戦争に参加しましたが、、、ブーゲンビルの方に、迷惑かけたことがありましたが、、、こんな大きな椰子の木なんかを倒して、その中身を、、、中の芯を取って食べたんです。その椰子というのは、50ヶ年じゃないと取れない、収穫できないという、、、
大　西：そうですか。
玉　城：非常に大事なものですが、もう、日本人が片っ端からやったもんで

487

すから、今考えるともう、非常に悪いことをしたなと思っております。
タニス：[はい、ブーゲンビルの人々を代表して、その陳謝の意を受け入れたいと思います。それから、ブーゲンビルでは、人々はもはやブーゲンビル戦のことは考えていません。ブーゲンビルの人々にとって、戦争は外のもの、直接のものではなかったので、彼らは、日本人が直接人々を攻撃したとは感じていないのです。]

また、芭蕉布の技術伝播などを通じて、沖縄出身の兵士とブーゲンビルの人々の間に交流があったことを、次のように証言された。

玉　城：はい。はい。これは私の戦友がやっていました。
大　西：そうですか。（タニスに）[実は、芭蕉布の作り方を教えたのは、彼の戦友だったそうです。]
タニス（笑）：[そうですか、私の祖父は ──]
玉　城：その戦友は亡くなりました。
大　西：それを、実はタニスさんはお祖父（じい）さんから習っていて、それで何か作り方が足りなくていいものができなかったから、喜如嘉の芭蕉布会館に行ってもう一度作り方を教わりたいということをおっしゃっているんですよ。
玉　城：はあ、私の戦友でした。
大　西：そうですか。
玉　城：なんか最初のハタムン（機織り機）といいますか、あれから全部、その人がやって。Mと言いましたよ。中頭（なかがみ）出身の方でしたよ、､､そう。それを2ヶ月か3ヶ月ぐらいかかって成功したんですが、あそこにはこの、大きな芭蕉がいくらもありましたもんですから、そんで成功しまして。その人は師団から表彰されました。

ここで言及されている、芭蕉布の作り方で足りなかった部分とは、シークヮーサー等を加えて布を洗浄する過程だった（序章、第4章参照）。この過程が抜けていたために、ブーゲンビルではしっかりした布ができなかったのだ。

玉城さんは、このあとも、サゴ椰子について繰り返し言及された。

玉　城：自分たちのやったことは、もう今考えると、本当に悪いことしたな

488

終章 「コトバ-暮らし-生きもの環」の未来：奥・やんばるモデルを共有する

あと思っとります。いや、それはあの太い椰子、あんなかがなかったらもう日本人は一人残らず餓死して、なんか、皆、天国に行っとったんではないかと思われますよ。

タニス：［はい、私の祖父によれば、日本兵はサゴ椰子の木を切っては、地元民が食べない、木の頂の新しく生えてきた部分だけを食べていたので、── それが誤解が生じた始まりで、］

大　西：その日本兵が大きなサゴ椰子を切ったという話を、タニスさんはお祖父さんから聞いていたそうです。

玉　城：ああ、そうですか。私は3本は切りましたよ。

大　西：［彼は3本切ったんだそうです。］

タニス（笑い）

玉　城：いや、本当の話、3本。私は一人じゃないから、、、

タニス：［でもそれが最後のサゴ椰子ではありません、ブーゲンビルには数え切れないほどのサゴがありますよ。］

大　西：たくさん椰子はありますから大丈夫です、とおっしゃっています。

タニス：［あなたは、生き延びるために、仕方なく切ったんですから。］

玉　城：友達と組んで、3本取ったんですが、私一人ではとうてい取れる椰子じゃなかったんです。ああ、そうですか、お祖父さんたちがそんなことを。ああ。

　日本兵はサゴ椰子から澱粉を取る技術を知らなかったので、若いサゴ椰子を切ってその頭の部分を食べていた、というタニスさんのお祖父さんの証言がある。しかし、少なくともある時期から、日本兵たちは、成熟したサゴ椰子の幹から澱粉が採取できることを知るようになった[7]。一方、玉城さんのような沖縄出身の兵士たちは、ブリキ缶の蓋に穴を開けた簡便なすり下ろし器で**クジ**（クズイモ）をすり下ろし澱粉を採取する習慣があったため、この簡便な技術を用いて澱粉を採取し、それを平らに伸ばして焼くなどして食糧

---

[7]　矢数道明（1976、p.111-114）によれば、偶然、本田静六『南洋の植物』を読んで、サゴ椰子の澱粉についての正確な知識を得た著者が、1944年の1月に、日本兵士たちに初めてこの技術を伝えた。それ以降、日本兵は山奥にまでサゴ椰子を探して採取するようになったため、住民との間に紛争が絶えなくなった、とある。

489

としていたようである。このような交流、そして玉城さんが繰り返される陳謝の言葉の背景に、二つの地域に共通する「コトバ−暮らし−生きもの環」の深く長い歴史を感じる。

対話は、このあと、和解の記念として、玉城さんがサゴ椰子を切った現地モシゲタ村に、3本のサゴ椰子を玉城さんの名前で植樹することに話が進んだ。いま、日本兵とブーゲンビル地域住民との間の交流とその後の破局の歴史を、タニスさんの奥さんの村の人々の証言をもとに再構成する調査が進んでいる。

(2)【対談2】ブーゲンビル国家形成に向けて：奥共同体の自治に学ぶ [8]

タニスさんと島田隆久さんの対話

タニスさんは、この対談のあと、翌4日に予定されていた奥の復興祭と村落の視察のために奥に向かい、その日の夜は、奥の民宿「海山木（みやぎ）」に宿泊した。夕食後、「海山木」の自然に開放された大きな木造りの食卓にすわり、泡盛を酌み交わしながら、タニスさんは島田隆久さんと長時間にわって歓談された（図10）。

島田さんは戦前の生まれで、沖縄戦を体験し、戦後は区長を二期務め、字立の民具資料館設立や、奥の年次行事となった鯉のぼり祭りの創始に関わるなど、奥の文化復興に大きく貢献された方である。2人の対話は、奥とブーゲンビルの生活、戦争体験、伝統的な信仰など、多岐にわたったが、ここではそのうち、奥とブーゲンビルの村落レベルでの自治のあり方や、地域間交流を通しての未来への展望などについて語られた部分に、特に焦点をあてて紹介してみたい。

---

[8] この対談、およびプロジェクトメンバーの長田俊樹さんによる島田隆久さんのインタビューの書き起こしは、章末に記載のリンクで閲覧することができる。

終章 「コトバ-暮らし-生きもの環」の未来：奥・やんばるモデルを共有する

図10 民宿「海山木」で歓談する、タニスさんと島田隆彦さん。

奥共同体のリーダーシップと草の根からの独立

　対話は、まず、地域共同体のリーダーシップのあり方についてのタニスさんの問いから始まった。島田さんが、リーダーとして、奥の人々を引っぱって行けた理由について問われて、島田さんはこう答えた。

> 島　田：一番リーダーとして大事で、百年前から今までやってきたのは何かといいますと、人を集めて、たくさん論議をすること。そして、一人や二人じゃない、多数決で決める、全部集めて。全部集める。そのかわり、多数決で。うんとけんかもする。けんかもする。これが、この部落の一つのシステム。そして、これが非常に厳しい。マニーに関しては。1銭でも見逃さない。全部でチェックする。マニーに関しては見逃さない。全部、立派な経理作業をしておりますか、ということ。
> タニス：[つまり、当事者責任ですね ── 人々による参画と当事者責任。]
> 大　西：[そうです。そして、経理の面では、どんな細かいこともきちんと管理しなければならない。]
> タニス：[透明性。]
> 大　西：[そうです。]
> タニス：[説明責任。]

大　西：［そうです。それがこの村の哲学です。］

　奥共同体は、過去百年間、県や国に頼ることなく、直接民主主義と共同店を基軸とした自律的なガバナンスの下に発展してきた。この行政システムの内容と歴史については、第5章で詳しく述べられている通りである。
　このような奥の自治を支えてきた精神について、島田さんは次のように述べた。

大　西：［県なり、国なりが援助してくれないというときに、村の人たちは県とか国に対して、どう思いましたか？］
島　田：［何の問題もないです！　自分たちでやります！］
タニス：［別に何も感じない。ハッピー。彼らなんか必要ない。邪魔をするな。好きにしろ。］
大　西：［彼らは好きなようにするがいい。自分たちはやりたいことをやる。］
タニス：［独立。そう、草の根からの独立。］
島　田：［これが奥の哲学ですよ。］
タニス：［草の根からの独立。オシカイアン、シプゲタ、メッエカムイ。草の根からの独立。］

　ここでタニスさんが、島田さんの発言に呼応するように述べている、「オシカイアン」、「シプゲタ」、「メッエカムイ」という三つの言葉は、内戦時にBRI（ブーゲンビル革命軍）が、地域の精霊信仰に基づいて打ち立てた指導原理の、中核をなす概念である。この原理は、後には、内戦後の和解を進めていく上での、基本原理となった。
　タニスさんの説明によれば（タニス 2015）、「オシカイアン」とは、ブーゲンビルの人々が自らをこの土地に根ざす存在であると認め、共生の唯一の道は和解し再び連帯することの中にしかないことを理解することである。「シプゲタ」は、それを実現するプロセスを指し、聖なる状態、平和、和解が、「根っこから」始まらなければならないこと、それは、自らの内的な自己から家族へ、さらにはクランへ、後には国全体へと進み、その過程で死者の霊もまた安らかにされなければならないことを示す。このことを通して、ブーゲンビ

ルは、真の意味での「メッエカムイ」、即ち創造主がその人民の間におわす聖なる場所となるのである。

内戦で互いを殺す合うまで追い詰められた人々、家族、クラン同士が、死者の霊まで含め真の意味での和解を達成するためには、それぞれが自らの存在を支える根拠にまで立ち返り、互いのアイデンティティを認め合うところから出発しなければならなかった。「草の根からの独立」に関するこの分析は、本章2節（2）で取り上げた「多様性」、「多重アイデンティティ」の概念とも深く絡みあっている。

奥の体験を生かしたブーゲンビルの国作り：草の根ネットワーク

ブーゲンビルは、数年後の独立をめざして、内戦からの復興、和解、新しい国家形成のためのインフラ整備といった、多くの課題を抱えている。タニスさんは、ブーゲンビルのリーダーとして、村落レベルでの自治組織作りに際し、奥の歴史的体験から学びたいという立場から、島田さんにアドバイスを求めた。

島　田：ただ、これはですね。精神論だけじゃない。なんで奥ができたかといいますと、奥の精神論もそうだが、奥にはですね、森林資源 —— 邦、もう少し、先生に、難しいから、、、
宮　城：山です。山。材木。
島　田：材木ね。あのときはガスもないから。奥独自、奥はもう、、、
宮　城：ああ、薪、材木。
島　田：（笑い）今、ブーゲンでは通用せんから、しないでください。（笑い）
大　西：［今度は現実面の話をしています。もちろん、奥の人々は哲学を持っているが、それだけでは十分ではない。彼らには深い森に囲まれた豊かな森林資源があったので、奥の経済の基盤を作るのに利用することができた。例えば薪 —— あるいは木から作る炭 ——］
タニス：［私は、奥と私の村の自治組織との間に関係を築けたらいいな、と思います。そうすれば、一つの国の村落の自治組織と、奥とが、住民のレベルで関係を結ぶことができる。なぜなら、私たちもまた、草の根から出発するという、同じ哲学を持っているから。］

島　田：これコラボレーション、やったらいいなというような話ですか？　どうぞ、説明して？
大　西：はい。ほんとにその、だから、村のレベルでの、ボトムアップっていうか、
島　田：ああ、ほんと、これはね、
大　西：草の根からの、
島　田：たくさんでやる、できると思うよ。

　島田さんは、共同体の自立を支えるには、アイデンティティに支えられた、他者に頼らない、メンバー自身の強い意志と規律だけでなく、共同体の経済を支える現実的な基盤が必要で、それは奥の場合、豊かな森林資源であったと指摘している。タニスさんの故郷であるブーゲンビル南部も豊かな森林資源に恵まれており、文化や暮らしの面でも、奥とは多くの共通性を持っている。
　もう一つ、タニスさんと島田さんが一致したのは、このような草の根からの自立を目指す共同体の間で、協力関係を築くことが必要であるという点である。こうして、奥とブーゲンビルの人々の直接の交流を通して、百年以上にわたり「共同店」制度を通じて自律的ガバナンスを営んできた奥共同体の知恵が、ブーゲンビルの国家形成に生かされる可能性が開けてきたのである。
　このあと、そのためには後継者作りが大切だという島田さんの指摘があり、タニスさんは、彼の息子さんの一人を奥に送り、島田さんの指導で奥の知恵を学ばせることを考えていると語る。

　始めに述べたように、この翌日の10月4日には、奥の復興祭が催された。復興祭は、沖縄戦のあと、収容所などに収容されていた奥の住民が、初めて村に戻り、村の復興を始めたのを記念する日である（第5章5-2節参照）。この日は朝から、那覇郷友会のメンバーがバスに乗って奥を訪れ、夕方から盛大な催しが開かれた。タニスさんは島田さんたちとともに、民具資料館や村落の中を視察し、夕方からはこの復興祭に参加して、奥の人々との対話を深めた。

終章 「コトバ–暮らし–生きもの環」の未来：奥・やんばるモデルを共有する

図11　上：奥集落の視察。左から、タニスさん、島田さん、大西。　　下：奥復興祭

4 「コトバ–暮らし–生きもの環」の未来

(1) 各地域のアジェンダと課題

　私たちが研究対象としてきた地域は、それぞれの特徴的な「コトバ–暮ら

表2 「生物文化多様性」プロジェクトの地域別アジェンダと課題

地域	アジェンダ	主なフィールド		研究テーマ
太平洋島嶼	文化の尊厳と多重アイデンティティに基づく持続的社会の存続・形成	沖縄	奥・やんばる	共同体の歴史的経験を生かす情報ハブの形成；持続的未来に向けての地域アイデンティティの再認知
		ブーゲンビル	パングナ	多様性原理に基づく新社会秩序の確立；国家政策への直接の貢献
アジア大陸	言語文化多様性の認知と強化；トップダウン式の開発政策に替わる政策の形成	ラオス	ルアン・ナムター	生業の途絶と移住を強いられた共同体の復元力の源としての多様性
		ミャンマー	シャン州	激変する生態システムの中での言語文化の継承の源としての多様性
		インド	シッキム州 ジャールカンド州	自然文化資源の記録・範疇化・利用に関する、インドと西洋の科学的方法の適用；大学・研究機関での次世代研究者の養成

し－生きもの環」を長年にわたって維持してきたが、近年のグローバリゼーションの圧力によって、その伝統的な環がさまざまな形で脅かされてきている。しかしその危機のあり方は、地域によって異なる現れ方を見せる。その取り組み方も、当然、地域毎に異なる。とりわけ、ラオスを含む東南アジア大陸部のように、先住民族が少数勢力で、国が国内の多数派の力を借りて強引に開発政策を推し進めている状況と、ブーゲンビルや沖縄のように、多様な人々が共存しながらも、島民として多重なアイデンティティをさまざまなレベルで共有しており、自己決定権を行使して社会を再組織化する余地が残されている状況とでは、そのアジェンダ・課題に大きな相違がある。

　そこで私たちのプロジェクトでは、表2のように、研究対象地域をまずアジア大陸域と太平洋島嶼域に分けてそれぞれに共通する大きなアジェンダを設定し、このアジェンダのもとに、それぞれの地域が直面する特定の課題に取り組んできた。

　すべての地域に共通する研究課題は、地域毎の自然・文化資源の研究——伝統的な枠組みを守りながら、科学的知恵を生かしてその潜在的な可能性を分析し、持続的な利用の道を探ろうとすること——で、これは、それぞれ

終章 「コトバ-暮らし-生きもの環」の未来：奥・やんばるモデルを共有する

の地域共同体のメンバーと、地域の文化を理解する多様な分野の研究者の、密接な協力関係がなければ達成できない。その過程で、得られた研究成果を引き継ぐ次世代の地域住民や研究者を養成することも、重要な課題となる。この典型的な例が奥・やんばるでのシークヮーサー研究で、石川さんは、沖縄県農業研究センターと情報交換しながら定期的に地元の栽培農家の方々とワークショップを開き、研究成果の共有を通して遺伝資源の保全と活用に努めている。

また、そうして得られた成果を、地域の資源を用いた持続的な社会の形成に導くためには、北ラオスやブーゲンビルの例に見るように、各地域の政策決定者や国際機関などとの意思疎通を図りながら、地域共同体の自律的なガバナンスをさまざまな行政レベルで確立するための努力も必要になる。

さらに、たとえそれぞれの地域共同体が非力であっても、ブーゲンビルと奥の交流の例に見るように、異なった地域の共同体同士で学び合うことを可能にする、草の根レベルでのゆるやかな人的ネットワークが形成できれば、他の共同体の体験から学ぶことによって、新しい可能性が開けてくる。

(2) コトバ多様性の維持・継承に向けて

このような過程のすべてを通し、私たちは、各地域の「コトバ-暮らし-生きもの環」の維持に向けて、地域のコトバ多様性が果たす役割に特に着目しながら研究を進めてきた。

序章2節で述べたが、今世界で進んでいる「生物文化多様性」研究の問題点は、二つあると思われる。

1. グローバルな視点からの「生物文化多様性」という概念と、コトバ・文化・自然が複雑な因果関係によって互いに分かちがたく結ばれているという草の根レベルの地域住民のホリスティック（総合論的）な見方との間のギャップ。
2. 文化と自然環境の多様性維持・発展に果たす、伝統的なコトバの役割

の軽視。

　1については、ルイーザ・マフィが指摘する通りで、世界各地で「生物文化多様性」研究に関わっている研究者の多くは、この課題を意識しながら、取り組みを進めている。私たちも、この課題を克服するため、さまざまな形で地域の人びとと関わってきた。各地でのアジェンダやその具体的な取り組みについては、表2にまとめた通りであり、その奥・やんばるでの研究成果の一端が本書に示されている。

　2に関して、私たちは、世界の「生物文化多様性」研究は、いまだにきわめて不十分な段階にあると考える。本書の中で、私たちは、奥の伝統的なコトバ「ウクムニー」が、私たちの研究の方法論の中核であることを繰り返し強調した。また、特に第3部では、「ウクムニー」を含めたやんばるのコトバ多様性の復興・維持・継承こそが、この地域の「コトバ−暮らし−生きもの環」の維持・発展に不可欠であることを述べた。土地のコトバが生きていてこそ、地域の景観、生きもの、人々の暮らしを支える知恵、文化習慣、ガバナンスが、一体となって機能するのである。

　以上の論点を整理するため、序章の図5を、もう一度ここに挙げて、確認することにしよう（図12）。

　コトバ多様性の復興・維持・継承が、地域の「コトバ−暮らし−生きもの環」の維持・発展に不可欠なことは、ラオス北部やブーゲンビルでの例を見ればわかるように、アジア・太平洋のどの伝統的共同体にも共通して言えることである。自然と文化の多様性、多重アイデンティティの維持の根幹をなすのが、地域のコトバ多様性の継承であり、それへの本格的な取り組みなくして、「コトバ−暮らし−生きもの環」の未来はない。

　この点では、私たちのプロジェクトは、各地域の状況に合わせた具体的な取り組みを提案し、展開してきた。ブーゲンビルに関しては、本章2節 (3) で、その一端をかなり詳しく紹介した。奥・やんばるに関しては、第10〜12章で、我々のこれまでの取り組みと将来に向けての具体的な提案をまとめてある。ブーゲンビルのように、いまだに地域の言語が継承されている場合と、奥・

終章 「コトバ-暮らし-生きもの環」の未来：奥・やんばるモデルを共有する

```
           グローバル
          生物文化多様性
              ↑ ↓
            地域共同体
            奥・やんばる
           ルアン・ナムター
            ブーゲンビル
        コトバ-暮らし-生きもの環

              生態知
       景観           慣習・信仰
              コトバ
       生きもの         暮らし
              ガバナンス
```

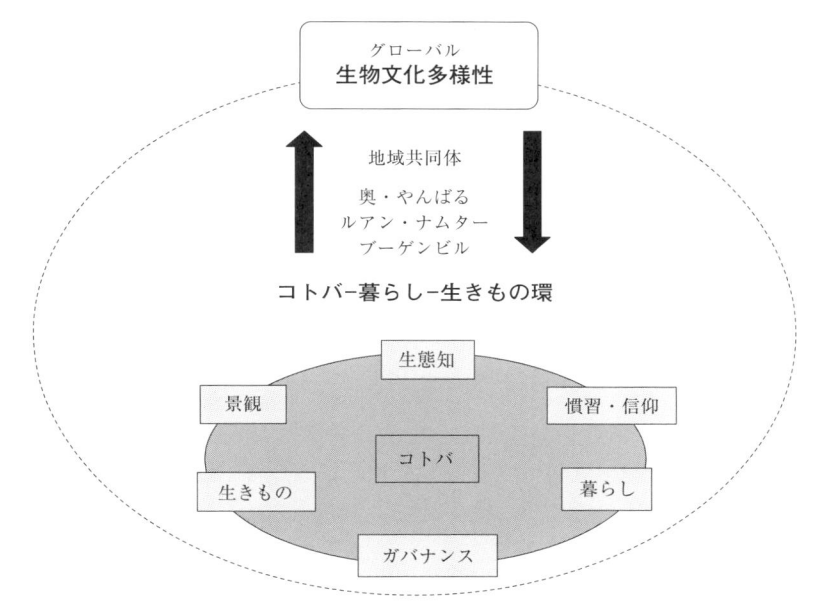

図12 「生物文化多様性」と「コトバ-暮らし-生きもの環」

やんばるや与論のように継承が途絶えつつある地域とでは、もちろん状況が異なる。それぞれの地域の現状に見合った方策を考えなければならない。

だが、コトバの継承は、このような外からの「方策」の導入によって成功するものでもない。それは何よりも、それぞれの共同体に属する無数の親子の「決意」によるものである。

本書の中の例で言えば、与論の高校生が、県外に就職し、そのあと故郷に戻ってきたとき、家族や村のひとびとと、ふつうにユンヌフトゥバで会話を交わす。あるいは、お祖父ちゃんのウクムニーでの遺言を、お孫さんが聞いて、一言残らず理解する。そのような状況を作るのは、そんなに困難なことだろうか？　ひとつひとつの小さな意志さえあれば、可能なのではないだろうか？　そこに立ちはだかるものは、いったい何なのだろうか？

ニコラス・エヴァンズ（2013、p.364）は次のように述べている。

499

共同体が彼ら自身の言語を維持するかどうかを決める決定的な要因は、広域言語それ自体の存在というよりも、人間は基本的に単一言語話者なのだという信仰である。多言語主義が認知面で有利であることを例証する心理言語学的研究が増加している。しかし、優勢な単一言語に支配されている大きな国々においては、公的な政策や議論の場において、こうした研究は無視されがちである。多数派は、伝統的に多言語主義を規範だとみなす少数者たちに、単一言語が当然だとする見解を簡単に押しつけてしまう。こうした伝統共同体の中には、隔離こそが自分たちの文化を維持する鍵とみなすものもあるが、世界において言語維持を支持する、本当の重要なイデオロギーとは多元主義であり、多言語主義の価値を積極的に認めることである。

　私たちの地球研プロジェクトは、2015年の3月をもって終了した。わずか2年の研究期間で十分な答えを見いだせなかったたくさんの問い、実現できなかったたくさんの計画が、まだ残っている。それぞれのメンバーは、プロジェクトで得た成果を生かしながら、今後も各地域で、共同体の人々とともに活動を継続していく決意である。

関連資料
対談記録（PDF）
・「与論高校生との対談 —— 生物文化多様性がみられる島の高校生との対話」
・「対談を終えて —— 大学生からみた島の文化」
・ジェイムズ・タニス−玉城深福対談「ブーゲンビル戦と沖縄」
・ジェイムズ・タニス−島田隆久対談「奥とブーゲンヴィル —— 地域共同体の自立とは？」
・「島田隆久氏インタビュー」
http://www.kyoto-up.or.jp/qrlink/201603/yanbaru/09.html

引用文献
ニコラス・エヴァンズ（著）、大西正幸・長田俊樹・森若葉（共訳）（2013）『危機言語 —— 言語の消滅でわれわれは何を失うのか』京都大学学術出版会.
大西正幸（2014）「ブーゲンヴィル島（パプアニューギニア）の言語文化多様性 —— その次

世代継承に向けての取り組み」 藤田陽子、渡久地健、かりまたしげひさ〔共編〕『島嶼地域の新たな展望 —— 自然・文化・社会の複合体としての島々』（琉球大学国際沖縄研究所ライブラリ）、九州大学出版会（福岡）、pp. 39-55.

ジェイムズ・タニス（著）、大西正幸（訳）(2014)「和解：島の私の側では」、『新しい島嶼学の創造2014年度成果報告書』琉球大学国際沖縄研究所、pp. 31-36.

仲村良太（玉城深福）「未来に伝える沖縄戦 —— 故郷を離れて132」『琉球新報』2014年9月13日.

仲村良太（玉城深福）「未来に伝える沖縄戦 —— 故郷を離れて133」『琉球新報』2014年9月14日.

矢数道明（1976）『ブーゲンビル島 兵站病院の記録』医道の日本社（横須賀）.

与論町誌編集委員会（1988）『与論町誌』与論町教育委員会.

Blake, D. H. and Y. Miezitis (1967) 'The Geology of Bougainville and Buka Islands', Bureau of Mineral Resources, Australia, Bulletin 93.

Delpit, L. and G. Kemelfield (1985) *An Evaluation of the Viles Tok Ples Skul Scheme in the North Solomons Province*, ERU Report No. 51, University of Papua New Guinea.

Evans, B. (2010) 'Beyond pronouns: further evidence for South Bougainville', Evans B. ed. *Discovering History through Language: Paper in Honour of Malcolm Ross*, Pacific Linguistics, The Australian National University, pp. 73-101.

Fox, J., J.-C. Castella and A. D. Ziegler (2011) *Swidden, Rubber and Carbon: Can REDD+ work for people and the environment in Montane Mainland Southeast Asia?*, CCAFS Working Paper No. 9, CGIAR Research Program on Climate Change, Agriculture and Food Security (CCAFS), Copenhagen.

Hurni, K. (2008) *Rubber in Laos: Detection of actual and assessment of potential plantations in Lao PDR using GIS and remote sensing technologies*. Master's thesis, Bern: University of Bern.

Jubilee Australia Research Centre (2014) *Voices of Bougainville: Nikana Kangsi, Nikana Dong (Our Land, Our Future)*, downloaded from http://www.jubileeaustralia.org/2013/campaigns/notonmywatch/report-launch

Stepp Jr, et al. (2004) 'Development of a GIS for global biocultural diversity', *Policy Matters* 13: pp. 267-270.

Tanis, J. (2015) 'Bougainville identity amongst Great Powers',『新しい島嶼学の創造2014年度成果報告書』琉球大学国際沖縄研究所、pp. 9-12.

あとがき

　2年間の「生物文化多様性」プロジェクト予備研究が終わってから、この本ができあがるまでに、まるまる1年の歳月を要した。本書に収められた原稿は、どれも例外なく、執筆者と奥の人びととの間の密度の濃い共同作業を通して生まれたものである。忙しいスケジュールを抱えた多くの執筆者にとって、こうした作業を続けるのは、ある意味で2年間の予備研究期間中よりもたいへんだったのではないかと思う。しかしどなたも熱心で協力的で、力のこもった内容に仕上げていただいた。私は、一つの本の編集・執筆にこれほど充実した時間を過ごしたことは、今までになかった。今後もたぶんないだろう。本書の完成に貢献した執筆者と協力者の皆さんに、心からお礼を申し上げたい。

　また、学術出版会の鈴木哲也編集長と永野祥子さんには、多くの貴重なアドバイスをいただいた。特に、上に述べた理由で、校正のさまざまな段階で修正加筆、資料の追加が非常に多く、編集作業は大変な負担だったと思うが、永野さんには、いつも目の覚めるような鮮やかな手捌きで対応していただいた。彼女の手助けがなければ本書を年度内に出版することはとうていかなわなかったに違いない。ここに特記して感謝したい。

　私たちのプロジェクトは、毎年数千万円の予算で5年間続く地球研の「本研究」に比べると、1割にも満たない予算で、期間も僅か2年間のみだった。これで数十人にのぼるメンバーからなるプロジェクトを切り盛りしなければならなかった。ほとんどのメンバーは科研費やその他の研究資金を工面しながら研究調査を続けた。本書はこうしたきわめて限られた予算と研究期間のなかで行われた「予備研究」の成果なのだということを、ここで改めて強調しておきたい。メンバーは、奥・やんばるに加え、ブーゲンビル、東南アジア、インドなどの調査域で、終章に掲げたアジェンダに取り組みつつあった。本研究に進むことができれば、これらの地域のひとつひとつの共同体で、本書に劣らぬ豊かな成果をあげることができたであろう。地球研の「評価」委

員会が、このプロジェクトを採用しなかったのは、残念なことである。

　私たちが本書で「コトバ-暮らし-生きもの環」と名付けたものは、地域住民とさまざまな分野の研究者たちが、自由で密な交流を通して、それぞれのポテンシャルを最大限に生かしながら健全な地域社会をともに築いていくための、プラットフォームに他ならない。近年、地球研では、「超学際研究」なるものが流行(はや)っているそうである。そこでは、「ステークホルダー」と呼ばれる、地域の住民、研究者、行政関係者、ドナー団体などが複雑に絡みあった研究モデルを提示するのが定番になっている。研究のモデル化に熱心なあまり、肝腎の地域住民にますますソッポをむかれているのではないかと危惧している。研究の目的は信頼に基づく人間関係の構築であり、学び合いによる相互理解の醸成である。研究のプラットフォームはシンプルでわかりやすいほどよいのである。

　最後に、本書にあまり登場しなかったが、「予備研究」の調査研究に多大な貢献をしてくださったプロジェクトメンバーの皆さん ── とりわけ、コアメンバーの長田俊樹（サブリーダー、地球研）、藤田陽子（琉球大学国際沖縄研究所）、河瀬眞琴（筑波大学）、アウン・シー（メルボルン大学）、ニコラス・エヴァンズ（オーストラリア国立大学）、テレーズ・ミニトン・ケメルフィールド（南オーストラリア州立博物館）、プレーム・ライ（パプアニューギニア大学）、マヘンドラ・P・ラマ（前シッキム大学学長、現ジャワハルラール・ネール大学） ── のお名前を挙げて、ここに感謝の意を表したい。

大西正幸

　私は、郷里奥の先輩である上原信夫さんの収集したウクムニー（奥言葉）語彙を整理する過程で、同郷の石原昌英さんを介してかりまたしげひささんを知り、言語学の研究者によってウクムニーが記録され残されていくことに喜びを感じていた。ところが2013年5月10日に琉球大学50周年記念会館で開催された、「生物文化多様性」プロジェクト会議に参加した事が縁で、

あとがき

ウクムニーだけでなく、奥の自然や暮らしのさまざまな側面を扱った本書の出版事業に、思いがけずもたずさわることになった。

この5月10日の会議で、プロジェクトの国内での重点調査地域を奥にする事が決まり、翌5月11日には会議参加者全員で奥部落に足を踏み入れた。奥では元区長の島田隆久さんが案内役を務め、概要説明と集落案内を行った。島田さんは、奥には、明治以降多くの学者研究者が訪れ、多くの研究報告があるが、それは集落を囲む大猪垣の構築と共同店の創設に因む、と説明された。石川隆二さんの、コメは作ってないのか、との質問に、島田さんは、1969年10月の大水害で奥川沿いに開かれていた水田地帯が土砂で埋まり、稲作ができなくなったことに加え、沖縄復帰後の政府の減反政策により水田が消えたと話された。稲の研究者である石川さんをがっかりさせる一コマであったが、現在の産業はとの問いかけにシークヮーサー生産が産業の主流となっているということから、石川さんの本格的な調査が始まった。それが発展して、本書の名称『シークヮーサーの知恵』に結実した。

島田さんが述べたように、多くの研究者が沖縄島最北端の陸の孤島と言われた奥部落に魅せられるようになったのには、訳がある。

まず、1875（明治8）年に、平民の身で国頭間切地頭代（現在の国頭村長に当たる）に就任した宮城親良翁が、その3年前に隣村の宜名真沖で難破したイギリス商船（ベナレス号）の大錨を、放置されていた宜名真沖から奥湾に運び設置すると、奥の宝物になるとの提言をした。奥の有志がすぐにその提案を協議し、力を合わせて大錨を運搬・設置した結果、奥港には冬場や台風などの強風でもヤンバル船の係留が可能となり、奥の発展に役立ったのである。また、親良翁は、後進の指導に当たり、人材育成に尽力された。この礎の上に、1906（明治39）年に、その後輩に当たる糸満盛邦翁が奥共同店を創設され、奥部落が名実ともに発展することになるのである。これらの経緯は、『奥字ノ事績』として、奥区事務所や奥共同店に保存されている。

また奥部落には、奥共同店の記録や、区民会議の議事録など、多くの歴史的資料が残っている。それらの資料は、戦中戦後の管理不備なども重なり虫食い状態になっていたが、名桜大学元教授の中村誠司さんや沖縄国際大学の

研究者たちが中心となり整理・修復して、南島文化研究所に保管されている。このように豊かな資料を残していることも、研究者にとって奥が魅力的な理由のひとつである。

　いまや奥では、往時の段畑も森に覆われて消え、奥川沿いの穀倉帯とも言われた水田も消え、**クラユマ**（スズメ）の姿もなくなり、山や畑の地名も消えかけている。しかし、本書の出版によって、奥の未来を形成する次の研究に向けての、素晴らしい足掛かりができたものと自負している。2年間の「生物文化多様性」プロジェクト予備研究が、人間社会と生物の多様性を対象とする本研究へと発展しなかったことは残念に思うが、今後、本書を礎として、奥研究がもっと掘り下げられんことを希望するとともに、本書の出版へと我々を導いてくれた故上原信夫さん、本書の出版に熱烈な協力を賜った大西正幸さんはじめとする多くの研究者と奥区民の皆さん、そして学術出版会の鈴木哲也編集長と永野祥子さんに、深く感謝申し上げるしだいである。

宮城邦昌

謝辞

　本書執筆にあたっては、以下の方々に多大なご協力をいただきました。この場をお借りし、深く感謝申し上げます。

執筆者一同

1. 奥

- 元区長　玉城壮
- 前区長　宮城一剛
- 奥ヤンバルの里民具資料館
- 現区長　金城より子
- 「奥ヤンバルの里」のみなさま

○コーディネーター
- 島田隆久
- 玉那覇タカ子
- 宮城邦昌

○研究調査協力・情報提供者（五十音順、✝は物故者）

・糸満盛辰	・中真貞子	・宮城親明
・✝上原信夫	・新田宗則	・宮城正
・崎原栄秀	・比嘉ゴゼイ	・宮城直美
・崎原栄昌	・比嘉ツヤ子	・宮城ナツ
・崎原トミ	・比嘉秀康	・宮城ハツエ
・島田隆久	・✝平安基光	・✝宮城久勝
・新里恵仁	・宮城邦昌	・✝宮城正男
・新城春男	・宮城幸子	・宮城正志
・玉那覇タカ子	・宮城静	・宮城勝
・当間茂隆	・✝宮城親哲	・宮城安輝
・当間八重子	・✝宮城親徳	・宮城百合

○「奥共同店口説」演奏
- 座波雪子　　　　　　　・新城雄一
- 新城忍　　　　　　　　・玉城弥生

○「まかび話」録音
- 金城篤
- 米吉正子

2. その他

・沖縄県公文書館	空中写真・写真使用許諾
・沖縄県農業研究センター	情報提供
・沖縄県立博物館・美術館	写真使用許諾
・沖縄タイムス社	写真使用許諾
・（株）パスコ	空中写真使用許諾
・芭蕉布保存会（大宜味村喜如嘉）	芭蕉布図柄とその解説の提供
・キーストンスタジオ	写真使用許諾
・楚洲あさひの丘のみなさま	調査協力
・大石林山公園	調査協力
・シークヮーサー農家のみなさま	情報提供
・与論高校	講演と対談への協力

○研究調査協力・情報提供者（五十音順）
- 井上昇（奄美大島手安出身）　　・平恒次（イリノイ大学名誉教授）
- 上江洲均（名桜大学名誉教授）　・竹内俊貴（九州国立博物館特任研究員）
- 上原賢次（沖縄県勤労者山の会）・玉城薫（大宜味村田嘉里出身）
- 親川栄（親川司法書士事務所）　・玉城深福（大宜味村田嘉里出身）
- 座安賢一（沖縄県勤労者山の会）・通事浩（石垣島白保出身）
- 島袋正敏（名護市底仁屋出身）　・藤田喜久（沖縄県立芸術大学）

謝辞

・城間恒宏（沖縄県教育庁文化財課）
・新里孝和（元琉球大学教授）
・湯佐安紀子（元同志社大学文化情報学研究科）

○地球研事務補佐
・岡村しおり
・藤田香菜子

　なお、本書の執筆に係わる研究調査の一部において、以下の研究資金の助成を受けたことを付記し、謝意を表します。

○第 1 章（石川隆二）
・沖縄美ら島財団研究助成「沖縄在来カンキツの多様性調査と品種識別 DNA マーカーの開発」（代表：石川隆二）　平成 27 年 10 月～28 年 9 月
○第 2 章（高橋そよ・渡久地健）
・沖縄美ら島財団研究助成「琉球列島におけるサンゴ礁漁撈文化とその潜在力に関する研究」（代表：渡久地健）　平成 26 年 7 月～27 年 12 月
・科研費（基盤 C）「琉球列島におけるサンゴ礁の漁撈活動と民俗分類をめぐる生態地理学的研究」（代表：渡久地健）研究課題番号：15K03015、平成 27～29 年度
・科研費（基盤 A）「マルチビーム測深技術を用いた浅海底地形学の開拓と防災・環境科学への応用」（代表：菅浩伸）研究課題番号：25242026、平成 25～27 年度
○第 6 章、「奥地名図」作成（齋藤和彦）
・環境省地球環境保全等試験研究費「沖縄ヤンバルの森林の生物多様性に及ぼす人為の影響の評価とその緩和手法の開発」（代表：佐藤大樹）（平成 17～21 年度）
・科研費（基盤 C）「歩いて調べる沖縄『やんばる』における近代の森林利用の展開過程」（代表：齋藤和彦）研究課題番号：26450497、平成 26～28 年度

○第 12 章、「ウクムニーペーハナレー」音声教材作成（當山奈那）
・平成 27 年度琉球大学戦略的研究推進経費
○序章、終章（大西正幸）
・科研費（基盤 C）「バイツィ語 ―― 南ブーゲンヴィルの危機に瀕する言語の記述研究」（代表：大西正幸）研究課題番号：24520488、平成 24〜26 年度
・科研費（挑戦的萌芽）「ブーゲンビル戦の二つの記憶 ―― 草の根からの和解に向けて」（代表：大西正幸）研究課題番号：15K12792、平成 27〜29 年度
○ 4 つの対談（石川隆二、大西正幸、長田俊樹）
・平成 26 年度機構長裁量経費・研究部事業、TD 活動提案「TD をお題とする座談会」（田中樹プロ・石川智士プロ、総合地球環境学研究所）
・鹿児島県離島振興協議会　平成 26 年度アイランドキャンパス事業
・文科省特別経費概算要求プロジェクト「新しい島嶼学の創造」（代表：藤田陽子）平成 26 年度分

索 引

（一般事項、地名、言語・方言、生物名、人名、組織、資料）

※［　］はウクムニー表記を示す。

■一般事項

アイデンティティ　347, 375, 469, 476, 493
　　多重（多様な）アイデンティティ　481
字誌づくり　197, 204
朝日農業賞受賞記念碑　184
アジア開発銀行　476
アシャギマー（阿舎木場）　vii, xxvi, xxvii, 184, 285
あづま橋　xxviii, 284
アブントー　254, 303-307
アポミクシス　38, 52
生きもの　11, 131, 137, 149
　　やんばるの生きもの　2, 215
イセエビ漁　→漁撈活動
遺伝子　34, 353
　　遺伝子バンク　58
意伝子（Meme）　353
遺伝資源　36, 39, 61, 497
遺伝的多様性　→多様性
［イノー］（礁池（moat）、浅礁湖（shallow lagoon））　70, 73, 78, 124
イノー公売　→魚毒漁
イノシシ垣（猪垣）　260-269, 305
　　ウーガチ（大垣）　257, 260
　　フイジガチ　268
慰霊塔（戦没者）　192, 259
因果性　346, 348-358, 367
ウグ　68

ウグイノー　88
ウググチ　76
ウクムニー（奥コトバ／方言）（言語・方言「国頭村奥方言」の項も参照）　10, 26, 35, 70, 84, 113, 371, 378, 398, 403, 438, 457, 498, 499
　　ウクムニーの発音と表記　26
　　ウクムニーの活力と危機度　381
　　ウクムニーの記録・保存　398
　　ウクムニーの言語意識　395-397
「ウクムニー（奥コトバ）語彙集」（上原信夫）　9, 412
ウクムニーペーハナレー　394, 439
宇座浜-奥県道（未完）　276-278, 282-284
ウチナーグチ（うちな〜ぐち）　3, 374, 378, 442
ウッカー　→奥川
ウナンダハナグ（錨）の碑　288-291, 299
ウブドー（大堂）　254, 269-276, 303
海神祭［ウンザミ］　70, 380
沖縄言語研究センター　1, 12, 318
沖縄県農業研究センター　48, 497
沖縄国際大学南島文化研究所　200
沖縄中央政府（のち、「沖縄民政府」と改称）　272
奥　→地名「奥」
　　奥の「共同一致」　182, 197

511

奥の自治　181, 490
奥の自治機構　190
奥川　xxviii, 8, 113, 294
奥共同店　vii, xviii, xix, 8, 12, 185, 203, 224, 290
「奥共同店議事録」　8, 190, 201
奥区議会　190
「奥区議事録」　8, 190, 201
「奥鯉のぼり祭り」　198, 209, 392, 490
奥集落センター　xix, 182
奥小学校　89, 385, 386, 391, 394, 395, 400
奥中学校（現在は廃校）　55, 59, 254, 269-276, 303, 386
奥復興祭　490, 494, 495
「奥の山荘」（旧奥中学校）　55, 269-276
奥港　254, 288-290
奥民具資料館（旧）　193, 194, 200, 490
奥ヤンバルの里
　　交流館　207, 458
　　宿泊施設　211, 269
　　民具資料館　10, 12, 193, 494
奥郵便局　284-289
奥研究　197
「奥地名図」（「島田図」、島田隆久の手書き）　9, 231, 249
「奥地名図」（「親徳図」、宮城親徳の手書き）　9, 231, 248
音声教材　441, 443, 455, 456
　　ウクムニー音声教材　→ウクムニーペーハナレー
　　琉球方言の音声教材　441
　　危機言語の音声教材　443
音素 (Phoneme)　357
カオス理論　346
書きコトバ　→コトバ

かくれい丸　290-293
貨幣経済　107
カンキツ　36
環境多様性　→多様性
「環」　348, 367
危機意識（琉球方言）　339-341, 371-375
「共同一致」　→奥の「共同一致」
魚毒漁［ササ］　109-124
　　イノー公売　121
　　個人の魚毒漁　118
　　集団魚毒漁［ブレーザサ］　113-124
　　ヒク漁　119
漁撈活動　68, 77, 86　→魚毒漁、潮干狩り
　　網漁［タチイルマキ］　80
　　イセエビ漁　79
　　クサビ（ベラ類）釣り　81, 290
　　水田漁撈　107
　　夜の潜り漁［デントウウミ〈電灯海〉］　79
クサビ（ベラ類）釣り　→漁撈活動
「国頭村奥区文書資料目録」　200, 207
暮らし　12
　　暮らしの多様性　→多様性
グローバルな視点　19, 497
グローバル化（グローバリゼーション）　15, 21, 344
グローバル市場　186, 465
燻製［カーカスー］　87, 97, 121
継承　383-387, 391, 392, 400
　　継承（ウクムニー）　ix, 378
　　継承（ユンヌフトゥバ）　469-472
　　継承（琉球方言／シマクトゥバ）　339, 341, 375
　　継承教育（コトバと文化）　482-485

世代間 / 次世代継承　381, 383, 384, 439, 441, 465
　　地名の継承　238, 249, 259
　　伝統的生態知の継承　15
形態素（Morpheme）　357
系統樹　356, 361
　　系統樹研究（琉球方言）　331-339
　　やんばる方言系統樹　361
言語意識　→ウクムニーの言語意識
言語調査　2, 358, 456
言語地理学的研究　318-331
「言語の活力と危機度」（LVE）　381
交雑育種　36
喉頭（化）音　26, 315-317, 405
国道58号線（旧琉球政府道1号線）　xiii, xiv, 280-282
古生層石灰岩（古期石灰岩）　44, 53, 55, 254, 300, 305
コトバ　12
　　コトバ（言語）多様性　→多様性
　　書きコトバ　85, 197, 440
　　話しコトバ　440
「コトバ–暮らし–生きもの環」　1, 3, 10, 11, 20, 348, 367, 471, 476, 498
蔡温の林政　214, 218, 237
在来種　36
　　在来種の保全　48
里山　105
　　里山セット　106, 125
　　里山の消失　105-109
サポニン　109
サンゴの利用　89-91
サンゴ礁　iv, 2, 68-94
　　サンゴ礁の漁撈活動　77-82
GIS　238, 249, 359

シークヮーサー　→生物名「シークヮーサー」
　　シークヮーサーの遺伝的資源　3
　　シークヮーサーの多様性　iii, 3, 41-50
　　シークヮーサーの方言名　4, 41-43
　　シークヮーサーの利用　4, 44
潮干狩り　77, 84-87
　　夜の潮干狩り［ユルウミ〈夜海〉］　77, 80, 84
自給自足　107, 481
自給的資源利用　82
次世代シークエンサー　59
自然景観　→やんばるの自然景観
シヌグ　vii, 163, 380
シヌグモー　vii, xxiv, 284, 404
芝居ぐち　442
資本主義経済　186
シマ　7, 72
　　シマクトゥバ　7, 373, 384, 387, 413, 416
　　シマ社会　180, 186, 189, 190, 197, 204
　　シマ興し　7, 204
十六日祭（ジュールクヌチ）　xx, 162
少数民族　22, 472, 475
情報素子　357
消滅の危機に瀕する言語　ix, 23, 340, 374, 381
　　消滅の危機（琉球方言）　413-415
進化論（古典的）　351, 355
森林管理　218-223, 476
森林資源　22, 214, 493, 494
水田　→田んぼ
水田漁撈　→漁撈活動
生態系管理　8, 18
生態系利用　8

生物多様性　→多様性
生物文化多様性　→多様性
造林（国頭村）　224　→『造林台帳』
造林技術（近世琉球）　221
杣山制度　218
［タチイルマキ］　→漁撈活動
タチガミ（立神）　300, 305
田倒し［タードーシ］　xxii, 304
多胚性　62
多様性　2
　遺伝的多様性　50
　環境多様性　368
　暮らしの多様性　2, 185
　言語文化多様性　15, 18, 481
　コトバ（言語）多様性　3, 477, 481, 498
　自然景観の多様性　2
　生物多様性　16, 43, 126, 369, 472
　生物文化多様性　x, 5, 10, 15, 16, 20, 21, 34, 43, 124, 194, 260, 374, 465, 497, 498
　多様性（奥地名語彙）　298
　多様性中心地　54
　文化多様性　11, 16, 35, 43, 348, 368
　方言多様性　2, 3, 313-318, 321-331, 413-415
　野生種と栽培種の多様性　50, 58, 61
田んぼ　7
　「田んぼがまだあったころ」　105, 107
　田んぼの消失　xxviii, 34, 105
地球環境問題　16
地域共同体　14, 21, 465, 491
地名分類　250-259
忠魂碑　192, 259
潮汐現象　84
DNA　50-61, 63

DNAマーカー　51, 59
「低島環境」と「高島環境」　143, 167
伝統的生態知（TEK, Traditional Ecological Knowledge）　17, 21
伝統的な知恵　4
伝統的な言語文化　21, 481
島嶼環境　344
［トーンヤンメー］（墓の庭）　xxvi, 301, 404
突然変異育種　36
トレーサビリティ（識別）　64
トングウェ族　137
名護市史編さん活動　1, 197
ヌンドゥルチ（及ン殿内）　vii
熱帯雨林　21
乃木神社　192, 259
ノビチレン　47
話しコトバ　→コトバ
［パマ］（砂浜）　73
ヒク漁　→魚毒漁
［'ピシ］干瀬、礁嶺（reef crest）　70, 74, 79
［'ピシヌバナ］（礁縁）　72, 76, 79
［'ピシヌプハ］（礁斜面）　72, 76, 81
「人-コトバ-場所」　354
品種育成　36
フイジ領域　264, 268
風水理論　218
フバダチ（普波立）　80, 282
　フバダチグチ（普波立口）　76, 77
　フバダチザチ（普波立崎）　282
　フバダチバマ（普波立浜）　283, 290
辺戸-奥県道　278-280
文化多様性　→多様性
ヘテロ接合性　62
ベナレス号（イギリス商船）　288
方言辞書（琉球方言）　312, 337

方言多様性　→多様性
方言地図　2, 321-331
方名　68, 130
ホリスティック（総合論的）な見方 / 視点　19, 497
宮城親栄翁顕彰碑　184
ミヤゲムイ　xiv, 192, 259
民具資料　193-196
民俗知識　68, 82, 112, 196
民俗分類　12, 72, 130, 137, 143, 164
　　民俗分類の階層　138
　　民俗分類の構造　143
「村の地域語学校（VTPS）」　482
焼畑農業　22
野生種　37, 50, 55
やんばる　5
　　やんばる型景観　9
　　やんばるの生きもの　2, 215
　　やんばるの自然景観　2
やんばる方言 / コトバ　317, 321, 359
　　やんばる方言地図　vi, 2
　　やんばる方言の（動的）系統樹　vi, 361
　　やんばる方言の多様性 / やんばるのコトバ多様性　2
ユッパ（吉波）　290
　　ユッパグチ（吉波口）　76
　　ユッパバマ（吉波浜）　283
ユッピ（世皮）　282, 305
　　ユッピグチ（世皮口）　76, 290-293, 304
　　ユッピザチ（世皮崎）　80, 265, 282, 305
　　ユッピバマ（世皮浜）　265, 290, 291, 305
優良品種　44, 48, 50
ユニバーサル・ダーウィニズム　351, 353
ユンヌフトゥバ（与論コトバ）　466, 469, 499
ユンヌヤマ　294-298
葉緑体ゲノム　51
葉緑体多型　54
葉緑体マーカー　58
夜の潮干狩り［ユルウミ〈夜海〉］　→潮干狩り
夜の潜り漁［デントウウミ〈電灯海〉］　→漁撈活動
琉球石灰岩（新期石灰岩）　90, 254, 300, 305
琉球大学「奥の山荘」　→「奥の山荘」

■地名

青森県　39
粟国島　108
旭川　201
アジア大陸　15, 22, 472, 496, 498
アッサム　→インド
アフリカ　18
アマゾン　18, 21, 24
奄美諸島（群島）　3, 40, 131, 288, 296, 298, 466
奄美大島　90, 106, 112, 296
　　奄美大島（大島郡瀬戸内町）手安　118
　　奄美大島（大島郡）大和村　68
アンダマン諸島　23, 24
伊江島（村）　41, 363, 366
石垣島　108, 112, 125
　　石垣島（町）白保　80, 116, 118

伊是名島（村）　5, 88, 93, 125, 361, 363, 366
伊平屋島（村）　5, 284, 361, 363, 366
伊良部島　68
伊良部島佐良浜　86
西表島　144
インド　15, 37, 112
　アッサム（アソム）州　117
　ジャールカンド州　15, 472
　シッキム州　15, 472
　インド東部　472
ヴェネズエラ　21
うるま（市）　363
大浦　→名護市
大宜味村　3, 4, 40, 43, 44, 56, 58, 60, 88, 93, 135, 327, 330
　大宜味村押川　56
　大宜味村塩屋　46, 64
　大宜味村田嘉里　486
　大宜味村津波　327
　大宜味村饒波　201
大宜味間切　327
オーストラリア　37, 479
　オーストラリア北部　18, 34
沖縄県　466
沖縄諸島　3, 131, 139, 141, 472, 496
沖縄島　108, 112, 135, 141, 168, 466
　中南部　3, 5, 142
　南部　106, 288
　北部　15, 40, 130, 215
　北部広域市町村圏　5
沖縄島南部玉城（現南城市）　118
沖永良部島　70, 122, 125, 296, 297, 298
奥　4, 5, 8, 44, 48, 55, 58, 60, 64, 68, 86, 106, 112, 118, 130, 143, 146, 159, 168, 224, 413, 438, 485
押川　→大宜味村
尾西岳　294
恩納村　5, 361, 363, 366
　恩納村名嘉眞　328
鹿児島県　39, 466
嘉津宇岳　57
ガラパゴス諸島　317
カンボジア　473
喜界島　296
北ソロモン州　→パプアニューギニア
北大東島　414
宜野座村　330, 363, 366
九州　39, 41, 188, 331, 339
金武町　5, 363, 366
金武間切　328
久高島　68, 75, 80, 154
国頭郡　5, 284
国頭村　55, 60, 193, 224, 225, 237, 361, 363, 380, 403
　国頭村安田　87, 93, 287
　国頭村安波　286, 287
　国頭村宇嘉　278, 286, 287
　国頭村奥　→奥
　国頭村奥間　285
　国頭村我地　243
　国頭村宜名真　159, 233, 237, 269, 275, 277, 278, 289, 290
　国頭村楚洲　80, 113, 114, 121, 124, 269, 287, 294
　国頭村浜　286
　国頭村辺戸　3, 269, 275, 287, 292, 380
　国頭村辺土名　174, 275, 277, 278, 286, 400
　国頭村与那　70

516

索　引

国頭地域　90
国頭間切　181, 288, 327
久米島（町）　41, 108, 121, 284, 438
　　久米（町）仲地　124
慶良間諸島　90
高知県　182
先島諸島　3
薩摩　214, 215
シッキム州　→インド
島尻郡　5
ジャールカンド州　→インド
首里　5, 221, 330, 403
赤道周辺地域　18
ソロモン諸島　480
タイ　34, 472
大石林山（「辺戸御嶽」の項も参照）　55, 56, 58
太平洋地域　15, 22, 498
太平洋島嶼　472, 496
台湾　3, 40
種子島　112
多良間島仲筋　141
中国　37, 109, 215
　　中国の温州　39
　　中国南部　37
東海　39
東南アジア　37, 112
　　東南アジア山岳地帯　15, 472, 473
　　東南アジア大陸部　496
徳之島　112, 296
徳之島町
　　徳之島町井之川　124
　　徳之島町花徳　116, 117, 118, 124
中頭郡　284
今帰仁（村）　277

今帰仁村兼次　201, 209
名護（市）　1, 57, 58, 60, 277, 330, 361, 367
　　名護市大浦　1, 328
　　名護市勝山　41, 42, 43, 57, 58
　　名護市喜瀬　328
　　名護市幸喜　412
　　名護市底仁屋　116
　　名護市羽地　327, 361
　　名護市辺野古　1, 3, 328
名護城山　57
名護間切　328
那覇　5, 135, 155, 160, 176, 222, 224, 243, 277, 280, 330, 371, 378
奈良県　117
南城市　154
　　南城市知念　68
　　南城市屋比久　135
南米　18
西原町　168
西銘岳　294, 403
日本　37, 109
ニューギニア　117
　　ニューギニア高地　18
饒波川　115
ネクマチヂ岳　3, 46, 57
ネパール　109
南風原町　142, 143, 168
八丈島　414
波照間島　144
鳩間島　144
羽地間切　327
パプアニューギニア　15, 472, 478
　　北ソロモン州　480
　　ブーゲンビル自治州　479
ハワイ　47

517

パングナ鉱山　479
パングナ地域　479
東村　3
ヒマラヤ　37
フィリピン　109
ブーゲンビル　15, 16, 472, 478, 479, 485, 496, 498
ブーゲンビル自治州　→パプアニューギニア
ブーゲンビル島　478
ブカ島　478
福地ダム　108
ブラジル　188
辺戸　→国頭村
辺戸御嶽（「大石林山」の項も参照）　3
辺戸岬　5, 69, 276, 282, 292
辺野古　→名護市
ベトナム　473
平安座島　438
辺土名　→国頭村
ボーピアット村　477, 482
北米大陸西海岸　18
本州　40
本島北部　→沖縄島
摩文仁の丘　486

マレーシア　115
南大東島　414
宮城島　438
宮古島　131, 166, 284, 312
宮崎県　39
ミャンマー　15, 472
メラネシア＝インドネシア　18
本部町　65, 361, 363
　本部町備瀬　68, 75, 80, 89
　本部半島　366
八重山　131, 143, 204, 284
屋久島　112
ヤマト　109, 112
やんばる　2, 5, 15, 55, 204, 358
ユンヌヤマ　→奥
与那国島　108
与論島　41, 75, 87, 88, 93, 285, 291, 294, 403, 465
ラオス　15, 34, 472, 496
　ラオス山岳地帯　472
　ラオス北部　16, 22, 498
琉球列島　2, 3, 40, 105, 124, 313, 331, 339, 472
ルアン・ナムター　473

■言語・方言

言語
アイヌ語　23
奄美語　23
英語　440, 481, 485
沖縄語　23
漢語　477
国頭語　23

クム語　477
現代日本語　→日本語
トク・ピシン語　481, 485
日本古語　338
日本語　317, 440
日本語標準語　26, 414, 455
日本祖語　313, 316, 317, 331

索　引

八丈語　23
ボー語　23
パナ語　477
宮古語　23
八重山語　23
与那国語　23
ラオ語　22, 477
琉球語　414
琉球古語　338

方言

粟国島　326
奄美（諸島）　336
奄美大島　315
　大和村大和浜　419
　笠利町佐仁　315, 316, 317
伊江島　315, 316, 317, 324, 330, 340
伊是名島　330
伊平屋島　330
伊良部島佐和田　316, 317
大神島　315, 317
大宜味村　324, 330
沖縄島中南部　378
恩納村、宜野座村、金武町　330
恩納村恩納　330
九州方言　338
国頭村　324, 330
　安田　330
　宇嘉　328

奥（「ウクムニー」の項も参照）　330, 412, 415, 436, 442
謝敷　328
辺戸　330
辺野喜　328
幸喜　→名護市
名護市　330
　幸喜　412, 416, 415, 417, 421, 430, 436
佐仁　→奄美大島（大島郡）笠利町
佐和田　→伊良部島
首里　3, 315, 340
徳之島　315
今帰仁村　312, 330, 340
那覇　374, 378, 413
那覇市などの都市部の中央方言　414
八丈　414
東村　330
辺戸　→国頭村辺戸
本土方言　316, 317
宮古（島）　312, 316, 317, 336, 441
本部町　330
八重山　317, 330, 336
八重山竹富島　315
やんばる方言　317, 321, 359
与那国島　313, 316, 317
琉球方言　313, 318, 331, 336, 414, 443, 455
琉球祖方言　331, 332

■**生物名**

動物
アイゴの稚魚［ヒク］　88, 120
アイゴの稚魚（藻を食べた後の）［クサバ
ミ］　88, 119, 120
アイゴの成魚［エーインヌ'クヮ］　80, 120
イセエビ［イビ］　79, 85

ウデナガカクレダコ［イヌジ］ 75, 81, 123
(ニホン) ウナギ［ターウナジ（田鰻）］
　　114, 134
オオウナギ［ハーウナジ（川鰻）］ 114,
　　118, 119, 124
オキナワアオガエル［オーアタ］ 133, 139
(大型の) カエル［アタ］ 133, 140
(小型の) カニ類［'ピシガニ］ 80
ガラスヒバア［ガラシチャーブー］ vi,
　　133, 139
シマダコ［シガイ］ 78, 83, 85
ジュゴン［ダンヌイル］ 2
セミ［ダンダン］ 142
セミエビ［ゾウリイビ］ 80, 85
タカサゴ科［ジューマー］ 81, 88
タコ［タフ］ 77, 84, 85, 468
タニシ（マルタニシ）［ターイナ］ 107
チョウセンサザエ［サデーイナ］ 81, 468
テーブルサンゴ（卓状ミドリイシ）［ウンザ
　　ラ］ 74, 89, 91, 262
テングハギ［チルマン］ 80, 92
テンジクイサキ［マービー、ガラシマー
　　ビ］ 80, 81, 88, 92
ノグチゲラ［ヒーチッカ/ヒータタチャー］
　　2, 215
ハブ［'パブ］ vi, 139, 160
(コブ) ハマサンゴ［ペーイシ］ 89, 90
フナ［ターイル］ 107
ベラ科［クサビ］ 81, 88, 91, 290
ミナミゾウリエビ［ニタタカ］ 80, 85
モクズガニ［ウリガニ］ 77
ヤモリ類［ヤーナブラ］ 134, 140
ヤンバルクイナ［アガチ/アガチー］ 2, 5,
　　105, 215
ヤンバルテナガコガネ 2, 5, 215

ヤンバルナメクジ［ユダイムシ］ vi, 160
リュウキュウアオヘビ［オードーダナ］
　　vi, 133, 139
リュウキュウアユ［アユ］ 155
リュウキュウイノシシ［ヤマシ］ 134,
　　159, 162, 257, 260
リュウキュウヤマガメ［ヤマガーミー］ 2
ワモンダコ［シダフ］ 78

植物

アダン［アダニ］ 153, 155, 161
イジュ［イジュー］ v, xxiv, 112, 118, 125,
　　154, 165, 217, 228, 230
イスノキ［ユジギ］ 139, 152
イタジイ［シー、シージ］ 2, 148, 152,
　　155, 174-176
イヌガシ［シバヒ］ vii, 132, 163
イヌマキ［'チャーギ］ 125, 139, 152, 155,
　　217, 228
イネ 34
温州ミカン 38
オーストラリア・ライム（Citrus galuca）
　　37
オオハマボウ［ユーナ］ 154, 165
オキナワウラジロガシ［カシ］ 150, 152,
　　156, 158
オレンジ 37, 38
カーアチー 41, 42
カンキツ類 36-41, 467
カンコノキ［'コマギー］ 137
クガニー 41, 42
クズイモ［クジ］ 489
クスノキ［クス、クスヌチ］ 155, 217,
　　222, 223, 228, 230, 231
クニブ［フガナー］ 41, 136

索 引

クロツグ（ヤシ科）［マニ］ 115, 121, 16
クワズイモ［ウゴー］ 246
コウヨウザン［クィンチャ］ 158, 217, 228, 253
ゴンズイ［ミーパンチャ］ vi, 132, 163
サゴ椰子 487
サツマイモ xxii, 304, 421
サトウキビ 107, 222
ザボン（ポメロ） 37, 38
サンゴジュ［テッポーダマギー］ 109, 112, 119, 123, 139
サンショウ 109
シークヮーサー（ヒラミレモン）［シークヮーサー］ iii, 3, 34-66, 135, 488
スギ［シギ］ 217, 221, 223, 228, 230, 231
センダン［シンダン］ 152, 228
センリョウ［タニブラ］ 132, 150
ソテツ［トゥ゚トゥチ］ v, 95-98, 105, 125, 139, 150, 157, 160, 164, 246
タチバナ 40
タバコ 112, 123
ダンチク［デーク］ xvi, 161, 163, 166
デリス 112, 123, 154

ナガバカニクサ［チルマチガンダ］ vi, 148, 163
ナシカズラ［フガー］ 132
パイナップル 47
リュウキュウバショウ / イトバショウ）［ウー］ 44, 98-101, 125, 149, 153, 160, 166
ホウライチク［ハーダヒ］ xvi, 78, 125, 134, 153, 154, 155, 156, 240-243
マンダリン 38
モッコク［イク］ 112, 116, 125, 152, 155, 165, 217
モンパノキ［（ハマ）スーキ、ガンチョーギー］ 139
リュウキュウアイ［エー］ 155, 257
リュウキュウガキ 112, 118
リュウキュウチク［ハラ、（ヤマ）ダヒ］ 139, 153, 155, 163, 166, 228, 243, 244
リュウキュウマツ［マチ］ 139, 152, 154, 155, 156, 157, 158, 172-174, 217, 222, 228, 230, 233, 236, 246
ルリハコベ［ワン゚クヮビーナ］ v, 112, 122, 154

■人名

アリストテレス 109
一色次郎 70
糸満盛英 272, 273
糸満盛邦 181, 186, 260
井野次郎 278
上江洲均 195, 200
上原直勝 188
上原直松 188
上原信夫 185, 248, 398, 403, 412, 438

上村幸雄 1
内間直仁 397
大道那太（ウフドウナタ） 294
エヴァンズ、ニコラス 499
大城立裕 392
太田栄作 284
太田栄仲 285, 288
大田政作 281
長田須磨 421

521

川崎白雲　182
河村只雄　xiii, 70
漢那憲和　278, 282
菊秀史　466, 469
宜志政信　392
キャラウェイ中将（高等弁務官）　280
金城親昌　181, 186, 286, 288, 371
グールド、スティーヴン・J　355
クリプキ　352
グロータース　330
蔡温　12, 214, 218
島袋正敏　195
シュレーディンガー、エルヴィン　352
尚清王　296
尚巴志　296
新城敏男　200
スワデシュ（Swadesh, M.）　332
ダーウィン　318
平恒次　186, 190, 203
田村浩　202, 259
ドーキンス、リチャード　353
仲宗根政善　1, 312, 341

ニコルズ、ジョアンナ　18
ハーモン、デイヴィド　17
服部四郎　333
バビロフ（Vavilov）　54
パルメニデス　351
攀安知（ハンアンヂ）　296
ヘッケル、エルンスト　355
ボルン、マックス　352
マフィ、ルイーザ　19, 498
宮城悦生　189
宮城親栄　184, 190
宮城親徳　76, 231, 248, 404
宮城親良　181, 288
宮城萬勇　412
目取真俊　392
毛見彩（保栄茂親雲上盛実）　297
柳宗悦　384
柳田國男　92
ライプニッツ　352
ラッセル　351
ロー、ジョナサン　17

■組織

アジア開発銀行　476
大宜味農協　47
沖縄県学務部　384
沖縄県議会　382
沖縄県教育委員会　392
沖縄県勤労者山の会　249
沖縄言語研究センター　1, 12, 318
沖縄県農業研究センター　48, 497
沖縄公文書館　231
沖縄国際大学南島文化研究所　200

沖縄中央政府（のち、「沖縄民政府」と改称）　272
奥共同店　8, 12, 182, 185, 203, 224, 290
奥区議会　190
奥小学校（国頭村立）　89, 386, 391, 394, 395, 400
奥生活民具保存会　193
奥中学校（現在は廃校）　55, 59, 254, 269, 303, 386
奥民具資料館（のち、「奥ヤンバルの里民

索引

具資料館」と改称） 10, 12, 193, 490, 494
共同売店（国頭村内の） 200
国頭村教育委員会 392, 393, 396
国頭中学校（国頭村立） 275, 400
国際沖縄研究所（琉球大学） 486
国際自然保護連合（IUCN） 16
国際連合教育科学文化機関（UNESCO） 13, 16, 23, 373
　危機言語専門部会（UNESCO Ad Hoc Expert Group on Endangered Languages） 381
国連 18, 476
在那覇奥郷友会 197, 494
産業組合 182, 188
森林総合研究所 5
世界銀行 476
世界自然保護基金（WWF） 16
地域気象観測所（アメダス） 276
津波地震早期検知網観測局 276
名護市史編さん室（名護市役所） 1
那覇市教育委員会 393
日本政府 374
日本民芸協会 384

芭蕉布会館（大宜味村立） 56, 488
パプアニューギニア防衛軍（PNGDF） 480
パプアニューギニア政府 479, 481, 482, 484
ブーゲンビル革命軍（BRI） 480, 492
米国公文書館 231
辺土名高校（沖縄県立） 486
名桜大学総合研究所 331
野草の会 210
やんばる学研究会 207
ユネスコ（UNESCO） →国際連合教育科学文化機関
与論高校（鹿児島県立） 466
与論民俗村 466
ラオス政府 473, 476
琉球語学研究室（琉球大学法文学部） 441, 442, 438
琉球政府気象庁（現沖縄気象台） 276, 293
BRI →ブーゲンビル革命軍
IUCN →国際自然保護連合
PNGDF →パプアニューギニア防衛軍
UNESCO →国際連合教育科学文化機関
WWF →世界自然保護基金

■資料

『字誌　奥のあゆみ』 9, 185, 188, 197, 198, 208, 247, 291, 303, 394, 398
『奄美女性誌』 421
『奄美の生活とむかし話』 421
『奄美方言分類辞典　上巻・下巻』 337, 338, 420, 421
『石垣方言辞典』 338
『伊是名島方言辞典』 337

『いそーはるまかびばなし』（上原信夫） 403
『韻鏡』 317
『うちな〜ぐちラーニング』 441
『大垣台帳』 249, 260
『沖縄伊江島方言辞典』 338
『沖縄県内地方史料所在目録データベース』 201

523

『沖縄縣森林視察復命書』 223, 237
『沖縄語辞典』 338
『沖縄語辞典 —— 那覇方言を中心に』 338
『沖縄今帰仁方言辞典』 312, 338
『奥字ノ事績』 180, 188, 197
『奥共同店創立百周年記念誌』 9, 185, 186, 188, 190, 197, 201
『奥小中学校創立90周年記念誌』 272, 378, 384
『おもろさうし』 44
『お笑いうちなーぐちラーニングじゅん選手バージョン編』 441
『危機に瀕する言語の世界地図』第3版 23, 381
『球陽』 296
『国頭村史』 223, 296, 384
『幸喜方言辞典』(宮城萬勇) 412
『国語アクセント類別対応表』 319, 337
『5000年の記憶 —— 名護市民の歴史と文化』 5
『樹木播植法』 215, 221
『青幻記』 70
『世間学者気質』 345
『造林台帳』 9, 12, 216, 218, 224, 237
「平恒次「琉球村落の研究」(1957)をめぐる思い出」 203
『竹富方言辞典』 338
『使って遊ぼうシマクトゥバ—ちかてぃあしばなシマクトゥバ』 393
『動物誌』 109

『名護市史』
　本編・9　民俗Ⅰ・Ⅱ　116
　本編・10　言語—やんばるの方言　1, 2, 13, 332, 398
　本編・11　わがまち・わがむら　9
『南方文化の探求』 70
『日本言語地図』 330
『真北風が吹けば』 392
『万葉集』 317
『南島歌謡大成Ⅰ沖縄篇上』 70
『宮古伊良部方言辞典』 338
『宮古島方言スピードラーニング』 441
『眼の奥の森』 392
『やんばらー』 5
『与那国ことば辞典』 338
『与論町誌』 292, 294, 298, 466
『与論島方言辞典』 337
『琉球共産村落之研究』 201, 259
『琉球国之図』 233
『琉球村落之研究』 186, 201
『琉球八重山方言の言語地理学的な研究』 330
『琉球列島の言語の研究調査票　1〜4』(『基本調査票』) 336
『琉球列島の言語の研究　全集落調査票』 319, 332
『林政八書』 218, 221
『レッドデータおきなわ』 108
『吾んねー猫どぅやる』 392

執筆者紹介

【編者】

大西　正幸（おおにし　まさゆき） 序章、終章
同志社大学文化遺産情報科学研究センター嘱託研究員
専門分野：記述言語学、言語類型論、言語教育、ベンガル語文学
主な著作："A Grammar of Motuna (Bougainville, Papua New Guinea)"（単著、Lincom Europa）、"Language Atlas of South Asia"（共編共著、Harvard University）、『危機言語 ── 言語の消滅でわれわれは何を失うのか（地球研ライブラリー）』（ニコラス・エヴァンズ著、共訳、京都大学学術出版会）、『船頭タリニ（インド現代文学選集7）』（タラションコル・ボンドパッダエ著、単独訳、めこん社）など。

宮城　邦昌（みやぎ　くにまさ） 第7章、コラム1、2、4、5、7
シシ垣ネットワーク会員、やんばる学研究会員、沖縄地理学会会員、沖縄考古学会会員、南島地名研究センター会員。元在那覇奥郷友会長（2014年度）。
専門分野：気象、地震・津波、奥の猪垣・地名
主な著作：『国頭村立奥小中学校創立90周年記念誌』（編集委員、国頭村奥小中学校）、『奥共同店100周年記念誌』（編集委員、奥共同店）、『日本のシシ垣』（分担執筆、古今書院）、「奥部落のイノシシ垣（ウーガチ）について」（やんばる学研究会会誌創刊号、pp.64～76）、「宜名真のオランダ墓にまつわる遺物について」（やんばる学研究会会誌第2号、pp.38～45）

【執筆者】

石川　隆二（いしかわ　りゅうじ） 第1章、終章
弘前大学農学生命科学部教授
専門分野：植物育種学、イネ系統分化
主な著作：「国境を越えて」（佐藤洋一郎編『メコン ── 風土と野生イネ（アジア遊学No.55）』、分担執筆、勉誠出版）、『〈三内丸山遺跡〉植物の世界』（共著、裳華房）、「自然科学からみたイネの起源」（佐藤洋一郎監修『モンスーン農耕圏の人びとと植物（ユーラシア農耕史1）』分担執筆、臨川書店）、「国境を越えて ── イネをめぐるフィールド研究」（佐藤洋一郎・赤坂憲雄編『イネの歴史を探る（フィールド科学の入り口）』分担執筆、玉川大学出版部）

石原　昌英（いしはら　まさひで）第10章
琉球大学法文学部教授
専門分野：社会言語学・言語政策
主な著作："Language Vitality and Endangerment in the Ryukyus"（*Language Crisis in the Ryukyus*, Mark Anderson and Patrick Heinrich（eds.）, pp.140-168, Newcastle upon Tyne, England: Cambridge Scholars Publishing）

狩俣　繁久（かりまた　しげひさ）第8章、11章
琉球大学　国際沖縄研究所　教授
専門分野：琉球語学
主な著作：「語構成からみた沖縄県名護市幸喜方言の形容詞」（『琉球の方言』39号、法政大学沖縄文化研究所、pp.87-116）、"5. Ryukyuan languages: A grammar overview"（『Handbook of Ryukyuan Linguistics』MOUTON、pp.113-140）、「連体形語尾からみたおもろさうしのオ段とウ段の仮名の使い分け」（『沖縄文化』116号、pp.187-198）、「琉球方言の焦点化助辞と文の通達的なタイプ」（『日本語の研究』第7巻4号、日本語学会、pp.69-81）、「消滅危機方言から見た日本語記述文法の未来」（『日本語文法』11巻2号、pp.16-28）、「琉球語から琉球方言へ、そして琉球語へ」（『沖縄文化』114号、pp.22-32）

齋藤　和彦（さいとう　かずひこ）第6章
森林総合研究所関西支所森林資源管理研究グループ長
専門分野：森林計画学
主な著作：「森林簿にもとづく沖縄県国頭村域の林齢分布の分析」（『環境情報科学論文集』No.25、pp.245-250）、「漁民の森づくり活動の展開について」（山本信次編『森林ボランティア論』J-FIC、第7章、pp.159-182）

島田　隆久（しまだ　たかひさ）コラム1、2、4
元奥区長（1995～1998年、2001～2004年）。
専門分野：農業、奥の歴史・文化・産業・風俗・猪垣・地名
主な著作：『字誌　奥のあゆみ』（刊行委員、国頭村奥区事務所）、『ハワイのグワバ産業』（沖縄県農業協同組合、共訳著）、『奥共同店90周年記念誌』（刊行委員、奥共同店）、『国頭村立奥小中学校創立90周年記念誌』（編集委員、国頭村奥小中学校）、『奥共同店100周年記念誌』（実行委員長、奥共同店）、観賞用パインアップル3品種（「ミニパ」、「奥の青」、「奥の赤」）商標権獲得（2005年）

執筆者紹介

高橋　そよ（たかはし　そよ） 第 2 章
琉球大学研究推進機構研究企画室リサーチ・アドミニストレーター
専門分野：人類学
主な著作：「魚名からみる自然認識 —— 沖縄・伊良部島の素潜り漁師の事例から」（『地域研究』第 13 号、pp.67-94、沖縄大学地域研究所）、「"楽園"の島シアミル」（宮内泰介・藤林泰編『カツオとかつお節の同時代史』コモンズ、pp.180-196）、「沖縄・佐良浜における素潜り漁師の漁場認識 —— 漁場をめぐる「地図」を手がかりとして」（『エコソフィア』第 14 号、pp. 101-119）

津村　宏臣（つむら　ひろおみ） 第 9 章
同志社大学文化情報学部准教授 / 文化遺産情報科学研究センターセンター長
専門分野：人類学、時空間情報科学、行動計量解析学
主な著作：『経済からの脱出（来るべき人類学 2）』（分担執筆、春風社）、『生きる場の人類学 —— 土地と自然の認識・実践・表象過程』（分担執筆、京都大学学術出版会）、『実践考古学 GIS —— 先端技術で歴史空間を読む』（分担執筆、NTT 出版）、『文化情報学入門』（分担執筆、勉誠出版）、『近現代考古学の射程 —— 今なぜ近現代を語るのか』（分担執筆、六一書房）、『考古学のための GIS 入門』（共編著、古今書院）など。

渡久地　健（とぐち　けん） 第 2 章
琉球大学法文学部准教授
専門分野：地理学
主な著作：「植物景観画としての《奄美の杜》 —— 田中一村絵画の地理学的考察」（『沖縄文化』第 38 巻第 2 号、pp.75-100、2003 年）、「正保琉球国絵図に描写された奄美・沖縄のサンゴ礁と港」（*International Journal of Okinawan Studies*, vol. 4, no. 2, pp. 31-45）、「奄美・沖縄のサンゴ礁漁撈文化 —— 漁場知識を中心に」（藤田陽子・渡久地健・かりまたしげひさ編『島嶼地域の新たな展望 —— 自然・文化・社会の融合体としての島々』九州大学出版会、pp. 281-304）

當山　奈那（とうやま　なな） 序章「ウクムニー（奥コトバ）の発音の特徴と表記について」、コラム 7「まかび話の音声録音について」、第 12 章
琉球大学研究推進機構戦略的研究プロジェクトセンター特命助教
専門分野：琉球語文法
主な著作：『琉球のことばの書き方 —— 琉球諸語統一的表記法』（分担執筆、くろしお出版）

当山　昌直（とうやま　まさなお）　第4章、コラム1、2、4
沖縄県教育庁文化財課主査、沖縄大学地域研究所特別研究員、沖縄国際大学南島文化研究所特別研究員
専門分野：動物学、両生爬虫類学、沖縄の生物文化
主な著作：『奄美沖縄環境史資料集成』（共編著、南方新社）、『ソテツをみなおす』（共編著、ボーダーインク）、『島と海と森の環境史（シリーズ日本列島の三万五千年 ── 人と自然の環境史　第4巻）』（湯本貴和編、田島佳也・安渓遊地責任編集、分担執筆、文一総合出版）など。

中村　愛子（なかむら　あいこ）　コラム3
名護民話の会
専門分野：野草食

中村　誠司（なかむら　せいじ）　第5章
名桜大学総合研究所客員研究員
専門分野：名護やんばるの地域史、字誌
主な著作：『名護市第一次産業振興計画』（共著、名護市）、『字誌づくり入門』（編著、名護市教育委員会）、『羽地大川 ── 山の生活誌』（共著、名護市）、『5000年の記憶 ── 名護市民の歴史と文化』（共著、名護市）など。

新田　義貴（にった　よしたか）　コラム6
ディレクター・ジャーナリスト　ユーラシアビジョン代表
主な作品：映画「歌えマチグヮー」、ETV特集「摩文仁～沖縄戦　それぞれの慰霊」など

ネイサン・バデノック（**Nathan Badenoch**）　序章、終章
京都大学東南アジア研究所准教授
専門分野：地域研究、東南アジア大陸部、言語文化
主な著作：Badenoch, N and Tomita S. "Mountain People in the Muang: Creation and Governance of Tai polity in Northern Laos", *Southeast Asian Studies*, Vol. 2, No. 1, April 2013, pp. 29–67; Lazarus, Badenoch and Nga (eds) *Water Rights and Social Justice in the Mekong Region*. London and Washington DC: Earthrights.

盛口　満（もりぐち　みつる）3章、コラム1、2、4
沖縄大学人文学部こども文化学科教授
専門分野：植物生態学・理科教育
主な著作：『奄美沖縄環境史資料集成』（分担執筆、南方新社）、『ソテツをみなおす ── 奄美・沖縄の蘇鉄文化誌』（分担執筆、ボーダーインク）、『生き物の描き方 ── 自然観察の技法』（東京大学出版会）、『雑草が面白い ── その名前の覚え方』（新樹社）、『西表島の巨大なマメと不思議な歌』（どうぶつ社）ほか。

環境人間学と地域
シークヮーサーの知恵
―― 奥・やんばるの「コトバ−暮らし−生きもの環」
© M. Onishi, K. Miyagi 2016

平成 28（2016）年 3 月 31 日　初版第一刷発行

編著者	大 西 正 幸
	宮 城 邦 昌
発行人	末 原 達 郎

発行所　京都大学学術出版会
京都市左京区吉田近衛町 69 番地
京都大学吉田南構内（〒606-8315）
電　話（075）761-6182
FAX（075）761-6190
URL　http://www.kyoto-up.or.jp
振　替　01000-8-64677

ISBN 978-4-8140-0025-8
Printed in Japan

印刷・製本　㈱クイックス
装幀　鷺草デザイン事務所
定価はカバーに表示してあります

本書のコピー，スキャン，デジタル化等の無断複製は著作権法上での例外を除き禁じられています。本書を代行業者等の第三者に依頼してスキャンやデジタル化することは，たとえ個人や家庭内での利用でも著作権法違反です。